Joseph O'Connor / John Seymour
Neurolinguistisches Programmieren:
Gelungene Kommunikation und persönliche Entfaltung

Joseph O'Connor
John Seymour

Neurolinguistisches Programmieren: Gelungene Kommunikation und persönliche Entfaltung

Vorwort von Robert Dilts
Geleitwort von John Grinder

VAK Verlag für Angewandte Kinesiologie GmbH
Freiburg im Breisgau

Titel der englischen Originalausgabe:
Introducing Neuro-Linguistic Programming.
The new psychology of personal excellence
© Joseph O'Connor and John Seymour 1990
Published by Mandala, London
ISBN 1-85274-073-6

Die Deutsche Bibliothek – CIP-Einheitsaufnahme:

O'Connor, Joseph:
Neurolinguistisches Programmieren: gelungene Kommunikation
und persönliche Entfaltung/Joseph O'Connor; John Seymour.
Vorw. von Robert Dilts. Geleitw. von John Grinder.
[Übers.: Gabriele Dolke]. – Freiburg im Breisgau:
Verl. für Angewandte Kinesiologie, 1992
Einheitssacht.: Introducing neuro-linguistic programming <dt.>
ISBN 3-924077-20-7
NE: Seymour, John:

©VAK Verlag für Angewandte Kinesiologie GmbH, Freiburg 1992
Übersetzung: Gabriele Dolke
Lektorat: Norbert Gehlen
Umschlag: Hugo Waschkowski
Druck: Rombach GmbH Druck- und Verlagshaus, Freiburg
Printed in Germany
ISBN 3-924077-20-7

Gewidmet allen pragmatischen Idealisten

und dem Geist der Neugier.

Vorwort zur deutschen Ausgabe

Wenn wir erkennen, daß lernendes Kommunizieren die Essenz jeder Entwicklung ist, entsteht ein Bedürfnis, eben jene Essenz besser kennenzulernen und sie für unser Leben zu nutzen. Dies ist die Intention des NLP, dessen zahlreiche Wegbereiter im Laufe der Jahre all die wertvollen Erkenntnisse herausgearbeitet haben, die in diesem Buch erstmals zusammenfassend dargestellt werden.

Die Modelle natürlicher Lebensprozesse sind von höchst praktischer Bedeutung, zeigen sie doch neue Wege zur Gestaltung wichtiger Entwicklungsschritte in Bereichen wie Persönlichkeitsentfaltung, Pädagogik, Therapie, interkulturelle Kommunikation, ganzheitliches Management und Ökologie – um nur einige zu nennen.

Kommunikation basiert auf den ursprünglichen Künsten der Wahrnehmung und des sinnlichen Ausdrucks. Beide sind subjektiv, persönlich, einmalig. Von hier aus beginnt das Lernen, ein inneres Abbilden, Nachvollziehen und Vergleichen von wahrgenommenen Strukturen, auf der Suche nach dem Gültigen, Funktionierenden oder nach der Erfahrung des anderen. So scheint der Mensch sich lernend vom Persönlichen zum Transpersönlichen, Objektiven hin zu bewegen. Doch ebenso wie unser Denken und Handeln von dem beeinflußt wird, was wir wahrnehmen, wirken wir damit auch auf alles zurück, womit wir in Beziehung stehen – und erst unser Denken und Handeln macht vielleicht, daß unsere Welt so ist, wie sie uns erscheint, so daß wir zugleich Schöpfer sind. In besonderem Maße gilt dies sicher für Kommunikatoren und für Erforscher des menschlichen Erlebens.

Ganzheitliches NLP spiegelt dieses systemische Verständnis von Kommunikation wider, befreit sich vom Wahrheitsanspruch, stellt Beziehungsebenen und subjektive Erfahrung in den Vordergrund. Und es zeigt uns unsere Ressourcen und Wahlmöglichkeiten: sinn-volle Wege, Erfahrungswelten zu organisieren oder zu balancieren, mit Menschen (auch mit sich selbst) in lebendigem Austausch zu sein, unsere Sprache und unsere Sinne bewußt zu verwenden, sich und anderen auf vielen Ebenen förderlich zu sein – Wege zum Ich, Wege zum Du, Wege zum Wir. Im „Win-win-Prinzip" schließlich finden wir den Schlüssel für Authentizität, Synergiefähigkeit und intuitive Offenheit in der Kommunikation, welcher ihre langfristige Wirksamkeit ausmacht – in uns selbst wie auch für den Fortbestand unseres Planeten. Ich wünsche Ihnen, daß Sie sich die in diesem Buch beschriebenen Entwicklungswerkzeuge in diesem Sinne zu eigen machen, so daß Ihr Austausch mit Ihnen selbst und mit anderen zu einer vielschichtigen Entdeckungsreise wird. Denn wir lernen von jedem Menschen.

Bernd Isert,
Forum für Metakommunikation

Inhalt

Vorwort von Robert Dilts 13
Geleitwort von John Grinder 14
Einleitung 17

Kapitel 1
Stellt den Kontext und die Grundgedanken des NLP dar: Wie wir von unserer gegenwärtigen Realität dorthin gelangen, wohin wir kommen wollen; Ziele; Kommunikation; wie wir Rapport gewinnen und wie wir unsere einzigartigen Wege entwickeln, um die Welt zu verstehen.

Was ist Neurolinguistisches Programmieren? 23
Santa Cruz, Kalifornien, 1972 25
Santa Cruz, 1976 26
Karten und Filter 27
Lernen, Verlernen und Wiedererlernen 30
Das Drei-Minuten-Seminar 33
Ziele 35
Gegenwärtiger Zustand und erwünschter Zustand 42
Kommunikation 43
Rapport 47
Mitgehen und Führen *(pacing and leading)* 51

Kapitel 2
Handelt davon, wie wir unsere Sinne innerlich nutzen, um zu denken, wie Sprache und Gedanken zusammenspielen und wie wir entdecken können, wie andere Menschen denken.

Die Pforten der Wahrnehmung 55
Repräsentationssysteme 56
Bevorzugte Repräsentationssysteme 61
Sprache und Repräsentationssysteme 62
Prädikate 63

Führungssystem 66
Synästhesie, Überlappung und Übersetzung 67
Zugangshinweise der Augen 69
Andere Zugangshinweise 76
Submodalitäten 78

Kapitel 3

Hier geht es um unterschiedliche geistige Zustände, wie sie hervorgerufen werden und wie wir Reize oder Anker anwenden können, um bewußt und willentlich Zugang zu unseren ressourcenreichen mentalen Zuständen zu bekommen.

Physiologische Zustände und emotionale Freiheit 89
Evokation *(elicitation)* 92
Kalibrieren 93
Anker 95
Ankern von Ressourcen 99
Verketten von Ankern 106
Kollabieren von Ankern 107
Veränderung der persönlichen Geschichte 110
Der Schritt in die Zukunft 112
Neue Verhaltensweisen generieren 115

Kapitel 4

Es geht um das Denken in Systemen statt in einfachen Ursache-Wirkungs-Zusammenhängen. Einige der neuesten Arbeiten von Robert Dilts werden vorgestellt: wie [im Modell der logischen Ebenen, Anm. d. Übers.] Umwelt, Verhalten, Fähigkeiten, Glaubenssätze und Identität zusammenspielen.

Schleifen und Systeme 117
Schleifen des Lernens 122
Von Versagen zum Feedback 124
Ebenen des Lernens 125
Beschreibungen der Realität 128
Dreifache Beschreibung 128
Robert Dilts' Theorie des Vereinigten Feldes im NLP ... 130
Glaubenssätze und Einstellungen 137

Inhalt

Kapitel 5

Beschreibt, wie Sprache unserer Erfahrung Grenzen setzt und wie wir über diese Beschränkungen hinwegkommen. Die Muster des Meta-Modells sind eine Möglichkeit, Schlüsselfragen zu stellen und zu klären, was Menschen sagen.

Worte und Bedeutungen 143
Laut denken 146
Wörtern Sinn geben – Das Meta-Modell 147
Alles sagen – Die Tiefenstruktur 148
Unspezifische Substantive 151
Unspezifische Verben 152
Vergleiche 153
Bewertungen 154
Nominalisierungen 155
Modaloperatoren der Möglichkeit 157
Modaloperatoren der Notwendigkeit 159
Universelle Quantifizierungen 161
Komplexe Äquivalenz 164
Vorannahmen 164
Ursache und Wirkung 166
Gedankenlesen 167

Kapitel 6

Wie man Sprache in kunstvoll vager Weise anwenden kann, so daß sie mit der Erfahrung anderer Menschen in Einklang ist und ihnen erlaubt, Zugang zu ihren unbewußten Ressourcen zu bekommen – dies ist im sogenannten Milton-Modell beschrieben, das nach dem berühmten Hypnotherapeuten Milton Erickson benannt wurde. Dieses Kapitel enthält einen Abschnitt über die Metapher, einen weiteren über die Veränderung der Bedeutung von Erfahrungen, einen dritten über die subjektive Wahrnehmung der Zeit.

Uptime und Downtime 175
Das Milton-Modell 178
Pacing und Leading 180

Die Suche nach Bedeutung 182
Ablenken und Nutzbarmachen des Bewußtseins 183
Linke und rechte Gehirnhälfte 185
Zugang zum Unbewußten und seinen Ressourcen 187
Metapher. 190
Der Prinz und der Zauberer 196
Reframing und die Transformation von Bedeutung 199
Kontext-Reframing 202
Inhalts-Reframing. 203
Absicht und Verhalten. 205
Reframing in sechs Schritten *(six step reframing)* 206
Zeitlinien *(time lines)* 211
In der Zeit und durch die Zeit 216
Mit der Zeit sprechen 218

Kapitel 7

Untersucht weitere NLP-Muster inklusive Konflikt, Alignment (innere Ausrichtung), Werte und Flexibilität im geschäftlichen Kontext. Wie man Meetings effektiver gestalten kann und wie man in schwierigen Situationen Einigung erzielt.

Konflikt und Kongruenz 221
So identifizieren Sie Ihr Kongruenzsignal 222
So identifizieren Sie Ihr Inkongruenzsignal 223
Werte und Kriterien 224
Kriterienhierarchie 227
Hinauf- und hinabsteigen 229
Verkauf 233
Rahmen 234
Konferenzen, Sitzungen, Besprechungen 237
Verhandlung 242

Kapitel 8

Widmet sich der Anwendung des NLP in Therapie und persönlicher Veränderungsarbeit und beschreibt drei klassische NLP-Techniken: den Swish, die Phobie-Technik und die Lösung innerer Konflikte.

Inhalt

Psychotherapie 249
Veränderung erster Ordnung 250
Die Phobie-Technik 252
Das Swish-Muster 256
Veränderung zweiter Ordnung 259
Innerer Konflikt 260

Kapitel 9

In diesem Kapitel geht es um unsere Denkstrategien. Es werden einige praktische Beispiele gegeben, einschließlich der berühmten NLP-Buchstabierstrategie, einer Strategie für musikalisches Gedächtnis und einer Kreativitätsstrategie, die nach Walt Disney modelliert wurde.

Die ersten Modelle 263
Modellieren 265
Metakognition – Metawissen 267
Strategien 268
Ein Erfolgsrezept 269
Musikstrategie 272
Gedächtnisstrategie 275
Buchstabierstrategie 278
Kreativitätsstrategie 281
Beschleunigtes Lernen (*accelerated learning*) 287
Benutzeranleitung 289

Nachwort 293

Dies ist eine kurze, spekulative Darlegung dessen, wie NLP die Veränderungen in unserer Kultur reflektiert; wie der Veränderungsprozeß in der inneren Welt der Gedanken die zunehmende Geschwindigkeit der Veränderungen in der äußeren Welt spiegelt.

Anhang

Investieren für sich selbst 299
Wie finden Sie Ihren NLP Kurs? 302
NLP-Institute und -Organisationen in aller Welt 305
Informationsquellen zum NLP-Training
im deutschsprachigen Raum 316
Weitere NLP-Informationsangebote 318
Ein Leitfaden zur NLP-Literatur 319
Fachwörterverzeichnis 337
Stichwortverzeichnis 352
Über die Autoren 356

Vorwort

Es ist immer eine Freude zu sehen, wie ernsthafte Schüler, die sich dem NLP gewidmet haben, ihr Talent einsetzen. In diesem Fall haben Joseph O'Connor und John Seymour die ausgezeichnete Leistung vollbracht, grundlegende Prinzipien und Instrumente des NLP in einer leicht zugänglichen Form darzustellen. Das Buch ist in einem humorvollen, erzählenden Stil geschrieben und bewahrt doch zugleich den Reichtum und den hohen Anspruch der Materie, die darin vorgestellt wird. Auf diese Weise erfüllt es Albert Einsteins berühmtes Diktum: „Man sollte alles so einfach wie möglich machen, aber nicht einfacher."

Noch wichtiger ist, daß dieses Buch eine Einführung und einen Überblick des NLP bietet, die *up to date* sind, einfach hochaktuell. Es umfaßt einerseits die jüngsten Entwicklungen auf diesem Gebiet und bespricht andererseits gleichermaßen die wichtigsten Grundlagen des NLP. Gratulation an zwei Menschen, die dem NLP den Boden bereiten für das kommende Jahrzehnt!

Robert B. Dilts
Santa Cruz, Kalifornien
Dezember 1989

Geleitwort

*Vernünftige Menschen passen sich an die Welt an.
Unvernünftige Menschen passen die Welt an sich an.
Deswegen hängt aller Fortschritt von unvernünftigen
Menschen ab.*
George Bernard Shaw

Wenn Geschichte geschrieben wird, so hat das sehr viel gemeinsam mit dem Loblied des Anbieters der neuesten Wunderkur, mit dem *understatement* eines Diplomaten und dem Plädoyer eines Verteidigers. Wie könnte es auch anders sein?

Die mündlichen Überlieferungen von Menschen in unberührten Kulturen vor Einführung der Schriftsprache sind sowohl eine Erleichterung als auch eine Herausforderung: eine Erleichterung in ihrer Regelmäßigkeit und dem unumgänglichen Fluß von Ereignissen; eine Herausforderung für die Sänger, die Zeugen des Chaos, das ja schließlich in das Versmaß und die Länge ihrer gesungenen Chronik eingepaßt werden muß. Kein Zweifel, nach einer gewissen Zeit befällt sie ein gesegnetes Vergessen, und sie singen mit äußerster Überzeugung.

Gregory Bateson warnt uns vor dem tödlichen Dreieck aus Technologie, der Neigung unserer Spezies, natürliche und lebendige Zusammenhänge (den Wald des Amazonasbeckens) durch künstliche (die Straßen von New York) zu ersetzen, und dem Planen allein auf der Ebene des Bewußtseins, ohne das Gegengewicht unbewußter Prozesse. Tom Malloy korrigiert (in seinem brillanten Roman *The Curtain of Dawn*) den Versprecher von Charles Darwin, der sagte: *survival of the fittest* (Überleben der Stärksten), wo er richtiger hätte sagen sollen: *survival of the fitters* (Überleben der geschickten Techniker).

Diese zwei Männer, O'Connor und Seymour, haben sich auf den Weg gemacht, aus einem unerhörten Abenteuer eine zusammenhängende Geschichte zu machen. Der Dschungel, durch den Richard und ich auf unseren Entdeckungsreisen gewandert sind, ist bizarr und voller Wunder. Diese feinen Herren mit besten Absichten zeigen Ihnen Einblicke in einen englischen Rosengarten, ordentlich geschnitten und sauber. Sowohl der Dschungel als auch der Rosengarten haben jeweils ihre eigenen, besonderen Reize.

Die Geschichte, die Sie hier lesen werden, hat nie stattgefunden, aber sie erscheint annehmbar, selbst für mich.

John Grinder
Dezember 1989

Wie der schöpferische Komponist sind einige Menschen talentierter zum Leben als andere. Sie haben Einfluß auf jene, die um sie sind, aber der Erkenntnisprozeß endet hier, denn es gibt keine Möglichkeit, mit „technischen" Begriffen zu beschreiben, was sie da tun; der größte Teil davon liegt außerhalb des Bewußtseins. Irgendwann in der Zukunft, nach langer, langer Zeit, wenn die Kultur auf umfassendere Weise erforscht ist, wird es etwas Ähnliches geben wie Partituren in der Musik, die erlernt werden können, differenziert für die verschiedenen Persönlichkeitstypen von Mann oder Frau in unterschiedlichen Berufen oder Beziehungen, Zeiten, Lebensräumen, für Arbeit und Spiel. Wir sehen heute Menschen, die erfolgreich und glücklich sind, die in Berufsfeldern arbeiten, die lohnenswert und produktiv sind. Welches sind die grundlegenden Werkzeuge, die Ursprungsvariablen, die Muster, die das Leben dieser Menschen von dem Leben derer unterscheiden, die weniger vom Glück begünstigt sind? Wir brauchen ein Mittel, damit wir das Leben ein bißchen weniger dem Zufall überlassen müssen und mehr Freude daran haben.

Edward T. Hall,
The Silent Language (Greenwich/Connecticut 1961)

Einleitung

Dieses Buch ist eine Einführung und Anleitung für das Gebiet, das als *Neurolinguistisches Programmieren* oder NLP bekannt ist. NLP ist die Kunst und Wissenschaft von persönlicher Vervollkommnung, von erfolgreicher Kommunikation und Höchstleistungen *(excellence)*, die entstand, als untersucht wurde, wie Spitzenleute in unterschiedlichen Bereichen ihre außergewöhnlichen Ergebnisse erzielen. Diese Kommunikationsfertigkeiten kann jedermann lernen, um die eigene Wirksamkeit, persönlich wie beruflich, zu verbessern.

Dieses Buch beschreibt viele der Modelle von Vervollkommnung, die NLP-Anwender in den Bereichen der Kommunikation, der Wirtschaft, der Schule und Erziehung und der Therapie entwickelt haben. Der Ansatz ist praktisch und praktikabel, er bringt Ergebnisse und hat weltweit zunehmenden Einfluß in vielen Fachdisziplinen.

NLP wächst immer weiter und entwickelt immer neue Ideen. Wir, die Autoren, sind uns bewußt, daß im Gegensatz dazu Bücher abgeschlossen und statisch sind. Jedes Buch ist als Aussage bezogen auf die Zeit, in der es geschrieben wurde. Es ist ein Schnappschuß des Gegenstandes. Daß ein Mensch morgen anders ist, ist jedoch kein Grund, heute *kein* Foto zu machen.

Betrachten Sie dieses Buch als eine erste Stufe, die es Ihnen erlaubt, ein neues Gebiet zu betreten und zu erforschen und die aufregende Reise des Lebens fortzusetzen. Es spiegelt das persönliche Verständnis wider, das die Autoren von NLP haben, und ist keine definitive oder offizielle Version. Solch eine Version wird es aufgrund der Eigenart des NLP niemals geben. Dies ist eine Einführung, und wir haben aus vielen Möglichkeiten das ausgewählt, was wir hineinnehmen und was wir auslassen wollten. Das Ergebnis ist eine von vielen möglichen Arten, die Materie darzustellen.

NLP ist ein Modell davon, wie Individuen ihre einzigartigen Lebenserfahrungen strukturieren. Es ist nur eine Möglichkeit, die phantastische und wunderbare Komplexität menschlichen Denkens und menschlicher Kommunikation zu betrachten und zu organisieren. Wir hoffen, daß diese Beschreibung des NLP durch die Tatsache, daß *zwei* Autoren schreiben, eine Tiefe erreicht, die nur einem Autor nicht möglich wäre. Tiefe wird dadurch wahrgenommen, daß man *beide* Augen auf ein Objekt richtet. Die Welt ist flach, wenn sie nur mit einem Auge allein betrachtet wird.

NLP steht für eine Geisteshaltung und eine Weise, in der Welt zu sein, die nicht angemessen in einem Buch weitergegeben werden kann,- wenn man auch eine gewisse Ahnung davon bekommt, indem man zwischen den Zeilen liest. Die Freude an einem wunderbaren Musikstück entsteht, wenn man es hört, und nicht dadurch, daß man sich die Partitur anschaut.

NLP ist praktisch und praktikabel. Es ist eine Zusammenstellung von Modellen, Fertigkeiten und Techniken für effizientes Denken und Handeln in der Welt. Der Zweck des NLP ist es, nützlich zu sein, die Wahlmöglichkeiten zu erweitern und die Qualität des Lebens zu verbessern. Die wichtigsten Fragen, die Sie sich bei all dem stellen können, was Sie in diesem Buch finden, sind: „Ist es nützlich? Funktioniert es?" Finden Sie heraus, was nützlich und wirksam ist, indem Sie es ausprobieren. Wichtiger noch: Finden Sie heraus, wo es *nicht* wirkt, und dann verändern Sie es, bis es wirkt. Das ist der Geist des NLP.

Unser Ziel beim Schreiben dieses Buches ist, einen Wunsch zu erfüllen, den wir in Gesprächen mit einer wachsenden Zahl von Menschen wahrgenommen haben, die sich für NLP interessieren. Wir machten uns auf, ein Buch zu schreiben, das einen Überblick über dieses Gebiet geben sollte. Es sollte unsere Begeisterung mit-teilen über die Einsichten in die Art und Weise, wie Menschen denken, und über die Veränderungen, die möglich sind. Es sollte möglichst viele der nützlichsten Fertigkeiten, Muster und Techniken als Werkzeuge der Veränderung in einer sich verändernden Welt zur Verfügung stellen. Nach dem ersten Lesen sollte es darüber hinaus als Nachschlagewerk dienen. Es sollte praktische Hilfestellung zum Kauf anderer NLP-Bücher für besondere Interessen und Anwendungsbereiche geben. Und es sollte Hilfe zur Auswahl von NLP-Trainingskursen anbieten.

Dieses Ziel war so anspruchsvoll, daß sich angesichts der ‚schwer faßbaren Offensichtlichkeit' des NLP keiner von uns bereit fand, es allein anzugehen. Wir faßten genügend Mut, als wir unsere Ressourcen miteinander kombinierten. Wie erfolgreich wir damit waren, hängt davon ab, wie nützlich Sie dieses Buch finden.

Wir möchten Sie insbesondere ermutigen, selbst noch mehr auf dem Gebiet des NLP zu erkunden und diese wirkungsvollen Ideen mit Integrität und Respekt für sich selbst und andere zu nutzen, um mehr Wahlmöglichkeiten und Glück in Ihr persönliches und berufliches Leben zu bringen und auch in das Leben anderer Menschen.

Ursprünglich hatten wir ein Kapitel mit Berichten darüber geplant, wie Menschen NLP entdeckten und welche Erfahrungen sie bei der Anwendung machten. Schnell erkannten wir dann, daß dies nicht funktionieren würde; Erfahrungen aus zweiter Hand haben zwar unterhaltenden Wert, aber geringen direkten Einfluß. Statt dessen legen wir Ihnen im Geiste des NLP nahe, Ihr eigenes Kapitel mit interessanten Erfahrungen bei der Anwendung des NLP zu schreiben. NLP erlebt man am besten ‚live'. Lesen Sie die Speisekarte, und wenn Sie mögen, was Sie lesen, dann genießen Sie das Mahl.

Eine Fotografie war nie der Mensch.
Ein erster Schritt ist nicht die Reise.
Eine Partitur ist nicht der Klang.
Es gibt keine Magie, nur Magier und
die Wahrnehmung der Menschen.

Danksagung und Würdigung

Wir möchten vielen Menschen danken, die uns inspiriert haben und uns bei diesem Buch halfen.

Zuerst möchten wir den Begründern des NLP· Achtung und Anerkennung aussprechen, Richard Bandler und John Grinder.

Wir möchten John Grinder auch dafür danken, daß er das Manuskript gelesen und uns sehr hilfreiche Rückmeldung gegeben hat, die wir mit eingebaut haben. Dank auch, daß er das Geleitwort geschrieben hat.

Wir möchten des weiteren den vielen anderen Menschen Achtung und Anerkennung aussprechen, die die Ideen weiterentwikkelt haben, besonders Robert Dilts, der im letzten Jahrzehnt die Entwicklung des NLP in vielen Richtungen beeinflußt hat. Unser Dank und unsere Würdigung gilt Robert für die Erlaubnis, sein Material über Strategien und das Vereinigte Feld zu benutzen. Er hat uns besonders geholfen, hat uns frei an seinen Ideen teilhaben lassen und uns außerordentlich inspiriert.

David Gaster hat uns ebenfalls viel Hilfe und Ermutigung für dieses Buch gegeben. Danke David, mögen Deine Flüge Dir immer eine Freude sein.

Wir möchten weiterhin Sue Quilliam und Ian Grove-Stevenson danken, daß sie uns zu Beginn auf die richtige Fährte gesetzt haben.

Unser Dank geht an Norah McCullagh für viel Schreibarbeit, an Francis Vine für ihre Nachforschungen, an Michael Breen für seine Hilfe bei der Zusammenstellung der Informationen über NLP-Bücher und an Carole Marie und Ruth Trevenna für Hinweise und Unterstützung in schwierigen Zeiten.

Vielen Dank an Eileen Campbell und Elizabeth Hutchins beim Verlag Thorsons für ihre Unterstützung und Anteilnahme.

Unsere Danksagung an John Fowles und Anthony Sheil Associates Ltd. für ihre Erlaubnis, *The Prince and the Magician* aus

The Magus von John Fowles zu zitieren (erschienen bei Jonathan Cape and Sons).

Und schließlich schulden wir unseren Dank den Erfindern dieser wundervollen Maschine, des Macintosh-Computers, der das Schreiben dieses Buches um vieles leichter gemacht hat.

Joseph O'Connor
John Seymour
August 1989

Kapitel 1

Was ist Neurolinguistisches Programmieren?

Als ich so dasaß und darüber nachdachte, wie ich dieses Buch beginnen sollte, erinnerte ich mich an eine Begegnung mit einem Freund einige Tage zuvor. Wir hatten uns lange nicht gesehen, und nach der üblichen Begrüßung fragte er mich, was ich gerade tue. So erzählte ich, ich sei dabei, ein Buch zu scheiben.

„Toll", sagte er. „Wovon handelt es?" Ohne darüber nachzudenken, anwortete ich: „Vom Neurolinguistischen Programmieren."

Es entstand eine kleine, aber bedeutungsvolle Pause. „Wünsch' ich dir auch", sagte er. „Wie geht's deiner Familie?"

Auf gewisse Weise war meine Antwort sowohl richtig als auch falsch. Wenn ich das Gespräch hätte abbrechen wollen, hätte das perfekt funktioniert.

Dieses Buch handelt in der Tat von einer Art des Denkens über Ideen und Menschen, die unter der Bezeichnung Neurolinguistisches Programmieren läuft. Mein Freund wollte jedoch wissen, was ich zur Zeit gerade mache, und zwar in einer Art und Weise, die er verstehen und mit mir teilen konnte. Und er konnte meine Antwort nicht auf irgend etwas beziehen, das ihm bekannt war. Ich wußte, wovon ich sprach, aber ich hatte es nicht in einer Weise ausgedrückt, die er verstehen konnte. Meine Antwort hatte seine wirkliche Frage nicht beantwortet.

Was ist denn NLP? Was sind die Ideen, die sich hinter dieser Bezeichnung, diesem Etikett verbergen? Als mich das nächste Mal jemand fragte, wovon mein Buch handele, sagte ich, es gehe um eine Methode, mit der man erforschen kann, wie Menschen sich in jedem nur denkbaren Bereich auszeichnen, und darum, wie man diese Muster anderen Menschen beibringen kann.

NLP ist die Kunst und Wissenschaft von persönlicher Vervollkommnung, von effizienter Kommunikation und Höchstleistungen. [Anm. d. Übers.: Das englische *personal excellence* ist im NLP ein Idiom, ein Kernbegriff, der im Deutschen nur sehr umständlich mit „persönlichen Glanz- oder Höchstleistungen, Vortrefflichkeit, Sich-Auszeichnen, Hervorragend- oder Genial-Sein" zu übersetzen ist. In der vorliegenden Übersetzung werden je nach Zusammenhang die verschiedenen darin enthaltenen Aspekte genannt.] „Kunst" deshalb, weil jeder seine einmalige Persönlichkeit und seinen Stil in das einbringt, was er tut, und dies kann nie in Worten oder Techniken erfaßt werden. „Wissenschaft" deshalb, weil es eine Methode und ein Verfahren gibt, die Muster zu entdecken, die von herausragenden Individuen in allen nur möglichen Bereichen genutzt werden, um hervorragende Ergebnisse zu erzielen. Dieses Verfahren nennt man *modelling*, „Modellbildung" oder *Modellieren*, und die Muster, Fertigkeiten und Techniken, die dadurch entdeckt wurden, werden zunehmend in Beratung, Erziehung und Bildung und in der Geschäftswelt zur effektiveren Kommunikation, zu persönlichem Wachstum und zu beschleunigtem Lernen angewandt.

Haben Sie jemals etwas so elegant und effektiv gemacht, daß es Ihnen den Atem nahm? Haben Sie Augenblicke erlebt, als Sie von dem, was sie gemacht hatten, wirklich begeistert waren und sich fragten, wie Sie es denn geschafft hätten? NLP zeigt Ihnen, wie Sie ihre eigenen Erfolge verstehen und modellieren können, so daß Sie noch viel öfter solche Augenblicke erleben können. Es ist ein Weg, Ihre persönliche Genialität zu entdecken und zu entfalten, eine Weise, das Beste, was in Ihnen selbst und in anderen steckt, ans Licht zu bringen.

NLP ist eine praktische Fertigkeit, die uns die Ergebnisse bringt, die wir wirklich erreichen wollen in dieser Welt, während wir gleichzeitg etwas Wertvolles für andere schaffen. Es ist das Erforschen dessen, was den Unterschied ausmacht zwischen dem Hervorragenden und dem Durchschnittlichen. Und es hinterläßt dabei eine Spur äußerst effizienter Techniken für den Erziehungsbereich, für Beratung und Therapie und für die Geschäftswelt.

Santa Cruz, Kalifornien, 1972

NLP entstand in den frühen siebziger Jahren aus der Zusammenarbeit von John Grinder, zu dieser Zeit Assistenzprofessor der Linguistik an der University of California in Santa Cruz, und Richard Bandler, Student der Psychologie an dieser Universität. Richard Bandler hatte großes Interesse an Psychotherapie. Gemeinsam untersuchten sie drei Spitzen-Therapeuten: Fritz Perls, den innovativen Psychotherapeuten und Begründer der Therapierichtung, die als Gestalttherapie bekannt ist; Virginia Satir, die außergewöhnliche Familientherapeutin, die unbeirrbar in der Lage war, schwierige Familienbeziehungen aufzulösen, die viele andere Therapeuten unlösbar fanden; und Milton Erickson, den weltbekannten Hypnotherapeuten.

Bandler und Grinder hatten nicht die Absicht, eine neue Therapieschule zu begründen, sondern sie wollten die Muster identifizieren, die herausragende Therapeuten benutzen, und diese Muster an andere Menschen weitergeben. Sie gaben sich nicht mit Theorien ab; sie produzierten Modelle erfolgreicher Therapie, die in der Praxis funktionierten und anderen beigebracht werden konnten. Die drei Therapeuten, die sie modellierten, waren sehr unterschiedliche Persönlichkeiten, aber sie benutzten erstaunlich ähnliche Grundmuster. Bandler und Grinder nahmen diese Muster, verfeinerten sie und bildeten daraus ein elegantes Modell, das anwendbar ist für effektive Kommunikation, persönliche Veränderung, beschleunigtes Lernen und natürlich dazu, größeren Genuß und Freude im Leben zu haben. Sie legten ihre ursprünglichen Entdeckungen in vier Büchern nieder, die zwischen 1975 und 1977 veröffentlicht wurden: *The Structure of Magic, vol. 1 and 2* (dt.: *Metasprache und Psychotherapie. Die Struktur der Magie I*, 1981, und *Kommunikation und Veränderung. Die Struktur der Magie II*, 1982; siehe Anhang) sowie *Patterns of the hypnotic techniques of Milton H. Erickson, M.D., vol. 1 and 2* (nicht ins Deutsche übersetzt). Die NLP-Literatur wächst seitdem mit zunehmender Geschwindigkeit.

Zur damaligen Zeit lebten John und Richard in der Nähe von Gregory Bateson, dem britischen Anthropologen, der über Kommunikation und Systemtheorie schrieb. Bateson hatte bereits über viele verschiedene Themen geschrieben: Biologie, Kybernetik, Anthropologie und Psychotherapie. Er ist wohl am meisten bekannt geworden durch die Entwicklung der Doppelbindungstheorie der Schizophrenie *(double bind theory)*. Sein Beitrag zum NLP war tiefgreifend. Vielleicht wird erst jetzt allmählich klar, wie einflußreich er tatsächlich war.

Ausgehend von diesen ursprünglichen Modellen entwickelte sich das NLP in zwei einander ergänzende Richtungen: erstens als ein Verfahren zur Entdeckung der Muster von Glanzleistungen in jedem nur möglichen Bereich; zweitens als Zusammenstellung der effektiven Möglichkeiten des Denkens und Kommunizierens, die herausragende Menschen nutzen. Diese Muster und Fertigkeiten können personenunabhängig als solche angewandt und auch wieder in den Prozeß der Modellbildung eingebracht werden, um ihn noch wirksamer zu machen. 1977 hielten John und Richard sehr erfolgreiche öffentliche Seminare überall in den USA. NLP wuchs schnell; in den Vereinigten Staaten haben heute rund 100.000 Menschen irgendeine Art von NLP-Training absolviert.

Santa Cruz, 1976

Im Frühling des Jahres 1976 trafen sich John und Richard in einem Blockhaus hoch in den Bergen oberhalb von Santa Cruz und trugen die Erkenntnisse und Entdeckungen, die sie gemacht hatten, zusammen. Gegen Ende einer sechsunddreißigstündigen Marathonsitzung ließen sie sich mit einer Flasche kalifornischen Rotweins nieder und fragten sich: „Wie um alles in der Welt sollen wir dies nennen?"

Das Ergebnis war „Neurolinguistisches Programmieren", ein umständlicher Ausdruck, der drei einfache Gedanken enthält.

Der „Neuro"-Teil von NLP würdigt die fundamentale Idee, daß alles Verhalten sich aus unseren neurologischen Prozessen des Sehens, Hörens, Riechens, Schmeckens, Berührens und Empfindens ableitet. Wir erfahren die Welt durch unsere fünf Sinne; wir geben der Information „Sinn" oder „Bedeutung" und handeln dementsprechend. Unsere Neurologie umfaßt nicht nur unsere unsichtbaren Gedankenprozesse, sondern auch unsere sichtbaren, physiologischen Reaktionen auf Gedanken und Ereignisse. Das eine reflektiert ganz einfach das andere auf der körperlichen Ebene. Körper und Geist bilden eine untrennbare Einheit, ein menschliches Wesen.

Der „linguistische" Teil des Namens zeigt an, daß wir Sprache benutzen, um unsere Gedanken und unser Verhalten zu ordnen und um mit anderen zu kommunizieren. Das „Programmieren" bezieht sich auf die Wege, die wir wählen können, um unsere Gedanken und Handlungen so zu organisieren, daß sie Ergebnisse erzielen.

NLP handelt von der Struktur der subjektiven Erfahrung des Menschen; wie wir das strukturieren, was wir sehen, hören und fühlen, und wie wir die Außenwelt auf dem Weg durch unsere Sinneskanäle bearbeiten und filtern. Es erforscht weiterhin, wie wir die Welt mit Sprache beschreiben und wie wir uns verhalten, sei es absichtsvoll oder unbeabsichtigt, um Ergebnisse hervorzubringen.

Karten und Filter

Wie auch immer die Außenwelt tatsächlich sein mag, wir nutzen unsere Sinne, um sie zu erforschen und (Land-) *Karten* davon anzulegen. Die Welt ist eine Unendlichkeit aus möglichen Sinneseindrücken, und wir können nur einen sehr kleinen Teil davon wahrnehmen. Der Teil, den wir wahrnehmen können, wird weiter gefiltert durch unsere einzigartigen Erfahrungen, unsere Kultur, Glaubenssätze oder Einstellungen, Werte, Interessen und Annahmen. Jeder Mensch lebt in seiner einzigartigen Welt, die auf seine Sinneseindrücke und individuellen Lebenserfahrungen gegründet ist, und wir handeln auf der Basis dessen, was wir wahrnehmen: das ist unser *Modell der Welt*.

Die Welt ist so unermeßlich und reich, daß wir sie vereinfachen müssen, um ihr Bedeutung zu verleihen. Karten entwerfen ist eine gute Analogie für das, was wir tun; so geben wir der Welt Bedeutung. Karten sind selektiv, sie lassen ebensosehr Information aus, wie sie Information geben, und sie sind von unschätzbarem Wert für die Erforschung eines Gebietes. Die Art der Karte, die man anlegt, hängt davon ab, was man wahrnimmt und was man erreichen will.

Die Landkarte ist nicht das Gebiet, das sie darstellt. Wir richten unsere Aufmerksamkeit auf jene Aspekte der Welt, die uns interessieren, und ignorieren andere. Die Welt ist immer reicher als die Gedanken, die wir über sie haben. Die Filter, die wir unserer Wahrnehmung aufsetzen, bestimmen, in welcher Art Welt wir leben. Es gibt eine Geschichte von Picasso, der von einem Fremden angesprochen und gefragt wurde, warum er die Dinge nicht so male, wie sie wirklich seien.

Picasso schaute leicht irritiert. „Ich verstehe nicht ganz, was Sie meinen", entgegnete er.

Der Mann holte eine Fotografie seiner Frau hervor. „Schauen Sie", sagte er, „so meine ich es. So sieht meine Frau wirklich aus."

Picasso blickte ihn zweifelnd an. „Sie ist aber sehr klein, nicht wahr? Und ein bißchen dünn und flach?"

Ein Künstler, ein Holzfäller und ein Botaniker, die in einem Wald spazieren gehen, machen sehr unterschiedliche Erfahrungen und nehmen sehr unterschiedliche Dinge wahr. Wenn Sie durch die Welt gehen und nach persönlichen Glanzleistungen Ausschau halten, werden Sie Glanzleistungen finden. Wenn Sie durch die Welt gehen und nach Problemen Ausschau halten, werden Sie Probleme finden. Oder wie das arabische Sprichwort es ausdrückt: „Wie ein Stück Brot aussieht, hängt davon ab, ob du hungrig bist oder nicht."

Karten und Filter

Sehr eingeschränkte Einstellungen, Interessen und Wahrnehmungen lassen die Welt verarmen, machen sie vorhersagbar und langweilig. Genau dieselbe Welt kann reich und aufregend sein. Der Unterschied liegt nicht in der Welt, sondern in den Filtern, durch die wir sie wahrnehmen.

Wir haben viele natürliche, nützliche und notwendige Filter. Sprache ist ein Filter. Es ist eine Karte unserer Gedanken und Erfahrungen, die eine weitere Ebene von der realen Welt entfernt ist. Denken Sie einen Augenblick darüber nach, was das Wort „Schönheit" für Sie bedeutet. Kein Zweifel, Sie haben viele Erinnerungen und Erfahrungen, innere Bilder, Klänge und Gefühle, die Sie einen Sinn mit diesem Wort verbinden lassen. Entsprechend wird jemand anders andere Erinnerungen und Erfahrungen haben und auf andere Weise über dieses Wort denken. Wer hat recht? Sie beide, jeder in seiner eigenen Realität. Das Wort ist nicht die Erfahrung, die es beschreibt, aber Menschen kämpfen und sterben manchmal sogar in dem Glauben, daß die Landkarte das Gebiet sei.

Auch unsere Einstellungen, unsere *Glaubenssätze* wirken als Filter, die uns dazu veranlassen, auf bestimmte Weise zu handeln und manche Dinge auf Kosten anderer wahrzunehmen. NLP bietet *einen* Weg, über uns selbst und die Welt zu denken; es ist selbst ein Filter. Um NLP zu nutzen, brauchen Sie keine Ihrer Einstellungen oder Werte zu verändern; seien Sie einfach nur neugierig und bereit zu experimentieren. Alle *Generalisierungen* über Menschen sind Lügen über irgend jemanden, denn jeder Mensch ist einzigartig. Daher nimmt NLP nicht für sich in Anspruch, objektiv wahr zu sein. Es ist ein Modell, und Modelle sind dazu bestimmt, nützlich zu sein.

Es gibt einige grundlegende Ideen im NLP, die sehr nützlich sind. Wir laden Sie ein, sich so zu verhalten, als seien sie wahr, und den Unterschied wahrzunehmen, den dies macht. Indem Sie Ihre Filter verändern, können Sie Ihre Welt verändern. Ein Grundsatz ist, daß es kein Versagen gibt, nur Ergebnisse. Diese können als Feedback, als Rückmeldung genutzt werden, als eine glänzende Gelegenheit, etwas zu lernen, was Ihnen bisher noch nicht aufgefallen war. „Versagen" ist einfach nur eine Art, etwas zu beschreiben, was Sie nicht wollten. Daher ist keiner ein Versager, wir alle funktionieren perfekt im Produzieren von Ergebnissen. Es mag jedoch sein, daß die Ergebnisse, die wir produzieren, nicht das sind, was wir wollen oder mögen. Und sie sind möglicherweise nicht gut für uns oder andere.

Eine weitere nützliche Idee ist, daß wir alle die inneren *Ressourcen* haben oder entwickeln können, die wir brauchen, um unsere Ziele zu erreichen. Wenn Sie so tun, als sei dies wahr, werden Sie mit höherer Wahrscheinlichkeit Erfolg haben, als wenn Sie das Gegenteil glauben.

Lernen, Verlernen und Wiedererlernen

Obwohl wir *bewußt* nur einen sehr kleinen Teil der Information aufnehmen können, die die Welt uns anbietet, nehmen wir viel mehr wahr und reagieren darauf, *ohne* uns dessen bewußt zu sein. Unser Bewußtsein ist sehr begrenzt und scheint maximal sieben Variable oder Informationseinheiten zum gleichen Zeitpunkt verarbeiten zu können. Diese Annahme wurde 1956 von dem amerikanischen Psychologen George Miller in einer klassischen Schrift dargestellt, die den Titel trägt: *The Magic Number Seven, Plus or Minus Two*. Die Informationsstücke haben keine bestimmte Größe, sie können alles beinhalten, vom Autofahren (als komplexer Tätigkeit) bis hin zum bloßen Blick in den Rückspiegel. Eine Art, wie wir lernen, besteht darin, daß wir bewußt zunächst kleine Verhaltensstücke meistern und sie zu immer größeren Einheiten *(chunks)* zusammenfassen, so daß sie zur Gewohnheit und somit *unbewußt* werden. Wir bilden Gewohnheiten, damit wir frei sind, um andere Dinge wahrzunehmen.

Unser Bewußtsein ist also auf sieben plus oder minus zwei Informationseinheiten beschränkt, die entweder aus der inneren Welt unserer Gedanken oder aus der äußeren Welt stammen. Im Gegensatz dazu umfaßt unser Unbewußtes die lebenspendenden Prozesse unseres Körpers und alles, was wir gelernt haben, unsere früheren Erfahrungen und all das, was wir wahrnehmen könnten, was wir aber zum gegenwärtigen Zeitpunkt nicht wahrnehmen. Das Unbewußte ist viel weiser als das Bewußtsein. Der Gedanke, daß wir in der Lage wären, eine unendlich komplexe Welt zu verstehen mit einem Bewußtsein, das nur sieben Informationseinheiten auf einmal verarbeiten kann, ist offensichtlich lächerlich.

Die Begriffe des Bewußten und des Unbewußten sind zentral für dieses Modell des Lernens. Im NLP ist etwas bewußt, wenn es im gegenwärtigen Bewußtsein, im Bereich der augenblicklichen Aufmerksamkeit ist, wie dieser Satz jetzt. Etwas ist unbewußt, wenn es nicht in der gegenwärtigen Aufmerksamkeit, dem Bewußtsein ist. Die Hintergrundgeräusche, die Sie hören können, waren Ihnen wahrscheinlich unbewußt, bis Sie diesen Satz gelesen haben. Die Erinnerung an das erste Mal, daß Sie Schnee gesehen haben, ist mit hoher Wahrscheinlichkeit außerhalb Ihrer bewußten Erinnerung. Wenn Sie jemals einem kleinen Kind dabei geholfen haben, Fahrrad fahren zu lernen, wird Ihnen bewußt geworden sein, wie unbewußt doch diese Fähigkeit bei Ihnen selbst geworden ist. Und der Prozeß, mit dem Sie Ihre letzte Mahlzeit in Haare und Fußnägel verwandelt haben, also Ihr Stoffwechsel, bleibt wahrscheinlich für immer unbewußt. Wir leben in einer Kultur, die glaubt, daß wir das meiste, was wir tun, bewußt tun. Doch den größten Teil dessen, was wir tun, und vor allem dessen, was wir am besten tun, machen wir unbewußt.

Die traditionelle Sicht ist, daß das Erlernen einer Fertigkeit sich in vier Stadien unterteilt. Die erste ist unbewußte Inkompetenz. Sie wissen nicht nur nicht, wie etwas zu tun ist, sondern Sie wissen auch nicht, daß Sie dies nicht wissen. Wenn Sie zum Beispiel noch nie selbst ein Auto gesteuert haben, dann haben Sie keine Ahnung, wie das ist.

Also beginnen Sie zu lernen. Sehr bald entdecken Sie Ihre Grenzen. Sie nehmen einige Unterrichtsstunden und achten bewußt auf all die Instrumente, Sie lenken, Sie schalten die Kupplung und beobachten den Straßenverkehr. Das erfordert Ihre gesamte Aufmerksamkeit, Sie sind noch nicht kompetent, und Sie bleiben in den Seitenstraßen. Dies ist die Stufe von bewußter Inkompetenz: wenn Sie die Gänge schleifen lassen, zu hohe Drehzahlen haben oder Radfahrer zum Herzinfarkt bringen. Obwohl dieses Stadium unangenehm ist (besonders für die Radfahrer), ist es die Stufe, auf der Sie am meisten lernen.

Dies führt sie zum Stadium bewußter Kompetenz. Sie können den Wagen fahren, aber es erfordert Ihre gesamte Konzentration. Sie haben die Fertigkeit erlernt, aber noch nicht gemeistert.

Die letzte Stufe, das Ziel der Anstrengung, ist die unbewußte Kompetenz. All diese kleinen Muster, die Sie gelernt haben, verbinden sich sorgfältig und harmonisch zu einer fließenden Verhaltenseinheit. Dann können Sie zur gleichen Zeit fahren, Radio hören, die Landschaft genießen und sich unterhalten. Ihr Bewußtsein setzt das Ziel und überläßt es Ihrem Unbewußten, es auszuführen, so daß ihre Aufmerksamkeit frei ist für andere Dinge.

Wenn Sie etwas lange genug üben, erreichen Sie diese vierte Stufe und bilden Gewohnheiten. An diesem Punkt ist die Fertigkeit unbewußt geworden. Es kann jedoch sein, daß die Gewohnheiten nicht die effektivsten für die Aufgabe sind. Unsere Filter haben uns vielleicht auf dem Weg zur unbewußten Kompetenz einige wichtige Informationen verpassen lassen.

Nehmen Sie mal an, Ihr Tennisspiel ist leidlich gut, und Sie wollen sich verbessern. Der Coach wird Sie wahrscheinlich beim Spiel beobachten und dann beginnen, Dinge zu verändern, zum Beispiel Ihre Beinarbeit oder wie Sie den Schläger halten oder die Art, wie Sie den Schläger in der Luft führen. Mit anderen Worten, er wird das, was für Sie *ein* Verhaltensstück war – einen Vorhandschlag machen – in einige seiner Bestandteile zerlegen und es dann wieder in der Weise zusammenzusetzen, daß Sie eine bessere Vorhand haben. Sie werden rückwärts durch die Lernstadien gehen bis zur bewußten Inkompetenz, und Sie werden verlernen, bevor Sie es neu erlernen. Der einzige Zweck dabei ist, neue Wahlmöglichkeiten einzubauen, effektivere Muster.

Das gleiche passiert, wenn Sie NLP erlernen. Wir haben bereits Kommunikations- und Lernfähigkeiten. NLP bietet Ihnen an, Ihre Fertigkeiten zu verfeinern, und gibt Ihnen mehr Wahlmöglichkeiten und höhere Flexibilität bei ihrer Anwendung.

Die vier Stadien des Lernens
1. Unbewußte Inkompetenz
2. Bewußte Inkompetenz
3. Bewußte Kompetenz
4. Unbewußte Kompetenz

Verlernen geht von 4 nach 2.

Wiedererlernen geht von 2 wieder zurück nach 4, mit mehr Wahlmöglichkeiten.

Wir werden unterschiedliche Modelle des Lernens noch weiter hinten in diesem Buch untersuchen.

Das Drei-Minuten-Seminar

Wenn NLP je in einem Drei-Minuten-Seminar vorgestellt werden müßte, ginge dies ungefähr folgendermaßen. Der Vortragende käme hereinspaziert und würde sagen: „Meine sehr geehrten Damen und Herren, um im Leben erfolgreich zu sein, brauchen Sie sich nur drei Dinge zu merken.

Erstens: Machen Sie sich klar, was Sie wollen; behalten Sie in jeder Situation eine klare Vorstellung von ihrem Ziel.

Zweitens: Seien Sie wachsam und halten Sie Ihre Sinne offen, so daß Sie wahrnehmen, was Sie bekommen.

Drittens: Haben Sie die Flexibilität, das, was Sie tun, so lange zu verändern, bis Sie das bekommen, was Sie wollen."

Dann würde er an die Tafel schreiben:

Ziel
Sinnesschärfe
Flexibilität

Und er würde den Raum verlassen. Ende des Seminars.

Das erste ist die Fertigkeit, Ihr Ziel zu kennen. Wenn Sie nicht wissen, wohin Sie gehen wollen, wird es schwierig, dort anzukommen.

Ein wichtiger Teil des NLP ist das Training der Sinnesschärfe: wohin Sie ihre Aufmerksamkeit richten sollen und wie Sie Ihre Filter verändern und erweitern können, so daß Sie Dinge wahrnehmen, die Ihnen vorher nicht aufgefallen sind. Dies ist die Sinneswahrnehmung im gegenwärtigen Moment.

Wenn Sie mit anderen kommunizieren, bedeutet dies, die kleinen, aber entscheidenden Signale wahrzunehmen, die Sie wissen lassen, wie die anderen reagieren. Wenn Sie denken, das heißt mit sich selbst kommunizieren, bedeutet dies erhöhte Aufmerksamkeit für Ihre inneren Bilder, Töne oder Stimmen und Gefühle.

Sie benötigen die Schärfe oder Sensibilität, um wahrzunehmen, ob Sie mit dem, was Sie tun, das bekommen, was Sie wollen. Wenn das, was Sie machen, nicht funktioniert, tun Sie etwas anderes, irgend etwas anderes. Sie müssen nur hören, sehen und fühlen, was passiert, und eine Auswahl von Reaktionen zur Verfügung haben.

NLP zielt darauf ab, den Menschen mehr Wahlmöglichkeiten für ihr Verhalten zu geben. Nur eine Möglichkeit zur Verfügung zu haben, um etwas zu tun, läßt überhaupt keine Wahl. Manchmal funktioniert es und manchmal nicht, daher gibt es immer Situationen, mit denen Sie nicht umgehen können. Zwei Wahlmöglichkeiten bringen Sie in ein Dilemma. Eine echte Wahl zu haben bedeutet, über ein Minimum von drei Vorgehensweisen zu verfügen. In jeder Interaktion wird die Person, die die meisten Wahlmöglichkeiten und die höchste Flexibilität im Verhalten zur Verfügung hat, die Situation unter Kontrolle haben.

Wenn Sie immer das tun, was Sie schon immer getan haben, werden Sie immer das bekommen, was Sie schon immer bekommen haben. Wenn das, was Sie tun, nicht wirkt, tun Sie etwas anderes.

Je mehr Wahlmöglichkeiten, desto größer die Erfolgschance.

Die Art, in der diese Fertigkeiten zusammenwirken, ist ähnlich wie wenn Sie ein Ruderboot mieten, um ein größeres Gewässer zu erforschen. Sie entscheiden, wohin Sie wollen: Ihr anfängliches Ziel. Sie beginnen zu rudern und achten auf Ihre Richtung: Schärfe der Sinne. Sie vergleichen dies mit dem Ziel, das Sie erreichen wollen, und wenn Sie vom Kurs abgekommen sind, können Sie die Richtung verändern. Sie wiederholen diesen Kreislauf so lange, bis Sie Ihren Bestimmungsort erreicht haben.

Dann legen Sie Ihren nächsten Bestimmungsort fest. Sie können Ihr Ziel an jedem Punkt dieses Zyklus verändern, die Reise genießen und etwas auf dem Weg lernen. Der Kurs wird wahrscheinlich im Zickzack verlaufen. Sehr selten gibt es einen absolut klaren, geraden Weg zu Ihrem Ziel.

Ziele

„Würdest du mir bitte sagen, wie ich von hier aus weitergehen soll?"

„Das hängt zum größten Teil davon ab, wohin du möchtest", sagte die Katze.

„Ach, wohin ist mir eigentlich gleich ...", sagte Alice.

„Dann ist es auch egal, wie du weitergehst", sagte die Katze.

Lewis Carroll, *Alice im Wunderland* (zitiert nach d. dt. Ausg.: *Alice hinter den Spiegeln. Zwei Romane*, übers. u. hrsg. von Christian Enzensberger, Frankfurt 1963)

Lassen Sie uns zu Anfang mit Ergebnissen oder Zielen beginnen. Je präziser und positiver Sie das definieren können, was Sie wollen, und je mehr Sie Ihr Gehirn darauf programmieren können, Wahlmöglichkeiten auszusuchen und wahrzunehmen, desto wahrscheinlicher bekommen Sie, was Sie wollen. Möglichkeiten existieren, wenn sie als Möglichkeiten wahrgenommen werden.

Um das Leben zu leben, das Sie möchten, müssen Sie wissen, was Sie wollen. In der Welt wirkungsvoll zu sein bedeutet, die Ergebnisse zu erzielen, die Sie sich selbst aussuchen. Der erste Schritt ist zu wählen. Wenn Sie es nicht tun, gibt es genügend Leute, die es gerne für Sie übernehmen.

Woher wissen Sie, was Sie wollen? Sie denken es sich aus. Es gibt einige Regeln dafür, die Ihre Erfolgschancen verbessern. In der Sprache des NLP ausgedrückt: Sie wählen ein *wohlgeformtes* Ziel. Das ist ein Ziel, das bezüglich der nachfolgend beschriebenen *Kriterien* wohlgeformt ist.

Erstens muß es *positiv ausgedrückt* sein. Es ist einfacher, sich auf das zuzubewegen, was Sie erreichen wollen, als weg von etwas, das Sie nicht wollen. Sie können jedoch nicht auf etwas zustreben, wenn Sie gar nicht wissen, was es ist.

Beispiel: Denken Sie einen Augenblick lang an ein Känguruh.

Denken Sie jetzt an das Känguruh?

Gut. –

Jetzt hören Sie auf, an ein Känguruh zu denken, während Sie diese Seite zu Ende lesen. Lassen Sie die Vorstellung von einem Känguruh etwa für die nächste Minute nicht in Ihr Bewußtsein kommen. Denken Sie jetzt nicht mehr an das Känguruh? –

✳

Nun denken Sie daran, was Sie morgen tun werden.– Um von dem penetranten Känguruh loszukommen, müssen Sie an etwas anderes denken, das positiv formuliert ist.

Dieser Trick bringt es auf den Punkt, daß das Gehirn ein Negativ nur verstehen kann, wenn es dies in ein Positiv umwandelt. Um etwas zu vermeiden, müssen Sie wissen, was es ist, das Sie vermeiden, und Ihre Aufmerksamkeit darauf lenken. Sie müssen daran denken, um zu wissen, woran Sie nicht denken wollen, genauso wie Sie einen Gegenstand im Blick behalten müssen, um sich nicht daran zu stoßen. Was immer es ist, dem Sie widerstehen, es bleibt bestehen. Dies ist ein Grund, warum es so schwierig ist, das Rauchen aufzugeben – Sie müssen ständig ans Rauchen denken, um es aufgeben zu können.

Zweitens müssen Sie eine *aktive Rolle* spielen; das Ziel muß vernünftigerweise innerhalb Ihres Einflußbereichs liegen. Ziele, bei denen man sich primär auf die Handlungen anderer Leute verlassen muß, sind nicht wohlgeformt. Wenn die Leute nicht in der Weise reagieren, wie Sie wollen, sitzen Sie fest. Konzentrieren Sie sich statt dessen auf das, was Sie tun müssen, um die gewünschten Reaktionen hervorzurufen. Statt also darauf zu warten, daß jemand mit Ihnen Freundschaft schließt, überlegen Sie, was Sie tun könnten, um sich mit ihm anzufreunden.

Stellen Sie sich Ihr Ziel so *genau* wie möglich vor. Was werden Sie sehen, hören und fühlen? Lassen Sie es vor Ihrem inneren Auge erscheinen oder ablaufen und beschreiben Sie es sich selbst oder schreiben Sie auf: wer, was, wann und wie? Je ausführlicher und genauer die Vorstellung von dem ist, was Sie wollen, desto besser kann es Ihr Hirn durchspielen und Gelegenheiten wahrnehmen, um es zu erreichen. In welchem Kontext wollen Sie es? Und gibt es Kontexte, wo Sie es nicht wollen?

Woran werden Sie erkennen, daß Sie Ihr Ziel erreicht haben? Was ist der sinnlich wahrnehmbare *Beweis*, durch den Sie erkennen können, daß Sie das haben, was Sie wollen? Was werden Sie sehen, hören und fühlen, wenn Sie es erreicht haben? Einige Ziele sind so offen, daß es mehrere Lebzeiten bräuchte, um sie zu erreichen. Sie können sich gern auch ein Zeitlimit setzen, wann Sie Ihr Ziel erreicht haben wollen.

Haben Sie die *Ressourcen,* um das Ziel angehen und beibehalten zu können? Was brauchen Sie? Haben Sie dies schon? Wenn nicht, wie werden Sie es bekommen? Dies ist eine Frage, die gründlich erforscht und beantwortet werden muß. Diese Ressourcen können internal, innerlich sein (bestimmte Fertigkeiten oder positive geistige Zustände) oder extern, äußerlich. Wenn Sie herausfinden, daß Sie externe Ressourcen brauchen, müssen Sie sich möglicherweise ein zusätzliches Ziel setzen, um sie zu bekommen.

Das Ziel muß eine *angemessene Größe* haben. Im Falle, daß es zu groß ist, muß es in mehrere kleinere (Unter-) Ziele aufgeteilt werden, die leichter zu erreichen sind. Zum Beispiel setzen Sie sich vielleicht das Ziel, ein Top-Tennisspieler zu sein. Dies wird offensichtlich nicht innerhalb der nächsten Woche zu erreichen sein, es ist zu vage und zu langfristig. Sie müssen es in kleinere Einheiten unterteilen. Also fragen Sie sich: „Was hält mich davon ab, dies zu erreichen?"

Diese Frage wird einige offensichtliche Probleme beleuchten. Zum Beispiel: Sie haben keinen guten Tennisschläger, und Sie brauchen Coaching von einem professionellen Spieler. Dann formen Sie diese Probleme in Ziele um, indem Sie sich fragen: „Was will ich statt dessen?" Ich muß einen guten Schläger kaufen und einen Trainer finden. Ein Problem ist einfach ein Ziel, das auf dem Kopf steht.

Sie müssen bei einem sehr großen Ziel diesen Prozeß vielleicht mehrere Male durchlaufen, bis Sie bei einem angemessen großen und erreichbaren ersten Schritt ankommen. Selbst die längste Reise beginnt mit dem ersten Schritt (in der richtigen Richtung natürlich).

Andererseits kann das Ziel aber auch zu klein und zu trivial erscheinen, um Sie zu motivieren. Zum Beispiel nehme ich mir vielleicht vor, das Arbeitszimmer aufzuräumen, eine kleine, nicht besonders aufregende Arbeit. Um hier einige Energie hineinzubringen, muß ich es mit einem größeren, wichtigeren, motivierenden

Ziel verknüpfen. Also frage ich mich: „Wenn ich dieses Ziel erreicht hätte, was würde es mir bringen?" In diesem Fall könnte es ein notwendiger Schritt sein, um einen Arbeitsplatz zu schaffen, an dem ich etwas tun kann, das viel interessanter ist. Wenn ich diese Verknüpfung hergestellt habe, kann ich das kleine Ziel mit der Energie, die ich vom größeren beziehe, in Angriff nehmen.

Der letzte *Rahmen* für die Auswahl von Zielen ist Ökologie. Niemand existiert in Isolation; wir sind alle Teil von größeren Systemen: von Familie, Arbeit, Bekanntenkreisen und der Gesellschaft im allgemeinen. Sie müssen bedenken, was die Konsequenzen im Kontext dieser weiteren Beziehungen sein werden, wenn Sie ihr Ziel erreichen. Würde es irgendwelche unerwünschten Nebenwirkungen haben? Was müßten Sie aufgeben oder sich angewöhnen, um es zu erreichen?

Beispiel: Sie möchten mehr freiberufliche Arbeit machen. Dies würde mehr Zeit in Anspruch nehmen, also würden Sie weniger Zeit mit Ihrer Familie verbringen. Einen Riesenauftrag zu bekommen könnte Ihre Arbeitsmenge in solchem Maße vergrößern, daß Sie die Arbeit nicht angemessen erledigen könnten. Stellen Sie sicher, daß Ihr Ziel auch mit Ihnen als ganzer Person harmoniert. Ziele sind nicht dazu da, das eine auf Kosten des anderen durchzusetzen. Die wertvollsten und befriedigendsten Ergebnisse werden durch Verhandeln und Kooperieren, Zusammenarbeiten erreicht, zum Realisieren gemeinsamer Ziele, wobei jeder gewinnt. Dies berücksichtigt automatisch die Frage der Ökologie.

Diese Art Fragen bringen Sie dazu, Ihr Ziel zu überprüfen oder es in ein anderes Ziel umzuändern, das dem gleichen Zweck dient, ohne unerwünschte Nebenwirkungen zu haben. Das klassische Beispiel der Wahl eines unökologischen Ziels war König Midas, der sich wünschte, daß sich *alles*, was er anfaßte, in Gold verwandelte. Er fand es schnell heraus: dies war eine unverkennbare Schwäche.

Zusammenfassung: Ziele

Sie können sich dies anhand des Mnemons „PABSBRAGÖR"
merken, das sich aus den ersten Buchstaben der Schlüsselwörter
für den jeweiligen Schritt zusammensetzt.

Positiv
Denken Sie an das, was Sie wollen, anstatt an das, was Sie nicht wollen.
Fragen Sie: „Was würde ich lieber haben?"
„Was möchte ich wirklich?"

Aktive Beteiligung
Denken Sie an das, was Sie aktiv tun werden, was Ihrem Einfluß unterliegt.
Fragen Sie: „Was werde ich tun, um mein Ziel zu erreichen?"
„Wie kann ich beginnen und durchhalten?"

Spezifisch
Stellen Sie sich das Ziel so spezifisch vor, wie Sie können.
Fragen Sie: „Wer, wo, wann, was und wie genau?"

Beweis
Denken Sie an den sinnlich wahrnehmbaren Beweis, der Sie wissen läßt, daß Sie das bekommen haben, was Sie wollen.
Fragen Sie: „Was werde ich sehen, hören und fühlen, wenn ich es habe?"
„Woran werde ich erkennen, daß ich es erreicht habe?"

Ressourcen
Haben Sie angemessene Ressourcen und Wahlmöglichkeiten, um Ihr Ziel zu erreichen?
Fragen Sie: „Welche Ressourcen brauche ich, um mein Ziel zu erreichen?"

Größe
Hat das Ziel die richtige Größe?
Wenn es zu groß ist, fragen Sie: „Was hält mich davon ab, dies zu bekommen?" und verwandeln Sie die Probleme in kleinere Ziele. Machen Sie sie ausreichend klar und erreichbar.

Ziele

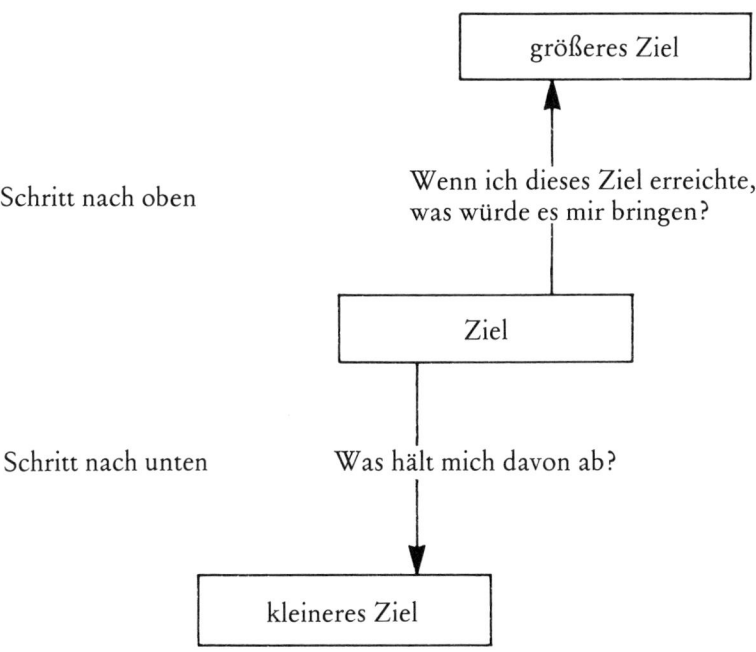

Wenn es zu klein ist, um motivierend genug zu sein, fragen Sie:
„Wenn ich dieses Ziel erreichte, was würde es mir bringen?"
Gehen Sie höher, bis Sie es mit einem Ziel verknüpft haben, das ausreichend groß und motivierend ist.

Ökologie-Rahmen
Überprüfen Sie die Konsequenzen in Ihrem Leben und in Ihren Beziehungen, die einträten, wenn Sie Ihr Ziel erreichten.
Fragen Sie: „Wen betrifft dies noch?"
„Was würde passieren, wenn ich es erreichte?"

„Wenn ich es auf der Stelle bekäme, würde ich es nehmen?"
Seien Sie sensibel gegenüber Gefühlen von Zweifel, die beginnen mit „Ja, aber ...".
Welche Gedanken stehen für diese Gefühle von Zweifel?
Wie können Sie Ihr Ziel verändern, um diesen Gefühlen Rechnung zu tragen?

Nun unterwerfen Sie dieses neue Ziel dem „PABSBRAGÖR"-Kontrollverfahren, um zu überprüfen, daß es wohlgeformt ist.
Der letzte Schritt ist: *Setzen Sie es in die Tat um!*
Sie müssen den ersten Schritt tun.
Eine Reise von tausend Meilen beginnt mit einem Schritt.

Wenn das Ziel wohlgeformt ist, ist es erreichbar, motivierend und höchstwahrscheinlich sehr verlockend.

Gegenwärtiger Zustand und erwünschter Zustand

Eine Möglichkeit, über Veränderung nachzudenken – sei es in Geschäftswelt, persönlicher Entwicklung oder im Bildungsbereich –, ist, diese als eine Reise von einem gegenwärtigen Zustand zu einem erwünschten Zustand zu betrachten. Ein „Problem" ist dann der Unterschied zwischen den beiden. Indem Sie sich ein Ziel für die Zukunft setzen, haben Sie in gewissem Sinne ein Problem in der Gegenwart geschaffen, und umgekehrt kann jedes Problem in der Gegenwart in ein Ziel verwandelt werden. Ihr Verhalten, Ihre Gedanken und Gefühle werden im gegenwärtigen Zustand anders sein als im erwünschten Zustand (Zielzustand). Um sich von einem in den anderen zu bewegen, brauchen Sie Ressourcen.

Die Energie für die Reise kommt aus der Motivation. Der erwünschte Zustand muß etwas sein, das wir wirklich wollen, oder klar mit etwas verbunden sein, das wir wirklich wollen. Auch müssen wir uns ganz dem Ziel verschreiben, uns ganz hineingeben; Vorbehalte zeigen oft, daß der Ökologie nicht vollständig Rechnung getragen wurde. Kurz, wir müssen die Reise unternehmen wollen und davon überzeugt sein, daß das Ziel erreichbar und lohnenswert ist.

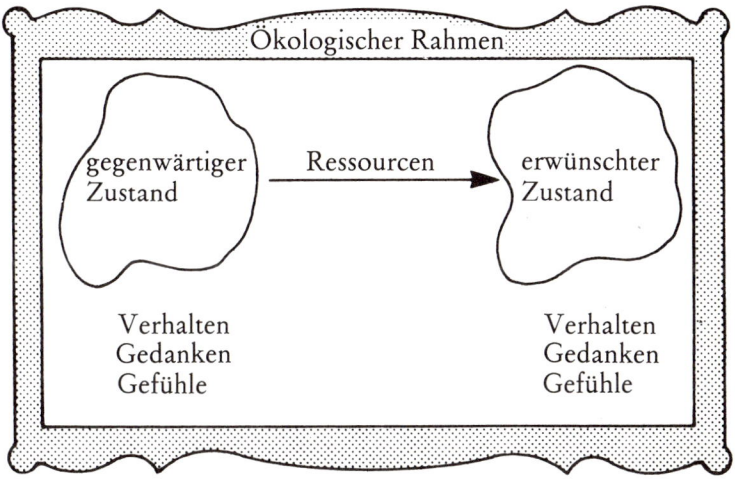

Fertigkeiten, Techniken und ressourcenreiche Zustände sind die Mittel, mit denen wir das Ziel erreichen. Sie können unsere Physiologie betreffen und mit einbeziehen, unsere Ernährung, Stärke und Lebenskraft. NLP-Fertigkeiten sind wirkungsvolle Ressourcen, um Barrieren, Widerstand und Störungen zu überwinden.

Kommunikation

Kommunikation ist ein Wort mit vielen Facetten, das nahezu jede Interaktion mit anderen einschließt: ungezwungene Unterhaltung, Überzeugen, Lehren, Verhandeln ...

Was bedeutet „Kommunikation"? Das Wort ist ein statisches Hauptwort, aber in Wirklichkeit ist Kommunikation ein Zyklus oder eine Schleife, an dem oder der wenigstens zwei Menschen beteiligt sind. Sie können nicht mit einer Wachsfigur kommunizieren. Das zu tun ist sinnlos, es bringt keine Antwort. Wenn Sie mit einem anderen Menschen kommunizieren, nehmen Sie seine Reaktion wahr und reagieren mit Ihren eigenen Gedanken und

Gefühlen. Ihr weiteres Verhalten wird erzeugt durch Ihre innere Reaktion auf das, was Sie sehen und hören. Nur indem Sie dem anderen Menschen Aufmerksamkeit schenken, haben Sie überhaupt eine Vorstellung davon, was Sie als nächstes sagen oder tun können. Ihr Partner reagiert in der gleichen Weise auf Ihr Verhalten.

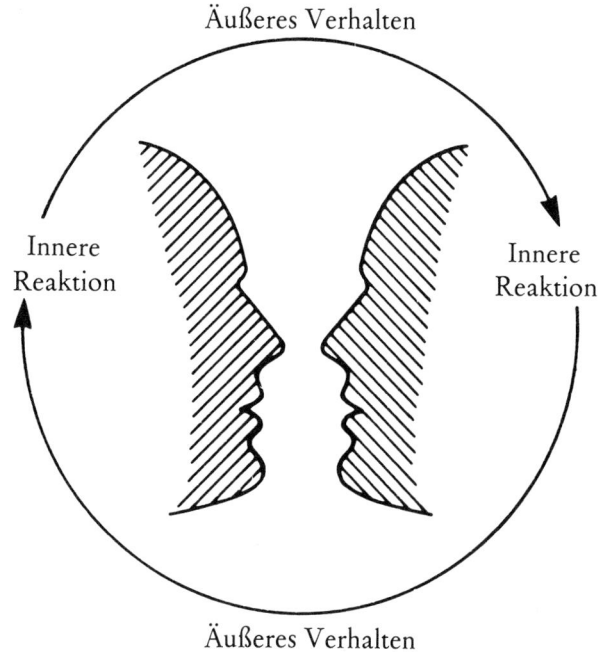

Verzauberte Kreise

Sie kommunizieren mit Ihren Worten, mit Ihrer Stimmqualität und mit Ihrem Körper: Körperhaltung, Gesten, Mimik. Man kann nicht *nicht* kommunizieren. Irgendeine Botschaft wird vermittelt, selbst wenn Sie nichts sagen und ruhig sind. So beinhaltet Kommunikation immer eine Botschaft, die von einer Person zu einer anderen hinübergeht. Woher wissen Sie aber, daß die Botschaft, die Sie geben, auch die ist, die beim anderen ankommt?

Wahrscheinlich haben Sie schon einmal die Erfahrung gemacht, daß Sie eine neutrale Bemerkung machten und verblüfft darüber waren, welche Bedeutung jemand anders hineininterpretierte. Wie können Sie sicher sein, daß die Bedeutung, die ankommt, auch die ist, die Sie meinen?

Es gibt eine interessante Übung in NLP-Trainingskursen. Sie suchen sich einen einfachen Satz aus, zum Beispiel: „Heute ist ein schöner Tag", sowie drei grundverschiedene emotionale Botschaften, die Sie dabei übermitteln wollen. Vielleicht sagen Sie ihn in einer fröhlichen Art, in einer drohenden und in einer sarkastischen Art. Sie sagen Ihren Satz auf diese drei Arten zu einem anderen Menschen, ohne ihm vorher die drei Botschaften zu verraten, die Sie vermitteln wollen. Der andere sagt Ihnen dann, welche emotionalen Botschaften er tatsächlich aus Ihrem Satz herausgehört hat. Manchmal stimmt das, was Sie gemeint haben, mit dem überein, was die andere Person wahrgenommen hat. Oft stimmt es nicht. Sie können dann herausfinden, was Sie mit Ihrer Stimme und Ihrer Körpersprache hätten anders machen müssen, um sicherzustellen, daß die Botschaft, die Ihr Gegenüber bekommt, die gleiche ist, die Sie senden.

Kommunikation ist so viel mehr als die Wörter, die wir sagen. Diese bilden nur einen kleinen Teil unserer Ausdrucksfähigkeit als Menschen. Die Forschung zeigt: Bei einer Präsentation vor einer Gruppe sind 55 Prozent der Wirkung durch Ihre Körpersprache bestimmt (Körperhaltung, Gestik und Augenkontakt), 38 Prozent durch Ihre Stimmlage und nur 7 Prozent durch den Inhalt Ihres Vortrags. (M. Argyle et al., in: *British Journal of Social and Clinical Psychology*, Bd.9, 1970, S. 222-231)

Die genauen Zahlen unterscheiden sich in unterschiedlichen Situationen, aber zweifellos machen die Körpersprache und die Stimmlage einen enormen Unterschied in der Wirkungsweise und der Bedeutung dessen, was wir sagen. Nicht das, was wir sagen, macht den Unterschied, sondern wie wir es sagen. Margaret Thatcher brachte viel Zeit und Mühe dafür auf, Ihre Stimmqualität verändern zu können. Die Tonart und die Körpersprache bestimmen, ob das Wort „Hallo" ein einfaches Erkennen des anderen ist, ob es eine Bedrohung ist, ob man den anderen damit zum

Schweigen bringen oder ihn erfreut grüßen will. Bühnendarsteller arbeiten nicht wirklich mit Worten, sie sind in Stimmodulation und Körpersprache trainiert. Jeder Schauspieler muß in der Lage sein, wenigstens ein Dutzend verschiedene Bedeutungsnuancen des Wortes „nein" vermitteln zu können. Jeder von uns drückt in der alltäglichen Unterhaltung viele Bedeutungsnuancen aus und hat wahrscheinlich auch ein Dutzend unterschiedliche Arten, nein zu sagen, nur daß wir nicht bewußt darüber nachdenken.

Wenn die Wörter der Inhalt der Botschaft sind, dann sind die Gesten, die mimischen Ausdrucksformen und die Stimmqualität der Kontext, in den die Botschaft eingebettet ist, und gemeinsam machen sie den Sinn der Kommunikation aus.

Es gibt also keine Garantie, daß der andere den Sinn versteht, den Sie ihm mitzuteilen versuchen. Die Lösung dieses Problems greift wieder zurück auf Zielsetzung, Sinnesschärfe und Flexibilität. Sie haben ein Ziel für Ihre Kommunikation. Sie nehmen wahr, welche Reaktionen Sie bekommen, und Sie verändern das, was Sie sagen, bis Sie die Reaktion bekommen, die Sie haben wollen.

Um ein effektiver Kommunikator zu sein, handeln Sie nach dem folgenden Prinzip:

Die Bedeutung einer Mitteilung zeigt sich an der Reaktion, die man bekommt.

Wir nutzen ständig unsere Kommunikationsfähigkeiten, um Menschen zu beeinflussen; jede Therapie, jedes Management und jede Erziehung und Bildung umfassen Beeinflussungs- und Kommunikationsfertigkeiten. Dabei gibt es ein Paradox: Obwohl niemand daran interessiert wäre, Fertigkeiten zu lernen, die nicht effektiv sind, werden effektive Fertigkeiten verunglimpft und als „Manipulation" etikettiert. Manipulation hat einen negativen Beigeschmack: daß man eine Person irgendwie zwingt, etwas gegen ihre Interessen zu tun.

Dies gilt sicherlich nicht für NLP, in welchem Weisheit, Wahlfreiheit und Ökologie auf einer tiefen Ebene eingebaut sind. NLP ist die Fähigkeit, auf andere Menschen effektiv zu reagieren und ihr Modell der Welt zu verstehen und zu respektieren. Kommunikation ist eine Schleife. Das, was Sie tun, beeinflußt den anderen, und was dieser tut, beeinflußt Sie; es kann nicht anders sein. Sie können für Ihren Teil in der Schleife Verantwortung übernehmen. Sie beeinflussen andere ohnehin; die einzige Wahlmöglichkeit besteht darin, ob Sie sich der Wirkungen, die Sie hervorrufen, bewußt sein wollen oder nicht. Die einzige Frage ist, können Sie mit *Integrität, kongruent* beeinflussen? [Anm. d. Übers.: *Influencing with Integrity,* diesen Titel trägt auch eines der NLP-Bücher über Managementfertigkeiten für Kommunikation und Verhandlung mit NLP; Autor: G. Z. Laborde; dt.: *Kompetenz und Integrität,* vgl. Anhang.) Liegt der Einfluß, den Sie ausüben, auf einer Linie mit Ihren Werten? NLP-Techniken sind neutral. Die Art, wie sie angewandt werden, und wozu sie genutzt werden hängt wie bei Autos von den Fertigkeiten und Absichten des Menschen auf dem Fahrersitz ab.

Rapport

Wie kommen Sie hinein in die Schleife der Kommunikation? Wie können Sie das Weltbild einer anderen Person respektieren und würdigen und zugleich Ihre eigene Integrität behalten? Im Bildungs- und Erziehungsbereich, in Therapie und Beratung, im Geschäftsbereich, in Verkauf und Training sind *Rapport* oder *Empathie* absolut notwendig, um eine Atmosphäre von Vertrauen, Zuversicht und Beteiligung aufzubauen, innerhalb der die Menschen frei und natürlich reagieren können. Was tun wir, um Rapport mit Menschen aufzunehmen, wie entwickeln wir eine Beziehung von Vertrauen und Empfänglichkeit, und wie können wir diese natürliche Fertigkeit verfeinern und erweitern?

Um statt einer theoretischen eine praktische Antwort zu bekommen, kehren Sie die Frage lieber um. Woran können Sie erkennen, daß zwei Menschen in Rapport, in guter, wechselseitiger Beziehung miteinander stehen? Wenn Sie sich in Restaurants,

Büros oder an anderen Orten umschauen, wo Menschen sich treffen und miteinander reden – woher wissen Sie, welche Menschen Rapport miteinander haben und welche nicht?

Die Kommunikation scheint zu fließen, wenn zwei Menschen in Rapport sind; sowohl ihre Körper als auch ihre Worte sind aufeinander abgestimmt. Das, *was* wir sagen, kann Rapport herstellen oder zerstören, aber das sind nur 7 Prozent der Kommunikation. Körpersprache und Tonart sind wichtiger. Vielleicht ist Ihnen aufgefallen, daß Menschen, die in Rapport miteinander sind, dazu tendieren, sich gegenseitig zu *spiegeln (mirroring)*, und sich in Körperhaltung, Gestik und Augenkontakt einander *angleichen (matching)*. [Anm. d. Übers.: *Mirroring* und *Matching* wurden im deutschen NLP-Training als idiomatische, feststehende Begriffe aus dem Englischen übernommen.] Das ist wie ein Tanz, bei dem die Partner aufeinander reagieren und gegenseitig mit ihrer eigenen Bewegung die Bewegung des anderen spiegeln. Sie lassen sich auf einen Tanz von wechselseitiger Verständigungsbereitschaft ein. Ihre Körpersprache ist komplementär.

Haben Sie schon einmal eine Unterhaltung mit jemandem genossen und dabei festgestellt, daß Ihre beiden Körper die gleiche Haltung angenommen hatten? Je tiefer der Rapport, desto größer die Tendenz, eng aufeinander abgestimmt zu sein. Diese Fertigkeit scheint angeboren zu sein, denn Neugeborene bewegen sich im Rhythmus mit den Stimmen der Menschen, die um sie herum sind. Wenn die Leute nicht in Rapport sind, spiegeln ihre Körper das wider – was immer sie auch sagen, ihre Körper sind nicht aufeinander eingestimmt. Sie lassen sich nicht auf den Tanz ein, und das kann man sofort erkennen.

Erfolgreiche Menschen schaffen Rapport, und Rapport schafft Vertrauen. Sie können mit jeder Person Rapport aufnehmen, mit der Sie es wollen, indem sie bewußt Ihre natürlichen Rapportfertigkeiten verfeinern, die Sie täglich nutzen. Dadurch, daß Sie die Körpersprache und Tonqualität spiegeln und sich daran anpassen, können Sie sehr schnell mit fast jedem Menschen Rapport bekommen. Sich auf den Augenkontakt einzustellen ist eine offensichtliche Rapportfertigkeit und normalerweise die einzige, die man in der englischen Kultur bewußt beigebracht bekommt.

Die Kultur setzt jedoch andererseits ein starkes Tabu, auf Körpersprache bewußt zu achten und darauf zu reagieren. [In der deutschsprachigen Kultur ist es ähnlich. – Anm. d. Übers.]

Um Rapport herzustellen, nehmen Sie teil am Tanz der anderen Person, indem Sie sich einfühlsam und mit Respekt an ihre Körpersprache anpassen. Dies baut eine Brücke zwischen Ihrem Weltbild und dem der anderen Person. Matching ist kein Nachmachen, kein Nachäffen – denn das ist ein auffälliges, übertriebenes und wahlloses Kopieren der Bewegungen einer anderen Person, was normalerweise als Angriff verstanden wird. Sie können sich an Armbewegungen durch kleine Handbewegungen anpassen, an Körperbewegungen durch Ihre Kopfbewegungen. Dies nennt man verschobenes Spiegeln *(cross over mirroring)*. Sie können sich an die Verteilung des Körpergewichts und die zugrundeliegende Körperhaltung anpassen. Wenn Menschen einander ähnlich sind, mögen sie einander. [Im Englischen ein Wortspiel: *When people* are *like each other, they like each other.*] Sich auf den Atem des anderen einzustellen ist eine sehr wirkungsvolle Weise, Rapport zu gewinnen. Sie haben vielleicht schon beobachtet, daß zwei Menschen, die in tiefer Beziehung (Rapport) miteinander sind, im Einklang miteinander atmen.

Dies sind die grundlegenden Elemente von Rapport. Aber glauben Sie uns nicht. Achten Sie darauf, was passiert, wenn Sie andere spiegeln. Dann achten Sie darauf, was passiert, wenn Sie damit aufhören. Nehmen Sie wahr, was Menschen tun, die in Rapport sind. Beginnen Sie, sich dessen bewußt zu werden, was Sie auf natürliche Weise tun, so daß Sie es verfeinern und wählen können, wann Sie es tun wollen.

Beachten Sie besonders, was passiert, wenn man sich nicht angleicht *(mismatching)*. Einige Berater und Therapeuten spiegeln und matchen unbewußt, nahezu wie unter Zwang. Mismatching, also gerade das Gegenteil von Sich-Anpassen, ist eine sehr nützliche Fertigkeit. Die eleganteste Art, eine Konversation zu beenden, ist die, sich aus dem Tanz zu lösen. Und Sie können sich nicht aus dem Tanz lösen, wenn Sie nicht vorher getanzt haben. Das extremste Mismatching ist natürlich, dem anderen den Rücken zuzudrehen.

Angleichen der Stimme ist eine weitere Art, Rapport aufzunehmen. Sie können die Tonart spiegeln, die Geschwindigkeit, Lautstärke und den Sprachrhythmus. Es ist, als wenn man am Gesang oder der Musik eines anderen Menschen teilnimmt, sich einblendet und harmoniert. Sie können Stimmanpassung nutzen, um in einem Telefongespräch Rapport zu bekonnen. Dann können Sie wiederum mismatchen, indem Sie die Geschwindigkeit und Tonart Ihrer Stimme verändern, um die Unterhaltung zu beenden. Dies ist eine sehr nützliche Fertigkeit. Ein Telefongespräch auf natürliche Weise zu beenden, ist manchmal sehr schwierig.

Es gibt nur zwei Grenzen Ihrer Fähigkeit, Rapport herzustellen: der Grad, in dem Sie die Haltungen, Gesten und Sprechrhythmen der anderen Menschen wahrnehmen, und die Fertigkeiten, mit denen Sie sich im Tanz des Rapports angleichen. Die Beziehung wird ein harmonischer Tanz sein zwischen Ihrer Integrität, d.h. dem, was Sie aus ganzem Herzen tun und glauben können, und der Frage, inwieweit Sie gewillt sind, eine Brücke hinüber zu bauen zu dem Weltmodell eines anderen Menschen.

Achten Sie darauf, wie Sie sich fühlen, wenn sie matchen; es kann sein, daß Sie sich unwohl fühlen, wenn Sie sich an bestimmte Leute anpassen. Es gibt sicherlich einige Verhaltensweisen, die Sie nicht direkt spiegeln sollten. Sie sollten sich nicht einem Atemmuster anzugleichen versuchen, das viel schneller als Ihr natürliches Muster ist, noch sollten Sie den Atem eines Asthmatikers spiegeln. Sie könnten beides mit kleinen Handbewegungen spiegeln. Die zappelig-nervösen Bewegungen eines anderen könnten subtil durch das Hin- und Herwiegen des Körpers gespiegelt werden. Dies wird manchmal Über-Kreuz-Anpassung genannt *(cross matching)*; man benutzt statt des direkten Matchings eher analoges Verhalten. Wenn Sie bereit sind, diese Fertigkeiten bewußt anzuwenden, können Sie mit jedem, den Sie sich auswählen, Rapport aufbauen. Sie müssen die andere Person nicht mögen, um Rapport herzustellen; Sie bauen einfach eine Brücke, um sie besser zu verstehen. Rapport aufzunehmen ist eine Wahlmöglichkeit, und Sie werden nicht wissen, daß es effektiv ist oder welche Ergebnisse es bringt, bevor Sie es nicht *ausprobieren.*

Rapport ist also der Gesamtzusammenhang, der die verbale, wörtliche Botschaft umgibt. Wenn die Bedeutung der Mitteilung die Reaktion ist, die sie hervorruft, dann ist das Herstellen von Rapport die Fähigkeit, Reaktionen hervorzurufen.

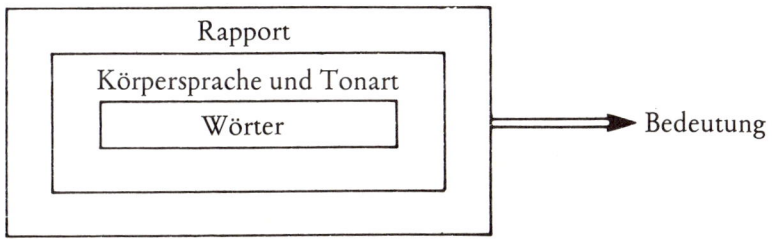

Mitgehen und Führen *(pacing and leading)*

Rapport ermöglicht Ihnen, eine Brücke zu einer anderen Person zu bauen; Sie haben ein gewisses Maß an Verständnis und Kontakt. Ist dies erst einmal aufgebaut, können Sie beginnen, Ihr Verhalten zu verändern, und der andere wird wahrscheinlich folgen. Sie können ihn in eine andere Richtung führen. Die besten Lehrer sind die, die Rapport aufbauen und sich in die Welt des Lernenden hineinbegeben und es auf diese Weise für den Lernenden einfacher machen, ein größeres Verständnis für das jeweilige Thema oder die Fertigkeit zu entwickeln. Sie kommen gut mit ihren Schülern aus, und die gute Beziehung macht die Aufgabe leichter.

Im NLP wird dies *Pacing und Leading* genannt, Mitgehen und Führen. [Engl. *pace* = Schritt, Pfad, mitgehen; *pacing* = auf dem Pfad des anderen mitgehen, in seinem Schritt mitgehen, oder auch: eine Meile in den Mokassins des anderen wandern. Anm. d. Übers.] Pacing ist das Bauen der Brücke durch Rapport und Respekt. Leading bedeutet, Ihr Verhalten so zu verändern, daß die andere Person folgt. Führen wird ohne Rapport nicht funktionieren. Sie können jemanden nicht über eine Brücke führen, ohne zuerst die Brücke zu bauen. – Als ich meinem Freund sagte, daß ich ein Buch über Neurolinguistisches Programmieren schreibe, habe ich ihn nicht „gepacet", daher konnte ich ihn nicht zu einer Erklärung dessen hinführen, worüber ich schrieb.

Ihr eigenes Verhalten beizubehalten und von anderen Leuten zu erwarten, daß sie Sie verstehen und Sie pacen, mit Ihnen mitgehen, ist eine Wahlmöglichkeit. Manchmal bringt es gute Ergebnisse, manchmal nicht. Wenn Sie Ihr eigenes Verhalten unverändert lassen, bekommen sie allerlei unterschiedliche Resultate, und nicht alle werden Ihnen willkommen sein. Wenn Sie bereit sind, Ihr Verhalten zu verändern, um es Ihrem Ziel anzupassen, haben Sie ganz gewiß mehr Erfolg.

Wir pacen ständig, um uns an unterschiedliche soziale Situationen anzupassen, um andere zu beruhigen und es uns selbst angenehm zu machen. Wir pacen andere Kulturen, indem wir fremde Sitten respektieren. Wenn Sie ein erstklassiges Hotel betreten, tragen Sie eine Krawatte. Sie fluchen nicht im Beisein eines Geistlichen. Sie gehen in angemessener Kleidung zu einem Vorstellungsgespräch, wenn Sie sich ernsthaft um den Job bemühen.

Pacing ist eine allgemeine Rapportfähigkeit, die wir anwenden, wenn wir gemeinsame Interessen, Freunde, Arbeit oder Hobbys diskutieren. Wir pacen Gefühle. Wenn ein geliebter Mensch traurig ist, sprechen wir in einer einfühlsamen Tonlage und einer mitfühlenden Weise, wir schreien ihn nicht kräftig an: „Kopf hoch!" Dadurch würde es ihm wahrscheinlich noch schlechter gehen. Man meint es zwar gut, das heißt, man hat eine positive Absicht, aber es funktioniert nicht. Eine bessere Wahl wäre, zuerst die Körperhaltung zu spiegeln, sich daran anzupassen und mit einer sanften Tonart zu sprechen, die dem entspricht, wie er sich fühlt. Dann verändern Sie sich allmählich und bringen sich in eine positivere und ressourcenreichere Haltung. Wenn die Brücke gebaut ist, wird der andere ihrer Führung folgen. Er wird unbewußt wahrnehmen, daß Sie seinen Zustand respektiert haben, und wird bereit sein, Ihnen zu folgen, wenn das der Weg ist, den er gehen will. Diese Art des emotionalen Pacing und Leading ist ein sehr wirkungsvolles Rüstzeug in Beratung oder Therapie.

Einem wütenden Gegenüber sollten Sie ein klein wenig unterhalb seines „Wutlevels" begegnen. Wenn Sie zu weit gehen, besteht die Gefahr einer Eskalation. Sobald Sie sich angeglichen haben, können Sie beginnen, die andere Person schrittweise hinunterzuführen in einen ruhigeren Zustand, indem Sie ihr eigenes Verhalten dämpfen. Ein Gefühl von Unter-Druck-Stehen kann durch die Tonart der Stimme gepacet und gespiegelt werden, indem man ein bißchen lauter und schneller spricht als normal.

Sie bekommen Rapport, indem Sie das würdigen, was andere Leute sagen. Sie müssen nicht damit übereinstimmen. Eine sehr gute Art, dies zu tun, ist, das Wörtchen „aber" aus Ihrem Wortschatz zu streichen. Ersetzen Sie es durch „und". „Aber" kann ein zerstörerisches Wort sein, es impliziert, daß Sie gehört haben, was gesagt wurde, ... *aber* ... daß Sie einige Einwände haben, die dies herabsetzen. „Und" ist unschuldig. Es fügt einfach etwas hinzu und erweitert, was schon gesagt worden ist. Worte als solche haben große Macht. Vielleicht überlegen Sie sich, ob Sie diese Veränderung machen. Es könnte schwierig werden. Aber Sie werden wahrscheinlich finden, daß es sich lohnt. Und Sie werden mehr Rapport bekommen.

Menschen, die in der gleichen Kultur leben, tendieren dazu, gemeinsame Werte und eine gemeinsame Sicht der Welt zu haben. Gemeinsame Interessen, Arbeit, Freunde, Hobbys, Dinge, die man mag oder nicht mag, und politische Überzeugungen werden Rapport herstellen. Wir kommen natürlicherweise mit Menschen gut zurecht, die unsere grundsätzlichen Werte und Einstellungen teilen.

Pacing und Leading ist ein Grundsatz im NLP. Er beinhaltet Rapport und Respektieren des Weltbilds der anderen. Er setzt voraus, daß es eine positive Absicht gibt, und er ist ein wirkungsvoller Weg, sich auf Übereinstimmung oder ein gemeinsames Ziel zuzubewegen. Um erfolgreich zu pacen und zu führen, müssen Sie gegenüber der anderen Person aufmerksam und in Ihrem eigenen Verhalten flexibel genug sein, um auf das zu reagieren, was Sie sehen und hören. NLP ist die hohe Schule der Kommunikation: reizvoll, genußvoll und sehr effektiv.

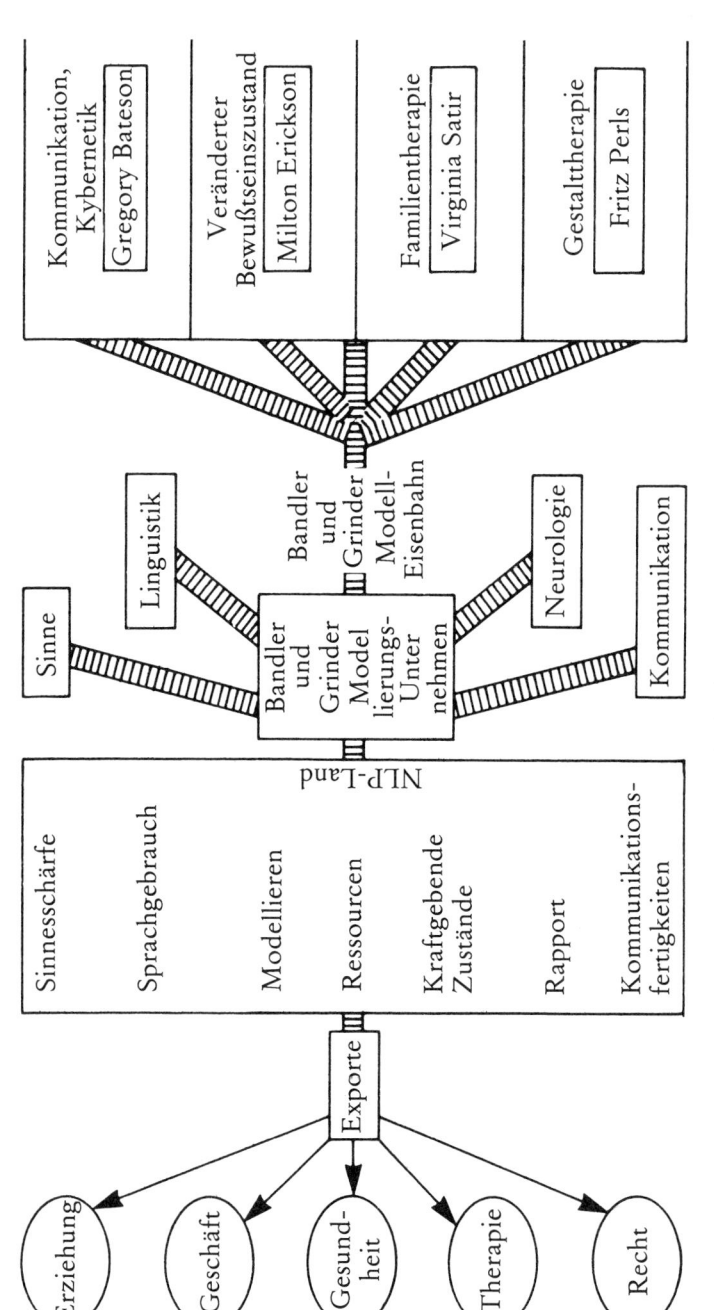

Eine fröhliche Karte des NLP

Kapitel 2

Die Pforten der Wahrnehmung

Wenn die Schleife unserer Kommunikation überhaupt einen Anfang hat, dann beginnt sie bei unseren Sinnen. Wie Aldous Huxley aufzeigte, sind die Pforten der Wahrnehmung die Sinne, unsere Augen, Ohren, Nase, Mund und Haut, und dies sind unsere einzigen Berührungspunkte mit der Welt.

Selbst diese Kontaktpunkte sind nicht das, was sie zu sein scheinen. Nehmen Sie zum Beispiel Ihre Augen, Ihre „Fenster zur Welt". Nun ja, eigentlich sind es keine. Überhaupt keine Fenster, und auch keine Kamera. Haben Sie sich jemals gefragt, warum eine Kamera nie das Wesentliche des visuellen Bildes aufnehmen kann, das Sie sehen? Das Auge ist viel intelligenter als die Kamera. Die individuellen Rezeptoren, die Stäbchen und Zapfen der Netzhaut (Retina) reagieren nicht auf das Licht als solches, sondern auf die Veränderungen und Unterschiede des Lichtes.

Befassen Sie sich einmal mit der anscheinend einfachen Aufgabe, eines dieser Wörter anzuschauen. Wenn Ihr Auge und das Papier vollkommen bewegungslos wären, würde das Wort verschwinden, sobald jedes Stäbchen als Reaktion auf den anfänglichen schwarzen oder weißen Reiz „gefeuert" hätte. Um weitere Information über die Form der Buchstaben zu senden, flackert das Auge minutiös und sehr schnell, so daß die Stäbchen an der Grenze von Schwarz und Weiß weiterhin stimuliert werden. Auf diese Weise sehen wir weiterhin das Wort. Das Bild wird umgekehrt (auf dem Kopf stehend) auf die Netzhaut projiziert, durch die Stäbchen und Zapfen in elektrische Impulse kodiert und vom visuellen Bereich der Gehirnrinde wieder zusammengesetzt. Das resultierende Bild wird dann wieder nach „draußen" projiziert, aber es ist tief im Inneren des Gehirns geschaffen worden.

Wir sehen also durch eine komplexe Reihe von aktiven Wahrnehmungsfiltern. Das gleiche gilt für unsere anderen Sinne. Die Welt, die wir wahrnehmen, ist nicht die reale Welt, das Gebiet. Es ist eine Karte, die durch unsere Neurologie hergestellt wird. Auf welchen Teil dieser Karte wir unsere Aufmerksamkeit lenken, ist weiterhin gefiltert durch unsere Einstellungen, Interessen und Vorurteile.

Wir können lernen, unseren Sinnen zu erlauben, uns besser zu dienen. Die Fähigkeit, mehr wahrzunehmen und feinere Unterscheidungen mit allen Sinnen zu machen, kann die Lebensqualität bedeutend bereichern und ist eine wesentliche Fertigkeit in vielen Arbeitsbereichen. Ein Weinprüfer braucht einen Gaumen, der sehr feine Unterschiede schmeckt; ein Musiker braucht die Fähigkeit, feine auditive Unterscheidungen zu machen. Ein Steinmetz oder Holzschnitzer muß sehr sensibel sein für den Umgang mit seinem Material, um die im Stein oder Holz eingeschlossene Figur freizulegen. Ein Maler muß sensibel für die Nuancen von Farbe und Form sein.

Training dieser Art bedeutet nicht so sehr, mehr zu sehen als andere, als das Wissen davon, wonach man suchen muß, das Erlernen, wie man den Unterschied erkennt, der den Unterschied macht. Die Entwicklung einer reichen Wahrnehmungsfähigkeit in jedem unserer körperlichen Sinne ist Sinnesschärfe. Diese zu erlernen ist ein ausdrückliches Ziel im NLP-Training.

Repräsentationssysteme

Kommunikation beginnt mit unseren Gedanken, und wir benutzen Wörter, Tonart und Körpersprache, um sie einer anderen Person zu vermitteln. Und was sind Gedanken? Es gibt viele unterschiedliche wissenschaftliche Antworten, doch weiß jeder persönlich, was Denken *für ihn oder sie selbst* ist. Eine nützliche Art, über Denken zu denken, ist die, daß wir unsere Sinne innerlich nutzen.

Wenn wir an das denken, was wir sehen, hören und fühlen, schöpfen wir diese Ansichten, Klänge und Gefühle innerlich neu. Wir erleben die Information noch einmal in der sensorischen Form, in der wir sie beim ersten Mal wahrgenommen haben. Manchmal ist uns dies bewußt, manchmal nicht. Können Sie sich erinnern, wohin Sie zuletzt in Urlaub gefahren sind?

Nun, wie erinnern Sie es? Es kann sein, daß Ihnen Bilder des Ortes in den Sinn kommen. Vielleicht sagen Sie den Namen oder hören Geräusche. Oder vielleicht erinnern Sie sich, was Sie gefühlt oder wie Sie sich gefühlt haben. Das Denken ist eine so alltägliche Tätigkeit, daß wir nie einen zweiten Gedanken daran verschwenden. Wir neigen dazu, über das nachzudenken, *was* wir denken, nicht aber, *wie* wir darüber denken. Wir nehmen zudem an, daß andere Menschen genauso denken wie wir.

Eine Art, wie wir denken, ist also, bewußt oder unbewußt die Ansichten, die Geräusche, Klänge oder Stimmen, die Gefühle, die Geschmacksrichtungen oder Gerüche zu erinnern, die wir erlebt haben. Durch das Medium der Sprache können wir sogar eine Vielfalt von sinnlichen Erfahrungen erschaffen, ohne die eigentliche Erfahrung gemacht zu haben. Lesen Sie den folgenden Abschnitt so langsam, wie Sie es auf angenehme Weise können.

Nehmen Sie sich einen Augenblick Zeit und denken Sie an einen Spaziergang in einem Pinienwald. Die Bäume ragen hoch über Ihnen, sie erheben sich zu beiden Seiten. Sie sehen die Farben des Waldes um Sie herum, und die Sonne wirft Schatten und Mosaike des Nadel- und Blattwerks auf den Waldboden. Sie gehen durch einen Flecken von Sonnenlicht, der durch das kühle Laubdach über Ihnen hindurchgebrochen ist. Während Sie gehen, werden Sie sich der Ruhe bewußt, unterbrochen nur vom Ruf der Vögel und dem knirschenden Geräusch Ihrer Füße auf dem Waldboden. Gelegentlich dieses scharfe Knacken, wenn Sie einen vertrockneten Zweig unter den Füßen zertreten. Sie strecken Ihre Hand aus und berühren einen Baumstamm, Sie fühlen die rauhe Borke unter Ihrer Hand. Während Sie sich allmählich der sanften Brise bewußt werden, die über Ihr Gesicht streicht, nehmen Sie den aromatischen Geruch der Pinien auf, der sich mit den erdigeren Gerüchen des Waldes mischt. Wie Sie so weiterwandern, fällt Ihnen ein, daß das Essen in einiger Zeit fertig ist und daß es eines Ihrer Lieblingsgerichte gibt. In Ihrer Vorfreude können Sie die Speise fast schmecken und sich auf der Zunge zergehen lassen ...

Um dem letzten Abschnitt Sinn zu verleihen, sind Sie geistig durch diese Erfahrungen gegangen, indem Sie Ihre Sinne innerlich aktiviert haben, um die Erfahrungen zu repräsentieren (wiederzugeben, abzubilden), die durch die Worte hervorgezaubert wurden. Wahrscheinlich haben Sie die Szene anschaulich genug entstehen lassen, um sich den Geschmack einer Speise in einer imaginären Situation vorzustellen. Wenn Sie je in einem Pinienwald spazieren gegangen sind, sind Ihnen vielleicht spezielle Erlebnisse aus der damaligen Situation eingefallen. Wenn Sie nie in einem Pinienwald waren, haben Sie das Erlebnis vielleicht aus anderen Erfahrungen konstruiert, oder Sie haben Stoff aus dem Fernsehen, aus Filmen, Büchern oder ähnlichen Quellen genutzt. Ihr Erlebnis war ein Mosaik aus Erinnerungen und Vorstellungen. Der Großteil unseres Denkens besteht typischerweise aus einer Mischung von erinnerten und konstruierten Eindrücken.

Wenn wir innerlich Erfahrungen repräsentieren, benutzen wir die gleichen neurologischen Pfade, als wenn wir sie direkt erleben. Die gleichen Neuronen (Nerven) erzeugen elektrochemische Ladungen, die mittels eines Elektromyogramms gemessen werden können. Denken hat direkte körperliche Auswirkungen; Geist und Körper sind ein System. Nehmen Sie sich einen Augenblick Zeit und stellen Sie sich vor, wie Sie Ihre Lieblingsfrucht essen. Die Frucht mag imaginär sein – das Wasser, das Ihnen im Munde zusammenläuft, ist es nicht.

Wir nutzen unsere Sinne äußerlich, um die Welt wahrzunehmen, und innerlich, um die Erfahrungen uns selbst wieder zu präsentieren, zu „re-präsentieren". Im NLP sind die Modalitäten, wie wir Information aufnehmen, abspeichern und in unserem Gehirn kodieren – das Sehen, Hören, Fühlen, Schmecken und Riechen – bekannt als *Repräsentationssysteme*.

Repräsentationssysteme

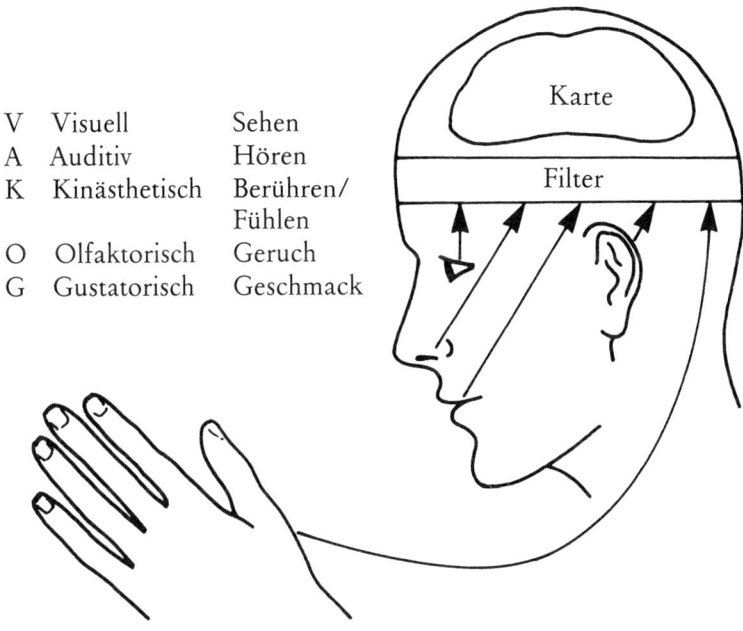

V Visuell   Sehen
A Auditiv   Hören
K Kinästhetisch Berühren/
                  Fühlen
O Olfaktorisch   Geruch
G Gustatorisch   Geschmack

Repräsentationssysteme

Das visuelle System, oft mit V abgekürzt, kann äußerlich (e für external) genutzt werden, wenn wir die äußere Welt anschauen (V^e), oder innerlich (i für internal), wenn wir uns mental etwas vorstellen (V^i). Genauso kann das auditive System (A) in das Hören von externen (A^e) oder internen Geräuschen (A^i) unterteilt werden. Das Gefühlssystem wird Kinästhetisches System (K) genannt. Externe Kinästhetik (K^e) umfaßt taktile Sensationen wie Berührung, Temperatur und Feuchtigkeit. Interne Kinästhetik (K^i) schließt erinnerte Sensationen, Emotionen und innere Gefühle von Balance und Körperbewußtsein mit ein, auch als der proprioziptive Sinn bekannt. Die Kinästhetik versorgt uns mit Feedback (Rückmeldung) über unsere Bewegungen. Ohne sie könnten wir unseren Körper mit geschlossenen Augen im Raum nicht steuern.

Visuell, auditiv und kinästhetisch – so heißen die Repräsentationssysteme, die in westlichen Kulturen primär genutzt werden. Der Tastsinn, der Geschmack (G, auch gustatorischer Sinn) und Geruch (der olfaktorische Sinn, O), sind nicht so wichtig und werden oft im kinästhetischen Sinn mit eingeschlossen. Sie dienen häufig als starke und unmittelbare Verbindungsleitungen zu Vorstellungen, Geräuschen und Bildern, die mit ihnen assoziiert sind.

Wir benutzen ständig alle drei Repräsentationssysteme, obwohl uns nicht alle im gleichen Maß bewußt sind, und wir neigen dazu, einige den anderen vorzuziehen. Zum Beispiel haben viele Leute eine innere Stimme, die im auditiven System einen inneren Dialog führt. Sie wiederholen Argumente, hören Reden noch einmal, machen Wiederholungen und sprechen generell Dinge mit sich selbst durch. Dies ist jedoch nur *eine* Art des Denkens.

Repräsentationssysteme schließen sich nicht gegenseitig aus. Es ist möglich, eine Szene zu visualisieren, das assoziierte Gefühl zu spüren und gleichzeitig die Geräusche zu hören, obwohl es vielleicht schwierig ist, auf alle drei zur selben Zeit zu achten. Einige Teile des Denkprozesses sind unbewußt.

Je mehr eine Person in ihrer inneren Welt von Ansichten, Klängen und Gefühlen absorbiert ist, desto weniger weiß sie, was um sie herum passiert, wie der berühmte Schachspieler in einem internationalen Wettkampf, der so in der Position versunken war, die er vor Augen hatte, daß er zwei komplette Abendmahlzeiten verspeiste. Er hatte das erste Essen vollkommen vergessen. „In Gedanken verloren" zu sein ist eine sehr passende Beschreibung. Menschen, die starke innere Emotionen erleben, sind meist auch weniger anfällig für äußeren Schmerz.

Unser Verhalten wird aus einer Mischung von inneren und äußeren Sinneserfahrungen erzeugt. Zu jeder Zeit nehmen wir unterschiedliche Teile unserer Erfahrung wahr. Während Sie dieses Buch lesen, konzentrieren Sie sich auf die Seite und sind sich wahrscheinlich nicht des Gefühls in Ihrem linken Fuß bewußt, ... bis ich dies erwähne ...

Während ich dieses schreibe, bin ich mir hauptsächlich meines inneren Dialoges bewußt, der sich an meine (sehr langsame) Tippgeschwindigkeit am Computer anpaßt. Ich werde abgelenkt, wenn ich auf äußere Geräusche achte. Da ich nicht gut tippen kann, gucke ich auf die Tasten und fühle sie unter meinen Fingern, während ich schreibe, daher sind meine visuellen und kinästhetischen Sinne außen genutzt. Dies würde sich ändern, wenn ich unterbrechen würde, um eine Szene zu visualisieren, die ich beschreiben will. Es gibt einige Notsignale, auf die sich meine augenblickliche Aufmerksamkeit sofort richten würde: ein plötzlicher Schmerz; wenn mein Name gerufen würde; der Geruch von Rauch oder, wenn ich hungrig wäre, der Geruch einer Mahlzeit.

Bevorzugte Repräsentationssysteme

Wir nutzen alle unsere Sinne ständig äußerlich, wenn wir auch einem Sinn größere Aufmerksamkeit schenken als einem anderen, abhängig davon, was wir gerade tun. In einer Kunstgalerie werden wir hauptsächlich unsere Augen benutzen, in einem Konzert unsere Ohren. Es ist allerdings überraschend, daß wir beim Denken dazu neigen, eins oder vielleicht zwei Repräsentationssysteme zu bevorzugen, unabhängig davon, was wir gerade denken. Wir sind fähig, alle Repräsentationssysteme zu benutzen, und im Alter von elf oder zwölf Jahren haben wir schon klare Präferenzen.

Viele Leute können klare innere Bilder machen und denken hauptsächlich in Bildern. Andere finden diesen Blickwinkel schwierig. Sie sprechen vielleicht ziemlich viel mit sich selbst, während bei anderen wiederum die Handlungen hauptsächlich auf ihrem Gefühl für eine Situation basieren. Wenn eine Person dazu neigt, *einen* inneren Sinn gewohnheitsmäßig vorrangig zu benutzen, nennt man diesen im NLP *bevorzugtes oder primäres Repräsentationssystem*; diese Menschen nehmen wahrscheinlich mehr Einzelheiten wahr und sind fähig, in diesem System feinere Unterschiede zu machen als in den anderen.

Das bedeutet, daß einige Menschen von Natur aus besser oder „talentierter" für bestimmte Aufgaben oder Fertigkeiten sind, sie haben gelernt, ein oder zwei innere Sinne angemessener oder geschickter zu benutzen, und diese sind im Fluß und geübt, sie arbeiten ohne Anstrengung oder Bewußtheit. Manchmal ist ein Repräsentationssystem nicht so gut entwickelt, und das macht bestimmte Fertigkeiten schwieriger. Zum Beispiel ist Musik eine schwierige Kunst ohne die mentale Fähigkeit, Geräusche deutlich zu hören.

Kein System ist im absoluten Sinne besser als ein anderes, es kommt darauf an, was Sie tun wollen. Athleten brauchen eine sehr gut entwickelte kinästhetische Bewußtheit. Es ist schwer, ein erfolgreicher Architekt zu sein ohne die Fähigkeit, sich ein klares, konstruiertes mentales Bild zu machen. Eine Fähigkeit, die alle Menschen haben, die außergewöhnlich gute Leistungen bringen, unabhängig davon, in welchem Bereich, ist die Fähigkeit, sich leicht durch alle Repräsentationssysteme zu bewegen und das jeweils angemessene System für die gerade zu erledigende Aufgabe zu nutzen.

Unterschiedliche Psychotherapien zeigen Vorlieben im Repräsentationssystem. Die Körpertherapien sind primär kinästhetisch; Psychoanalyse ist bevorzugt verbal und auditiv. Kunsttherapie und Jungscher Symbolismus sind Beispiele von mehr visuell beeinflußten Therapien.

Sprache und Repräsentationssysteme

Wir verwenden Sprache, um unsere Gedanken mitzuteilen, daher ist es nicht verwunderlich, daß die Wörter, die wir benutzen, die Art reflektieren, wie wir denken. John Grinder erzählt uns von der Zeit, als er und Richard Bandler sich auf den Weg machten, um eine Gestalttherapiegruppe zu leiten. Richard lachte darüber, daß jemand gesagt hatte: „Ich sehe, was du sagst."

„Nimm das mal wörtlich", sagte er. „Was könnte er möglicherweise meinen?"

„Tja", sagte John, „laß es uns wörtlich nehmen; ich vermute, es bedeutet, daß Menschen sich Bilder machen von der Bedeutung der Wörter, die du benutzt."

Das war eine interessante Idee. Als sie in der Gruppe ankamen, probierten sie, der Eingebung des Augenblicks folgend, eine völlig neue Herangehensweise aus. Sie nahmen grüne, gelbe und rote Karten und ließen die Leute herumgehen und sagen, warum sie daseien. Leute, die viele Wörter benutzten, die mit Gefühlen zu tun hatten, bekamen eine gelbe Karte. Leute, die eine Menge Wörter benutzten, die mit dem Hören von Klängen zu tun hatten, bekamen eine grüne Karte. Diejenigen, die Wörter und Sätze gebrauchten, die vorwiegend mit dem Sehen zu tun hatten, bekamen eine rote Karte.

Dann gab es eine sehr einfache Übung. Leute mit der gleichen Farbe auf ihrer Karte sollten sich zusammensetzen und fünf Minuten lang miteinander reden. Danach setzten sie sich mit jemandem mit einer andersfarbigen Karte zusammen und sprachen mit diesem. Die Unterschiede, die John und Richard im Rapport zwischen den Leuten beobachteten, waren tiefgreifend. Leute mit der gleichen Farbe kamen viel besser miteinander zurecht. Grinder und Bandler fanden dies faszinierend und anregend.

Prädikate

Wir benutzen Wörter, um unsere Gedanken zu beschreiben, also wird unsere Wahl der Wörter anzeigen, welches Repräsentationssystem wir gerade nutzen. Denken Sie einmal an drei Leute, die gerade das gleiche Buch gelesen haben.

Der erste zeigt vielleicht auf, daß er eine Menge darin *sah*, daß die Beispiele gut gewählt waren, um das Thema zu *illustrieren*, und daß es in einem *glänzenden* Stil geschrieben war.

Der zweite könnte dem *Ton* des Buchs widersprechen: es habe einen *schrillen* Prosastil. Er könne sich überhaupt nicht in die Ideen des Autors *einstimmen*, und er würde ihm das gern *sagen*.

Der dritte hat das Gefühl, daß sich das Buch in einer sehr *ausgewogenen* Weise mit einem *gewichtigen* Thema beschäftigt. Er mag die Art, wie der Autor alle Schlüsselthemen *berührt*, und er *begriff* die neuen Ideen leicht. Er empfindet *Sympathie* für den Autor.

Sie haben alle das gleiche Buch gelesen. Ihnen fällt auf, daß jeder sich über dasselbe Buch in einer anderen Weise ausgedrückt hat. Unabhängig davon, *was* sie darüber dachten, war es sehr verschieden, *wie* sie darüber dachten. Einer dachte in *Bildern*, der zweite in *Geräuschen* und der dritte in *Gefühlen*. Diese auf sinnlicher Wahrnehmung basierenden Wörter, Adverbien, Adjektive und Verben werden in der NLP-Literatur *Prädikate* genannt. Die gewohnheitsmäßige Anwendung *einer* Sorte von Prädikaten zeigt das bevorzugte Repräsentationssystem einer Person an.

Es ist möglich, das bevorzugte Repräsentationssystem des Autors jedes beliebigen Buches herauszufinden, indem man auf die Sprache achtet, die er oder sie benutzt. (Außer in NLP-Büchern, wo die Autoren möglicherweise einen eher absichtsvollen Zugriff auf die Wörter wählen, die sie benutzen ...) Große Literatur hat immer eine reiche und vielfältige Mischung von Prädikaten, sie benutzt alle Repräsentationssysteme gleichermaßen, daher ihre universale Anziehung.

Wörter wie „verstehen", „Verständnis haben", „denken" und „Prozeß" haben keine sensorische Grundlage und sind von daher neutral in bezug auf Repräsentationssysteme. Akademische Fachbücher haben die Tendenz, diese Wörter den sinnesbasierten vorzuziehen, vielleicht in der unbewußten Erkenntnis, daß sinnesgespeiste Wörter für den Verfasser persönlicher und daher weniger „objektiv" sind. Jedoch werden neutrale Wörter unterschiedlich vom kinästhetischen, auditiven oder visuellen Leser übersetzt, und sie rufen viele akademische Streitereien hervor, oftmals über die Bedeutung der Wörter. Jeder denkt, daß er recht hat.

Vielleicht haben Sie Spaß daran, wenn Ihnen in den kommenden Wochen bewußt wird, welche Art von Wörtern Sie in einer normalen Unterhaltung bevorzugen. Es ist faszinierend, anderen zuzuhören und zu entdecken, welche Art der sinnesbasierten

Sprache sie vorziehen. Diejenigen von Ihnen, die es vorziehen, in Bildern zu denken, wollen vielleicht sehen, ob sie sich mit den bunten Sprachmustern der Menschen um sie herum identifizieren können. Wenn Sie kinästhetisch denken, können Sie damit in Berührung kommen, wie Menschen Dinge 'rüberbringen, und wenn Sie in Geräuschen denken, würden wir Sie bitten, genau hinzuhören und sich darin einzustimmen, wie unterschiedlich Menschen reden.

Dies ergibt wichtige Implikationen für das Gewinnen von Rapport. Das Geheimnis guter Kommunikation ist nicht so sehr, was Sie sagen, sondern wie Sie es sagen. Um Rapport herzustellen, gleichen Sie sich an die Prädikate des anderen an. Sie werden in seiner Sprache sprechen und Ideen in genau der Weise präsentieren, wie der andere darüber denkt. Ihre Fähigkeit, dies zu tun, hängt von zwei Dingen ab. Erstens von Ihrer Sinnesschärfe beim Beobachten, Hören oder Aufnehmen der Sprachmuster anderer Menschen. Und zweitens davon, daß Sie einen adäquaten Wortschatz in dem jeweiligen Repräsentationssystem zur Verfügung haben, um zu antworten. Natürlich verlaufen Unterhaltungen nicht immer nur in einem System, aber sich auf die Sprache einzustellen tut Wunder beim Rapport.

Sie werden wahrscheinlich leichter Rapport mit einer Person gewinnen, die in der gleichen Weise denkt wie Sie, und Sie werden dies entdecken, indem Sie auf die Wörter hören, die er oder sie benutzt, unabhängig davon, ob Sie ihm oder ihr zustimmen oder nicht. Sie sind vielleicht auf der gleichen Wellenlänge oder Sie haben die gleiche Perspektive. Damit wiederum werden Sie sich noch besser verstehen..

Es ist eine gute Idee, eine ausgewogene Mischung von Prädikaten zu benutzen, wenn Sie eine Gruppe von Leuten ansprechen. Lassen Sie die Visualisierer sehen, was Sie sagen. Lassen Sie die auditiven Denker laut und deutlich hören, was Sie sagen, und bringen Sie Ihre Botschaft so 'rüber, daß die kinästhetischen Denker im Publikum ihre Bedeutung erfassen. Warum sollten Sie Ihnen sonst zuhören? Wenn Sie sich darauf beschränken, etwas in nur einem Repräsentationssystem zu erklären, riskieren Sie, daß zwei Drittel des Publikums Ihrer Rede nicht folgen.

Führungssystem

Genauso wie wir ein bevorzugtes Repräsentationssystem für unser bewußtes Denken haben, haben wir auch ein bevorzugtes Mittel, um Information in unser bewußtes Denken zu bringen. Eine vollständige Erinnerung würde alle Ansichten, Geräusche, Gefühle, jeden Geschmack und Geruch der ursprünglichen Erfahrung einschließen. Wir begeben uns mit Vorliebe in einen von diesen Sinnen hinein, um die Erinnerung wieder hervorzurufen. Denken Sie noch einmal an Ihren Urlaub.

Was kam zuerst ...?

Ein Bild, ein Geräusch oder ein Gefühl?

Dies ist das Führungssystem, der innere Sinn, den wir wie einen Griff anwenden, um eine Erinnerung wieder zu erreichen. Es geht darum, wie die Information das Bewußtsein erreicht. Zum Beispiel erinnere ich mich vielleicht an meinen Urlaub, indem ich beginne, des Gefühls von Entspannung gewahr zu werden, das ich erlebt habe; aber die Art, wie es mir zuallererst wieder bewußt wird, ist vielleicht ein Bild. Hier ist mein Führungssystem visuell und mein bevorzugtes System ist kinästhetisch.

Das Führungssystem ist einem Startprogramm beim Computer ziemlich ähnlich – unauffällig, aber notwendig, damit der Computer überhaupt arbeitet. Es wird manchmal als Input-System bezeichnet und liefert das Material, über das man bewußt nachdenkt.

Viele Menschen haben ein bevorzugtes Input-System, das nicht das gleiche zu sein braucht wie ihr primäres System. Ein Mensch hat vielleicht unterschiedliche Führungssysteme für unterschiedliche Erfahrungen. Zum Beispiel benutzt jemand vielleicht ein Bild, um mit schmerzlichen Erfahrungen in Berührung zu kommen, und Geräusche, um sich zu angenehmen Erinnerungen zurückführen zu lassen.

Gelegentlich mag eine Person nicht in der Lage sein, eines der Repräsentationssysteme ins Bewußtsein zu bringen. Beispielsweise geben einige Leute an, daß sie keine mentalen Bilder sehen.

Während dies für sie selbst wahr ist, ist es im Grunde nicht möglich, denn sonst wären sie nicht in der Lage, andere Leute wiederzuerkennen oder irgendwelche Gegenstände zu beschreiben. Sie sind sich einfach nicht der Bilder bewußt, die sie innerlich sehen. Wenn dieses unbewußte System schmerzliche Bilder erzeugt, fühlt sich der Betreffende vielleicht schlecht, ohne zu wissen warum. Jemand, der ein unbewußtes kinästhetisches System hat, wird Schwierigkeiten haben, mit seinen Gefühlen in Kontakt zu kommen. Es ist nicht unwahrscheinlich, daß diese Gefühle auf andere Weise an die Oberfläche kommen, oft als Krankheiten [– bekannt als sogenannte psychosomatische Erkrankungen; Anm. d. Übers.].

Synästhesie, Überlappung und Übersetzung

Hast du die reine Lilie blühen sehen?
Bevor rohe Hände sie berührten?
Hast du gar den Fall des Schnees bemerkt,
Bevor die Erde ihn beschmutzte?
Hast du das Fell des Bibers gefühlt,
Oder je des Schwanes Flaum?
Hast du die Blüte der wilden Rose gerochen
Oder die Narde im Feuer,
Hast du den Honig der Biene gekostet?
O so weiß, o so weich,
O so süß ist sie.

Ben Johnson (1572–1637)

Der Reichtum und der Spielraum unserer Gedanken hängt von unserer Fähigkeit ab, uns von einer Art des Denkens zu einer anderen zu bewegen. Wenn also mein Führungssystem auditiv ist und mein bevorzugtes System ist visuell, werde ich dazu neigen, einen Menschen mit Hilfe des Tons seiner Stimme zu erinnern und dann in Bildern an ihn zu denken. Von da aus bekomme ich vielleicht ein Gefühl für die Person.

Wir nehmen also Information in einem Sinn auf, aber repräsentieren sie innerlich durch einen anderen. Klänge können visuelle Erinnerungen oder abstrakte visuelle Vorstellungen hervorzaubern. Wir sprechen in der Musik von Klangfarbe und von warmen Klängen, in der Malerei auch von lauten oder schrillen Farben. Eine sofortige und unbewußte Verbindung zwischen den Sinnen nennt man *Synästhesie*. Der Weg vom Führungssystem zum bevorzugten System wird normalerweise das starke, typische Synästhesiemuster einer Person sein.

Synästhesien bilden einen wichtigen Teil unserer Denkweise, und einige sind so vorherrschend und verbreitet, daß es scheint, als seien sie von Geburt an in unserem Gehirn verkabelt. Einige Farben zum Beispiel sind normalerweise mit Stimmungen verbunden: Rot für Ärger und Wut, Blau für Ruhe. In der Tat steigen in überwiegend roter Umgebung sowohl der Blutdruck als auch die Pulsfrequenz leicht an, und sie sinken, wenn die Umgebung hauptsächlich blau ist. Studien zeigen, daß Menschen blaue Räume als kälter erleben als gelbe, selbst wenn die blauen ein wenig wärmer (beheizt) sind. In der Musik werden Synästhesien umfassend genutzt; wie hoch eine Note visuell auf der Tonleiter steht, ist verbunden damit, wie hoch sie klingt, und es gibt eine Reihe von Komponisten, die bestimmte musikalische Klänge mit genauen Farben assoziieren.

Synästhesien treten automatisch auf. Manchmal wollen wir innere Sinne bewußt und absichtlich miteinander verbinden, zum Beispiel, um Zugang zu einem ganzen Repräsentationssystem zu bekommen, das sich außerhalb der bewußten Wahrnehmung befindet.

Nehmen Sie einmal an, eine Person hat große Schwierigkeiten zu visualisieren, sich etwas bildlich vorzustellen. Sie könnten sie zuerst bitten, zu einer glücklichen, angenehmen Erinnerung zurückzugehen, zum Beispiel zu einem Erlebnis am Meer. Laden Sie sie ein, die Geräusche des Meeres innerlich zu hören und die Klänge einer Unterhaltung, die stattfand. Wenn sie dies im Sinn hält, kann sie vielleicht *überlappen* und hinübergehen zu einem Gefühl des Windes auf ihrem Gesicht, der Wärme der Sonne auf ihrer Haut und dem Sand unter ihren Füßen. Von da aus ist es ein kleiner Schritt für sie, den Sand um ihre Füßen herum zu *sehen*, oder die Sonne, die am Himmel steht. Diese Technik des Überlappens kann eine vollkommene, vollständige Erinnerung zurückbringen: Bilder, Klänge und Gefühle.

Genauso wie die Übersetzung einer Sprache in eine andere die Bedeutung überträgt, aber die Form völlig verändert, können auch Erfahrungen zwischen den internen Sinnen *übersetzt* werden. Zum Beispiel sehen Sie eventuell einen unaufgeräumten Raum, bekommen eine unangenehmes Gefühl und wollen etwas daran tun. Die Ansicht desselben Raumes kann einen Freund ganz gleichgültig lassen, und er würde nicht verstehen können, warum Sie sich so schlecht fühlen. Er etikettiert Sie vielleicht als übersensibel, weil er es nicht versteht, sich in Ihre Erfahrungswelt zu versetzen. Er würde vielleicht verstehen, wie Sie sich fühlen, wenn Sie ihm erzählten, daß es so sei, als wenn man Juckpulver im Bett hat. In ein Geräusch übersetzt könnten Sie es vielleicht mit dem Unbehagen vergleichen, das es bereitet, wenn man ein verstimmtes Instrument hört. Diese Analogie würde bei jedem Musiker etwas zum Klingen bringen; Sie würden schließlich seine Sprache sprechen.

Zugangshinweise der Augen

Es ist leicht zu erkennen, ob eine Person in Bildern, Klängen oder Gefühlen denkt. Es gibt sichtbare Veränderungen in unserem Körper, wenn wir nacheinander auf verschiedene Arten denken. Die Art, wie wir denken, hat Auswirkungen auf unseren Körper, und wie wir unseren Körper nutzen, das beeinflußt die Art, wie wir denken.

Was ist das erste, was Sie sehen, wenn Sie durch die Eingangstür Ihr Haus betreten?

Um diese Frage zu beantworten, haben Sie wahrscheinlich nach links oben geguckt. Nach oben links zu schauen ist die Art, wie die meisten Rechtshänder Bilder erinnern.

Nun gehen Sie einmal in Kontakt damit, wie es sich anfühlen würde, wenn Sie Samt auf ihrer Haut hätten.

Hier haben Sie wahrscheinlich nach unten rechts geschaut, – die Art, wie die meisten Menschen mit Ihren Gefühlen in Berührung kommen.

Wir bewegen unsere Augen in systematischer Weise in unterschiedliche Richtungen, je nachdem wie wir denken. Neurologische Studien haben gezeigt, daß sowohl die horizontale als auch die vertikale Augenbewegung einen Zusammenhang damit hat, daß unterschiedliche Teile des Gehirns aktiviert werden. Diese Bewegungen werden in der Literatur laterale Augenbewegungen (LEM, *lateral eye movements*) genannt. Im NLP nennt man sie Zugangshinweise der Augen [oder Augenbewegungsmuster; Anm. d. Übers.], weil sie die visuellen Hinweise sind, an denen wir erkennen können, wie Menschen Zugang zu Information bekommen. Es gibt eine angeborene neurologische Verbindung zwischen Augenbewegungen und Repräsentationssystemen, denn dieselben Muster treten weltweit auf (mit Ausnahme der baskischen Region in Spanien).

Wenn wir uns etwas aus den Erfahrungen unserer Vergangenheit vorstellen, haben unsere Augen die Tendenz, sich nach oben und nach links zu bewegen. Wenn wir ein Bild aus Worten konstruieren oder versuchen, etwas zu imaginieren, was wir noch nie gesehen haben, bewegen sich unsere Augen nach oben rechts.

Zugangshinweise der Augen

Visualisierung

Visuell konstruierte Bilder

Visuell erinnerte Bilder

Konstruierte Klänge

Erinnerte Klänge

Kinästhetisch
(Gefühle und Körperempfindungen)

Auditiv digital
(Innerer Dialog)

Augenzugangshinweise: So sehen Sie sie, wenn Sie dem anderen gegenüberstehen.

Die Augen bewegen sich nach links zur Seite für erinnerte Klänge oder Geräusche und nach rechts zur Seite hinüber bei konstruierten Geräuschen. Wenn wir uns Gefühle zugänglich machen, gehen die Augen typischerweise nach unten rechts. Das Defokussieren und Geradeaus-Starren, In-die-Ferne-Schauen, zeigt ebenfalls Visualisierung an.

Die meisten Rechtshänder haben die im Diagramm dargestellten Augenbewegungsmuster. Bei Linkshändern können sie umgekehrt sein, so daß nach rechts geschaut würde, um Zugang zu erinnerten Bildern und Geräuschen zu bekommen, und nach links für konstruierte Bilder und Geräusche. Die Zugangshinweise der Augen bleiben bei ein und derselben Person immer konstant. Manchmal schaut jemand nach links unten, um Kontakt zu seinen Gefühlen zu bekommen und nach rechts unten für inneren Dialog. Es gibt immer Ausnahmen – schauen Sie genau hin, bevor Sie diese generellen Regeln für irgend jemanden anwenden. Die Antwort finden Sie nicht in der Verallgemeinerung (Generalisierung), sondern in der Person, die vor Ihnen steht.

Obwohl es möglich ist, Ihre Augen bewußt in jede Richtung zu bewegen, während Sie denken, ist es generell viel einfacher, Zugang zu einem bestimmten Repräsentationssystem zu bekommen, wenn Sie die entsprechenden natürlichen Augenbewegungen nutzen. Es sind Wege, das Gehirn fein darauf abzustimmen, in einer bestimmten Weise zu denken. Wenn Sie etwas erinnern wollen, das Sie gestern gesehen haben, ist es am einfachsten, nach links oben zu schauen oder geradeaus zu starren. Es ist schwierig, Bilder zu erinnern, wenn Sie nach unten schauen.

Wir sind uns gewöhnlich unserer lateralen Augenbewegungen nicht bewußt, und es gibt keinen Grund, warum wir es sein sollten, aber eine Information am rechten Ort zu „suchen" ist eine sehr nützliche Fertigkeit.

Zugangshinweise erlauben uns zu erkennen, wie ein anderer Mensch denkt, und es ist ein wichtiger Teil des NLP-Trainings, sich der Augenzugangshinweise anderer bewußt zu werden. Eine Art, dies zu tun, ist, unterschiedliche Fragen zu stellen und dann auf die Augenbewegungen achten, nicht auf die Antworten.

Wenn ich zum Beispiel frage: „Welche Farbe hat der Teppich in Ihrem Wohnzimmer?", müßten Sie sich das Wohnzimmer vorstellen, um die Antwort zu geben, unabhängig davon, welche Farbe der Teppich nun tatsächlich hat.

Vielleicht haben Sie Lust, die folgende Übung mit einem Freund oder einer Freundin auszuprobieren. Setzen Sie sich dazu an einen ruhigen Ort, stellen Sie ihm oder ihr die folgenden Fragen und beobachten Sie die Zugangshinweise seiner/ihrer Augen. Machen Sie sich Notizen, wenn Sie möchten. Bitten Sie ihn oder sie, die Antworten kurz zu halten oder einfach nur zu nikken, wenn er oder sie die Antwort hat. Wenn Sie fertig sind, tauschen Sie den Platz und beantworten selbst die Fragen. Dies hat nichts damit zu tun, jemanden zu ertappen oder etwas zu beweisen, es ist einfach nur Neugier herauszufinden, wie wir denken.

Übung zu den Augenbewegungen

Fragen, deren Beantwortung notwendigerweise visuelle Erinnerungen beinhaltet, wären folgende:
Welche Farbe hat deine Haustür?
Was siehst du, wenn du zum nächsten Geschäft gehst?
In welcher Richtung verlaufen die Streifen auf dem Fell eines Tigers?
Wie hoch ist das Haus, in dem du wohnst?
Welcher deiner Freunde hat die längsten Haare?

Folgende Fragen erfordern visuelle Konstruktion zu ihrer Beantwortung:
Wie würde dein Schlafzimmer mit rosagepunkteten Tapeten aussehen?
Wenn eine Landkarte verkehrt herum liegt, wo wäre Südost?
Stell dir ein purpurnes Dreieck in einem roten Quadrat vor.
Wie buchstabierst du deinen Vornamen rückwärts?

Um auditive Erinnerung aufzurufen, können Sie fragen:
Kannst du im Geiste dein Lieblingsmusikstück hören?

Welche Tür knallt in deinem Haus am lautesten?
Wie ist der Ton, wenn die Telefonleitung besetzt ist?
Ist die dritte Note der Nationalhymne höher oder tiefer als die zweite?
Kannst du im Geiste das Vogelgezwitscher bei Tagesanbruch hören?

Fragen für auditiv Konstruiertes:
Wie laut wäre es, wenn zehn Leute zur gleichen Zeit schreien?
Wie würde sich deine Stimme unter Wasser anhören?
Denk an dein Lieblingslied, wie es mit doppelter Geschwindigkeit gespielt wird.
Was für ein Geräusch würde ein Klavier machen, das aus dem zehnten Stockwerk eines Gebäudes herunterfällt?
Wie würde sich der Schrei einer Karotte anhören, die geraspelt wird?
Wie würde sich eine Kettensäge in einer Wellblechhütte anhören?

Fragen, um den inneren Dialog in Gang zu bringen:
Welchen Tonfall hast du, wenn du mit dir selbst sprichst?
Singe im stillen ein Kinderlied.
Wenn du mit dir selbst sprichst, wo kommt der Klang her?
Was sagst du dir, wenn etwas schiefläuft?

Fragen für den kinästhetischen Sinn (einschließlich Geruch und Geschmack):
Wie fühlt es sich an, wenn du nasse Socken anziehst?
Wie ist es, wenn du deinen Fuß in ein kaltes Schwimmbecken steckst?
Wie ist es, Wolle auf deiner Haut zu spüren?
Welche Hand ist in diesem Moment wärmer, deine linke oder deine rechte?
Wie ist es, sich in ein schönes heißes Bad sinken zu lassen?
Wie fühlst du dich nach einem guten Essen?
Denk an den Geruch von Ammoniak.
Wie ist es, einen Löffel voll versalzener Suppe zu probieren?

Zugangshinweise der Augen

Es ist der Denkprozeß, auf den es hier ankommt, nicht die eigentliche Antwort. Es ist nicht einmal nötig, verbale Antworten zu bekommen. Auf einige Fragen kann der Gedankengang unterschiedlich sein. Zum Beispiel: Um die Kantenzahl eines 50-Pence-Stückes herauszufinden, könnte man die Münze visualisieren und die Seiten zählen oder alternativ die Seiten zählen, indem man geistig die Kanten abtastet. Wenn Sie also eine Frage stellen, die eine Visualisierung hervorrufen sollte, und die Zugangshinweise sind anders, ist dies ein Zeichen für die Flexibilität und Kreativität des Betreffenden. Es bedeutet nicht, daß die Muster notwendigerweise falsch sind oder daß die Person „verkehrt" ist. Wenn Sie im Zweifel sind, fragen Sie: „Was hast du denn gedacht?"

Die Zugangshinweise der Augen erscheinen sehr schnell, und Sie müssen sehr wach und aufmerksam sein, um sie alle zu sehen. Sie zeigen die Reihenfolge (Sequenz) der Repräsentationssysteme an, die ein Mensch benutzt, um diese Fragen zu beantworten. Im Beispiel der auditiven Frage nach der lautesten Tür stellt sich jemand vielleicht jede Tür zuerst vor, fühlt mental, wie er sie zuschlägt, und hört dann das Geräusch. Er muß dies vielleicht mehrere Male machen, bevor er in der Lage ist, eine Antwort zu geben. Normalerweise geht er zuerst in sein Führungssystem, um eine Frage zu beantworten. Jemand, der visuell führt, wird sich typischerweise zuerst ein Bild der unterschiedlichen Situationen in auditiven und kinästhetischen Fragen machen, bevor er das Geräusch hört oder das Gefühl erlebt.

Andere Zugangshinweise

Augenbewegungen sind nicht die einzigen Zugangshinweise, obwohl sie wahrscheinlich am leichtesten zu beobachten sind. Weil Körper und Geist eine untrennbare Einheit bilden, zeigt sich die Art, wie wir denken, immer irgendwo, wenn man weiß, wonach man Ausschau halten muß. Besonders zeigt sie sich im Atemmuster, in Hautfarbe und Körperhaltung.

Eine Person, die in visuellen Vorstellungen denkt, wird generell schneller und in einer höheren Tonlage sprechen als jemand, der nicht visuell denkt. Bilder entstehen so schnell im Gehirn, daß man schnell sprechen muß, um mit ihnen mitzuhalten. Der Atem wird höher in der Brust sein und flacher. Oft zeigt sich ein Anstieg der Muskelspannung, besonders in den Schultern, der Kopf wird hochgehalten, das Gesicht ist blasser als normal.

Leute, die in Geräuschen und Klängen (oder Selbstgesprächen) denken, atmen gleichmäßig im gesamten Brustbereich. Es finden sich oft kleine, rhythmische Körperbewegungen, und die Tonart der Stimme ist klar, expressiv und resonant. Der Kopf ist wohlbalanciert auf den Schultern oder leicht in einem Winkel geneigt, als wenn man auf etwas lauscht.

Leute, die mit sich selbst reden, neigen oft ihren Kopf zur Seite und stützen ihn mit der Hand auf. Dies ist als „Telefonhaltung" bekannt, weil es so aussieht, als wenn sie in ein unsichtbares Telefon sprechen. Einige Leute wiederholen beim Atmen, was sie gerade gehört haben. Man kann erkennen, wie sich ihre Lippen bewegen.

Kinästhetischer Zugang ist durch tiefes Atmen im Bauch charakterisiert und oft von Muskelentspannung begleitet. Mit dem Kopf nach unten geneigt ist die Stimmlage tiefer, und die Person spricht typischerweise langsam und mit langen Pausen. Rodins berühmte Skulptur „Der Denker" denkt unzweifelhaft kinästhetisch.

Bewegungen und Gesten sagen uns ebenfalls, wie eine Person denkt. Viele Leute zeigen auf das Sinnesorgan, das sie innerlich benutzen: Sie zeigen auf ihre Ohren, wenn sie auf Geräusche in ihrem Kopf hören, auf die Augen, wenn sie visualisieren, oder auf den Bauch, wenn sie etwas stark empfinden. Diese Signale sagen Ihnen nicht, woran der Mensch denkt, sondern nur, wie er oder sie etwas denkt. Dies ist Körpersprache auf einer vielfach verfeinerten und subtileren Ebene, als wie sie normalerweise interpretiert wird.

Die Idee der Repräsentationssysteme ist eine sehr nützliche Möglichkeit, um zu verstehen, wie unterschiedliche Menschen denken, gleichwie das Lesen von Zugangshinweisen eine unschätzbare Fähigkeit für jeden ist, der besser mit anderen kommunizieren will. Für Therapeuten und Lehrer oder Erzieher ist sie essentiell. Therapeuten können beginnen zu erkennen, wie ihre Klienten denken, und herausfinden, wie sie es womöglich verändern können. Lehrer können entdecken, welche Arten zu denken am besten für ein bestimmtes Fach wirken, und diese präzisen Fertigkeiten unterrichten.

Es gibt in der Psychologie viele Typologien, basierend sowohl auf der Physiologie als auch auf Denkstrategien. NLP bietet eine weitere Möglichkeit an. Habituelle Arten des Denkens hinterlassen ihre Spuren am Körper. Diese charakteristischen Körperhaltungen, Gesten und Atemmuster werden bei Individuen, die vorwiegend in dieser Weise denken, zur Gewohnheit. Mit anderen Worten, ein Mensch, der schnell und in einer hohen Tonlage spricht, ziemlich schnell und im oberen Brustbereich atmet und in der Schulterpartie angespannt ist, ist wahrscheinlich jemand, der meistens in Bildern denkt. Jemand, der langsam mit einer tiefen Stimme spricht und dabei tief atmet, wird sich wahrscheinlich zu einem großen Maß auf seine Gefühle verlassen.

Eine Unterhaltung zwischen einem Menschen, der visuell denkt, und einem, der in Gefühlen denkt, kann für beide Seiten eine frustrierende Erfahrung sein. Der visuelle Denker wird ungeduldig mit seinem Fuß wippen, während die kinästhetische Person im wahrsten Sinne des Wortes „nicht sehen" kann, warum es der andere so eilig hat. Wer jedoch die Fähigkeit hat, sich auf die Denkweise des anderen einzustellen, wird bessere Ergebnisse bekommen.

Denken Sie allerdings bitte daran: Diese Verallgemeinerungen müssen alle über Beobachtung und Erfahrung getestet werden. NLP ist erklärtermaßen keine weitere Technik, um Leute in Typen und Schubladen einzupressen. Zu sagen, daß jemand ein visueller Typ ist, nutzt in keiner Weise mehr, als zu sagen, daß er rote Haare hat. Wenn es Sie blind dafür macht, das zu sehen, was er hier und jetzt tatsächlich tut, ist es schlimmer als nutzlos und nur eine andere Art, um Stereotypen zu schaffen.

Es kann eine große Versuchung sein, sich selbst und andere in der Terminologie von Primären Repräsentationssystemen zu kategorisieren. Diesen Fehler machen bedeutet, in die Falle zu gehen, die der Psychologie ständig droht: ein Sortiment von Kategorien zu finden und dann Leute dort hineinzustopfen, egal ob sie hineinpassen oder nicht. Menschen sind immer reicher als die Generalisierungen, die über sie gemacht werden. NLP stellt eine ausreichend vielfältige Sammlung von Modellen zur Verfügung, so daß man immer das passende suchen sollte für das, was Menschen gerade tatsächlich tun, statt zu versuchen, die Leute an die Stereotypen anzupassen.

Submodalitäten

Bis hierher haben wir über drei Hauptarten des Denkens gesprochen – in Geräuschen, in Bildern und in Gefühlen –, aber dies ist nur ein erster Schritt. Wenn Sie ein Bild beschreiben wollen, das Sie gesehen haben, gibt es immer noch mehr Details, die Sie hinzufügen könnten. War es in Farbe oder schwarzweiß? War es ein bewegter Filmstreifen oder ein Standbild? War es weit weg oder nah? Diese Arten von Unterscheidungen können unabhängig davon gemacht werden, was auf dem Bild ist. Ähnlich könnte man einen Ton als hoch oder tief beschreiben, als nah oder fern, laut oder leise. Ein Gefühl könnte schwer oder leicht sein, scharf oder dumpf, locker oder intensiv.

Nachdem wir also allgemein die Art festgestellt haben, in der wir denken, ist der nächste Schritt, nun innerhalb des jeweiligen Systems noch viel genauer zu sein. Machen Sie es sich bequem, und denken Sie an eine angenehme Erinnerung zurück. Untersuchen Sie jedes Bild, das sie davon haben. Sehen Sie es wie aus Ihren eigenen Augen *(assoziiert)*, oder sehen Sie es wie von woanders *(dissoziiert)*? Wenn Sie sich zum Beispiel selbst im Bild sehen, müssen Sie dissoziiert sein. Ist es in Farbe? Ist es ein Film oder ein Dia? Ist es ein dreidimensionales Bild oder ist es flach wie eine Fotografie? Während Sie weiterhin das Bild anschauen, können Sie auch noch andere Beschreibungen machen.

Achten Sie als nächstes auf die Geräusche, die mit der Erinnerung verbunden sind. Sind sie laut oder leise? Nah oder fern? Wo kommen sie her?

Schließlich achten Sie auf Gefühle oder Empfindungen, die Teil der Erinnerung sind. Wo fühlen Sie sie? Sind sie hart oder weich? Leicht oder schwer? Heiß oder kalt?

Diese Unterscheidungen sind in der NLP-Literatur als *Submodalitäten* bekannt. Wenn Repräsentationssysteme Modalitäten sind – Wege, um die Welt zu erfahren –, dann sind Submodalitäten die Bausteine der Sinne, aus denen jedes Bild, Geräusch oder Gefühl zusammengesetzt ist.

Menschen haben NLP-Ideen zu allen Zeiten genutzt. NLP ist nicht zum Leben erwacht, als der Name erfunden wurde. Die alten Griechen sprachen über Sinneserfahrungen, und Aristoteles redete im Detail von Submodalitäten, ohne jedoch diesen Namen zu benutzen, als er die Qualitäten der Sinne erklärte.

Hier ist eine Liste der gebräuchlichsten Unterscheidungen bei Submodalitäten:

Visuelle Modalität
Assoziiert (durch die eigenen Augen gesehen) oder dissoziiert (sich selbst anschauend)
Farbe oder schwarzweiß
mit Rahmen oder unbegrenzt
Tiefe (zwei oder dreidimensional)
Lokalisierung (links oder rechts, oben oder unten ...)
Entfernung seiner selbst zum Bild

Helligkeit
Kontrast
Klarheit (verschwommen oder fokussiert)
Bewegung (wie ein Film oder wie eine Diashow)
Geschwindigkeit (schneller oder langsamer als normal)
Anzahl (geteilte Leinwand oder viele Bilder)
Größe

Auditive Modalität
stereo oder mono
Wörter oder Klänge, Geräusche
Lautstärke (laut oder leise)
Klangcharakter (weich oder hart)
Klangfülle
Herkunft des Geräusches (Ort)
Entfernung von der Klangquelle
Dauer
anhaltend oder unterbrochen
Geschwindigkeit (schneller oder langsamer als normal)
Klarheit (klar oder gedämpft)

Kinästhetische Modalität
Lokalisierung
Intensität
Druck (hart oder weich)
Ausdehnung (wie groß)
Oberflächenbeschaffenheit (rauh oder glatt)
Gewicht (leicht oder schwer)
Dauer (wie lange es anhält)
Form

Dies sind einige der geläufigsten Submodalitätsunterscheidungen, die man macht; es ist keine erschöpfende Liste. Einige Submodalitäten sind diskontinuierlich oder *digital*, das heißt sie lassen nur zwei Möglichkeiten: an oder aus wie ein Schalter, entweder ... oder ... Ein Beispiel wäre: assoziiert oder dissoziiert; ein Bild kann nicht zugleich beides sein. Die meisten Submodalitäten variieren auf einem Kontinuum, als wenn sie durch einen

Dimmerschalter gesteuert würden. Sie bilden eine Art stufenloser Skala, so zum Beispiel Klarheit, Helligkeit oder Lautstärke. *Analog* ist die Bezeichnung für jene Qualitäten, die zwischen zwei Polen (Extremen) variieren können.

Viele dieser Submodalitäten sind in die Redensarten eingegangen, die wir benutzen, und wenn Sie sich die Liste am Ende dieses Kapitels anschauen, sehen Sie sie möglicherweise in einem neuen Licht, oder Sie sind vielleicht auf neue Weise beeindruckt, weil Submodalitäten Bände sprechen über die Funktion unseres Geistes. Man kann Submodalitäten als den grundlegenden Code des menschlichen Gehirns bezeichnen. Es ist einfach nicht möglich, einen Gedanken zu denken oder sich eine Erinnerung ins Gedächtnis zu rufen, ohne eine Struktur von Submodalitäten zu haben. Es ist leicht, sich dieser Submodalitätsstruktur der Erfahrung nicht bewußt zu sein, bis Sie Ihre bewußte Aufmerksamkeit darauf lenken.

Der interessanteste Aspekt von Submodalitäten kommt dann ins Spiel, wenn man sie verändert. Einige können vielleicht „ungestraft" verändert werden und bewirken keinen Unterschied. Andere sind möglicherweise so kritisch, so entscheidend für eine bestimmte Erinnerung, daß – würde man sie verändern – man damit die ganze Art und Weise verändern würde, wie wir uns in bezug auf dieses Erlebnis fühlen. Normalerweise sind Wirkung und Bedeutung einer Erinnerung oder eines Gedankens mehr die Funktion von einigen wenigen Submodalitäten als eine Funktion des Inhalts.

Sobald ein Ereignis passiert ist, ist es beendet, und wir können nie mehr zurückgehen und es verändern. Danach reagieren wir nicht mehr auf das Ereignis (als solches), sondern auf unsere Erinnerung an das Ereignis, und diese kann allerdings verändert werden.

Versuchen Sie folgendes Experiment. Gehen Sie zurück zu einem angenehmen Erlebnis. Stellen Sie sicher, daß Sie in dem Bild assoziiert sind, so als wenn Sie aus Ihren eigenen Augen sehen. Erleben Sie, wie das ist. Als nächstes dissoziieren Sie sich davon. Gehen Sie einen Schritt heraus und sehen Sie die Person, die ganz so aussieht und auch so spricht wie Sie. Dies wird mit an Sicherheit grenzender Wahrscheinlichkeit Ihr Gefühl für dieses Erlebnis verändern. Sich von einer Erinnerung zu dissoziieren nimmt ihr die emotionale Macht. Ein angenehmes Erlebnis wird sein Vergnügen verlieren, ein unangenehmes seinen Schmerz. Das nächste Mal, wenn ihr Gehirn eine schmerzvolle Szene heraufbeschwört, dissoziieren Sie sich davon. Um angenehme, lustvolle Erlebnisse voll auszukosten, stellen Sie sicher, daß Sie assoziiert sind. Sie können die Art verändern, wie Sie denken. Dies ist eine der wesentlichen Informationen für das ungeschriebene „Anwender-Handbuch zur Nutzung des Gehirns".

Probieren Sie dieses Experiment, versuchen Sie zu verändern, wie Sie denken, und entdecken Sie, welche Submodalitäten für Sie die entscheidenden sind.

Denken Sie an eine bestimmte Situation zurück, die für Sie von emotionaler Bedeutsamkeit ist und an die Sie sich gut erinnern können. Werden Sie sich zuerst des visuellen Teils der Erinnerung bewußt. Stellen Sie sich vor, wie Sie selbst die Helligkeit bestimmen, sie heller und dunkler stellen, so wie Sie es beim Fernsehen machen würden. Achten Sie auf den Unterschied, den das in bezug auf Ihre Erfahrung macht. Welche Helligkeit ziehen Sie vor? Stellen Sie es am Ende auf die Originalhelligkeit zurück.

Bringen Sie als nächstes das Bild näher heran [oder bringen Sie sich selbst näher an das Bild heran; Anm. d. Übers.], dann stellen Sie es weit weg. Was für einen Unterschied macht dies, und welches gefällt Ihnen besser? Bringen Sie es wieder zurück dahin, wo es war.

Wenn es Farbe hat, machen Sie es jetzt bitte schwarzweiß. Wenn es schwarz und weiß ist, geben Sie ihm Farbe. Worin besteht der Unterschied, und welches ist besser? Machen Sie es rückgängig.

Als nächstes: Hat es Bewegung? Wenn ja, machen Sie es immer langsamer, bis es zu einem Standbild geworden ist. Dann versuchen Sie, es schneller werden zu lassen. Beachten Sie Ihre Präferenz, und bringen Sie es in seine Ausgangsgeschwindigkeit zurück.

Submodalitäten

Versuchen Sie schließlich, es von assoziiert zu dissoziiert zu verändern und zurück.

Einige oder alle diese Veränderungen haben grundlegenden Einfluß auf Ihr Gefühl zu diesem Erlebnis. Vielleicht wollen Sie die Erinnerung mit Hilfe der Submodalitäten auf die Werte (Qualitäten) einstellen, die Ihnen am besten gefallen. Sie werden nicht die mangelhafte Qualität behalten wollen, die Ihnen das Gehirn eingegeben hat. Erinnern Sie sich, wie Sie sie wählen können?

Nun führen Sie Ihr Experiment mit den anderen visuellen Submodalitäten weiter und beobachten, was passiert. Machen Sie das gleiche für die auditiven und kinästhetischen Teile der Erinnerung.

Für die meisten Menschen ist ein Erlebnis in der Erinnerung am intensivsten und am lebendigsten, wenn es groß, hell, farbig, nah und assoziiert ist. Wenn das für Sie so ist, dann stellen Sie sicher, daß Sie Ihre guten Erinnerungen in dieser Form abspeichern. Im Gegensatz dazu machen Sie Ihre unangenehmen Erinnerungen klein, dunkel, schwarzweiß, weit weg, und dissoziieren Sie sich davon. In beiden Fällen bleibt der Inhalt der Erinnerungen der gleiche, es ist die Art, wie wir sie erinnern, die sich verändert hat. Schlimme Dinge passieren und haben Konsequenzen, mit denen wir leben müssen, aber sie müssen uns nicht verfolgen. Ihre Macht, uns noch im Hier und Jetzt schlechte Gefühle zu bereiten, ist eine Folge der Art, wie wir an sie denken. Der entscheidende Unterschied, den wir machen sollten, ist zwischen der eigentlichen Begebenheit von damals und der Bedeutung und Macht, die wir ihr durch die Form geben, in der wir uns heute an sie erinnern.

Vielleicht haben Sie eine innere Stimme, die an Ihnen herumnörgelt.
Machen Sie sie langsamer.
Jetzt machen Sie sie schneller.
Experimentieren Sie mit der Tonlage.
Von welcher Seite kommt sie?

Was passiert, wenn Sie sie von der anderen Seite kommen lassen?
Was passiert, wenn Sie sie lauter machen?
Oder leiser?
Zu sich selbst zu sprechen, kann zu einer wahren Freude (gemacht) werden.
Die Stimme ist vielleicht nicht einmal Ihre eigene. Wenn das so ist, fragen Sie sie, was sie denn in Ihrem Kopf zu tun hat.

Verändern der Submodalitäten ist eine Sache der persönlichen Erfahrung, schwer mit Worten zu vermitteln. Theorie ist diskutabel, Erfahrung ist überzeugend. Sie können der Regisseur Ihrer eigenen mentalen Filmshow sein und entscheiden, wie Sie denken wollen, anstatt der Gnade der Repräsentationen ausgeliefert zu sein, die ihrer eigenen Willkür zu entspringen scheinen. Wie das Fernsehen im Sommer [vor den Zeiten der Verkabelung; Anm. d. Übers.] zeigt das Gehirn viele Wiederholungen; eine Menge davon sind alte, nicht besonders gute Filme. Sie brauchen sie nicht anzuschauen.

Emotionen kommen irgendwoher, wenn ihre Ursache auch vielleicht außerhalb der bewußten Wahrnehmung liegt. Ebenso sind Emotionen als solche kinästhetische Repräsentationen. Sie haben Gewicht, einen Platz und eine Intensität; sie haben Submodalitäten, die verändert werden können. Gefühle sind nicht völlig unwillkürlich, und Sie können viel dazu beitragen, die Gefühle zu wählen, die Sie empfinden möchten. Emotionen können hervorragende Diener sein, aber auch tyrannische Herren.

Repräsentationssysteme, Zugangshinweise und Submodalitäten sind einige der wesentlichen Bausteine der Struktur unserer subjektiven Erfahrung. Es ist kein Wunder, daß Menschen unterschiedliche Karten von der Welt entwerfen. Sie haben unterschiedliche Führungssysteme und bevorzugte Repräsentationssysteme, unterschiedliche Synästhesien, und ihre Erinnerungen werden durch unterschiedliche Submodalitäten kodiert. Wenn wir schließlich unsere Sprache benutzen, um miteinander zu sprechen, ist es ein Wunder, daß wir uns überhaupt so gut verstehen.

Beispiele für sinnlicher Wahrnehmung entspringende Wörter und Redensarten

Wörter: Visuell

Sehen, Bild, Fokus, Vorstellung, Einsicht, Szene, leere Leinwand, visualisieren, Perspektive, scheinen, reflektieren, klarmachen, durchblicken, beäugen, fokussieren, vorhersehen, Illusion, illustrieren, beobachten, Aussicht, enthüllen, Vorschau, schauen, zeigen, überwachen, Vision, zugucken, offenbaren, verschwommen, dunkel.

Auditiv

Sagen, Akzent, Rhythmus, laut, Ton, erklingen, Geräusch, taub, monoton, klingen, fragen, betonen, hörbar, verständlich, diskutieren, verkünden, anmerken, zuhören, Schall, rufen, sprachlos, mündlich, mitteilen, Stille, dissonant, harmonisch, schrill, ruhig, dumpf.

Kinästhetisch

Berührung, umgehen mit, Kontakt, drücken, rubbeln, fest, warm, kalt, rauh, in Angriff nehmen, schieben, Druck, einfühlsam, Streß, greifbar, Spannung, anfassen, kompakt, sanft, begreifen, halten, kratzen, solide, schwer, glatt.

Neutral

Entscheiden, denken, erinnern, wissen, meditieren, teilnehmen, wiedererkennen, verstehen, bewerten, Prozeß, bestimmen, lernen, motivieren, verändern, bewußt, überlegen.

Olfaktorisch

Parfümiert, schal, fischig, duftend, muffig, wohlriechend, frisch, verraucht.

Gustatorisch
Sauer, Würze, bitter, Geschmack, salzig, saftig, süß.

Redensarten: Visuell
Ich sehe, was du meinst.
Ich nehme diesen Gedanken unter die Lupe.
Wir haben die gleiche Perspektive, den gleichen Blickwinkel.
Ich habe eine verschwommene Vorstellung.
Er hat einen blinden Fleck.
Zeig mir, was du meinst.
Ich schaue darauf zurück und lache.
Dies wird ein wenig Licht in die Angelegenheit bringen.
Es macht sein Leben bunter.
Es erscheint mir ...
Der Schatten eines Zweifels
Einen trüben Blick haben
Die Zukunft sieht strahlend aus.
Die Lösung blitzte vor seinem geistigen Auge auf.
Eine Augenweide

Auditiv
Auf der gleichen Wellenlänge
In Harmonie leben
Das klingt mir alles spanisch.
Viel Tamtam machen
Ins eine Ohr rein, aus dem anderen wieder raus
Taub sein für den anderen
Da klingelt's in den Ohren.
Den richtigen Ton anschlagen
Das ist Musik in meinen Ohren.
Wort für Wort
Unerhört!
Unmißverständlich ausdrücken
Eine Audienz geben
Halt deine Zunge im Zaum.
Laut und deutlich

Kinästhetisch
Ich möchte mit dir in Kontakt kommen.
Ich kann die Idee begreifen.
Halt mal eine Sekunde.
Es ging bis auf die Knochen.
Ein warmherziger Mann
Ein harter Bursche
Dickfellig
An der Oberfläche kratzen
Ich kann meine Hand dafür nicht ins Feuer legen.
Daran zerbrechen
Halt dich unter Kontrolle.
Feste Grundlage
Hitziger Streit
Der Diskussion nicht folgen
Reibungsloses Funktionieren

Olfaktorisch und gustatorisch
Lunte riechen
Eine faule Sache
Eine bittere Pille
Frisch wie der Morgen
Eine süße Person
Ein beißender, ätzender Kommentar.

Kapitel 3

Physiologische Zustände und emotionale Freiheit

Wenn Menschen emotional und physisch an einem Tiefpunkt sind, sagen wir oft, daß sie in einem „schlimmen Zustand" seien. Gleichermaßen erkennen wir, daß wir, wenn wir bei einer Herausforderung so gut wie möglich abschneiden wollen, in der „richtigen geistigen Verfassung" sein müssen. Was ist dieser geistige Zustand, diese geistige Verfassung *(state of mind)*? Ganz einfach, es sind all die Gedanken, Emotionen und physiologischen Eigenschaften, die wir zu einem bestimmten Zeitpunkt zum Ausdruck bringen; die geistigen Bilder, Klänge, Gefühle und all die Muster der Körperhaltung und des Atmens. Geist und Körper sind vollständig miteinander verbunden, und von daher beeinflussen unsere Gedanken unmittelbar unsere Physiologie und umgekehrt.

Unser geistiger Zustand verändert sich fortwährend, und dies ist eines der wenigen Dinge, auf die wir uns verlassen können. Wenn Sie Ihren Zustand verändern, verändert sich auch die ganze Welt dort draußen. (Oder es scheint so.) Wir sind uns gewöhnlich unseres emotionalen Zustandes mehr bewußt als unserer Physiologie, unserer Körperhaltungen, Gesten und Atemmuster. In Wirklichkeit werden Emotionen häufig als etwas angesehen, das außerhalb der bewußten Kontrolle liegt, als sichtbare Spitze eines Eisbergs. Wir sehen nicht die gesamte Physiologie und den gedanklichen Prozeß, der den Emotionen zugrunde liegt und sie unterstützt. Dies sind die neun Zehntel des Eisbergs unter Wasser. Der Versuch, die Emotionen zu beeinflussen, ohne den Gesamtzustand zu verändern, ist genauso nutzlos, wie zu versuchen, einen Eisberg dadurch verschwinden zu lassen, daß man die Spitze abschlägt. Es wird einfach nur noch mehr an die Oberfläche kommen, wenn man nicht eine übermäßig große Menge Energie darauf verschwendet, ihn unter Wasser zu halten, und dies tun wir oft, mit Suchtmitteln oder mit Willenskraft. Nach unserer Auffassung führt der Geist, und der Körper folgt gehorsam. Daher können gewohnheitsmäßige Emotionen dem Gesicht und der Körperhaltung eines Menschen wie eingeprägt sein, weil er nicht wahrnimmt, wie die Gefühle seine Physiologie gestalten.

Versuchen Sie folgendes Experiment. Nehmen Sie sich einen Augenblick Zeit, um an ein schönes Erlebnis zu denken, eine Zeit, als es Ihnen wirklich richtig gut ging. Wenn Ihnen eins eingefallen ist, denken Sie sich wieder richtig in das Erlebnis hinein. Nehmen Sie sich eine oder zwei Minuten Zeit, um es so intensiv wie möglich wiederzuerleben.

Während Sie sich an diesen angenehmen Gefühlen erfreuen, schauen Sie sich um, nehmen Sie wahr, was Sie sehen und welche Geräusche oder Klänge Sie hören, wenn Sie dieses Erlebnis wiedererleben.

Nehmen Sie wahr, wie Sie sich fühlen. Wenn Sie so weit sind, kommen Sie in die Gegenwart zurück.

Nehmen Sie wahr, welchen Einfluß dies auf Ihren gegenwärtigen Zustand hat, besonders auf Ihre Körperhaltung und Ihren Atem. Vergangenheitserlebnisse sind nicht für immer vergangen; sie können Ihnen helfen, sich in der Gegenwart gut zu fühlen. Obwohl die Bilder und Klänge der Vergangenheit vorbei sind, können wir sie geistig wieder hervorrufen. Das Gefühl in diesem Augenblick ist noch genauso real und greifbar wie damals. Unabhängig davon, wie Sie sich also gefühlt haben, bevor Sie diesen Absatz lasen, haben Sie sich jetzt in einen ressourcenreicheren Zustand versetzt.

Nun denken Sie im Kontrast dazu einmal an ein eher unangenehmes Erlebnis. Wenn Ihnen eines einfällt, versetzen Sie sich noch einmal hinein.

Nachdem Sie in jene Situation zurückgegangen sind, was sehen Sie? Was hören Sie?

Achten Sie auf Ihre Gefühle.

Bleiben Sie nicht lange in diesem Erlebnis, sondern kommen Sie in die Gegenwart zurück, und nehmen Sie wahr, welche Wirkung es auf Sie hatte. Werden Sie sich bewußt, wie Sie sich nach diesem Erlebnis im Vergleich zum vorherigen fühlen. Beachten Sie auch Ihre unterschiedliche Körperhaltung und Ihr Atemmuster.

Nun verändern Sie Ihren emotionalen Zustand. Machen Sie irgendeine körperliche Aktivität, bewegen Sie Ihren Körper und stellen Sie Ihre Aufmerksamkeit von der Erinnerung auf etwas ganz anderes um. Schauen Sie aus dem Fenster, hüpfen Sie, laufen Sie zur anderen Seite des Raums und berühren Sie die Wand oder beugen Sie sich hinunter und berühren Sie Ihre Zehen. Achten Sie auf die Körperempfindungen bei der Bewegung und auf das, was Sie im Hier und Jetzt wahrnehmen.

Dies nennt man in der NLP-Terminologie Veränderungs- oder Unterbrecherzustand [auch als „Separator" bekannt; Anm. d. Übers.]. Es lohnt sich, diese Unterbrechung zu machen, wann immer Sie bemerken, daß Sie sich schlecht und wenig ressourcenreich fühlen. Wann immer Sie sich an ein unangenehmes Erlebnis erinnern und in ressourcenarme Zustände kommen, nimmt Ihr ganzer Körper diese negativen Zustände auf und hält sie in Form von Mustern des Muskeltonus, der Körperhaltung und des Atems fest. Diese körperlich gespeicherten Erinnerungen können Ihre zukünftigen Erfahrungen für Minuten oder Stunden regelrecht verseuchen. Wir wissen alle, wie es ist, „mit dem falschen Fuß aufzustehen". Menschen, die unter Depression leiden, haben unbewußt die Fähigkeit gemeistert, einen ressourcenarmen Zustand für lange Zeit aufrechtzuerhalten. Andere haben die Fähigkeit erlernt, ihren emotionalen Zustand nach ihrem Willen zu verändern, und schaffen sich dadurch emotionale Freiheit, die die Qualität ihres Lebens verbessert. Sie erleben voll die Hochs und Tiefs des Lebens, aber sie lernen, weiterzugehen und sich nicht in unnötigem emotionalem Schmerz aufzuhalten.

Während wir durchs Leben gehen, bewegen wir uns ständig durch unterschiedliche emotionale Zustände, manchmal schnell, manchmal eher schrittweise. So könnte es zum Beispiel sein, daß Sie sich vielleicht ziemlich mies fühlen. Da ruft ein Freund Sie an und bringt Ihnen erfreuliche Nachrichten. Ihr Lebensgeist hellt sich auf. Oder vielleicht ist es ein strahlender Sonnentag, Sie öffnen Ihre Post und finden eine unerwartet hohe Rechnung. Geistige Wolken können die wirkliche Sonne verdecken.

Wir können unsere Zustände beeinflussen, statt einfach nur auf das zu reagieren, was „draußen" passiert. In den letzten paar Minuten haben Sie sich gut gefühlt, dann nicht so gut, dann ... wie auch immer Sie sich jetzt fühlen. Und nichts ist wirklich in der Außenwelt passiert. Sie haben dies ganz allein gemacht.

Evokation *(elicitation)*

Evokation [vom lateinischen *evocare* = hervorrufen; Anm. d. Übers.] ist das Wort, das im NLP zur Beschreibung des Prozesses verwendet wird, wie man jemanden in einen bestimmten Zustand geleitet. Dies ist unter anderen Bezeichnungen eine alltägliche Fähigkeit, denn wir alle sind großartig darin geübt, Leute in andere Stimmungen zu versetzen oder sie aus ihren Launen herauszuholen. Wir machen das ständig durch unsere Worte, unseren Tonfall und unsere Gesten. Manchmal rufen wir jedoch nicht das hervor, was wir wollen. Wie oft haben Sie einen Satz gehört wie diesen: „Was ist nur mit ihm los, ich habe doch nur ... gesagt!"

Die einfachste Art, einen emotionalen Zustand hervorzurufen, ist, die Person zu bitten, sich an einen Zeitpunkt in der Vergangenheit zu erinnern, da sie dieses Gefühl erlebt hat. Je ausdrucksvoller Sie sind, desto ausdrucksstärker werden Sie es evozieren. Wenn Ihre Stimmlage, Ihre Worte, der Gesichtsausdruck und die Körperhaltung zu der Reaktion passen, die Sie haben wollen *(matching)*, ist es wahrscheinlicher, daß Sie sie auch bekommen.

Alle Ihre Bemühungen haben Ergebnisse. Wenn Sie versuchen, jemanden in einen ruhigen, ressourcenreichen Zustand zu versetzen, ist es zwecklos, mit einer lauten, schnellen Stimme zu sprechen, schnell und flach zu atmen und viele zappelige Bewegungen zu machen. Trotz Ihrer beschwichtigenden Worte wird die andere Person nur noch aufgeregter. Sie müssen das, was Sie sagen, auch tun. Wenn Sie also jemanden in einen Zustand von Zuversicht und Selbstvertrauen führen wollen, bitten Sie ihn, sich an eine bestimmte Zeit zu erinnern, als er sich zuversichtlich fühlte und Selbstvertrauen hatte. Sie sprechen klar, mit einer zuversichtlichen Stimme, atmen gleichmäßig, mit erhobenem Kopf und aufrechter Haltung. Sie ver-halten sich „zuversichtlich". Wenn Ihre Worte nicht mit Ihrer Körpersprache und Ihrer Stimme *kongruent* sind, nicht übereinstimmen, neigen die anderen eher dazu, Ihrer nonverbalen Botschaft zu folgen.

Es ist auch wichtig, daß der Betreffende sich an die Erfahrung erinnert, als befände er sich noch ganz darin, anstatt sich von außen anzugucken. Wenn man in einer Situation assoziiert ist [Teilnehmerperspektive oder *erste Position*; Anm. d. Übers.] bringt dies die Gefühle vollständiger zurück. Wenn man sich von außen anguckt, ist man dissoziiert [Beobachterperspektive; Anm. d. Übers.], und die Gefühle sind schwächer. Stellen Sie sich vor, wie jemand anders Ihre Lieblingsfrucht ißt. Nun stellen Sie sich vor, wie Sie selbst die Frucht essen. An welcher Erfahrung finden Sie mehr Geschmack? Um selbst bei sich einen bestimmten inneren Zustand hervorzurufen, versetzen Sie sich so vollständig und lebendig wie möglich in die Erfahrung zurück.

Kalibrieren

Kalibrieren [eichen, sich einstellen auf; Anm. d. Übers.] bedeutet im NLP zu erkennen, in welchem (von meinem eigenen verschiedenen) Zustand sich ein anderer Mensch befindet. Dies ist eine Fertigkeit, die wir alle haben und in unserem Alltag anwenden, eine, die es wirklich wert ist, entwickelt und verfeinert zu werden.

Sie können die feinen Unterschiede im Ausdruck herausbekommen, wenn andere Menschen sich an verschiedene Erlebnisse und unterschiedliche Zustände erinnern. Wenn sich zum Beispiel jemand an ein Erlebnis erinnert, bei dem er Angst hatte, werden seine Lippen vielleicht schmaler, die Hautfarbe blasser und der Atem flacher. Wenn jemand sich hingegen an ein angenehmes, lustvolles Erlebnis erinnert, werden die Lippen wahrscheinlich voller, die Haut wird etwas erröten, der Atem wird tiefer und die Gesichtsmuskeln werden weicher.

Oft ist unsere Kalibrierung so grob, daß wir erst dann sehen, daß jemand aus der Fassung ist, wenn er anfängt zu weinen. Wir verlassen uns oft viel zu sehr auf die Worte der Menschen, um zu erfahren, wie es ihnen geht. Im NLP wollen wir jedoch nicht erst von einem Schlag auf die Nase darauf schließen, daß eine Person wütend ist, und wir wollen auch nicht auf ein Zucken der Augenbraue hin alles mögliche und unmögliche halluzinieren.

Im NLP-Training gibt es eine Übung, die Sie vielleicht mit einem Freund oder einer Freundin ausprobieren möchten. Bitten Sie Ihren Freund/Ihre Freundin, an einen Menschen zu denken, den er/sie sehr gern mag. Während er/sie das tut, achten Sie auf seine/ihre Augenstellung und den Winkel, in dem der Kopf gehalten wird. Nehmen Sie auch seine/ihre Atmung wahr – ist sie voll oder flach, schnell oder langsam, hoch oder tief? Beachten Sie auch die Unterschiede der Muskelspannung im Gesicht, die Hautfarbe, Lippengröße und Stimmlage. Richten Sie Ihre Aufmerksamkeit auf diese feinen Anzeichen, die normalerweise unbeachtet bleiben. Dies sind die äußeren Ausdrucksformen der inneren Gedanken. Dies *sind* die inneren Gedanken in körperlicher Dimension.

Nun bitten Sie Ihren Freund/Ihre Freundin, an jemand anders zu denken, den er oder sie nicht besonders mag. Achten Sie auf die Unterschiede in den feinen äußeren Anzeichen. Bitten Sie ihn/sie, erst an die eine Person zu denken, dann an die andere, bis Sie sicher sind, daß Sie einige Unterschiede entdecken können. In NLP-Terminologie: Sie haben sich jetzt auf diese beiden geistigen Zustände kalibriert (eingestellt, geeicht). Sie wissen, wie diese aussehen. Bitten Sie Ihren Freund/Ihre Freundin, nun an eine der beiden Personen zu denken, ohne Ihnen zu sagen, an welche. Dann lesen Sie aus den körperlichen Hinweiszeichen und sagen ihm/ihr, an welche er/sie gedacht hat.

Es scheint, als könnten Sie hellsehen ...

Wir können also unsere Fertigkeiten verfeinern. Meistens kalibrieren wir uns unbewußt. Zum Beispiel wenn Sie jemanden, den Sie lieben, fragen, ob er Lust habe, zum Essen auszugehen, werden Sie intuitiv und sofort, noch bevor der andere zu sprechen beginnt, wissen, was seine Antwort ist. Das Ja oder Nein ist nur der allerletzte Schritt seines Denkprozesses. Wir können uns nicht dagegen wehren, mit Körper, Geist *und* Sprache zu antworten, so eng sind diese drei miteinander verbunden.

Sie haben vielleicht schon einmal die Erfahrung gemacht, daß Sie sich mit jemandem unterhielten und eine Intuition, ein Gefühl bekamen, daß der andere log. Sie hatten sich wahrscheinlich unbewußt darauf kalibriert und bekamen das Gefühl, ohne zu wissen, warum. Je mehr Sie das Kalibrieren üben, desto besser werden Sie. Einige Unterschiede zwischen den Zuständen werden nur schwach, andere werden unverkennbar sein. Wenn Sie es üben, werden Sie feine Veränderungen leichter entdecken. Die Veränderungen, wie klein sie auch sein mögen, waren schon immer da. Wenn Ihre Sinne schärfer werden, werden Sie sie entdecken.

Anker

Emotionale Zustände haben machtvollen und dauerhaften Einfluß auf das Denken und Verhalten. Nachdem wir diese Zustände evoziert und uns darauf kalibriert haben, ist die Frage: Wie können wir sie nutzen, um in der Gegenwart ressourcenreicher werden zu können? Wir brauchen eine Möglichkeit, sie ständig verfügbar und abrufbar zu machen und sie im Hier und Jetzt zu stabilisieren.

Stellen Sie sich vor, welchen Einfluß es auf Ihr Leben haben würde, wenn Sie die Zustände, in denen Sie Höchstleistungen vollbringen, willentlich „einschalten" könnten. Spitzenleute in der Politik, im Sport, im künstlerischen Bereich und in der Wirtschaft müssen in der Lage sein, von einem Moment zum anderen alle Ressourcen zur Verfügung zu haben. Ein Schauspieler muß fähig sein, sich in dem Moment, wo der Vorhang aufgeht, vollkommen in seine Rolle hineinzuversetzen, nicht eine Stunde vorher oder nach der Hälfte des zweiten Aktes. Dies ist die Grundlinie von Professionalität.

Ebensowichtig ist es, wieder abzuschalten. Der Schauspieler muß seine Rolle fallen lassen können, wenn der Vorhang fällt. Viele Leute im Wirtschaftsleben werden hoch motiviert, erreichen großartige Dinge, aber brennen sich selbst aus und werden unglücklich, verlieren ihr Familienleben oder erleiden im Extremfall einen Herzinfarkt. Unsere Zustände zu beherrschen und gut mit ihnen umzugehen erfordert Balance und Weisheit.

Jeder von uns hat eine persönliche Geschichte, die reich an unterschiedlichen emotionalen Zuständen ist. Um sie wiederzuerleben, brauchen wir einen Auslöser *(trigger)*, einige Assoziationen in der Gegenwart, um das ursprüngliche Erlebnis zu evozieren. Unser Gehirn *verbindet* von Natur aus Erfahrungen; das ist die Art, wie wir dem, was wir tun, Bedeutung verleihen. Manchmal bringen diese Assoziationen sehr viel Freude; zum Beispiel eine Lieblingsmusik, die eine angenehme Erinnerung zurückbringt. Jedes Mal, wenn Sie diese bestimmte Musik hören, ruft das diese angenehmen Gefühle hervor. Und jedes Mal, wenn das passiert, verstärkt es die Assoziation.

Ein Stimulus, der mit einem physiologischen Zustand verbunden ist und ihn auslöst, wird im NLP ein *Anker* genannt. Andere Beispiele von natürlich auftretenden, positiven Ankern sind zum Beispiel Lieblingsfotos, Gerüche, die an etwas erinnern, oder die Stimme eines geliebten Menschen.

Anker kommen normalerweise von außen. Ein Wecker klingelt, und es ist Zeit aufzustehen. Die Schulglocke signalisiert uns das Ende der Pause. Dies sind auditive Anker. Eine rote Ampel bedeutet „Stop!" Ein Kopfnicken bedeutet „ja". Dies sind visuelle Anker. Der Geruch von frischem Teer bringt Sie wie durch

Zauberei zurück zu einer Szene in Ihrer Kindheit, wo Sie dies zum ersten Mal gerochen haben. Werbefachleute versuchen, ihren Firmennamen zum Anker für einen bestimmten Artikel zu machen.

Ein Anker ist alles, was einen emotionalen Zustand auslöst. Anker sind so offensichtlich und weitverbreitet, daß wir sie kaum wahrnehmen. Wie werden Anker geschaffen? Mittels einer von zwei Möglichkeiten. Die erste ist Wiederholung. Wenn Sie wiederholt Situationen erleben, in denen Rot mit Gefahr assoziiert ist, wird das geankert. Dies ist einfaches Lernen: Rot bedeutet Gefahr. Zweitens, und dies ist viel wichtiger, können Anker in einem einzigen Moment gesetzt werden, wenn die Emotion stark und der Zeitpunkt richtig ist. Wiederholung ist nur dann nötig, wenn es keine emotionale Beteiligung gibt. Denken Sie daran, wie Sie in der Schule waren (das ist schon an sich ein starker Anker) und entdeckten, daß etwas Interessantes und Aufregendes leicht zu lernen war. Fakten, die Sie nicht interessierten, brauchten viel Wiederholung. Je weniger Sie gefühlsmäßig beteiligt sind, desto mehr Wiederholungen werden nötig, um die Verknüpfung zu lernen.

Die meisten Assoziationen sind sehr nützlich. Sie bilden Gewohnheiten, ohne die wir nicht „funktionieren" könnten. Wenn Sie Autofahrer sind, haben Sie bereits eine Verknüpfung zwischen einem grünen Licht, das auf Rot umschaltet, und der bestimmten Art, wie Sie dann die Pedale betätigen. Dies ist kein Vorgang, über den Sie jedesmal bewußt nachdenken wollen, und wenn Sie nicht diese Verknüpfung machen, werden Sie wahrscheinlich nicht sehr lange auf den Straßen überleben.

Andere Verknüpfungen, selbst wenn sie nützlich sind, sind vielleicht weniger angenehm. Sie fahren an einer Ampel an und schauen in Ihren Spiegel. Hinter sich sehen Sie einen Wagen mit einem blauen Licht auf dem Dach, in dem Männer in grünen Uniformen sitzen. Sie verändern Ihren Zustand, überprüfen Ihre Geschwindigkeit und beginnen zu grübeln, ob Sie das hintere Bremslicht repariert hatten.

Wieder andere Verknüpfungen sind nicht nützlich. Viele Leute assoziieren das Sprechen in der Öffentlichkeit mit Angst und leichten Panikattacken. Der Gedanke an eine Prüfung macht viele Leute nervös und unsicher. Wörter können Anker sein. Das Wort „Test" ist ein Anker für die meisten Schulkinder, Angst zu bekommen und nicht fähig zu sein, ihre Bestleistung zu bringen.

In Extremfällen kann ein externer Reiz einen sehr starken negativen Zustand auslösen. Dies ist der Bereich der Phobien. Beispielsweise haben Menschen, die an Klaustrophobie (Furcht vor geschlossenen Räumen) leiden, eine sehr starke Verknüpfung erlernt zwischen einem geschlossenen Raum und dem Gefühl von Panik, und sie machen ständig diese Assoziation.

Das Leben vieler Menschen ist unnötig eingeschränkt durch Ängste aus ihrer Vergangenheit, die noch nicht neubewertet worden sind. Unser Geist kann nicht anders, als Verknüpfungen herzustellen. Sind die Verknüpfungen, die Sie gemacht haben und machen, angenehm, sind sie nützlich und geben sie Ihnen Kraft?

Wir *können* die Verknüpfungen wählen, die wir machen wollen. Sie können eine beliebige Erfahrung aus Ihrem Leben nehmen, die Sie äußerst schwierig finden oder höchst herausfordernd, und im Vorfeld entscheiden, in welchem physiologischen Zustand Sie sein möchten, wenn Sie dieser Erfahrung begegnen. Für jede Situation, mit der Sie nicht glücklich sind, können Sie durch Nutzung von Ankern eine neue Verknüpfung und folglich eine neue Reaktion schaffen.

Dies macht man in zwei Stufen. Erstens wählen Sie den emotionalen Zustand, den Sie möchten, dann verbinden Sie ihn mit einem Stimulus oder Anker, so daß Sie ihn ins Gedächtnis holen können, wann immer Sie wollen. Sportler benutzen Glücksbringer oder Maskottchen, um ihre Fähigkeiten und Kräfte anzuspornen. Sie werden oft Sportler sehen, die bestimmte rituelle Bewegungen durchlaufen, die dem gleichen Zweck dienen.

Wenn Sie Ihre ressourcenreichen Zustände mit Hilfe von Ankern nutzen, ist dies einer der wirksamsten Wege, Ihr eigenes Verhalten und das Verhalten anderer Leute zu verändern. Wenn Sie in einem ressourcenreicheren Zustand in eine Situation hineingehen, als Sie es in der Vergangenheit getan haben, kann sich Ihr Verhalten nur verbessern. Ressourcenreiche Zustände sind der Schlüssel zu Spitzenleistungen. Wenn Sie das verändern, was *Sie* tun, wird sich auch das Verhalten anderer Menschen ändern. Ihr gesamtes Erleben der Situation wird anders sein.

Zur Warnung: Die Veränderungstechniken in diesem Kapitel und in diesem Buch sind sehr wirkungsvoll, und diese Macht kommt hauptsächlich von der Fertigkeit der Person, die sie anwendet. Ein Zimmermann kann mit Präzisionswerkzeug ein hochwertiges Möbelstück anfertigen – die gleichen Werkzeuge in der Hand eines Lehrjungen erzielen nicht die gleichen Ergebnisse. Ähnlich braucht man Übung und harte Arbeit, um die besten Klänge aus einem guten Musikinstrument zu entlocken.

Beim Training dieser Fertigkeiten, die wir vielen Menschen weitergeben konnten, haben wir erkannt, daß es Fallen geben kann, wenn man diese Techniken zum ersten Mal anwendet. Wir empfehlen Ihnen nachdrücklich, diese Techniken in einem sicheren Umfeld, zum Beispiel in einem NLP-Trainingsseminar, zu üben, bis Sie sich sicher fühlen und ihre Fertigkeiten qualifiziert genug sind.

Ankern von Ressourcen

Hier sind die Schritte, um positive emotionale Ressourcen aus vergangenen Erlebnissen in gegenwärtige Situationen zu übertragen, wenn Sie sie zur Verfügung haben möchten. Vielleicht treffen Sie sich mit einem Freund oder einer Freundin, der oder die Sie durch diese Schritte begleitet.

Machen Sie es sich auf einem Stuhl bequem oder stellen Sie sich an einen Platz, wo Sie den Prozeß in einer unbeteiligten Weise betrachten können. Denken Sie an eine bestimmte Situation, in der Sie gerne anders wären, in der Sie sich anders fühlen oder anders reagieren möchten. Dann wählen Sie sich aus den vielen Zuständen, die Sie in Ihrem Leben erlebt haben, einen bestimmten emotionalen Zustand, den Sie am liebsten in dieser Situation zur Verfügung haben würden. Es kann jeder beliebige ressourcenreiche Zustand sein – Zuversicht, Humor, Ausdauer,

Mut, Kreativität – was immer Ihnen intuitiv als das geeignetste einfällt. Wenn Sie sich über die Ressource klar sind, die Sie haben wollen, suchen Sie nach einer bestimmten Gelegenheit in Ihrem Leben, als Sie diese Ressource gespürt und erlebt haben. Nehmen Sie sich Zeit, beobachten Sie, welche Beispiele Ihnen einfallen, und wählen Sie das klarste und intensivste davon aus.

Wenn Sie eine Ressource ausgewählt haben und es ist schwierig, sich zu erinnern, wann Sie diese erlebt haben, dann stellen Sie sich jemanden vor, den Sie kennen, oder auch eine fiktive Figur aus einem Film oder einem Buch, die diese Ressource zur Verfügung hat. Wie wäre es, der- oder diejenige zu sein und diese Ressource zu erleben? Denken Sie daran, daß, obwohl die Figur vielleicht nicht real ist, Ihre Gefühle real sind, und das ist es, was zählt.

Wenn Sie eine bestimmte Situation im Kopf haben, real oder imaginär, sind Sie bereit, den nächsten Schritt zu tun, nämlich die Anker zu wählen, die Ihnen immer dann, wenn Sie es wollen, diese Ressource in Erinnerung rufen.

Zuerst Ihr kinästhetischer Anker: ein Gefühl, das Sie mit dieser ausgewählten Ressource verknüpfen können. Ihren Daumen und Zeigefinger ringförmig zusammenzudrücken oder in einer bestimmen Weise eine Faust zu machen, dies funktioniert gut als kinästhetischer Anker. Ich beobachte einen solchen, allgemein üblichen Anker auf dem Squashplatz, wenn die Spieler die Seitenwand berühren, um ein Gefühl von Selbstvertrauen zurückzugewinnen, falls ihr Spiel schlecht läuft.

Es ist wichtig, daß der Anker einzigartig ist und nicht Teil Ihres normalen Verhaltens. Wählen Sie einen charakteristischen Anker, der nicht ständig auftritt und also auch nicht mit anderen Zuständen und Verhaltensweisen vermischt wird. Der Anker sollte auch diskret sein; etwas, das Sie tun können, ohne aufzufallen. Auf dem Kopf zu stehen funktioniert vielleicht gut als ein Anker für Selbstvertrauen, würde Ihnen aber, wenn Sie ihn zu Hilfe nehmen, um eine Tischrede zu halten, den Ruf eines Exzentrikers einbringen.

Der nächste ist der auditive Anker. Dies kann ein Wort sein oder ein Satz, den Sie sich innerlich sagen. Es ist egal, welches Wort oder welchen Ausdruck Sie benutzen, solange sie mit dem Gefühl im Einklang sind. Die Art, wie Sie es sagen, der bestimmte Tonfall, den Sie hineinlegen, hat genauso viel Einfluß wie das Wort oder der Satz als solcher. Machen Sie es charakteristisch und leicht erinnerbar. Wenn zum Beispiel „Selbstvertrauen" der Ressourcezustand ist, den Sie ankern wollen, dann könnten Sie sich sagen: „Ich habe mehr und mehr Selbstvertrauen", oder einfach „Selbstvertrauen!" Sprechen Sie zu sich mit einer Stimme voller Selbstvertrauen. Stellen Sie sicher, daß die Ressource wirklich für die Problemsituation angemessen ist.

Nun der visuelle Anker. Sie könnten ein Symbol wählen, oder Sie könnten sich erinnern, was Sie gesehen haben, als Sie sich voller Selbstvertrauen erlebt haben. Solange das Vorstellungsbild, das Sie nehmen, charakteristisch ist und Ihnen hilft, das Gefühl hervorzurufen, wird es funktionieren.

Wenn Sie für jedes Repräsentationssystem einen Anker ausgesucht haben, ist der nächste Schritt, die Gefühle von Selbstvertrauen wiederzuerleben, indem Sie die ressourcenreiche Situation neu aufleben lassen. Gehen Sie einen Schritt nach vorn oder wechseln Sie den Platz, wenn Sie sich voll in das Erlebnis hineinversetzen (assoziieren). Wenn Sie unterschiedliche emotionale Zustände mit unterschiedlichen Orten, Plätzen oder Stellungen in Verbindung bringen, hilft Ihnen das, sie klar zu trennen.

Gehen Sie nun in Ihrer Vorstellung zurück zu dem spezifischen ressourcenreichen Zustand, den Sie gewählt haben ...

Erinnern Sie sich, wo Sie waren und was Sie gemacht haben ...

Während das klarer wird, stellen Sie sich vor, daß Sie jetzt ganz darin sind, und sehen Sie, was es dort zu sehen gibt ...

Sie können damit beginnen, die Geräusche oder Klänge zu hören, die Sie damals gehört haben, und jene Gefühle wiederzuerleben, die so stark verbunden waren mit diesem Erlebnis ...

Nehmen Sie sich genügend Zeit, das Erlebnis zu genießen und so intensiv wie möglich wiederzuerleben ...

Um wirklich in Kontakt mit dem vollen Körpergefühl dieses Ressourcenzustandes zu kommen, kann es hilfreich sein, dieselben Handlungen aus der damaligen Situation in diesem Augenblick wieder auszuführen. Sie können in die gleiche Körperhaltung gehen, das Gleiche tun, was Sie in der Situation getan haben (wenn es angemessen ist) ...

Wenn diese Gefühle zu einem Höhepunkt gekommen sind und beginnen abzunehmen, bewegen Sie sich körperlich zurück auf die Position, wo sie nicht so beteiligt waren. Sie haben jetzt herausgefunden, wie Sie Ihren ressourcenreichen Zustand am besten wieder neu schaffen können und wie lange Sie dazu brauchen.

Nun sind Sie bereit, die Ressourcen zu ankern. Setzen oder stellen Sie sich wieder auf den Platz für diesen Ressourcenzustand und erleben Sie ihn noch einmal. Wenn er den Höhepunkt erreicht, sehen Sie Ihr Vorstellungsbild, machen Sie Ihre Geste und sagen Sie Ihr Wort. Sie müssen Ihre Anker mit dem Ressourcenzustand verknüpfen, wenn er gerade kurz vor dem Höhepunkt ist. Das Timing, der Zeitpunkt, ist entscheidend. Wenn Sie sie nach dem Höhepunkt verknüpfen, würden Sie den schon wieder abnehmenden Zustand ankern, was Sie ja nicht wollen. Die Reihenfolge der Anker ist nicht entscheidend, nehmen Sie die Reihenfolge, die für Sie am besten wirkt, oder „feuern" Sie sie gleichzeitig. Einige Zeit, nachdem die ressourcenreichen Gefühle ihren Höhepunkt erreicht haben, sollten Sie von dem Platz wegtreten und ihren Zustand verändern, bevor Sie darangehen, den Anker zu testen.

Benutzen Sie alle drei Anker in der gleichen Weise und der gleichen Reihenfolge und achten Sie darauf, in welchem Ausmaß Sie tatsächlich wieder Zugang zu Ihrem ressourcenreichen Zustand bekommen. Wenn Sie nicht zufrieden sind, gehen Sie zurück und wiederholen das Ankerungsverfahren, um die Verknüpfung zwischen Ihren Ankern und Ihrem Ressourcenzustand zu verstärken. Vielleicht müssen Sie dies ein paarmal wiederholen, aber es lohnt sich, über den Zustand verfügen zu können, wenn Sie ihn brauchen.

Zum Schluß denken Sie bitte an eine Situation in der Zukunft, wo Sie wahrscheinlich diesen Ressourcenzustand brauchen. Was für ein Signal kann Sie erinnern, daß Sie diese Ressource brauchen? Nehmen Sie das allererste, was Sie sehen, hören oder fühlen, was Sie wissen läßt, daß Sie in dieser Situation sind. Das Signal kann von außen oder von innen kommen. Zum Beispiel wäre ein bestimmter Gesichtsausdruck oder die Stimmlage von jemandem ein externes Signal. Mit sich selbst im inneren Dialog zu reden wäre ein internes Signal. Wenn Sie sich bewußt sind, daß Sie selbst die Wahl haben, wie Sie sich fühlen möchten, ist dies schon als solches ein ressourcenreicher Zustand. Er wird ebenfalls die gewohnheitsmäßige, geankerte Reaktion unterbrechen. Es lohnt sich, dieses Bewußtsein an das Signal zu ankern. Das Signal wirkt dann als eine Erinnerung, daß Sie Ihre Gefühle wählen können.

Wenn Sie den Anker weiterhin benutzen, wird nach einiger Zeit das Signal selbst zum Anker dafür, daß Sie sich ressourcenreich fühlen. Der Auslöser, der Sie früher dazu gebracht hat, sich schlecht zu fühlen, hat sich nun in einen verwandelt, der Sie dazu bringt, sich stark und ressourcenreich fühlen.– Hier folgt nun eine Zusammenfassung der grundlegenden Schritte des Verfahrens.

Anker müssen sein:
– genau dann einsetzend, wenn der Zustand seinen Höhepunkt erreicht
– einzigartig und charakteristisch
– einfach, in exakt derselben Weise wiederholbar
– mit einem Zustand verknüpft, der klar und vollständig wiedererlebt wird.

Ankern von ressourcenreichen Zuständen

1. Bestimmen Sie die Situation, in der Sie ressourcenreicher sein wollen.

2. Identifizieren Sie die besondere Ressource, die Sie möchten, zum Beispiel Selbstvertrauen.

3. Überprüfen Sie, ob die Ressource wirklich angemessen ist, indem Sie fragen: „Wenn ich diese Ressource jetzt und hier haben könnte, würde ich sie wirklich benutzen?" Wenn ja, gehen Sie zum nächsten Schritt. Wenn nicht, gehen Sie zurück zu 2.

4. Finden Sie eine Situation in Ihrem Leben, als Sie diese Ressource zur Verfügung hatten.

5. Suchen Sie die Anker aus, die Sie in jedem der drei Hauptrepräsentationssysteme benutzen wollen; etwas, das Sie sehen, hören und fühlen.

6. Setzen oder stellen Sie sich auf einen anderen Platz und versetzen Sie sich in Ihrer Vorstellung ganz in das Erleben des Ressourcenzustandes hinein. Erleben Sie ihn noch einmal. Wenn der Höhepunkt vorbei ist, verändern Sie den Zustand und gehen heraus.

7. Erleben Sie Ihren Ressourcenzustand noch einmal neu, und wenn es zum Höhepunkt kommt, verknüpfen Sie die drei Anker damit. Halten Sie den Zustand so lange, wie Sie wollen, dann verändern Sie ihn.

8. Testen Sie die Verknüpfung, indem Sie die Anker „abfeuern" und sicherstellen, daß Sie tatsächlich in den Zustand gelangen. Wenn Sie nicht zufrieden sind, wiederholen Sie Schritt 7.

Legen Sie das Signal fest, das Sie wissen läßt, daß Sie in einer Problemsituation sind, in der Sie Ihre Ressource zur Verfügung haben wollen. Dieses Signal wird Sie erinnern daran, Ihren Anker zu benutzen.

Sie können nun diese Anker nutzen, um Ihren Ressourcenzustand hervorzurufen, wann immer Sie wünschen. Denken Sie daran, daß Sie diese oder jede andere NLP-Technik ausprobieren und üben, um herauszufinden, wie sie für Sie am besten funktioniert. Behalten Sie Ihr Ziel im Kopf (sich ressourcenreicher zu fühlen), und spielen Sie mit der Technik, bis Sie Erfolg haben. Einige Leute finden, daß es schon genügt, einfach nur ihre Geste zu machen (den kinästhetischen Anker zu „feuern"), um den ressourcenreichen Zustand zu produzieren. Andere wenden lieber alle drei Anker an.

Sie können dieses Verfahren nutzen, um unterschiedliche Ressourcen zu ankern. Manche Menschen ankern an jedem Finger eine andere Ressource. Andere verbinden viele unterschiedliche Ressourcenzustände mit demselben Anker, so daß sie einen sehr starken Ressourcenanker aufbauen. Diese Technik, unterschiedliche Ressourcen auf demselben Anker zu addieren, ist als „Stapeln von Ressourcen" *(stacking ressources)*, bekannt.

Ankern und das Nutzen ressourcenreicher Zustände ist eine Fertigkeit, und wie andere Fertigkeiten wird sie leichter und effektiver, je mehr Sie sie anwenden. Manche Leute stellen fest, daß sie beim allerersten Mal eine dramatische (positive) Wirkung hat. Andere finden, daß sie sie üben müssen, um ihre Kompetenz dafür aufzubauen sowie auch ihre Zuversicht, daß es in der Tat einen Unterschied macht. Erinnern Sie sich an des Modell des Lernens. Wenn das Ankern für Sie neu ist, herzlichen Glückwunsch, daß Sie von unbewußter Inkompetenz zu bewußter Inkompetenz gekommen sind. Genießen Sie diesen Zustand, während Sie bewußt kompetent werden.

Das Ankern von Ressourcen ist eine Technik, um die emotionalen Wahlmöglichkeiten zu erweitern. Diese unsere Kultur glaubt im Gegensatz zu anderen, daß emotionale Zustände etwas Unwillkürliches sind und durch äußere Umstände oder andere Leute geschaffen werden. Das Universum gibt uns – um einen Vergleich mit dem Kartenspielen zu ziehen – vielleicht ein gemischtes Blatt, aber wir können wählen, welche Karten wir spielen und wann. Wie Aldous Huxley sagte: „Erfahrung ist nicht etwas, das Ihnen passiert; sie ist vielmehr das, was Sie mit dem tun, was Ihnen passiert."

Verketten von Ankern

Anker können so verkettet werden, daß einer zum nächsten führt. Jeder Anker ist ein Kettenglied und löst das nächste aus, genau wie ein elektrischer Impuls im Körper von einem Nerv zum nächsten fließt. In gewissem Sinne ist ein Anker ein äußerer Spiegel dafür, wie aus der Verbindung zwischen einem ursprünglichen Auslöser und einer neuen Reaktion ein neuer neuraler Pfad in unserem Nervensystem angelegt wird. Das Verketten von Ankern *(chaining anchors)* erlaubt uns, uns leicht und automatisch durch eine Sequenz von unterschiedlichen Zuständen hindurch zu bewegen. Das Verketten von Ankern ist besonders nützlich, wenn der Problemzustand stark und die Ressource zu weit entfernt ist, um sie in einem Schritt zu erreichen.

Denken Sie zum Beispiel an eine Situation, in der Sie sich frustriert fühlen. Können Sie das immer wiederkehrende Signal identifizieren, das dieses Gefühl ankündigt?

Eine Stimme oder Ihr innerer Dialog?

Eine bestimmte Empfindung?

Etwas, das Sie sehen?

Oft erscheint es einem, als hätte sich die Welt gegen einen verschworen, aber Sie können steuern, wie Sie auf diese Verschwörung reagieren. Und das Gefühl von Frustration wird die Außenwelt nicht verändern. Wenn Sie dieses innere Signal erhalten, entscheiden Sie sich, in welchen Zustand Sie lieber gehen möchten. Neugier vielleicht? Und von da aus zu Kreativität?

Um Ihre Kette aufzureihen, denken Sie bitte an eine Zeit zurück, da Sie intensivst neugierig waren, dann ankern Sie sie, vielleicht kinästhetisch durch eine Bewegung Ihrer Hand. Unterbrechen Sie den Zustand, und dann denken Sie an eine Zeit, in der Sie in einem sehr kreativen Zustand waren, und ankern diesen, vielleicht mit einer Berührung an einer anderen Stelle Ihrer Hand.

Als nächstes versetzen Sie sich nochmals in das frustrierende Erlebnis hinein, und sobald Sie das Frustrationssignal bekommen, feuern Sie Ihren Anker für Neugier, und während das Gefühl der Neugier seinen Höhepunkt erreicht, berühren Sie den Anker für Kreativität.

Dies etabliert ein neurales Netzwerk von Assoziationen, das sich leicht von Frustration über Neugier zu Kreativität bewegt. Üben Sie es, so oft Sie wollen, so daß die Verbindung automatisch wird.

Sobald Sie unterschiedliche emotionale Zustände evozieren, kalibrieren und ankern können, haben Sie ein sehr wirkungsvolles Instrumentarium für Beratung und Therapie. Ankern kann angewendet werden, um Klienten zu helfen, Veränderungen in erstaunlich kurzer Zeit zu machen. Sie können in jedem System gesetzt werden, im visuellen, auditiven oder kinästhetischen.

Kollabieren von Ankern

Nun, was würde passieren, wenn Sie versuchten, sich im selben Moment heiß und kalt zu fühlen? Was passiert, wenn Sie Gelb und Blau mischen? Was passiert, wenn Sie zwei entgegengesetzte Anker zur selben Zeit abfeuern? Sie fühlen sich warm oder grün. Um Anker zu kollabieren *(collapsing anchors)*, ankern Sie einen nichtgewollten, negativen Zustand (nennen wir ihn kalt oder blau) und einen positiven Zustand (heiß oder gelb) und feuern dann beide Anker gleichzeitig ab. Nach einer kurzen Zeit der Verwirrung verändert sich der negative Zustand, und ein neuer, unterschiedlicher Zustand taucht auf. Sie können diese Technik des Kollabierens von Ankern mit einem Freund oder einem Klienten anwenden. Hier ist ein Überblick über die Schritte; stellen Sie sicher, daß Sie Rapport aufbauen und behalten.

Zusammenfassung: Anker kollabieren

1. Identifizieren Sie den Problemzustand und einen starken positiven Zustand, den ihr Gegenüber lieber zur Verfügung haben möchte.

2. Evozieren Sie den positiven Zustand und kalibrieren Sie sich auf die Physiologie, so daß Sie sie unterscheiden können. Unterbrechen Sie den Zustand: Lassen Sie den Klienten in einen anderen Zustand wechseln, indem Sie seine Aufmerksamkeit woandershin lenken und ihn bitten, sich zu bewegen.

3. Evozieren Sie erneut den erwünschten Zustand und ankern Sie ihn mit einer bestimmten Berührung und/oder einem Wort oder Ausdruck; dann unterbrechen Sie den Zustand wieder.

4. Testen Sie den positiven Anker und stellen Sie sicher, daß er etabliert ist. Feuern Sie den Anker, indem Sie den gleichen Punkt berühren und/oder die dazugehörigen Worte sagen. Stellen Sie sicher, daß Sie in der Tat die Physiologie des erwünschten Zustandes sehen. Wenn Sie sie nicht sehen, wiederholen Sie die Schritte 1 bis 3, und verstärken Sie die Assoziation. Wenn Sie einen positiven Anker für den erwünschten Zustand etabliert haben, unterbrechen Sie.

5. Identifizieren Sie den negativen Zustand oder die negative Erfahrung, und wiederholen Sie die Schritte 2 bis 4 mit dem negativen Zustand. Ankern Sie ihn mit einer bestimmten Berührung auf einem anderen Punkt. Unterbrechen Sie den Zustand. Dies etabliert einen Anker für den Problemzustand.

6. Führen Sie die Person abwechselnd durch beide Zustande, indem Sie alternativ die beiden Anker benutzen und etwas sagen, wie: „Es gibt Zeiten, da Sie sich ‚blau' gefühlt haben (feuern Sie den negativen Anker), und in diesen Situationen würden Sie sich viel lieber ‚gelb' fühlen (feuern Sie den positiven Anker)." Wiederholen Sie dies mehrmals, ohne den Zustand zwischenzeitlich zu unterbrechen.

7. Wenn Sie so weit sind, machen Sie eine Einführung mit ein paar angemessenen Worten wie: „Nehmen Sie Veränderungen wahr, die Ihnen bewußt werden" und feuern beide Anker gleichzeitig. Beobachten Sie die Physiologie der Person genau. Sie werden wahrscheinlich Zeichen von Veränderung und Verwirrung

sehen. Lösen Sie zuerst den negativen Anker, bevor Sie den positiven loslassen.

8. Testen Sie ihre Arbeit, entweder indem Sie die Person bitten, in den negativen Zustand zu gehen, oder indem Sie den negativen Anker feuern. Sie sollten beobachten, daß die Person in einen Zustand gelangt, der irgendwo zwischen positiv und negativ liegt (unterschiedliche Schattierungen von grün), oder in einen neuen, veränderten Zustand oder in den positiven Zustand. Wenn Sie immer noch den negativen Zustand bekommen, finden Sie heraus, welche andere Ressource die Person braucht. Ankern Sie diese auf dem gleichen Punkt wie die erste positive Ressource und gehen Sie dann von Schritt 6 an weiter.

9. Bitten Sie schließlich die Person, an eine Situation in der nahen Zukunft zu denken, wo sie erwartet hätte, sich negativ zu fühlen, und bitten Sie sie, in ihrer Vorstellung diese Situation zu durchlaufen, während Sie ihren Zustand beobachten. Hören Sie zu, während die Person ihn beschreibt. Wenn Sie nicht glücklich sind mit ihrem Zustand oder die Person noch nicht zufrieden ist hinsichtlich ihrer Zukunft, finden Sie heraus, welche anderen Ressourcen gebraucht werden, und ankern Sie diese auf dem gleichen Punkt wie die erste positive Ressource, und dann gehen Sie von Schritt 6 an weiter. Das Kollabieren von Ankern wird nicht funktionieren, wenn der positive Zustand nicht stärker ist als der negative, und Sie müssen vielleicht mehrere positive Ressourcen zusammen auf einem Anker stapeln, um dies zu erreichen.

Wenn man darüber nachdenkt, was bei diesem Vorgang passiert, wäre eine Möglichkeit anzunehmen, daß das Nervensystem versucht, zwei miteinander unvereinbare Zustände zur selben Zeit herzustellen. Da es das nicht kann, macht es etwas anderes. Das alte Muster wird aufgebrochen, und neue Muster werden geschaffen. Dies erklärt die Verwirrung, die Konfusion, die oft auftritt, wenn die zwei Anker kollabiert werden. Anker machen es möglich, Erfahrungen zur Verfügung zu haben, indem wir uns bewußt die natürlichen Prozesse zunutze machen, die sonst unbewußt ablaufen. Wir ankern uns die ganze Zeit, normalerweise völlig planlos. Statt dessen können wir wählerischer darin sein, auf welche Anker wir reagieren wollen.

Veränderung der persönlichen Geschichte

Menschliche Erfahrung existiert nur im gegenwärtigen Augenblick. Die Vergangenheit existiert in Form von Erinnerungen, und um diese zu erinnern, müssen wir sie in irgendeiner Weise in der Gegenwart wiedererleben. Die Zukunft existiert in Form von Erwartungen oder Phantasien, die wiederum in der Gegenwart erschaffen werden. Ankern gibt uns die Fähigkeit, unsere emotionale Freiheit zu steigern, indem wir der Tyrannei von negativen Erlebnissen der Vergangenheit entfliehen und eine positivere Zukunft erschaffen. Veränderung der persönlichen Geschichte ist eine Technik, um unangenehme, lästige Erinnerungen im Lichte des heutigen Wissens neu zu bewerten. Wir alle haben eine reiche persönliche Geschichte von vergangenen Erfahrungen, die als Erinnerungen in der Gegenwart existieren. Während das, was *tatsächlich* passiert ist (was auch immer das war, denn menschliche Erinnerungen sind fehlbar), nicht zu verändern ist, können wir seine Bedeutung für uns in der Gegenwart verändern und damit seine Auswirkungen auf unser Verhalten.

Das Gefühl von Eifersucht zum Beispiel entwickelt sich fast nie aus dem, was tatsächlich passiert ist, sondern aus konstruierten Bilder dessen, von dem wir glauben, daß es passiert sei. Als Reaktion auf diese Bilder fühlen wir uns dann schlecht. Die Bilder sind real genug, um extreme Reaktionen zu verursachen, obwohl sie nie geschehen sind.

Wenn vergangene Erlebnisse sehr traumatisch oder sehr intensiv waren, so daß allein das Denken daran Schmerzen verursacht, dann ist die Phobietechnik in Kapitel 8 besser geeignet. Sie wurde dafür entwickelt, mit sehr negativen emotionalen Zuständen umzugehen.

Veränderung der persönlichen Geschichte ist dann nützlich, wenn problematische Gefühle oder Verhaltensweisen immer wieder auftreten. Das ist das „Warum mache ich das immer wieder"-Gefühl. Der erste Schritt zum Anwenden dieser Technik mit einem Klienten oder einem Freund ist natürlich, Rapport aufzubauen und aufrechtzuerhalten.

Zusammenfassung: Veränderung der persönlichen Geschichte

1. Identifizieren Sie den negativen Zustand, evozieren Sie ihn, kalibrieren Sie sich darauf, ankern Sie ihn und unterbrechen Sie ihn dann.

2. Halten Sie den negativen Anker und bitten Sie den Partner, zurückzugehen zu einer Zeit, als er ähnliche Gefühle hatte. Gehen Sie weiter, bis Sie die früheste Erfahrung erreichen, an die der andere sich erinnern kann. Lassen Sie den Anker los, unterbrechen Sie den Zustand und bringen Sie den Klienten voll in die Gegenwart zurück.

3. Bitten Sie den Klienten, im Lichte dessen, was er jetzt weiß, an eine Ressource zu denken, die er in den damaligen Situationen gebraucht hätte, damit diese Erfahrungen befriedigend und erfüllend statt problematisch hätten sein können. Er wird wahrscheinlich die Ressource mit einem Wort oder einem Ausdruck identifizieren wie „Sicherheit", „geliebt zu werden" oder „Verständnis". Die Ressource muß von innen her kommen, von der Person selbst, und muß innerhalb ihres Einflußbereiches sein. Zu wollen, daß sich andere Leute in der Situation anders verhalten, würde demjenigen nicht erlauben, etwas Neues zu lernen. Er kann bei den anderen Beteiligten nur dann andere Reaktionen hervorrufen, wenn er selbst anders ist.

4. Evozieren und ankern Sie ein genaues und vollständiges Erleben des benötigten Ressourcenzustandes, und testen Sie diesen positiven Anker.

5. Halten Sie den positiven Anker, und führen Sie die Person wieder zurück zu der frühesten Erfahrung. Bitten Sie sie, sich

selbst von außen zu sehen (dissoziiert) mit dieser neuen Ressource, und achten Sie darauf, wie es ihre Erfahrung verändert. Dann ermutigen Sie sie, mit der Ressource in die Situation hineinzugehen (assoziiert; Sie halten immer noch den Anker) und mit der Ressource die Erfahrung zu durchlaufen, als wenn sie noch einmal (neu) stattfindet. Bitten Sie Ihren Klienten, die Reaktionen der anderen beteiligten Personen zu beobachten, jetzt, da er diese neue Ressource hat. Bitten Sie ihn, sich vorzustellen, wie er aus deren Perspektive sein würde, so daß er ein Gefühl dafür bekommen kann, wie sie dieses neue Verhalten wahrnehmen. Wenn er an irgendeiner Stelle unzufrieden ist, gehen Sie zurück zu Schritt 4, identifizieren und stapeln Sie andere Ressourcen, um diese in die frühere Situation hineinzubringen. Wenn er zufrieden ist, die Situation anders erlebt und daraus lernen kann, lassen Sie den Anker los und unterbrechen den Zustand.

6. Testen Sie die Veränderung ohne Benutzung der Anker, indem Sie den Klienten bitten, an das Erlebnis aus der Vergangenheit zu denken, und achten Sie darauf, wie diese Erinnerungen sich verändert haben. Beachten Sie aufmerksam seine Physiologie. Wenn es irgendwelche Anzeichen des negativen Zustands gibt, gehen Sie zurück zu Schritt 4 und stapeln weitere Ressourcen.

Der Schritt in die Zukunft

Eine Situation im voraus zu erleben nennt man im NLP *future pacing*, den Schritt in die Zukunft oder Brückenschlag in die Zukunft. Es ist der letzte Schritt bei vielen NLP-Techniken. Sie gehen mit Ihren neuen Ressourcen in der Vorstellung in die Zukunft und erleben im voraus, wie Sie sich die Situation wünschen. Beispielsweise ist der Future Pace bei der Veränderung der persönlichen Geschichte, daß Sie den Betreffenden bitten, sich die nächste Gelegenheit vorzustellen, bei der die Problemsituation wahrscheinlich stattfinden wird. Wenn er dies tut, kalibrieren Sie sich, um zu sehen, ob es irgendein Anzeichen gibt, daß er wieder in den negativen Zustand rutscht. Wenn ja, wissen Sie, daß es noch etwas zu tun gibt.

Future Pacing überprüft, ob Ihre Arbeit wirksam ist. Damit kommen Sie der Problemsituation am nächsten. Der reale Test für eine Veränderung ist jedoch die nächste Gelegenheit, wenn die Person dem Problem in der Realität begegnet. Einsichten und Veränderungen werden allzu leicht mit dem Raum geankert, in dem die Therapie stattfindet. Oder Lernen wird an den Klassenraum geankert und Geschäftspläne an den Sitzungssaal. Die reale Welt ist der wirkliche Test.

In zweiter Linie ist Future Pacing eine Form des mentalen Durchspielens. Mentale Vorbereitung und Übung ist ein durchgängiges Muster, das sich bei allen Leuten findet, die Spitzenleistungen erbringen: bei Schauspielern, Musikern, Verkäufern und besonders bei Sportlern. Ganze Trainingsprogramme werden um dieses Element herum aufgebaut. Mentales Durchspielen ist ein Üben in der Vorstellung, und weil der Körper und der Geist ein System bilden, bereitet es den Körper auf die tatsächliche Situation vor und stellt ihn genau darauf ein.

Wenn man dem Gehirn starke, positive Erfolgsbilder gibt, programmiert man es darauf hin und erhöht die Wahrscheinlichkeit des Erfolges. Erwartungen sind sich selbst erfüllende Prophezeiungen. Diese Ideen des Future Pacing und des mentalen Wiederholens kann man nutzen, um aus jedem Tag etwas zu lernen und neues Verhalten zu entwickeln. Vielleicht haben Sie Lust, jeden Abend die folgenden Schritte durchzugehen, bevor Sie sich schlafen legen.

Wenn Sie den Tag noch einmal Revue passieren lassen, suchen Sie sich etwas aus, das Sie sehr gut gemacht haben, und etwas, mit dem Sie nicht so glücklich sind. Sehen Sie sich beide Szenen noch einmal an, hören Sie noch einmal die Geräusche, erleben Sie die Szenen noch einmal in assoziierter Weise. Dann gehen Sie heraus und fragen sich: „Was hätte ich anders machen können?" Wo waren in dieser Erfahrung die Punkte, an denen Sie wählen konnten? Wie könnten Ihre guten Erfahrungen noch besser werden? Sie können sicher einige andere Entscheidungen herausarbeiten, die Sie in der nicht so guten Erfahrung hätten treffen können.

Nun spielen Sie die Erfahrung noch einmal voll durch, aber so, daß Sie sich darin anders verhalten. Wie sieht das aus? Wie hört sich das an? Prüfen Sie Ihre Gefühle. Dieses kleine Ritual wird Wahlmöglichkeiten anlegen. Sie können in der nicht so guten Erfahrung ein Signal festlegen, das Sie beim nächsten Auftreten mobilisiert, eine andere Möglichkeit zu wählen, die Sie mental schon durchgespielt haben.

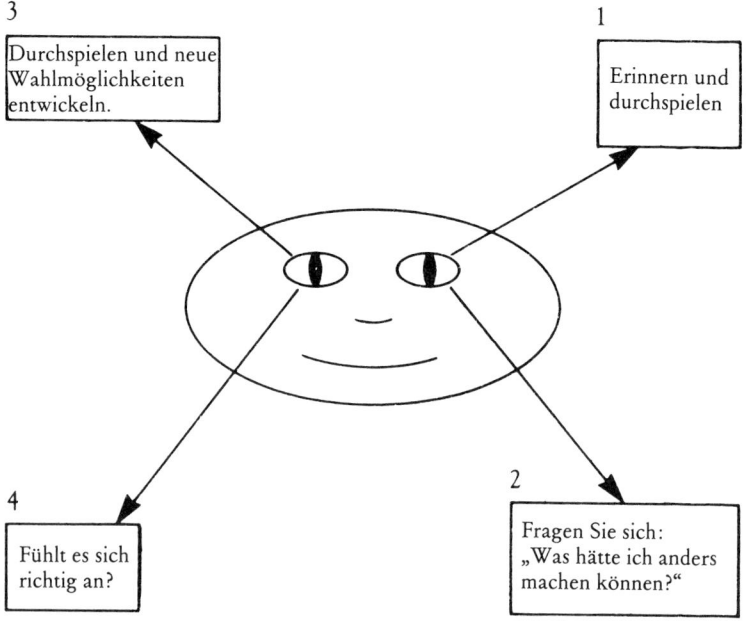

Sie können diese Art Technik nutzen, um vollkommen neues Verhalten zu entwickeln oder Verhalten, das sie bereits haben, zu verändern und zu verbessern.

Neue Verhaltensweisen generieren

Dies ist die allgemeinere Technik, die Sie anwenden, wenn Sie sich neues Verhalten aneignen wollen oder Verhalten, das Sie bereits haben, verändern oder verbessern möchten. Zum Beispiel wollen Sie sich vielleicht in Ihrem Lieblingssport verbessern. Schauen Sie sich selbst in Ihrer Vorstellung zu, wie Sie sich so verhalten, wie Sie gerne möchten; wie Sie zum Beispiel den Aufschlag beim Tennis genau richtig plazieren. Wenn dies schwierig ist, beobachten Sie ein Rollenmodell, das dieses Verhalten ausführt. Seien Sie Ihr eigener Filmregisseur. Setzen Sie sich in den Regiestuhl für Ihren inneren Film. Seien Sie in Ihrer Vorstellung Stephen Spielberg. Schauen Sie der Szene zu, die sich vor Ihrem inneren Auge entfaltet. Bleiben Sie dissoziiert, während Sie die Hintergrundmusik hören und bearbeiten. Sie sind sowohl der Star als auch der Regisseur. Wenn irgendwelche anderen Leute beteiligt sind, beachten Sie ihre Reaktionen auf das, was Sie tun.

Gestalten Sie den Ablauf der Szene und stimmen Sie den Soundtrack im Hintergrund so darauf ab, daß Sie vollkommen zufrieden sind; dann steigen Sie selbst in das Bild ein und durchleben es ganz, als wenn Sie selbst es täten. Während Sie das tun, achten Sie besonders auf Ihre Gefühle wie auch auf die Reaktionen der anderen Leute. Repräsentiert dieses neue Verhalten Ihre Werte und Ihre persönliche Integrität?

Wenn es sich nicht richtig anfühlt, gehen Sie zurück in den Regiestuhl und verändern Sie den Film, bevor Sie erneut einsteigen. Wenn Sie mit Ihrer inneren Aufführung zufrieden sind, legen Sie ein internes oder externes Signal fest, das Sie als Auslöser für dieses Verhalten benutzen können. Spielen Sie mental durch, wie Sie das Signal wahrnehmen und dann das neue Verhalten durchlaufen.

Der Generator für neues Verhalten *(new behaviour generator)* ist eine einfache, aber machtvolle Technik, die Sie für Ihr persönliches und berufliches Wachstum nutzen können. Jede Erfahrung wird eine Gelegenheit, etwas zu lernen. Je mehr Sie dies tun, sto schneller werden Sie dahin kommen, der Mensch zu sein, der Sie wirklich sein möchten.

Kapitel 4

Niemand ist eine Insel nur für sich allein.
John Donne

Schleifen und Systeme

Kommunikation kann wie ein einfacher Ursache-Wirkungs-Zusammenhang behandelt werden. Isolieren Sie eine Interaktion, behandeln Sie sie als Ursache und analysieren Sie den Effekt, den sie hat, ohne weitere Einflüsse zu berücksichtigen. Wir reden oft so, als wenn dies so wäre, aber es ist offensichtlich eine große Vereinfachung.

Die Gesetze von Ursache und Wirkung funktionieren bei unbelebten Objekten; wenn eine Billardkugel mit einer anderen zusammenstößt, kann man mit ziemlich hoher Genauigkeit den endgültigen Platz vorhersagen, auf dem jede der beiden schließlich liegen bleibt.

Menschliche Beziehungen sind etwas anderes – viele Dinge geschehen gleichzeitig. Man kann nicht genau vorhersagen, was geschieht, weil die Reaktion der einen Person die Kommunikation der anderen beeinflußt. Die Beziehung ist eine Schleife; wir reagieren ständig auf Feedback (Rückmeldung), um zu wissen, was wir als nächstes tun müssen. Sich nur auf eine Seite der Schleife zu fokussieren ist so, als wollte man lernen, wie Tennis gespielt wird, indem man nur die eine Seite des Feldes beobachtet. Sie könnten ein ganzes Leben damit zubringen herauszufinden, wie das Schlagen des Balls „verursacht", daß er zurückkommt, und damit, die Gesetze herauszufinden, die bestimmen, wie der nächste Schlag sein muß. Unser Bewußtsein ist eingeschränkt und kann niemals die ganze Schleife der Kommunikation überblikken, nur kleine Teile davon.

Der Inhalt und der Kontext einer Kommunikation ergeben gemeinsam die Bedeutung. Der Kontext ist das gesamte Setting, das gesamte System, von dem die Kommunikation eingehüllt ist. Was bedeutet ein Teil eines Puzzles? Nichts – für sich genommen; es kommt darauf an, wo es im Gesamtbild hingehört, wo es paßt und welche Beziehung es zu den anderen Teilen hat.

Was bedeutet eine Note in der Musik? Sehr wenig, wenn Sie allein steht, es hängt von ihrer Beziehung zu den anderen Noten ab, wie hoch oder tief sie ist und wie lange sie anhält. Dieselbe Note kann sich sehr unterschiedlich anhören, wenn die Noten in ihrem Umfeld sich verändern.

Es gibt zwei hauptsächliche Möglichkeiten, Erfahrung und Geschehnisse zu verstehen. Sie können sich auf den Inhalt konzentrieren, auf die Information. Was ist dies für ein Teil? Wie heißt es? Wie sieht es aus? In welcher Weise ist es anderen ähnlich? Ein Großteil der Schulzeit ist so; Puzzleteile können interessant sein und wunderbar isoliert voneinander studiert werden, aber man bekommt ein eindimensionales Verständnis. Um in der Tiefe zu verstehen, ist ein anderer Gesichtspunkt nötig, ein anderer Blickwinkel: Beziehung oder Kontext. Was bedeutet das Teil? Wie bezieht es sich auf andere? Wohin paßt es im System?

Unsere innere Welt von Einstellungen, Glaubensannahmen, Gedanken, Repräsentationssystemen und Submodalitäten bildet ebenfalls ein System. Ein Element zu verändern kann weitreichende Auswirkungen haben und andere Veränderungen in Gang setzen, wie Sie wahrscheinlich entdeckt haben, wenn Sie damit experimentiert haben, die Submodalitäten Ihrer Erfahrungen zu verändern.

Es mag merkwürdig erscheinen, daß das Verändern eines kleinen Teils einer Erinnerung Ihren gesamten mentalen Zustand verändern kann, aber genau das passiert, wenn Sie mit Systemen umgehen – ein kleiner Schubs in die richtige Richtung kann tiefgründige Veränderungen in Gang setzen, und Sie müssen wissen, wo sie „schubsen" müssen. Versuchen ist sinnlos. Sie können wirklich heftig versuchen, sich besser zu fühlen, und das Ende ist, daß es Ihnen nur noch schlechter geht. Versuchen ist, als wenn man probiert, eine Tür nach innen aufzudrücken. Man kann eine Menge Energie verschwenden, bis man realisiert, daß die Tür in Wirklichkeit nach außen aufgeht.

Wenn wir etwas tun, um unsere Ziele zu erreichen, müssen wir sicherstellen, daß es keine inneren Vorbehalte oder Zweifel gibt. Wir müssen ebenfalls auf die äußere Ökologie achten und die Wirkung berücksichtigen, die unsere Ziele auf unser weiteres Beziehungssystem haben.

Die Ergebnisse unserer Handlungen kommen also in einer Schleife zu uns zurück. Kommunikation ist eine Beziehung, nicht eine Einbahnstraße der Information. Es gibt keinen Lehrer ohne Schüler, keinen Verkäufer ohne Käufer, keinen Berater ohne Klienten. Von ganzem Herzen mit Weisheit zu handeln bedeutet, die Beziehungen und Interaktionen zwischen uns und anderen Menschen zu würdigen. Die Balance und die Beziehung zwischen Teilen unseres Geistes ist ein Spiegel für die Balance und die Beziehungen, die wir in der Außenwelt haben. NLP-Denken verläuft in Form von Systemen. Gregory Bateson, einer der einflußreichsten Persönlichkeiten bei der Entwicklung des NLP, wandte zum Beispiel kybernetisches oder systemisches Denken auf Biologie, Evolution und Psychologie an, während Virginia Satir, die weltberühmte Familientherapeutin, die ebenfalls ein „Originalmodell" des NLP war, eine Familie als ein ausbalanciertes System von Beziehungen behandelte, nicht als eine Ansammlung von Individuen mit Problemen, die repariert werden müssen. Jede Person war ein wertvoller Teil. Sie half den Familien, besseres und gesünderes Gleichgewicht zu schaffen, und ihre Kunst lag darin, genau zu wissen, wo sie intervenieren mußte und *welche* Person genau die Veränderung brauchte, so daß alle Beziehungen sich verbesserten. Wie bei einem Kaleidoskop kann man nicht ein Teil verändern, ohne das ganze Muster zu verändern. Aber welches Teilchen verändern Sie, um das Muster zu bekommen, das Sie wollen? Dies ist die Kunst effektiver Therapie.

Der beste Weg, andere zu verändern, ist, sich selbst zu verändern. Dann verändern Sie Ihre Beziehungen, und andere Leute müssen sich ebenfalls ändern. Manchmal verbringen wir viel Zeit damit zu versuchen, jemanden auf einer Ebene zu verändern, während wir uns auf einer anderen Ebene so verhalten, daß wir genau das verstärken, was er oder sie tut. Richard Bandler nennt dies das „Geh weg ... komm näher ..."-Muster (‚go away ... closer ...' pattern).

Es gibt eine schöne Metapher aus der Physik, die als der Schmetterlingseffekt bekannt ist. In der Theorie kann die Bewegung des Flügels eines Schmetterlings das Wetter auf der anderen Seite der Erdkugel verändern, denn sie könnte gerade zur entscheidenden Zeit am entscheidenden Ort den Luftdruck verändern. In einem komplexen System kann eine kleine Veränderung einen Riseneffekt haben.

Es sind also nicht alle Elemente in einem System gleich wichtig. Einige kann man verändern und es hat nur geringe Auswirkungen, andere aber haben einen weitreichenden Einfluß. Wenn Sie Veränderungen in Ihrem Pulsschlag, Ihrem Appetit, Ihrer Lebensspanne und Wachstumsrate induzieren wollen, brauchen Sie nur an einer kleinen Drüse herumzupfuschen, die Hypophyse (Hirnanhangdrüse) genannt wird und sich an der Schädelbasis befindet. Die Hypophyse ist die körperliche Entsprechung, die einer Hauptkontrolltafel am nächsten kommt. Sie funktioniert genauso wie ein Thermostat, der die Zentralheizung regelt. Man kann die Heizkörper einzeln einstellen, aber der Thermostat kontrolliert alle. Der Thermostat befindet sich auf einer höheren logischen Ebene als die Heizkörper, die er steuert.

NLP identifiziert und nutzt erfolgreiche Elemente, die unterschiedliche Psychologierichtungen gemeinsam haben. Das menschliche Gehirn hat auf der ganzen Welt die gleiche Struktur und hat all die unterschiedlichen psychologischen Theorien entwickelt, so daß es gar nicht anders sein kann, als daß diese Theorien einige grundlegende Muster gemeinsam haben. Da das NLP Muster aus dem gesamten Feld hat, befindet es sich auf einer anderen logischen Ebene. Ein Buch darüber, wie man Landkarten

Schleifen und Systeme

herstellt, ist auf einer anderen Ebene als die verschiedenen Kartenwerke, obwohl es auch Bücher sind.

Schleifen des Lernens

Wir lernen viel mehr aus unseren Fehlern als aus unseren Erfolgen. Sie geben uns nützliche Rückmeldung, und wir verwenden noch mehr Zeit darauf, darüber nachzudenken. Wir machen selten beim allerersten Mal etwas sofort richtig, außer wenn es sehr einfach ist, und selbst dann gibt es Raum für Verbesserung. Wir lernen durch eine Reihe von erfolgreichen Annäherungen. Wir tun, was wir können (gegenwärtiger Zustand), und vergleichen das mit dem, was wir wollen (erwünschter Zustand). Wir nutzen dies als Feedback, um erneut zu handeln und die Differenz zu verringern zwischen dem, was wir wollen, und dem, was wir bekommen. Langsam kommen wir unserem Ziel näher. Dieses Vergleichen steuert unser Lernen auf allen Ebenen von bewußter Inkompetenz zu unbewußter Kompetenz.

Dies ist ein allgemeines Modell dafür, wie Sie bei dem, was Sie tun – unabhängig davon, was es ist –, effektiver werden können. Sie vergleichen das, was Sie haben, mit dem, was Sie wollen, und handeln so, daß Sie das, was nicht zusammenpaßt *(mismatch)*, reduzieren. Dann vergleichen Sie wieder. Sie gehen weiter die Schleife hindurch, bis Sie das Ziel erreicht haben und zufrieden sind. Wie erfolgreich Sie sind, hängt davon ab, wieviel Wahlmöglichkeiten Sie haben: von der Flexibilität Ihres Verhaltens oder der Requisitenvielfalt *(requisite variety*, ein Begriff aus der Kybernetik). Also ist die Reise vom gegenwärtigen zum erwünschten Zustand nicht ein Zick-Zack, sondern eine Schleife.

Es gibt wahrscheinlich kleinere Schleifen, die wie diese innerhalb einer größeren ablaufen: kleinere Ziele, die Sie erreichen müssen, bevor Sie das Hauptziel erreichen. Das ganze System paßt zusammen wie eine Sammlung von chinesischen Kästchen. In diesem Lernmodell sind Fehler nützlich, denn sie sind (im Grunde nur) Ergebnisse, die Sie in diesem Kontext nicht gebrauchen können. Sie können sie als Feedback nutzen, um Ihrem Ziel näherzukommen.

Den Kindern werden in der Schule viele Fächer und Inhalte beigebracht, aber sie vergessen die meisten wieder. Man bringt

Schleifen des Lernens

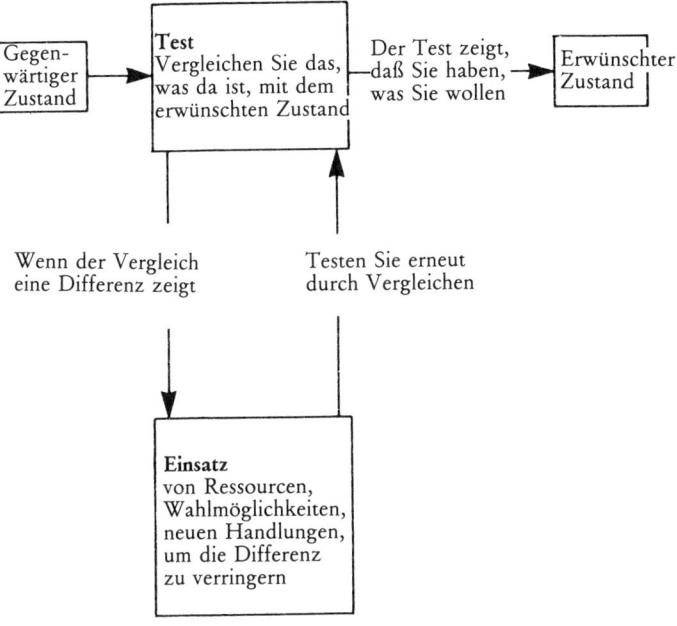

Lernmodell

ihnen normalerweise nicht bei, wie sie lernen können. Lernen zu lernen ist eine Fähigkeit auf einer höheren Ebene, als einen bestimmten Stoff zu lernen. NLP beschäftigt sich damit, wie man ein besserer Lerner werden kann, unabhängig vom Fach. Der schnellste und wirksamste Weg zu lernen ist, das zu nutzen, was auf natürliche Weise von selbst und leicht passiert. Oft wird Lernen und Veränderung als langsamer, schmerzvoller Prozeß betrachtet. Das stimmt nicht. Es gibt langsame und schmerzhafte Arten von Lernen und Veränderung, aber NLP gehört nicht dazu.

Robert Dilts hat eine Technik entwickelt, mit der man etwas, das man als ein Versagen hätte betrachten können, in Feedback verwandeln kann, um daraus zu lernen. Es ist am einfachsten, wenn Sie sich von jemand anderem durch die folgenden Schritte führen lassen.

Vom Versagen zum Feedback

1. Welches ist die problematische Einstellung oder Glaubensannahme? Enden alle Ihre Do-it-yourself-Projekte in Schmach und Schande? Sind all Ihre Kochversuche erfreuliche Nachrichten für die umliegenden Imbißbuden? In welchem Bereich bekommen Sie unerwünschte Ergebnisse? Glauben Sie, daß Sie etwas nicht können, oder daß Sie bei irgend etwas nicht besonders gut sind?

Wie ist Ihre Physiologie und ihre Augenstellung, während Sie über das Problem nachdenken? Wenn man an Versagen denkt, bekommt man normalerweise ein schlechtes Gefühl, Bilder aus bestimmten Zeiten, wo man versagt hat, und vielleicht eine innere Stimme, die einen ausschimpft, alles gleichzeitig. Sie können nicht mit allem auf einmal umgehen. Sie müssen herausfinden, was innerlich in jedem Repräsentationssystem für sich genommen passiert.

2. Schauen Sie nach rechts unten und gehen Sie in Kontakt mit dem Gefühl. Was versucht das Gefühl *als solches* für Sie zu tun? Was ist seine positive Absicht? Sie zu motivieren vielleicht? Oder Sie zu schützen?

Schauen Sie nach links unten. Gibt es in den Worten, wenn man sie isoliert hört, eine Botschaft, die hilfreich sein könnte? Schauen Sie nach links oben, und sehen Sie die Bilder der Erinnerungen. Gibt es etwas, das Sie daraus lernen können? Beginnen Sie, eine realistischere Perspektive des Problems zu bekommen. Sie sind zu viel mehr als zu diesem fähig. Nehmen Sie wahr, wie dort positive Ressourcen mit den Erinnerungen des Problems vermischt sind. Beziehen Sie die Wörter, Bilder und Gefühle auf Ihr erwünschtes Ziel. Wie können Sie dazu beitragen, es zu erreichen?

3. Überlegen Sie sich eine positive, ressourcenreiche Erfahrung, die Sie machen werden, etwas, von dem Sie sicher sind, daß Sie es in der Zukunft erreichen. Es braucht nichts Großartiges zu sein. Identifizieren Sie aus der Art, wie Sie an diese Erfahrung denken, die Hauptsubmodalitäten im Visuellen, Auditiven und

Kinästhetischen. Ankern Sie diese Erfahrung kinästhetisch durch Berührung. Stellen Sie sicher, daß Sie beim Feuern des Ankers in die Ressourcenerfahrung hineingehen. Dies ist eine Erfahrung, auf die Sie Bezug nehmen können, eine Bezugsgröße, von der Sie wissen, Sie können sie erreichen.

4. Schauen Sie nach rechts oben und konstruieren Sie ein Bild des erwünschten Ziels oder der erwünschten Einstellung, das die Dinge berücksichtigt, die Sie aus Ihren Gefühlen, Bildern und Worten in Verbindung mit der problematischen Einstellung gelernt haben. Stellen Sie sicher, daß es mit Ihrer Persönlichkeit und Ihren Beziehungen harmoniert. Versichern Sie sich, daß es eine klare Verbindung gibt zwischen den Erinnerungen und dem positiven Ziel oder der positiven Einstellung. Vielleicht modifizieren Sie das Ziel im Hinblick auf das, was Sie aus der Betrachtung Ihrer Erinnerungen gelernt haben.

5. Setzen Sie für das erwünschte Ziel die gleichen Submodalitäten ein, die Sie in der positiven Bezugserfahrung gefunden haben, und halten Sie den Anker für die Bezugserfahrung, während Sie dies tun. Der gesamte Prozeß wird Sie befähigen, aus dem zu lernen, was vorüber ist, und Ihre Zukunftserwartung aus dem Griff vergangener Fehler zu befreien. Sie werden in den Submodalitäten einer positiven Erwartungshaltung an Ihr Ziel denken.

Ebenen des Lernens

Lernen auf der einfachsten Ebene ist Versuch und Irrtum mit oder ohne Anleitung. Sie lernen, die bestmögliche Wahl zu treffen, die „richtige" Antwort. Dies braucht vielleicht einen Versuch, vielleicht auch viele. Sie lernen schreiben und buchstabieren, Sie lernen, daß rote Ampeln „Stop!" bedeuten. Sie beginnen bei unbewußter Inkompetenz und schreiten fort zur bewußten Kompetenz, indem Sie durch die Schleife des Lernens gehen. Sobald eine Reaktion zur Gewohnheit wird, hört man auf zu lernen. Theoretisch könnte man sich anders verhalten, aber in der

Praxis tut man es nicht. Gewohnheiten sind extrem nützlich, sie glätten die Teile in unserem Leben, über die wir nicht nachdenken wollen. Wie öde, jeden Morgen entscheiden zu müssen, wie Sie Ihre Schuhe zubinden. Definitiv kein Gebiet, um Ihre Kreativität einzusetzen. Aber es ist eine Kunst zu entscheiden, welche Teile Ihres Lebens Sie zur Gewohnheit werden lassen wollen und in welchen Bereichen Sie weiterhin lernen und Wahlmöglichkeiten haben wollen. Dies ist die Schlüsselfrage von Balance.

Diese Frage bringt Sie tatsächlich eine Ebene höher. Sie können die Fertigkeiten betrachten, die Sie gelernt haben, und zwischen ihnen wählen oder neue Wahlmöglichkeiten schaffen, die den gleichen Zweck erfüllen. Nun können Sie lernen, ein besserer Lerner zu sein, indem Sie wählen, wie Sie lernen wollen.

Der arme Mensch in der Geschichte, dem drei Wünsche freigestellt wurden, wußte offensichtlich nichts über Ebenen des Lernens. Wenn er es gewußt hätte, hätte er, statt mit seinem letzten Wunsch den Status quo wiederherzustellen, sich drei weitere Wünsche gewünscht.

Schulkinder lernen, daß 4 + 4 = 8 ist. Auf einer Ebene ist dies einfaches Lernen. Man braucht nichts zu verstehen, sondern es sich einfach nur einzuprägen. Es gibt eine automatische Verknüpfung, es ist verankert worden. Wenn man auf dieser Ebene bleibt, würde das bedeuten, daß 3 + 5 nicht 8 sein kann, denn 4 + 4 ist es schon. Offensichtlich ist es sinnlos, Mathematik auf diese Art zu lernen. Wenn Sie Ihre Gedanken nicht mit einer höheren Ebene verbinden, bleiben sie auf einen bestimmten Kontext beschränkt. Wahres Lernen beinhaltet andere Möglichkeiten zu lernen als die, die Sie schon können. Sie lernen: 1 + 7 macht 8 und 2 + 6 genauso. Dann können Sie eine Ebene höher gehen und die Regeln hinter diesen Ergebnissen verstehen. Wenn Sie wissen, was Sie wollen, können Sie unterschiedliche kreative Wege finden, Ihre Wünsche zu erfüllen. Einige Leute verändern ihre Wünsche, statt das zu verändern, was sie tun, um sie zu erreichen. Sie geben auf, 8 zu kriegen, weil sie sich entschlossen haben, es mit 3 + 4 zu versuchen, und das wird es nicht bringen. Andere nehmen vielleicht immer 4 + 4, um 8 zu erhalten, nie irgend etwas anderes.

Der sogenannte „heimliche Lehrplan" *(hidden curriculum)* in der Schule ist ein Beispiel von Lernen auf höheren Ebenen. Unabhängig davon, was gelernt wird,– *wie* wird es gelernt? Niemand lehrt bewußt die Werte des heimlichen Lehrplans, es ist die Schule als Kontext und hat einen größeren Einfluß auf das Verhalten von Kindern als die formellen Unterrichtsstunden. Wenn Kinder niemals lernen, daß es andere Wege gibt als passiv, durch Wiederholung, in einer Lerngruppe und von einer Autorität zu lernen, sind sie auf einer höheren Ebene in einer ähnlichen Position, wie das Kind, das lernt, daß 4 + 4 die einzige Möglichkeit ist, 8 zu erhalten.

Eine noch höhere Ebene des Lernens resultiert in einer tiefgreifenden Veränderung der Art und Weise, wie wir über uns selbst und die Welt denken. Sie beinhaltet, die Beziehungen und die Paradoxien der unterschiedlichen Möglichkeiten zu verstehen, wie wir lernen zu lernen.

Beschreibungen der Realität

Um aus jeder Situation oder Erfahrung optimal lernen zu können, müssen Sie aus so vielen Blickwinkeln wie möglich Information sammeln. Jedes Repräsentationssystem gibt eine andere Möglichkeit, Realität zu beschreiben. Neue Gedanken tauchen aus diesen unterschiedlichen Beschreibungen auf. Man kann nicht mit nur einem Repräsentationssystem funktionieren. Man braucht wenigstens zwei: eines, um die Information aufzunehmen, und ein weiteres, um sie auf unterschiedliche Weise zu interpretieren.

In gleicher Weise hat die Sichtweise einer Einzelperson immer blinde Flecken, verursacht durch ihre gewohnheitsmäßige Art, in der sie die Welt wahrnimmt, durch ihre Wahrnehmungsfilter. Wenn wir die Fertigkeit entwickeln, die Welt aus dem Blickwinkel anderer zu sehen, haben wir eine Möglichkeit, durch unsere eigenen blinden Flecken hindurchzusehen, so wie wir einen Freund um Rat fragen und um eine andere Sichtweise bitten, wenn wir feststecken. Wie können wir unsere Wahrnehmung verändern und aus unserer eingeschränkten Weltsicht herauskommen?

Dreifache Beschreibung

Es gibt ein Minimum von drei Möglichkeiten, wie wir unsere Erfahrungen betrachten können. Im neuesten Werk von John Grinder und Judith DeLozier werden sie erste, zweite und dritte Wahrnehmungsposition genannt. Erstens können Sie die Welt ausschließlich aus Ihrem eigenen Blickwinkel sehen, aus Ihrer eigenen inneren Realität, in einer vollständig assoziierten Weise, und keinen anderen Gesichtspunkt weiter in Betracht ziehen. Sie denken einfach: „Wie wirkt das auf mich?" Denken Sie zurück und konzentrieren Sie sich auf eine Zeit, als Sie sich intensiv dessen gewahr waren, was Sie dachten, ohne jemand anders in der Situation zu betrachten. Dies nennt man die *erste Position* (und

Sie haben sie gerade erlebt, als Sie sich auf Ihre eigene Realität konzentrierten, unabhängig von der Situation, die Sie wählten).

Zweitens können Sie betrachten, wie es aus dem Blickwinkel einer anderen Person aussehen, sich anhören und anfühlen würde. Es ist offensichtlich, daß die gleiche Situation oder das gleiche Verhalten für unterschiedliche Menschen verschiedene Bedeutungen haben kann; es ist unerläßlich, den Blickwinkel anderer zu würdigen und zu fragen: „Wie wird es ihnen wohl erscheinen?" Dies nennt man die *zweite Position*, auch als Empathie bekannt. Wenn Sie mit einer anderen Person in Konflikt sind, müssen Sie wahrnehmen und würdigen, wie sich die andere Person hinsichtlich dessen, was Sie tun, fühlt. Je stärker Ihr Rapport mit der anderen Person, desto besser werden Sie ihre Realität anerkennen können, und desto fähiger sind Sie, die zweite Position zu erreichen.

Drittens können Sie die Erfahrung machen, die Welt von einem Standpunkt außerhalb zu sehen, so als wenn Sie ein vollkommen unabhängiger Beobachter wären, mit keinerlei persönlicher Beteiligung an der Situation. Fragen Sie: „Wie würde dies für jemanden aussehen, der nicht beteiligt ist?" Dies gibt Ihnen eine objektive Sichtweise und ist als *dritte Position* bekannt. Sie ist auf einer anderen Ebene als die anderen beiden, aber sie steht nicht darüber. Alle drei Positionen sind gleichermaßen wichtig; es kommt darauf an, sich frei zwischen diesen dreien bewegen zu können. Jemand, der in der ersten Position steckengeblieben ist, ist ein egoistisches Monster; jemand der regelmäßig in der zweiten ist, wird übermäßig von den Sichtweisen anderer beeinflußt. Jemand, der ständig in der dritten Position ist, ist ein vom Leben abgetrennter Beobachter.

Die Idee einer dreifachen Beschreibung ist nur ein Aspekt des Ansatzes, NLP in einer einfacheren Weise zu beschreiben, den John Grinder und Judith DeLozier in ihrem Buch *Turtles All the Way Down* vertreten. Der Ansatz ist als *new code*, „neuer Code" des NLP bekannt und richtet sich darauf, ein kluges Gleichgewicht zwischen bewußten und unbewußten Prozessen zu erreichen.

Jeder von uns befindet sich, mal mehr, mal weniger, in einer von diesen drei Positionen, wir kommem von Natur aus hinein, und sie helfen uns, eine Situation oder ein Ziel besser zu verstehen. Die Fähigkeit, sich sauber zwischen ihnen zu bewegen – ob bewußt oder unbewußt –, ist notwendig, um klug zu handeln und die wunderbare Vielfalt unserer Beziehungen zu würdigen. Es sind die Unterschiede, die Sie wahrnehmen, wenn Sie die Welt auf unterschiedliche Weise betrachten, die der Welt ihren Reichtum geben und Ihnen die Wahl.

Der Grundgedanke ist, sich der Unterschiede bewußt zu sein, statt allem und jedem Uniformität aufzudrücken. Es ist die Verschiedenheit und die Spannung zwischen diesen unterschiedlichen Betrachtungsweisen der Welt, die wichtig sind. Begeisterung und Erfindungen entstehen, wenn man Dinge auf eine andere Weise sieht. Einförmigkeit verursacht Langeweile, Mittelmäßigkeit und Streit. Kriege entstehen, wenn Menschen genau dieselben knappen Ressourcen haben wollen. Weisheit entsteht aus dem Gleichgewicht, und Sie können kein Gleichgewicht haben, wenn es nicht unterschiedliche Kräfte gibt, die ins Gleichgewicht zu bringen sind.

Robert Dilts' Theorie des Vereinigten Feldes im NLP

Robert Dilts entwickelte ein einfaches, elegantes Modell zur Beschreibung von persönlicher Veränderung, Lernen und Kommunikation, das diese Vorstellungen von Kontext, Beziehungen, Ebenen des Lernens und Wahrnehmungspositionen zusammenführt. Es bildet ebenfalls einen Kontext, in den man die Techniken des NLP einordnen kann, und bietet einen Rahmen, um Information zu organisieren und zu sammeln, so daß man den besten Punkt identifizieren kann, wo man intervenieren muß, um eine erwünschte Veränderung herbeizuführen. Wir verändern nicht in Teilchen und Stückchen, sondern organisch. Die Frage ist: Wo genau muß der Schmetterling seine Flügel bewegen? Wo muß man „stupsen", um einen Unterschied zu bewirken?

Lernen und Veränderung können auf diesen unterschiedlichen Ebenen stattfinden:

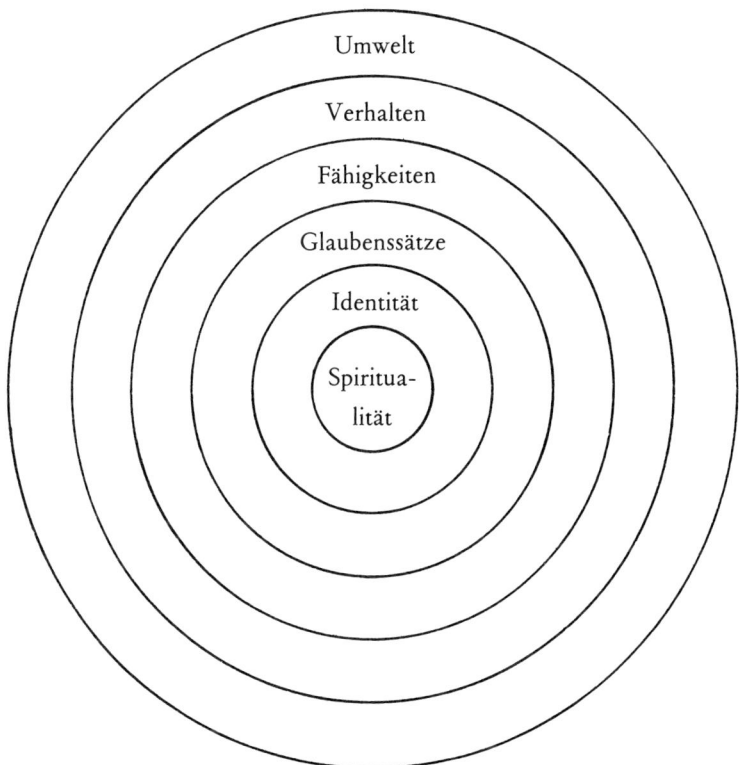

Neurologische Ebenen

1. Spiritualität

Dies ist die tiefste Ebene, wo wir die größten metaphysischen Fragen betrachten und umsetzen. Warum sind wir hier? Was ist der Sinn unseres Lebens? Die spirituelle Ebene führt und formt unser Leben und gibt unserer Existenz eine Grundlage. Jede Veränderung auf dieser Ebene hat tiefgreifende Auswirkungen auf alle anderen Ebenen, wie der Apostel Paulus auf der Straße nach Damaskus feststellte. In gewissem Sinne enthält sie alles, was wir sind und tun, und doch ist sie keines von diesen Dingen.

2. Identität

Dies ist mein grundlegendes Selbstbild: meine tiefsten, zentralen Werte und meine Aufgabe oder Mission im Leben.

3. Glaubenssätze und Einstellungen

Dies sind die verschiedenen Leitideen, die wir für wahr halten und als Grundlage unseres alltäglichen Tuns benutzen. Glaubenssätze und Einstellungen können sowohl Berechtigungen *(permissions)* als auch Einschränkungen *(limitations)* beinhalten.

4. Fähigkeiten

Dies sind die Gruppen oder Klassen von Verhaltensweisen, allgemeinen Fertigkeiten und Strategien, die wir in unserem Leben benutzen.

5. Verhalten

Dies sind die konkreten Handlungen, die wir ausführen, unabhängig von unseren Fähigkeiten.

6. Umwelt

Das ist alles, worauf wir reagieren, unsere Umgebung und andere Menschen, denen wir begegnen.

Nehmen wir zum Beispiel einen Geschäftsmann, der auf diesen unterschiedlichen Ebenen über seine Arbeit nachdenkt:
Umwelt: Dieses Viertel ist eine gute Gegend für meine Verkaufstätigkeit.
Verhalten: Ich habe heute einen guten Abschluß gemacht.
Fähigkeit: Ich kann dieses Produkt gut verkaufen.
Glaubenssatz: Wenn ich gut im Verkauf bin, werde ich vielleicht befördert.
Identität: Ich bin ein guter Verkäufer.

Dies ist ein Beispiel von Erfolg. Das Modell kann genauso gut auf Probleme angewandt werden. Zum Beispiel schreibe ich vielleicht ein Wort falsch. Ich könnte dies auf meine Umgebung schieben: Der Lärm hat mich abgelenkt. Ich könnte es auf die Verhaltensebene bringen: Ich habe halt mal ein Wort falsch geschrieben. Ich könnte es verallgemeinern und meine Fähigkeit, mit Wörtern umzugehen, in Frage stellen. Ich könnte anfangen zu glauben, daß ich mehr arbeiten muß, um mich zu verbessern, oder ich könnte meine Identität in Zweifel ziehen, indem ich denke: Ich bin dumm.

Das Verhalten wird oft als Beweis von Identität oder Fähigkeit genommen, und in der Schule kann man mit dieser Methode Selbstvertrauen und Kompetenz zerstören. Ein Ergebnis falsch zu haben bedeutet nicht, daß man dumm ist oder daß man in Mathe schlecht ist. Das zu denken bedeutet, logische Ebenen zu verwechseln; das wäre genauso, als würde man denken, ein „Bitte nicht rauchen"-Schild im Kino würde sich auf die Filmschauspieler beziehen.

Wenn Sie sich selbst oder andere verändern wollen, müssen Sie Informationen sammeln, die wahrnehmbaren Teile des Problems, die Symptome, unter denen jemand leidet. Dies ist der gegenwärtige Zustand. Weniger offensichtlich als die Symptome sind die zugrundeliegenden Ursachen, die das Problem aufrechterhalten. Was muß der Betreffende weiterhin tun, um das Problem aufrechtzuerhalten?

Es gibt einen erwünschten Zustand, ein Ziel, das das Ergebnis der Veränderung ist. Es gibt die Ressourcen, die helfen, dieses Ziel zu erreichen. Es gibt auch Nebenwirkungen, wenn man das Ziel erreicht, sowohl für einen selbst als auch für andere.

Anhand dieses Modells kann man sehen, wie man in zwei Arten von Konflikt verwickelt werden kann: Es fällt Ihnen vielleicht schwer zu entscheiden, ob Sie im Haus bleiben und fernsehen oder ob Sie lieber ins Theater gehen sollen. Hier kollidieren zwei Verhaltensweisen. Es kann aber auch Zusammenstöße geben, wenn etwas auf einer Ebene gut ist und auf einer anderen schlecht. Zum Beispiel spielt ein Schüler vielleicht sehr gut Theater, aber er glaubt, wenn er in die Theatergruppe ginge, würde ihn das bei seinen Mitschülern unbeliebt machen, also läßt er es sein. Verhaltensweisen und Fähigkeiten werden möglicherweise hoch belohnt, kollidieren aber mit den Einstellungen oder der Identität einer Person.

Die Art, wie wir Zeit betrachten, ist wichtig. Ein Problem hat vielleicht mit einem Trauma aus der Vergangenheit zu tun, das sich immer noch und immer wieder in der Gegenwart auswirkt. Eine Phobie ist ein Beispiel dafür, aber es gibt viele andere, weniger dramatische, wo schwierige und unglückliche Situationen in der Vergangenheit sich auf unsere Lebensqualität in der Gegenwart auswirken. Viele Therapien glauben, daß gegenwärtige Probleme durch vergangene Erlebnisse bestimmt werden. Während wir von der Vergangenheit beeinflußt werden und unsere persönliche Geschichte daraus entwickeln, kann die Vergangenheit uns eher als Ressource denn als Einschränkung dienen. Die Technik der Veränderung der persönlichen Geschichte wurde schon beschrieben. Sie bewertet die Vergangenheit mit Bezug auf unser heutiges Wissen neu. Wir sind nicht für immer gezwungen, unsere Fehler aus der Vergangenheit zu wiederholen.

Andererseits können unsere Hoffnungen auf die Zukunft und unsere Ängste davor uns in der Gegenwart lähmen. Dies kann variieren zwischen Sich-Sorgen-Machen, ob man nächsten Mittwoch die Tischrede gut 'rüberbringt, bis hin zu wichtigen Fragen persönlicher und finanzieller Sicherheit in der Zukunft. Und es gibt diesen Augenblick in der Gegenwart, wo unsere gesamte persönliche Geschichte und all unsere Zukunftsmöglichkeiten zusammenlaufen. Sie können sich Ihr Leben wie eine Linie durch die Zeit vorstellen, die sich von der fernen Vergangenheit zur weiten Zukunft erstreckt, und Sie können sehen, wie der gegenwärtige und der erwünschte Zustand, Ihre Identität, Einstellungen, Fähigkeiten, Verhaltensweisen und Umwelt alle mit Ihrer persönlichen Vergangenheit und Ihrer möglichen Zukunft in Beziehung stehen.

Unsere Gesamtpersönlichkeit ist wie ein Hologramm, ein dreidimensionales Bild, das durch Lichtstrahlen geschaffen wird. Jedes Teilchen des Hologramms enthält das ganze Bild. Sie können kleine Elemente wie Submodalitäten verändern und sehen, wie die Wirkung sich aufwärts ausbreitet, oder Sie können von oben nach unten arbeiten, indem Sie einen wichtigen Glaubenssatz verändern. Die beste Art wird deutlich, wenn Sie Informationen über den gegenwärtigen und den erwünschten Zustand sammeln.

Veränderung auf einer niedrigeren Ebene verursacht nicht notwendigerweise Veränderungen auf höheren Ebenen. Eine Veränderung in der Umgebung wird wahrscheinlich nicht meine Einstellung verändern. Wie ich mich verhalte, verändert vielleicht einige Glaubenssätze über mich selbst. Jedoch wird eine Veränderung einer Einstellung definitiv auch mein Verhalten verändern. Veränderung auf einer höheren Ebene wird sich immer auf die unteren Ebenen auswirken. Sie wird durchdringender sein und länger anhalten. Wenn Sie also Verhalten verändern wollen, arbeiten Sie an der Fähigkeit oder den Glaubenssätzen. Wenn es an Fähigkeiten mangelt, arbeiten Sie mit Einstellungen. Glaubenssätze bestimmen oder filtern Fähigkeiten, die Verhaltensweisen filtern, die wiederum unsere Umwelt filtern. Eine unterstützende Umwelt ist wichtig, eine feindliche kann jede Veränderung erschweren.

Es ist schwierig, Veränderungen auf der Identitätsebene oder darüber zu machen, ohne die entsprechenden Glaubenssätze und Fähigkeiten zu haben, die uns unterstützen. Für einen Geschäftsmann reicht es auch nicht zu glauben, daß er ein Spitzenmanager werden kann – er muß seine Einstellung durch seine Arbeit bestätigen.

Das *Vereinigte Feld* ist eine Möglichkeit, die unterschiedlichen Teile des NLP in einem Rahmenwerk zusammenzufügen. Es besteht aus den Konzepten der neurologischen Ebenen, der Zeit und der Wahrnehmungspositionen. Sie können es nutzen, um die Balance und die Beziehungen von unterschiedlichen Elementen bei sich selbst und bei anderen zu verstehen. Der Schlüssel ist Balance, das Gleichgewicht. Probleme entstehen aus mangelnder Balance, und das Vereinigte Feld befähigt Sie zu identifizieren, welche Elemente zu große Wichtigkeit angenommen haben und welche fehlen oder zu schwach sind.

Zum Beispiel legt jemand vielleicht zu großes Gewicht auf die Vergangenheit und richtet unangemessen starke Aufmerksamkeit auf vergangene Erlebnisse, erlaubt diesen, sein Leben zu beeinflussen, und entwertet die Gegenwart und die Zukunft. Ein anderer verbringt vielleicht zu viel Zeit in der ersten Position und zieht die Gesichtspunkte anderer Menschen nicht mit in Betracht. Andere richten möglicherweise viel Aufmerksamkeit auf das Verhalten und die Umwelt und nicht genug auf ihre Identität und ihre Einstellungen. Das System des Vereinigten Feldes bietet Ihnen als ersten Schritt die Möglichkeit festzustellen, wo Ungleichgewicht herrscht, um Wege zu finden, eine gesündere Balance zu erreichen. Für Therapeuten ist es ein unschätzbares diagnostisches Instrument, mit dem sie erkennen können, welche der vielen Techniken sie anwenden sollen. Dies ist ein reiches Modell, und wir überlassen es Ihnen, über die vielen unterschiedlichen Weisen nachzudenken, wie Sie es anwenden können.

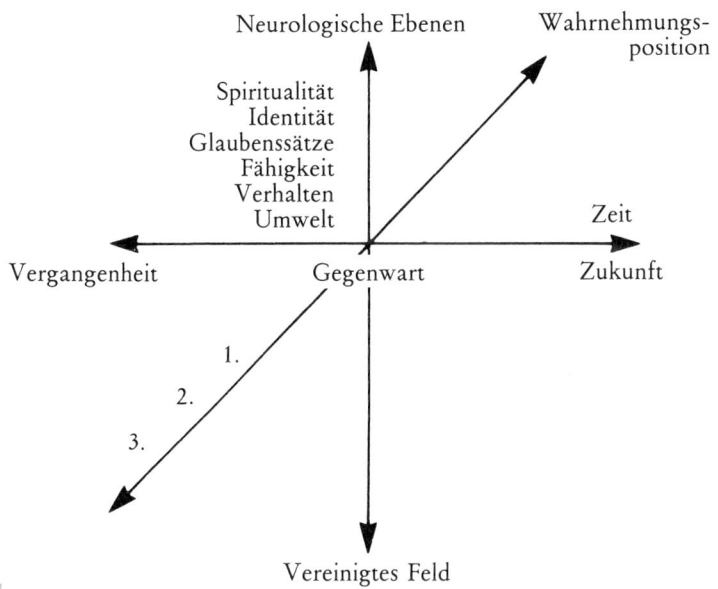

Glaubenssätze und Einstellungen

„Das kann ich nicht glauben!" sagte Alice.
„Nein?" sagte die Königin mitleidig. „Versuch es noch einmal: tief Luft holen, Augen zu … "
Alice lachte. „Ich brauche es gar nicht zu versuchen", sagte sie. „Etwas Unmögliches kann man nicht glauben."
„Du wirst darin eben noch nicht die rechte Übung haben", sagte die Königin. „In deinem Alter habe ich täglich eine halbe Stunde darauf verwendet. Zuzeiten habe ich vor dem Frühstück bereits bis zu sechs unmögliche Dinge geglaubt."

Lewis Carroll, *Alice hinter den Spiegeln*
(zitiert nach Chr. Enzensberger, vgl. S. 35)

Unsere Glaubenssätze haben starken Einfluß auf unser Verhalten. Sie motivieren uns und formen das, was wir tun. Es ist schwierig, etwas zu lernen, ohne daran zu glauben, daß es angenehm und vorteilhaft sein wird. Was sind Glaubenssätze? Wie werden sie gebildet, und wie erhalten wir sie aufrecht?

Glaubenssätze oder Einstellungen *(beliefs)* sind unsere Leitprinzipien, unsere inneren Karten, die wir benutzen, um der Welt Sinn zu verleihen. Sie geben uns Stabilität und Kontinuität. Gemeinsame Glaubenseinstellungen bringen ein tieferes Gefühl von Rapport und Gemeinschaft als gemeinsam zu arbeiten.

Wir alle haben einige Grundannahmen gemeinsam, die die physische Welt jeden Tag bestätigt. Wir glauben an die Naturgesetze. Wir spazieren nicht über den Rand von Hochhausdächern und müssen nicht jeden Tag neu testen, daß Feuer brennt. Wir haben auch viele Glaubenseinstellungen über uns selbst und die Art der Welt, in der wir leben, die nicht so klar definiert sind. Menschen sind nicht so konsequent und unveränderbar wie die Erdanziehungskraft.

Glaubenssätze und Einstellungen entspringen aus vielen Quellen – aus Erziehung, Modellieren von bedeutsamen anderen Menschen *(significant others)*, Vergangenheitstraumata und wiederholten Erfahrungen. Wir entwickeln Glaubenssätze dadurch, daß wir unsere Erfahrungen mit der Welt und mit unseren Mitmenschen generalisieren, das heißt Verallgemeinerungen ableiten. Woher wissen wir, aus welchen Erfahrungen wir generalisieren sollen? Einige Einstellungen kommen fertig aus der Kultur und der Umwelt, in die wir hineingeboren werden. Die Erwartungen der bedeutsamen Menschen, die in unserer Kindheit um uns sind, prägen uns Glaubenseinstellungen ein. Hohe Erwartungen (vorausgesetzt, sie sind realistisch) bilden Kompetenz. Niedrige Erwartungen flößen Inkompetenz ein. Wenn wir noch jung sind, glauben wir, was uns gesagt wird, denn wir haben keine Möglichkeit, es zu überprüfen. Diese Glaubenssätze können überdauern, ohne durch unsere späteren Leistungen modifiziert zu werden.

Glaubenssätze und Einstellungen

Wenn wir etwas glauben, verhalten wir uns so, als sei es wahr. Dies macht es schwer, es zu widerlegen; Glaubensannahmen sind wie starke Wahrnehmungsfilter. Ereignisse werden im Sinne dessen, was man glaubt, im Sinne der Einstellung interpretiert, und Ausnahmen bestätigen die Regel. Was wir tun, hält die eigene Meinung aufrecht und verstärkt den Glauben. Glaubenssätze sind nicht einfach Karten von dem, was passiert ist, sondern Matrizen für zukünftige Handlungen.

Es sind Studien durchgeführt worden, in denen eine Klasse von Schülern in zwei Gruppen mit gleichem IQ (Intelligenzquotient) geteilt wurde. Den Lehrern wurde gesagt, daß die eine Gruppe einen hohen IQ habe, und man erwarte, daß sie besser abschneiden werde als die zweite Gruppe. Obwohl der einzige Unterschied zwischen den beiden Gruppen die Erwartung der Lehrer war (ein Glaubenssatz, eine Vorannahme), bekam die Gruppe mit „hohem" IQ in einem späteren Test viel bessere Zensuren als die zweite Gruppe. Diese Art der sich selbst erfüllenden Prophezeiung wird manchmal auch als Pygmalion-Effekt bezeichnet.

Eine ähnliche Art der sich selbst erfüllenden Prophezeiung ist der Placebo-Effekt, den man in der Medizin sehr gut kennt. Patienten werden gesünder, wenn sie *glauben*, daß sie ein wirksames Medikament bekommen, selbst wenn sie tatsächlich nur Placebos bekommen, unwirksame Substanzen mit einem nicht nachzuweisenden medizinischen Effekt. Der Glaube bewirkt die Heilung. Medikamente sind nicht immer nötig, der Glaube an Gesundung jedoch sehr. Untersuchungen zeigen durchgängig, daß ungefähr dreißig Prozent aller Patienten auf Placebos reagieren.

In einer Studie gab ein Arzt einer Reihe von Patienten mit blutendem Magengeschwür eine Injektion aus destilliertem Wasser und sagte ihnen, es sei ein Wundermittel, das sie heilen werde. Siebzig Prozent der Patienten zeigten hervorragende Ergebnisse, die über ein Jahr lang anhielten.

Positive Glaubenssätze sind wie Bevollmächtigungen oder wie eine Erlaubnis; sie geben uns die Freiheit zum Handeln, setzen unsere Fähigkeiten in Gang. Glaubenssätze schaffen Ergebnisse. Es gibt ein Sprichwort: „Ob du glaubst, daß du etwas tun kannst, oder ob du das nicht glaubst ... *du hast immer recht.*"

Einschränkende Glaubenssätze und Einstellungen drehen sich meistens um ein „Ich kann nicht ..." Betrachten Sie diesen Satz als einen einfachen Tatbestand, der nur für den gegenwärtigen Augenblick gilt. Zum Beispiel: „Ich kann nicht jonglieren" bedeutet: ich kann (nicht jonglieren). Es ist sehr einfach, nicht zu jonglieren. Jeder kann das. Zu glauben, daß „Ich kann nicht" eine Beschreibung Ihrer Fähigkeiten jetzt *und* in der Zukunft sei, wird Ihr Gehirn darauf programmieren zu versagen, und dies wird Sie davon abhalten herauszufinden, was Ihre wahren Fähigkeiten sind. Negative Glaubenssätze haben keine Basis in der Erfahrung.

Eine gute Metapher für den Effekt einschränkender Einstellungen ist die Art, wie das Auge eines Frosches arbeitet. Ein Frosch sieht die meisten Dinge in seiner Umgebung, aber er interpretiert (als bedeutungsvoll) nur Dinge, die sich bewegen und eine bestimmte Form und Struktur haben, nämlich die von Nahrung. Dies ist eine sehr effiziente Weise, den Frosch mit Nahrung (wie zum Beispiel Fliegen) zu versorgen. Da jedoch nur die sich *bewegenden* schwarzen Objekte als Nahrung erkannt werden, wird ein Frosch in einer Kiste mit toten Fliegen verhungern. So können Wahrnehmungsfilter, die zu eng und ineffizient sind, uns an guten Erfahrungen schier verkümmern lassen, wenn wir sie nicht als solche erkennen,– selbst wenn wir von aufregenden, begeisternden Möglichkeiten umgeben sind.

Der beste Weg herauszufinden, wozu Sie fähig sind, ist, so zu tun, als könnten Sie es. Handeln Sie so, „als ob" Sie es können. Was Sie nicht tun können, *werden* Sie auch nicht ausprobieren. Wenn es wirklich unmöglich ist, machen Sie sich keine Sorgen, das finden Sie schon heraus. (Und stellen Sie sicher, daß Sie, wenn nötig, angemessene Sicherheitsvorkehrungen treffen.) Solange Sie *glauben,* daß etwas unmöglich ist, werden Sie in der Tat *nie* herausfinden, ob es möglich ist oder nicht.

Glaubenssätze und Einstellungen sind uns nicht angeboren wie unsere Augenfarbe. Sie verändern und entwickeln sich. Wir

Glaubenssätze und Einstellungen

denken anders über uns, wir heiraten, lassen uns scheiden, wechseln Freundschaften und verhalten uns anders, weil unsere Einstellungen sich ändern.

Glaubensannahmen können eine Sache der Wahl sein. Sie können Glaubenssätze fallen lassen, die Sie einschränken, und Einstellungen aufbauen, die mehr Spaß und Erfolg in Ihr Leben bringen. Positive Glaubenssätze erlauben Ihnen herauszufinden, was wahr sein könnte und wie fähig Sie sind. Sie sind wie Erlaubnisscheine, die uns die Welt des Möglichen entdecken und in ihr spielen lassen. Welche Einstellungen sind lohnenswert, weil sie Sie befähigen und unterstützen, Ihre Ziele zu erreichen? Denken Sie an einige Glaubenssätze, die Sie über sich selbst haben. Sind sie nützlich? Sind es Bevollmächtigungen oder Barrieren? Wir alle haben tiefe, zentrale Glaubenssätze über die Liebe und darüber, was im Leben wichtig ist. Wir haben viele andere Annahmen (über unser Glück und unsere Möglichkeiten), die wir geschaffen haben und verändern können. Ein wesentlicher Beitrag zum Erfolg ist es, Einstellungen zu haben, die Ihnen erlauben, erfolgreich zu sein. Kraftspendende *beliefs* garantieren nicht, daß sie jedes Mal erfolgreich sein werden, aber sie machen Sie ressourcenreich und fähig, letzten Endes den Erfolg davonzutragen.

Denken Sie für einen Augenblick an drei Glaubenssätze, von denen Sie sich eingeschränkt gefühlt haben. Schreiben Sie sie auf.

Nun denken Sie an drei kraftspendende Glaubenssätze, die Sie lieber haben würden. Schreiben Sie diese auch auf.

Was müßten Sie nun also tun, damit diese wahr werden?

An der Stanford-Universität wurden Untersuchungen zur „Selbstwirksamkeitserwartung" durchgeführt, also dazu, wie sich aufgrund einer neuen Einstellung das Verhalten ändert und sich an diese neue Einstellung anpaßt. Es ging darum, das, was Leute *denken* zu der Frage, wie gut sie etwas können, damit zu vergleichen, wie gut sie es tatsächlich können. Vielfältige Aufgaben wurden gestellt, von Mathematik bis zum Umgang mit Schlangen.

Zuerst paßten die Einstellungen und die Leistungen zusammen; die Leute zeigten die Leistungen, die sie von sich erwartet hatten. Dann begannen die Forscher, den Glauben der Versuchspersonen an sich selbst zu stärken, indem Sie Ziele setzten, Demonstrationen vorführten und ihnen fachliche Anleitung gaben. Die Erwartungen stiegen an, aber die Leistungen sanken natürlich, denn die Leute probierten ja neue Techniken aus. Es gab einen Punkt der höchsten Differenz zwischen dem, was sie glaubten tun zu können, und dem, was sie tatsächlich erreichten. Wenn die Versuchspersonen dann bei der Aufgabe blieben und weiter übten, stiegen ihre Leistungen und näherten sich ihren Erwartungen an. Wenn sie sich entmutigen ließen, fiel die Leistung auf das ursprüngliche Niveau ab (oder sank zeitweilig sogar noch darunter; Anm. d. Übers.).

Die Veränderung von Glaubenssystemen erlaubt Änderung des Verhaltens, und dieses verändert sich am schnellsten, wenn man auch die Fähigkeit oder Strategie bekommt, um die Aufgabe zu vollbringen. Man kann auch einen Glaubenssatz dadurch verändern, daß man das Verhalten ändert, aber dies ist nicht so zuverlässig. Manche Leute lassen sich auch durch wiederholte Erfahrungen nicht überzeugen. Sie sehen nur unzusammenhängende Zufälle.

Beliefs sind ein wichtiger Teil unserer Persönlichkeit, und doch werden sie in außergewöhnlich simplen Begriffen ausgedrückt: Wenn ich dies tue ..., wird das passieren. Ich kann dies ... Ich kann das ... nicht. Und diese Annahmen werden übersetzt in: Ich muß ... Ich sollte ... Ich darf nicht ... Diese Wörter zwingen uns. Woher bekommen diese Wörter solche Macht über uns? Die Sprache ist ein wesentlicher Teil des Prozesses, mit dem wir versuchen, die Welt zu verstehen und unsere Einstellungen auszudrücken. Im nächsten Kapitel schauen wir uns den *linguistischen* Teil des Neurolinguistischen Programmierens näher an.

Kapitel 5

Worte und Bedeutungen

„Aber ‚Glocke' heißt doch gar nicht ein ‚einmalig schlagender Beweis'", wandte Alice ein.
„Wenn ich ein Wort gebrauche", sagte Goggelmoggel in recht hochmütigem Ton, „dann heißt es genau, was ich für richtig halte – nicht mehr und nicht weniger."
„Es fragt sich nur", sagte Alice, „ob man Wörter einfach etwas anderes heißen lassen kann."
„Es fragt sich nur", sagte Goggelmoggel, „wer der Stärkere ist, weiter nichts."
Lewis Carroll, *Alice hinter den Spiegeln*
(zitiert nach Christian Enzensberger, vgl. S. 35)

Dies ist ein Kapitel über die Macht der Sprache. Es geht darum sicherzustellen, daß Sie sagen, was Sie meinen; darum, so klar wie möglich zu verstehen, was andere Leute meinen, und Menschen dazu zu befähigen zu verstehen, was sie meinen. Es geht darum, Sprache und Erfahrung wieder miteinander zu verbinden.

Worte sind billig, heißt es, sie kosten nichts, doch haben sie die Kraft, beim Zuhörer oder Leser Vorstellungsbilder, Klänge oder Gefühle wachzurufen, wie jeder Dichter und Werbetexter weiß. Sie können persönliche Beziehungen beginnen oder zerbrechen lassen, diplomatische Beziehungen lösen, Kämpfe oder Kriege provozieren.

Worte können uns in gute oder schlechte Zustände versetzen, sie sind Anker für eine komplexe Reihe von Erfahrungen. Daher kann die einzige Antwort auf die Frage: „Was bedeutet ein Wort *wirklich*?" nur lauten: „Für wen?" Die Sprache ist ein Werkzeug der Kommunikation, und in diesem Sinne haben Wörter genau die Bedeutung, die Menschen übereinstimmend festgelegt haben. Sprache ist eine vereinbarte, gemeinsame Weise, über Sinneserfahrung zu kommunizieren. Ohne sie gäbe es keine Grundlage für eine Gesellschaft, wie wir sie kennen.

Wir verlassen uns auf die Intuitionen aller Menschen, die dieselbe Sprache sprechen, und auf die Tatsache, daß unsere Sinneserfahrung ausreichend ähnlich ist, so daß unsere (inneren) Landkarten viele Charakteristika gemeinsam haben. Ohne diese wären alle Gespräche hoffnungslos, und wir alle wären „Goggelmoggel"-Kommunikatoren.

Aber ... wir haben nicht alle genau die gleiche Landkarte.

Jeder von uns erlebt die Welt auf eine einmalige Weise. Wörter sind für sich genommen bedeutungslos, was klar wird, wenn Sie Menschen zuhören, die eine Fremdsprache sprechen, die Sie nicht verstehen. Wir geben Wörtern Sinn, indem wir sie an Assoziationen von Objekten und Erfahrungen ankern, die uns während unseres Lebens begegnen. Wir sehen nicht alle dieselben Objekte oder haben dieselben Erfahrungen. Die Tatsache, daß andere Menschen unterschiedliche Karten und Sinngebungen haben, bringt Reichtum und Vielfalt ins Leben. Wir werden uns wahrscheinlich in der Bedeutung des Wortes „Obsttorte" einig sein, denn wir haben den gleichen Anblick, Geruch und Geschmack erlebt. Aber wir können bis spät in die Nacht über die Bedeutung solch abstrakter Wörter wie „Respekt", „Liebe" und „Politik" diskutieren. Die Möglichkeiten für Konfusion sind immens. Insbesondere diese Wörter sind wie die Rorschach-Tintenkleckse, die für verschiedene Leute unterschiedliche Dinge bedeuten. Dies gilt sogar, ohne solche Phänomene in Betracht zu ziehen wie Ablenkung, Aufmerksamkeitsabfall, fehlenden

Rapport, Klarheit der Präsentation oder beiderseitige Unfähigkeit, bestimmte Gedanken zu verstehen. Wie wissen wir, daß wir jemanden verstehen? Indem wir seinen Worten Bedeutung verleihen. Unsere Bedeutung. Nicht seine Bedeutung. Und es gibt keine Garantie, daß die beiden Bedeutungen gleich sind. Wie machen wir aus den Wörtern, die wir hören, Sinn? Wie wählen wir die Worte, um uns auszudrücken? Und wie strukturieren Wörter unsere Erfahrungen? Dies führt zum Herzstück, zum Zentrum des linguistischen Teils des NLP.

Zwei Menschen, die sagen, daß sie gern Musik hören, stellen vielleicht fest, daß sie sehr wenig gemeinsam haben, wenn sie entdecken, daß einer für Wagners Opern schwärmt, während der andere Hard Rock hört. Wenn ich einem Freund erzähle, daß ich den Tag mit Entspannen verbracht habe, stellt er sich vielleicht vor, wie ich im Sessel sitze und den ganzen Nachmittag fernsehe. Wenn ich in Wirklichkeit ein Squash-Spiel und einen langen Spaziergang im Park gemacht habe, könnte er denken, ich sei verrückt.

Wörter haben unterschiedliche Bedeutung; es kommt auf den Standpunkt und die Perspektive an.

Er fragt sich vielleicht auch, wie dasselbe Wort, *Entspannen*, benutzt werden kann, um zwei so unterschiedliche Dinge zu bezeichnen. Keine großen Fragen stehen in diesem Fall auf dem Spiel. Meistens sind unsere Sinngebungen ähnlich genug für ein entsprechendes Verständnis. Es gibt aber auch Momente, in denen es sehr wichtig ist, präzise zu kommunizieren, zum Beispiel in intimen Beziehungen oder bei geschäftlichen Vereinbarungen. Da wollen Sie sicher sein, daß der andere Ihre Sinngebung teilt; Sie werden so exakt wie möglich wissen wollen, was jemand in bezug auf ihre eigene Landkarte meint, und Sie werden wünschen, daß er sich über das, was er meint, im klaren ist.

Laut denken

Sprache ist ein machtvoller Filter für unsere individuelle Erfahrung. Sie ist Teil der Kultur, in die wir hineingeboren sind, und kann sich nicht verändern. Sie kanalisiert unsere Gedanken in bestimmte Richtungen und macht es dadurch leicht, auf bestimmte Weise zu denken, und schwer, auf andere Weise zu denken. Die Eskimos haben viele verschiedene Wörter für unser einziges deutsches Wort „Schnee". Ihr Leben könnte davon abhängen, eine bestimmte Art des Schnees richtig zu identifizieren. Sie müssen unterscheiden zwischen Schnee, der gegessen werden kann, Schnee, den man zum Bauen benutzen kann usw. Können Sie sich vorstellen, wie anders die Welt wäre, wenn Sie Dutzende verschiedene Sorten von Schnee unterscheiden könnten?

Die Hanuoo-Menschen in Neuguinea haben unterschiedliche Namen für zweiundneunzig Sorten Reis; das ist extrem wichtig in ihrer Wirtschaft. Ich bezweifle, ob sie überhaupt ein Wort für „Hamburger" haben, während wir wenigstens ein Dutzend haben. Wir haben ebenfalls über fünfzig unterschiedlich bezeichnete Automodelle. Unsere Sprache macht in einigen Bereichen feine Unterschiede und in anderen nicht, abhängig davon, was in der Kultur wichtig ist. Die Welt ist so reich und vielfältig, wie wir sie zu gestalten wünschen, und die Sprache, in die wir hineingeboren werden, spielt eine zentrale Rolle dabei, daß wir unsere Aufmerksamkeit auf einige bestimmte Bereiche lenken und nicht auf andere.

Wörter sind Anker für Sinneserfahrung, aber die Erfahrung ist nicht die Realität, das Wort ist nicht die Erfahrung. Sprache ist daher zwei Schritte von der Realität entfernt. Über die wahre Bedeutung eines Wortes zu streiten ist ähnlich, als wollte man darüber streiten, daß eine Speisekarte besser schmeckt als eine andere, weil man die Speisen bevorzugt, die darauf stehen. Leute, die eine andere Sprache lernen, berichten fast immer über eine radikale Veränderung in der Weise, wie sie über die Welt denken.

Wörtern Sinn geben – Das Meta-Modell

Gute Kommunikatoren nutzen die Stärken und Schwächen der Sprache aus. Die Fähigkeit, Sprache mit Präzision anzuwenden, ist essentiell für jeden professionellen Kommunikator. Fähig zu sein, genau die Wörter zu benutzen, die eine Bedeutung in der Landkarte des anderen haben, und präzise zu bestimmen, was jemand mit den Wörtern meint, die er oder sie benutzt, sind unschätzbare Kommunikationsfertigkeiten.

NLP hat eine sehr nützliche Karte davon, wie Sprache funktioniert; diese wird Sie vor „Goggelmoggel"-Kommunikatoren bewahren und sicherstellen, daß Sie nicht selbst einer werden. Diese Karte der Sprache ist in der NLP-Literatur als das *Meta-Modell* bekannt. *Meta* kommt aus dem Griechischen und bedeutet „über" und „darüber hinaus" oder „auf einer anderen Ebene". Das Meta-Modell benutzt Sprache, um Sprache zu klären, es bewahrt Sie davor zu glauben, daß Sie tatsächlich verstehen, was Wörter bedeuten; es verbindet Sprache wieder mit Erfahrung.

Das Meta-Modell war eines der ersten Muster, das von John Grinder und Richard Bandler entwickelt wurde. Sie bemerkten, daß zwei außergewöhnliche Therapeuten, nämlich Fritz Perls und Virginia Satir, dazu neigten, bestimmte Arten von Fragen zu stellen, wenn sie Informationen sammelten.

John und Richard machten sich auf, ihre Erkenntnisse über Sprache, Veränderung und Wahrnehmung zu entwickeln, und sie fanden, daß sie ein spezielles Vokabular entwickeln mußten, um sie zu beschreiben. Sie meinten, ein großer Fehler therapeutischen Trainings in der Mitte der siebziger Jahre sei es gewesen, daß jemand eine akademische Ausbildung bekommen konnte, beginnen konnte, Therapie zu machen, und dann sozusagen das Rad neu erfinden mußte, weil es kein Vokabular dafür gab, die Weisheit, den Erfahrungsschatz der letzten Generation an die neuen Therapeuten weiterzugeben.

All dies veränderte sich 1975 mit dem Erscheinen von *The Structure of Magic 1* (verlegt bei Science and Behavior Books; dt.: *Metasprache und Psychotherapie. Die Struktur der Magie I*, 6. Aufl., Paderborn 1990. Dieses Buch beschreibt das Meta-Modell im Detail und enthält viel von dem Material, das John und Richard aus dem Modellieren von Fritz Perls und Virginia Satir erworben hatten. Jetzt konnten Menschen von der Erfahrung begabter Psychotherapeuten profitieren, die viele Jahre damit verbracht hatten herauszufinden, was funktioniert und was nicht. Das Buch ist Virginia Satir gewidmet.

Alles sagen – Die Tiefenstruktur

Um das Meta-Modell zu verstehen – ein Instrument zu einem umfassenderen Verständnis dessen, was Menschen sagen –, müssen wir uns anschauen, wie Gedanken in Worte übersetzt werden. Sprache kann nie der Geschwindigkeit, Vielfalt und Sensibilität des Denkens gerecht werden. Sie kann nur eine Annäherung sein. Ein Sprecher hat eine vollständige und genaue Vorstellung von dem, was er sagen will; Linguisten nennen dies die Tiefenstruktur. Die Tiefenstruktur ist nicht bewußt. Sprache existiert auf einer sehr tiefen Ebene in unserer Neurologie. Wir verkürzen diese Tiefenstruktur, um klar und deutlich sprechen zu können, und was wir tatsächlich sagen, nennt man Oberflächenstruktur.

Alles sagen – Die Tiefenstruktur

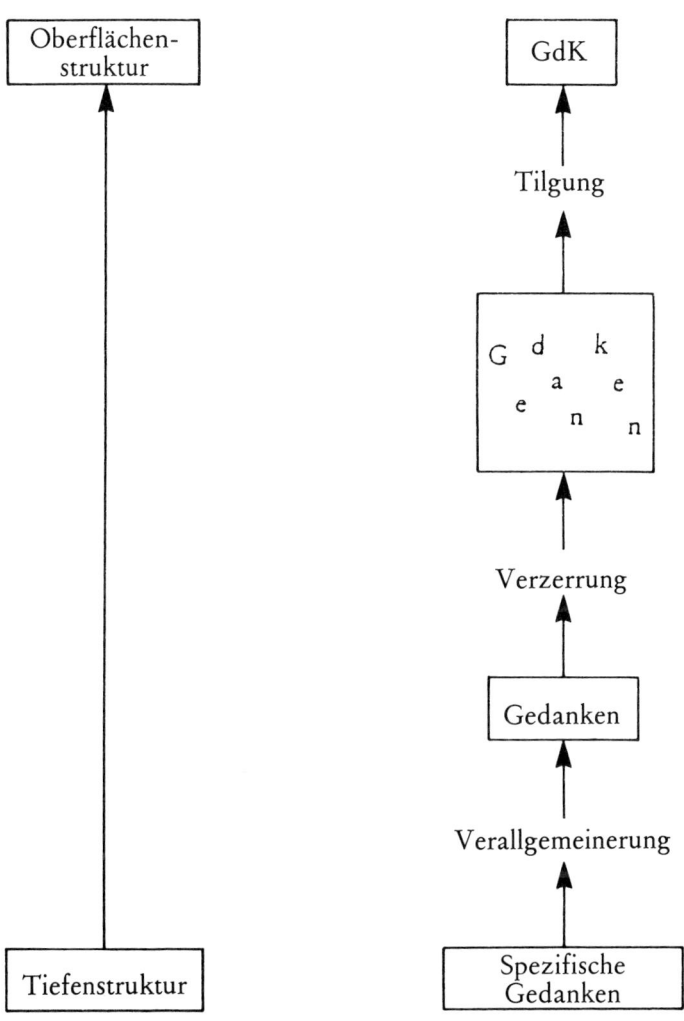

Um uns von der Tiefenstruktur zu lösen, verallgemeinern wir, verändern und lassen Teile unserer Gedanken aus, wenn wir mit anderen sprechen.

Wenn wir diese Tiefenstruktur nicht verkürzen würden, wären Unterhaltungen schrecklich langatmig und pedantisch. Jemand, der Sie nach dem Weg zum nächsten Krankenhaus fragt, wird Ihnen nicht dafür danken, daß Sie ihm eine Antwort inklusive Transformationsgrammatik geben. Um von der Tiefenstruktur zur Oberflächenstruktur zu kommen, machen wir unbewußt drei Dinge.

Erstens selegieren wir nur einen Teil der Information, die in der Tiefenstruktur verfügbar ist. Eine große Menge wird ausgelassen.

Zweitens geben wir eine vereinfachte Version wieder, die unvermeidlich die Bedeutung verzerrt.

Drittens verallgemeinern wir. Würden wir alle nur möglichen Ausnahmen und Bedingungen mitberücksichtigen, würden Unterhaltungen sehr weitschweifig und öde werden.

Das Meta-Modell besteht aus einer Reihe von Fragen, mit denen man versucht, die Tilgungen und Verzerrungen und Verallgemeinerungen der Sprache umzukehren und zu entwirren. Diese Fragen zielen darauf ab, die fehlenden Informationen zu erschließen, die Struktur neu zu formen und konkrete Informationen herauszuarbeiten, um der Kommunikation Sinn zu geben. Es lohnt sich, daran zu denken, daß keines der folgenden Muster als solches gut oder schlecht ist. Es hängt vom Kontext ab, in dem sie benutzt werden, und von den Konsequenzen ihrer Anwendung.

Unspezifische Substantive

Betrachten Sie den folgenden Satz:

Das siebenjährige Mädchen Laura fiel über ein Kissen im Wohnzimmer und stieß sich seine rechte Hand an einem Holzstuhl.

Und zum Vergleich:

Das Kind hatte einen schlimmen Unfall.

Beide Sätze bedeuten das gleiche, doch der erste enthält viel mehr konkrete Information. Wir können in einfachen Schritten vom ersten zum zweiten Satz gelangen, indem wir die konkreten, spezifischen Substantive auslassen oder generalisieren. Desweiteren stehen beide Sätze in perfektem Deutsch. Gute Grammatik ist keine Garantie für Klarheit. Viele Leute sind Meister darin, ausführlich in hervorragendem Deutsch zu reden, und lassen Sie hinterher nicht um ein Haar klüger zurück.

Das aktive Subjekt eines Satzes kann durch den Gebrauch des Passivs getilgt werden, indem man zum Beispiel sagt: „Das Haus wurde gebaut", anstatt: „X hat das Haus gebaut". Nur weil Sie in dem Satz die Erbauer ausgelassen haben, heißt das nicht, daß das Haus von alleine aus dem Boden gewachsen ist. Die Erbauer existieren weiterhin. Diese Art der Tilgung kann zu einer Weltsicht führen, in der man ein hilfloser Beobachter ist, und Ereignisse geschehen einfach, ohne daß jemand dafür verantwortlich ist.

Wenn Sie also den Satz „Das Haus wurde gebaut" hören, können Sie nach der fehlenden Information fragen: „Wer hat das Haus gebaut?"

Andere Beispiele, in denen die Substantive nicht spezifiziert sind:

„Sie sind losgezogen, um mich einzufangen." – „Wer ist losgezogen?"
„Das ist Ansichtssache." – „Was?"

„Die ganze Gegend ist ruiniert worden." – „Wer hat sie ruiniert?"
„Haustiere sind eine Plage." – „Was für Haustiere?"

Das nächste ‚Prachtstück' (Musterbeispiel) stammt von einem Zweijährigen, der gefragt wurde, was mit dem Riegel Schokolade passiert sei, der auf dem Tisch gelegen hatte.

„Wenn Leute Schokolade liegen lassen, essen Leute sie auf." – „Welche Leute?"

Unspezifische Substantive werden geklärt, indem man fragt: „Wer oder was genau ...?"

Unspezifische Verben

Alice war viel zu verwirrt, um darauf noch eine Antwort zu finden, und so sprach Goggelmoggel nach kurzem Stillschweigen weiter. „Sie sind ja recht widerspenstig, manchmal – besonders die Verben, die bilden sich am meisten ein – Adjektive lassen ja alles mit sich geschehen, aber die Verben haben ihre Zicken – bei *mir* allerdings muckst sich keins! Ununterscheidbarkeit! Das ist *meine* Meinung!"

Lewis Carroll, *Alice hinter den Spiegeln*
(zitiert nach Christian Enzensberger, vgl. S. 35)

Manchmal wird ein Verb nicht spezifiziert, nicht näher bestimmt, zum Beispiel:

„Er reiste nach Paris."
„Sie verletzte sich."
„Sie half mir."
„Ich versuche mich daran zu erinnern."
„Geh und lerne dies für die nächste Woche."

Es könnte wichtig sein zu wissen, *wie* diese Dinge getan wurden. Es geht uns um das Adverb. Also: Wie reiste er? Wie verletzte sie sich? Wie half sie dir? Wie versuchst du dich zu erinnern? (Was genau versuchst du überhaupt zu erinnern?) Wie soll ich dies lernen?

Unspezifische Verben werden geklärt, indem man fragt: „Wie genau ...?"

Vergleiche

Die nächsten zwei Beispiele fehlender Information sind ähnlich und oft zusammen zu finden: Bewertungen und Vergleiche. Werbeanzeigen sind eine hervorragende Quelle für diese beiden Muster.

Das neue, verfeinerte Fluffo-Waschpulver ist besser.

Hier wird ein Vergleich gezogen, aber dies wird nicht deutlich gemacht. Etwas kann nicht isoliert für sich genommen besser sein. Besser als was? Besser als es vorher war? Besser als seine Mitbewerber Buffo und Duffo? Besser als Sirup statt Waschpulver zu benutzen?

Jeder Satz, in dem Wörter wie „am besten", „besser", „schlechter" oder „am schlechtesten" benutzt werden, zieht einen Vergleich. Man kann nur vergleichen, wenn man etwas hat, womit man vergleicht. Wenn das fehlt, müssen Sie fragen, was es ist.

Ein weiteres Beispiel wäre:

Ich habe das Meeting schlecht geleitet.

Schlecht im Vergleich womit? Wie Sie es hätten leiten können? Wie Joe Bloggs es geleitet hätte? Wie Supermann es geleitet hätte?

Sehr oft ist die getilgte Hälfte des Vergleichs unrealistisch. Wenn Sie sich selbst mit Supermann oder Superfrau vergleichen, achten Sie darauf, wie schlecht Sie in dem Vergleich abschneiden, und dann tilgen Sie den Maßstab des Vergleiches. Das einzige, was Ihnen sonst bleibt, ist ein Gefühl von Unfähigkeit und nichts, was Sie dagegen tun können.

Vergleiche werden geklärt, indem man fragt: „Verglichen womit ...?"

Bewertungen

Bewertungen sind eng mit Vergleichen verknüpft. Wenn Fluffo „einfach das beste Waschpulver (ist), das man mit Geld kaufen kann", wäre es interessant zu wissen, wessen Meinung dies ist. Die des Betriebsdirektors von Fluffo? Die öffentliche Meinung laut Umfrage? Die von Joe Bloggs?

Bewertungen brauchen keine Vergleiche mit einzuschließen, obwohl es oft so ist. Wenn jemand sagt: „Ich bin ein egoistischer Mensch", könnten Sie fragen: „Wer sagt das?" Wenn die Antwort lautet: „Ich!", dann könnten Sie fragen: „Nach welchem Maßstab, gemessen an welchem Standard bewerten Sie sich als egoistisch?"

Also ist es nützlich zu wissen, wer eine Bewertung trifft. Sie könnte aus einer Kindheitserinnerung stammen. Desgleichen, was sind die Gründe für die Bewertung? Sind es gute Gründe? Sind es Ihre eigenen Gründe, oder wurden Sie Ihnen aufgezwungen? Ist ihr Datumsstempel abgelaufen, nun, da Sie ein erwachsener Mensch sind?

Bewertungen hängen sich oft an den Rockschoß von Adverbien. Betrachten Sie dies:

„Offensichtlich ist der Mann ein idealer Kandidat."
„Für wen ist dies offensichtlich?"

Sehr oft tilgen die Adverbien, die mit -lich oder -weise enden, die Person, die die Bewertung anstellt. *Offensichtlich*, wenn man diesen Satz in die Form „Es ist offensichtlich ..." übertragen kann, dann gibt es eine Tilgung. Es muß *für jemanden* offensichtlich sein. (Und für wen war dies offensichtlich?)

Bewertungen werden geklärt, indem man fragt: „Wer macht diese Bewertung, und auf welcher Basis wird sie getroffen?"

Nominalisierungen

Das nächste Muster tritt auf, wenn ein Verb, das einen fortlaufenden Prozeß beschreibt, in ein Substantiv verwandelt wurde. Dies nennen Linguisten Nominalisierung. Lesen Sie den folgenden Satz, und denken Sie darüber nach, was er bedeuten könnte:

Unterricht und *Disziplin*, mit *Respekt* und *Strenge* angewandt, sind *das Wesentliche* im *Prozeß* der *Erziehung*.

Ein grammatikalisch perfekter Satz, der in praktisch jedem zweiten Wort eine Nominalisierung (in *Schrägschrift*) enthält. Wenn ein Substantiv nicht gesehen, gehört, berührt, gerochen oder geschmeckt werden kann, kurz, wenn man es nicht auf eine Schubkarre laden kann, ist es eine Nominalisierung.

Es ist nichts falsch an Nominalisierungen – sie können sehr nützlich sein –, aber sie verdecken die größten Unterschiede zwischen den (individuellen) Karten der Welt.

Nehmen Sie zum Beispiel „Erziehung". Wer erzieht wen, und was ist das Wissen, was sind die Werte, die zwischen beiden ausgetauscht werden?

Oder „Respekt". Wer respektiert wen, und wie geschieht dies?

„Gedächtnis" ist ein interessantes Beispiel. Was bedeutet es zu sagen: Sie haben ein schlechtes Gedächtnis? Um das herauszufinden, könnten Sie fragen, bei welcher konkreten Information Sie Schwierigkeiten haben, sie zu behalten, und wie Sie es anstellen, sie zu erinnern. In jeder Nominalisierung findet man (bei genauerem Nachfragen) ein oder mehrere fehlende Substantive und ein unspezifiziertes Verb.

Ein Verb beinhaltet Handlung oder einen fortlaufenden Vorgang. Dies geht verloren, wenn es nominalisiert und in ein statisches Substantiv verwandelt wird. Jemand, der denkt, er habe ein schlechtes Gedächtnis, bleibt stecken, wenn er darüber in der gleichen Weise nachdenkt wie über einen kaputten Rücken. Er ist hilflos. Wie George Orwell sagte: „Wenn der Gedanke die Sprache korrumpiert, kann Sprache ebenso den Gedanken korrumpieren." Soweit zu gehen, daß man glaubt, die externe Welt würde durch die Art und Weise strukturiert, in der wir darüber sprechen, ist sogar noch schlimmer, als die Speisekarte zu essen – es ist, als würde man die rosa Tinte auf der Speisekarte essen. Wörter können derartig kombiniert und manipuliert werden, daß sie nichts mehr mit Sinneserfahrung zu tun haben. Ich kann sagen, Schweine können fliegen, aber das macht es nicht wahr. So zu denken heißt, an Zauberei zu glauben.

Nominalisierungen sind die Drachen des Meta-Modells. Sie verursachen keinen Schaden, solange man nicht denkt, daß sie tatsächlich existieren. Sie tilgen so viel Information, daß kaum etwas übrig bleibt. Beeinträchtigte gesundheitliche Zustände und Krankheiten sind interessante Beispiele für Nominalisierungen, und dies könnte erklären, warum Patienten sich oft hilflos fühlen und ihnen Wahlmöglichkeiten fehlen. Dadurch daß Prozesse in Dinge verkehrt werden, können Nominalisierungen zu den am meisten irreführenden Sprachmustern werden.

Eine Nominalisierung wird geklärt, indem man sie in ein Verb verwandelt und nach der fehlenden Information fragt: „Wer spricht hier mit einer Nominalisierung über was, und wie tut er oder sie dies?"

Modaloperatoren der Möglichkeit

Es gibt Verhaltensregeln, von denen wir glauben, sie nicht übertreten zu können oder zu dürfen. Wörter wie „kann nicht" oder „darf nicht" sind in der Linguistik als Modaloperatoren bekannt – sie setzen Grenzen, die von unausgesprochenen Regeln bestimmt werden.

Es gibt zwei Haupttypen von Modaloperatoren: Modaloperatoren der Notwendigkeit und Modaloperatoren der Möglichkeit.

Modaloperatoren der Möglichkeit sind die stärkeren von beiden. Dies sind „können" und „nicht können", „möglich" und „unmöglich". Sie definieren (in der Karte des Sprechers), was für möglich gehalten wird. Offensichtlich (ich hoffe, Sie erkennen hier eine Bewertung – *offensichtlich für wen?*) gibt es Naturgesetze. Schweine können nicht fliegen, Menschen können nicht ohne Sauerstoff leben. Dagegen sind jedoch Grenzen, die durch die Glaubenssätze einer Person gesetzt werden, etwas anderes: „Ich konnte einfach nicht ablehnen" oder „Ich bin so, wie ich bin. Ich kann mich nicht verändern" oder „Es ist unmöglich, ihnen die Wahrheit zu sagen."

Es gibt kein Problem, wenn eine Person denkt, daß sie (bestimmte) Fähigkeiten *hat* (wenn es nicht offensichtlich unwahr ist oder gegen die Naturgesetze verstößt); es ist das „Ich kann nicht", das beschränkt. „Ich kann nicht" wird oft für einen absoluten Zustand von Inkompetenz gehalten, keiner Veränderung zugänglich.

Fritz Perls, der Begründer der Gestalttherapie, pflegte Klienten, die sagten: „Ich kann nicht ...", zu antworten: „Sagen Sie nicht ‚Ich kann nicht', sagen Sie ‚Ich will nicht'!" Diese reichlich kühne Umdeutung [auch *reframing*, Anm. d. Ü.] verschiebt sofort den *stuck state* (den „festgefahrenen" Zustand) des Klienten in einen Zustand, in dem er fähig ist, zumindest die Möglichkeit einer Veränderung anzuerkennen.

Eine klarere Herausforderung (und zwar eine, die weniger wahrscheinlich den Rapport bricht) wäre: „Was würde passieren, wenn Sie es täten?" oder „Was hält Sie davon ab?" oder „Wie halten Sie sich selbst davon ab?" Wenn jemand sagt, er könne etwas nicht tun, muß er sich ein Ziel setzen und es dann außer Reichweite stellen. Die Frage „Was hält Sie davon ab?" legt die Betonung wieder auf das Ziel und macht sich daran, die Barrieren zu identifizieren, als einen ersten Schritt, sie zu überwinden.

Lehrer und Therapeuten arbeiten damit, diese Arten von Einschränkungen zu verändern, und der erste Schritt ist, die Modaloperatoren kritisch zu hinterfragen. Lehrer stoßen täglich darauf, wenn die Schüler sagen, daß sie etwas nicht verstehen können, oder Fragen immer falsch beantworten. Therapeuten helfen Klienten, ihre Einschränkungen zu durchbrechen.

Wenn jemand sagt: „Ich kann mich nicht entspannen", muß er eine Vorstellung davon haben, wie Entspannung ist, – oder woher weiß er, daß er es nicht kann? Nehmen Sie ein positives Ziel (was Sie tun könnten), und finden Sie heraus, was es davon abhält, verwirklicht zu werden (was Sie zurückhält), oder untersuchen Sie sorgfältig die Konsequenzen (was passieren würde, wenn Sie es täten). Es sind diese Konsequenzen und Barrieren, die getilgt wurden. Und bei kritischer Überprüfung entpuppen sie sich vielleicht als weniger schrecklich, als Sie denken.

Modaloperatoren der Möglichkeit – „Ich kann nicht" – werden geklärt, indem man fragt: „Was würde passieren, wenn Sie es täten ...?" oder „Was hält Sie davon ab ...?"

Modaloperatoren der Notwendigkeit

Modaloperatoren der Notwendigkeit beziehen sich auf ein Bedürfnis und sind erkennbar an der Benutzung von Wörtern wie „sollte" und „sollte nicht", „muß" und „darf nicht". Es wirkt hier eine gewisse Verhaltensregel, aber die Regel ist nicht explizit. Was sind die Konsequenzen, real oder in der Vorstellung, wenn man diese Regel bricht? Diese werden offengelegt, indem man fragt: „Was würde passieren, wenn Sie dies täten bzw. nicht täten?"

„Ich muß immer andere Leute an die erste Stelle setzen."
„Was würde passieren, wenn Sie es nicht täten?"

„Ich darf nicht in der Klasse sprechen."
„Was würde passieren, wenn du es tätest?"

„Ich sollte diese Meta-Modell-Kategorien lernen."
„Was würde passieren, wenn Sie es nicht täten?"

„Du solltest nicht mit diesen Leuten reden."
„Was würde passieren, wenn ich es doch täte?"

„Man sollte seine Hände vor dem Essen waschen."
„Was würde passieren, wenn du es nicht tätest?"

Sobald diese Konsequenzen und Gründe erst einmal explizit gemacht, ausgesprochen sind, können sie überdacht und kritisch bewertet werden; andernfalls schränken sie einfach nur die Wahlmöglichkeiten und das Verhalten ein.

Verfahrensregeln sind offensichtlich wichtig, und die Gesellschaft überlebt auf einem Moralkodex, aber es ist ein himmelweiter Unterschied zwischen „Man sollte in seinen Geschäftsverhandlungen ehrlich sein" und „Man sollte öfter ins Kino gehen". „Sollte" und „sollte nicht" ziehen oft moralische Wertungen nach sich, die ihnen nicht angemessen sind.

Entdeckungen werden nur gemacht, indem man fragt: „Was würde passieren, wenn ...?" ... ich immer weiter nach Westen segeln würde? ... ich mit Lichtgeschwindigkeit reisen könnte? ... ich Penizillin erlauben würde zu wachsen? ... die Erde sich um die

Sonne drehen würde? Diese Frage ist die Grundlage der wissenschaftlichen Methode.

Erziehung kann leicht zu einem entsetzlichen Minenfeld von Modaloperatoren, Vergleichen und Bewertungen werden. Das ganze Konzept von Standards, Tests und Maßstäben, wozu Kinder fähig sein sollten oder nicht, ist so vage, daß es nutzlos wird, oder schlimmer noch, so beschränkend, daß es unterdrückt.

Wenn ich einem Kind sage: „Du solltest fähig sein, dies zu tun", mache ich damit nur eine Aussage über meine eigene Einstellung *(belief)*. Ich kann nicht vernünftig die vernünftige Frage beantworten: „Was würde passieren, wenn ich es nicht könnte?"

Soweit es um Fähigkeiten geht, ist es viel einfacher, zu denken im Sinne von was eine Person kann oder nicht kann, als in dem Sinne, was sie können sollte oder nicht sollte.

Benutzt man „solltest" auf der Ebene der Fähigkeiten, kommt es für gewöhnlich als Tadel an: Du solltest fähig sein, etwas zu tun, aber du kannst es nicht, – so zieht dies ein ziemlich unnötiges Gefühl von Versagen nach sich. „Sollte" in dieser Art entweder in bezug auf sich selbst oder auf andere anzuwenden, ist ein hervorragender Weg, sofortige Schuldgefühle heraufzubeschwören (weil eine Regel gebrochen worden ist), indem eine künstliche Spaltung zwischen Erwartung und Realität geschaffen wird. Ist die Erwartung realistisch? Ist die Regel nützlich oder angemessen? „Sollte" ist oft eine verärgerte, tadelnde Antwort von jemandem, der weder seinen Ärger noch seine Erwartungen direkt zugibt noch Verantwortung dafür übernimmt.

Modaloperatoren der Notwendigkeit – „Ich darf nicht/Ich muß" – werden geklärt, indem man fragt: „Was würde passieren, wenn du es tätest/nicht tätest …?"

Universelle Quantifizierungen

Eine Generalisierung (Verallgemeinerung) ist es, wenn ein einzelnes Beispiel für einen Repräsentanten einer Vielzahl von unterschiedlichen Möglichkeiten gehalten wird. Wenn wir nicht generalisieren würden, müßten wir Dinge immer und immer wieder tun, und an alle möglichen Ausnahmen und Voraussetzungen zu denken wäre viel zu zeitaufwendig. Wir ordnen unser Wissen in allgemeine Kategorien ein, aber wir erwerben Wissen zunächst, indem wir Unterschiede vergleichen und bewerten, und es ist wichtig, auch weiterhin Unterschiede auszusortieren, damit Generalisierungen, wenn nötig, verändert werden können. Es gibt Zeiten, da wir spezifisch, genau sein müssen und ein Denken in Generalisierungen verschwommen und ungenau ist. Jeder Fall muß für sich selbst betrachtet werden. Es besteht die Gefahr, die Bäume vor lauter Wald nicht mehr zu sehen, wenn eine mannigfaltige Einheit, ein Komplex von Erfahrungen unter einer Überschrift in einen Topf geworfen wird.

Wenn Sie bereit sind, Ausnahmen zuzulassen, können Sie realistischer sein. Entscheidungen müssen nicht alles oder nichts beinhalten. Jemand, der denkt, er habe immer recht, ist eine größere Bedrohung als einer, der glaubt, er sei immer im Unrecht. Schlimmstenfalls kann dies Vorurteile, Engstirnigkeit und Diskriminierung bedeuten. Generalisierungen sind linguistischer „Fluff" (heiße Luft, viel Wind um nichts), der die Arbeit klarer Kommunikation behindert.

Generalisierungen werden gemacht, indem man ein paar Momente als repräsentativ für eine ganze Gruppe ansieht; daher enthalten sie oft verallgemeinerte Substantive und unspezifische Verben. Viele dieser Meta-Modell-Kategorien überlappen einander. Je vager die Aussage, desto wahrscheinlicher verletzt sie mehrere verschiedene Kategorien.

Generalisierungen werden normalerweise durch Wörter wie „alle", „jedes", „immer", „niemals" und „keins"/„nichts" ausgedrückt. Diese Wörter lassen keine Ausnahmen zu und werden Universalquantoren genannt. In einigen Fällen fehlen sie, sind aber impliziert, zum Beispiel: „Ich denke, Computer sind Zeitverschwendung", oder „Popmusik ist Schund".

Einige andere Beispiele wären:

„Indisches Essen schmeckt fürchterlich."
„Alle Generalisierungen sind falsch."
„Häuser sind zu teuer."
„Schauspieler sind interessante Leute."

Universelle Quantifizierungen sind paradoxerweise beschränkend. Eine Aussage auszudehnen, um alle Möglichkeiten abzudecken oder alle Möglichkeiten zu verneinen, erschwert es, eine Ausnahme zu erkennen. Ein Wahrnehmungsfilter oder eine sich selbst erfüllende Prophezeiung wird geschaffen – Sie werden sehen und hören, was Sie zu sehen und zu hören erwarten.

Universelle Quantifizierungen sind nicht immer falsch. Sie können sachbezogen, sachlich sein: Die Nacht folgt immer dem Tag, und Äpfel fallen nie nach oben. Es ist ein großer Unterschied zwischen dieser Art von Aussage und einer wie dieser: „Ich mache nie etwas richtig." Damit jemand dies glaubt, muß er nur die Zeitpunkte wahrnehmen, zu denen er etwas falsch gemacht hat, und alle Gelegenheiten vergessen oder abwerten, da er etwas richtig gemacht hat. Niemand kann konsequent alles falsch machen. Solche Perfektion existiert nicht. Er hat seine Welt eingeschränkt durch die Art und Weise, wie er darüber spricht.

Erfolgreiche und zuversichtliche Menschen neigen dazu, auf umgekehrte Weise zu generalisieren. Sie glauben, daß sie immer alles richtig machen, außer in Einzelfällen. Mit anderen Worten, sie glauben, daß sie die Fähigkeiten haben.

Um zum Beispiel den Universalquantor in dem Satz „Ich mache *nie* etwas richtig" in Frage zu stellen, suchen Sie die Ausnahme: „Du machst *nie* irgend etwas richtig? Kannst du dich nicht an ein einziges Mal erinnern, daß du etwas richtig gemacht hast?"

Richard Bandler erzählt die Geschichte einer Klientin, die mit mangelndem Selbstvertrauen (eine Nominalisierung!) zu ihm in Therapie kam. Er begann mit der Frage: „Gab es jemals eine Zeit, zu der Sie Selbstsicherheit hatten?"

„Nein."

„Sie wollen mir erzählen, daß Sie sich niemals in Ihrem ganzen Leben selbst vertraut haben?"

„Richtig."

„Nicht bei einer einzigen Gelegenheit?"

„Nein."

„Sind Sie *sicher*?"

„Ja, absolut!"

Die zweite Methode, wie man diese Art der Generalisierung in Frage stellen kann, ist, indem man übertreibt und ihre Absurdität herausstellt. Also könnten Sie als Antwort auf den Satz „Ich werde nie in der Lage sein, NLP zu verstehen", sagen: „Da haben Sie recht. Es ist offensichtlich zu schwer für Sie zu verstehen. Warum geben Sie nicht jetzt sofort auf? Es ist hoffnungslos; Ihr Leben ist nicht mehr lang genug, um das zu meistern."

Dies bringt meistens eine Antwort in der Weise: „In Ordnung, ist ja gut, so dumm bin ich nun auch wieder nicht."

Wenn Sie die Generalisierung nicht herausfordern, indem Sie stark genug übertreiben, wird derjenige, der sie gemacht hat, oft dabei bleiben, die entgegengesetzte Sicht zu verteidigen. Zeigen Sie ihm als Feedback die Absurdität seiner Auffassung. Er wird gemäßigter werden, wenn Sie seine extreme Position stärker vertreten als er selbst.

Universelle Quantifizierungen werden in Frage gestellt, indem man nach einem Gegenbeispiel fragt: „Gab es jemals eine Gelegenheit, als ...?"

Komplexe Äquivalenz

Eine *komplexe Äquivalenz* (Gleichwertigkeit, Gleichsetzung unterschiedlicher Sachverhalte) liegt vor, wenn zwei verschiedene Aussagen in einer solchen Weise miteinander verbunden werden, daß man sie für gleichbedeutend hält, zum Beispiel: „Du lächelst nicht, ... dir macht das wohl keinen Spaß."

Ein anderes Beispiel wäre: „Da du mich nicht anschaust, wenn ich mit dir rede, hörst du mir nicht zu." Diese Anklage wird oft an andere gerichtet, hauptsächlich von visuellen Denkern, die den Sprecher anschauen müssen, um zu verstehen, was er sagt. Jemand, der mehr kinästhetisch denkt, will nach unten schauen, um das zu verarbeiten, was er hört. Tut er dies gegenüber einem visuellen Partner, dann hört er (in dessen Augen) nicht zu, denn „wenn er nach unten guckt, kann er ja gar nicht zuhören". Der visuelle Mensch generalisiert seine eigene Erfahrung, überträgt sie auf alle anderen und hat vergessen, daß Menschen auf unterschiedliche Weise denken.

Komplexe Äquivalenzen können geklärt werden, indem man fragt: „Wieso bedeutet dies gleichzeitig das andere?"

Vorannahmen

Wir alle haben Glaubenssätze, Einstellungen und Erwartungen aus unserer persönlichen Erfahrung; es ist unmöglich, ohne sie zu leben. Da wir nun schon *ein paar* Annahmen machen müssen, könnten das doch solche sein, die uns Freiheit, Wahlmöglichkeiten und Spaß in der Welt verschaffen, statt uns einzuschränken. Man bekommt meist das, was man erwartet.

Grundannahmen, die Wahlmöglichkeiten einschränken, können hinterfragt werden. Sie sind oft als Warum-Fragen getarnt. „Warum kannst du dich nicht richtig um mich kümmern?" unterstellt, daß man sich nicht richtig um jemand kümmert. Wenn man versucht, diese Frage direkt zu beantworten, ist man von Anfang an in der Falle.

„Willst du deinen grünen oder deinen roten Schlafanzug anziehen, um ins Bett zu gehen?" ist ein Beispiel für den Trick, eine Auswahl in einem unwichtigen Bereich anzubieten, wenn die wichtigere Vorannahme akzeptiert wird, in diesem Fall: ins Bett zu gehen. Man kann das klären, indem man fragt: „Was bringt dich dazu zu glauben, ich ginge ins Bett?"

Sätze, die Wörter enthalten wie „weil", „wenn" und „falls", enthalten für gewöhnlich eine Vorannahme, ebenso alles, was nach Verben steht wie „erkennen, sich klar machen", „sich bewußt sein" oder „ignorieren", zum Beispiel: „Mach dir klar, warum wir so viel Wert auf das Individuelle legen."

Andere Beispiele für Vorannahmen sind:

„Wenn du klug wirst, wirst du das verstehen." *(Du bist nicht klug.)*
„Du wirst mir doch nicht noch mehr vorlügen?" *(Du hast mich bereits angelogen.)*
„Warum lächelst du nicht öfter?" *(Du lächelst nicht oft genug.)*
„Du bist so dumm wie dein Vater." *(Dein Vater ist dumm.)*
„Ich werde mich bei dieser Arbeit sehr anstrengen." *(Diese Arbeit ist schwer.)*
„Mein Hund hat einen bayrischen Dialekt." *(Mein Hund kann sprechen.)*

Eine Vorannahme enthält andere Verletzungen des Meta-Modells, die aussortiert werden müssen. („Du meinst also, ich lächle nicht oft genug? Wieviel ist denn genug? Unter welchen Umständen erwartest du, daß ich lächle?")

Vorannahmen können geklärt werden, indem man fragt: „Was führt dich dazu anzunehmen, daß ...?" und dabei die Vorannahme einfügt.

Ursache und Wirkung

„Du machst mir einfach das Leben schwer, tut mir leid." Die englische Sprache [die deutsche wohl auch, Anm. d. Übers.] verleitet dazu, in Ursache-Wirkungs-Beziehungen zu denken. Aktive Subjekte tun hier normalerweise etwas mit passiven Objekten, aber dies ist eine grobe Verallgemeinerung. Es besteht die Gefahr, Menschen als Billardkugeln anzusehen, die den Gesetzen von Ursache und Wirkung folgen. „Die Sonne läßt die Blumen blühen" ist eine kurzgefaßte Art, eine äußerst komplexe Beziehung auszudrücken. In Ursache-Wirkungs-Zusammenhängen zu denken erklärt nichts, sondern lädt einfach nur zu der Frage ein: „Wie?"

Dennoch ist es ein himmelweiter Unterschied, ob Sie sagen: „Der Wind wiegt den Baum" oder: „Du machst mich wütend." Wenn Sie glauben, daß jemand anders für Ihren emotionalen Zustand verantwortlich sei, geben Sie demjenigen eine Art psychische Macht über Sie, die er gar nicht besitzt.

Beispiele dieser Art von Verzerrung wären:

„Du langweilst mich." *(Du bewirkst, daß ich mich langweile.)*
„Ich bin froh, weil du gegangen bist." *(Daß du gegangen bist, macht mich froh.)*
„Das Wetter macht mich fertig." *(Das Wetter bewirkt, daß ich mich schlecht fühle.)*

Niemand hat direkte Kontrolle über den emotionalen Zustand eines anderen. Wenn Sie denken, daß Sie andere Leute dazu zwingen können, andere Geisteszustände zu erleben, oder daß andere Leute Sie in verschiedene Launen bringen können, schränken Sie sich damit sehr ein und machen sich eine Menge Streß. Für die Gefühle anderer verantwortlich zu sein ist eine schwere Last. Sie müssen übertrieben und unnötig aufpassen, was Sie sagen und tun. Mit Ursache-Wirkungs-Mustern werden Sie entweder das Opfer oder das Kindermädchen für andere.

Das Wort „aber" impliziert sehr häufig Ursache und Wirkung, indem ein Grund eingeführt wird, warum eine Person sich gezwungen fühlt, etwas nicht zu tun:

„Ich würde dir ja helfen, aber ich bin zu müde."
„Ich würde gerne Urlaub machen, aber die Firma bräche zusammen ohne mich."

Die beste Antwort auf Ursache-Wirkungs-Einstellungen ist zu fragen, wie genau die eine Sache die andere verursacht. Eine Beschreibung, wie dies passiert, eröffnet neue Möglichkeiten zu reagieren.

Ursache und Wirkung können geklärt werden, indem man fragt: „Wie genau verursacht das eine das andere?" oder „Was müßte passieren, damit dies nicht durch das andere verursacht wird?"

Gedankenlesen

Jemand liest Gedanken, wenn er ohne direkten Anhaltspunkt mutmaßt oder annimmt zu wissen, was jemand anders denkt oder fühlt. Wir tun das oft. Manchmal ist es eine intuitive Reaktion auf nonverbale Hinweise, die wir auf einer unbewußten Ebene wahrgenommen haben. Oft ist es reine Halluzination oder Projektion dessen, was wir selbst in dieser Situation denken oder fühlen würden: wir projizieren unsere eigenen unbewußten Gedanken und Gefühle auf andere und erleben sie so, als kämen sie von den anderen. Es ist immer der Geizhals, der die Leute als geizig erlebt. Leute, die Gedanken lesen, meinen zumeist, daß sie richtig lägen, aber dies garantiert nicht, daß sie es auch tun. Warum mutmaßen, wenn man fragen kann?

Es gibt zwei Hauptarten von Gedankenlesen. Im ersten Fall maßt sich eine Person an zu wissen, was jemand anders denkt. Beispiele:

„George ist unglücklich."

„Ich wußte, daß sie das Geschenk, das ich ihr gab, nicht mögen würde."
„Ich weiß, was ihn zum Ausklinken bringt."
„Er war sauer, aber er wollte es nicht zugeben."

Man muß gute, sinnlich wahrnehmbare Anhaltspunkte haben, wenn man anderen Gedanken, Gefühle und Meinungen zuschreibt. Sie sagen vielleicht: „George ist deprimiert", aber es mag nützlicher sein zu sagen: „George schaut nach rechts unten, seine Gesichtsmuskeln sind schlaff, und sein Atem geht flach. Seine Mundwinkel sind heruntergezogen, und seine Schultern sind nach vorn gefallen."

Die zweite Art des Gedankenlesens ist ein Spiegel der ersten und gibt anderen Leuten die Macht, die eigenen Gedanken zu lesen. Dies kann dann genutzt werden, um ihnen dafür die Schuld zuzuschieben, daß sie nichts verstanden haben, wenn man selbst glaubt, sie hätten es doch wissen müssen. Zum Beispiel:

„Wenn du mich wirklich mögen würdest, wüßtest du, was ich wollte."
„Kannst du nicht sehen, wie es mir geht?"
„Ich bin völlig außer Fassung, weil du meine Gefühle überhaupt nicht beachtet hast."
„Du solltest wissen, daß ich das mag."

Ein Mensch, der dieses Muster anwendet, kommuniziert nicht klar mit anderen darüber, was er will; es wird bei den anderen vorausgesetzt, daß sie es sowieso wissen. Dies kann zu erstklassigen Streitereien führen.

Eine Möglichkeit, das Gedankenlesen in Frage zu stellen, ist zu fragen, woher genau der andere weiß, was Sie selbst denken, oder, beim projizierten Gedankenlesen, woher genau Sie hätten wissen sollen, wie sich der andere fühlt.

Wenn Sie versuchen, Gedankenlesen zu hinterfragen, indem Sie fragen: „Woher weißt du das?", ist die Antwort normalerweise ein Glaubenssatz oder eine Verallgemeinerung. Zum Beispiel:

„George mag mich nicht mehr."
"Woher weißt du, daß George dich nicht mehr mag?"
„Weil er nie das tut, was ich sage."

Hier wird im Weltbild des Sprechers „tun, was ich sage" gleichgesetzt mit „mich mögen". Dies ist, gelinde gesagt, eine fragliche Annahme. Es ist ein komplexes Äquivalent und lädt ein zu fragen: „Wieso genau bedeutet denn jemanden mögen, das zu tun, was der andere sagt? Wenn du jemand magst, tust du immer, was er sagt?"

Gedankenlesen wird in Frage gestellt, indem man fragt:
„Woher genau weißt du ...?"

Das Meta-Modell verbindet Sprache wieder mit Erfahrungen und kann für folgende Zwecke angewandt werden:
1. Informationen sammeln
2. Bedeutungen klären
3. Einschränkungen identifizieren
4. Wahlmöglichkeiten eröffnen

Das Meta-Modell ist ein äußerst wirkungsvolles Instrument in der Geschäftswelt, in Therapie und Pädagogik. Die Grundannahme, die sich dahinter verbirgt, ist, daß Menschen unterschiedliche Weltbilder entwickeln und man nicht voraussetzen kann, daß man weiß, was ihre Worte bedeuten.

Erstens versetzt es Sie in die Lage, qualitativ hochwertige Information zu bekommen, wenn es wichtig ist, genau zu verstehen, was Leute meinen. Wenn ein Klient zum Therapeuten kommt und über Depressionen klagt, muß der Therapeut herausfinden, was dies *im Weltmodell des Klienten* bedeutet, statt (fälschlicherweise) vorauszusetzen, daß er genau weiß, was der Klient meint.

In der Geschäftswelt kann Geld zum Fenster 'rausgeschmissen werden, wenn ein Manager Anweisungen mißversteht. Wie oft hört man die traurige Klage: „Aber ich dachte, Sie meinten ..."

Wenn ein Schüler sagt, er mache immer alle Geometrieaufgaben falsch, können sie herausfinden, ob es jemals eine gab, die er richtig gemacht hat, und auch wie genau er es hinbekommt, Geometrieaufgaben so konsequent falsch zu machen.

Im Meta-Modell gibt es keine Warum-Fragen. Warum-Fragen haben wenig Wert, bestenfalls bekommt man darauf Rechtfertigungen oder lange Erklärungen, die die Situation in keiner Weise verändern.

Zweitens klärt das Meta-Modell Bedeutungen. Es bietet einen systematischen Rahmen für die Fragestellung: „Was genau meinen Sie?"

Drittens bietet das Meta-Modell Wahlmöglichkeiten. Alle Glaubenssätze, Universalia, Nominalisierungen und Regeln setzen Grenzen. Und die Grenzen existieren in den Wörtern, nicht in der Welt. Hinterfragen und die Folgen oder Ausnahmen herausfinden kann weite Bereiche des Lebens erschließen. Einschränkende Einstellungen werden identifiziert und verändert.

Welchen Verstoß gegen das Meta-Modell Sie hinterfragen, hängt vom Kontext der Kommunikation und von Ihrem Ziel ab. Betrachten Sie den folgenden Satz:

„Warum hören diese fürchterlichen Leute nicht endlich auf zu versuchen, mir zu helfen, das macht mich nur noch wütender. Ich weiß, ich sollte meine Launen im Griff haben, aber es geht nicht."

Dieser Satz enthält Gedankenlesen und Vorannahmen (sie versuchen, mich wütend zu machen), Ursache und Wirkung (macht), einen Universalquantor (immer), eine Bewertung (fürchterlichen), einen Vergleich (wütender), Modaloperatoren der Möglichkeit und der Notwendigkeit (sollte, geht nicht), unspezifische Verben (versuchen und helfen), eine Nominalisierung (Launen) und unspezifische Substantive (Leute, das, es). In diesem Beispiel heizen das Gedankenlesen, die Vorannahmen und die Kausalität alle anderen an. Der erste Schritt in Richtung Veränderung wäre, sie auszusortieren. Die Nominalisierung, unspezifische Verben und Substantive sind am wenigsten wichtig. Der Rest, die Generalisierungen, Universalquantoren, Bewertungen, Vergleiche und Modaloperatoren liegen irgendwo in der Mitte. Eine allgemeinere Strategie wäre, die Schlüsselsubstantive zu bestimmen, dann die Schlüsselverben, dann die Verzerrungen auszusortieren und Prioritäten zu verändern *(priority override)*, wenn irgendwelche Modaloperatoren auftauchen.

Das Meta-Modell ist eine wirkungsvolle Methode, Informationen zu sammeln, Bedeutungen zu klären und Einschränkungen im Denken eines Menschen zu identifizieren. Es ist besonders nützlich, um den erwünschten Zustand von jemand herauszufinden, der unzufrieden ist. Was würde er lieber haben? Wo würde er lieber sein? Wie würde er sich lieber fühlen?

Es besteht aber auch eine echte Gefahr, zu viele Informationen zu bekommen, wenn Sie das Meta-Modell anwenden. Sie müssen sich fragen: „Muß ich das wirklich wissen? Was ist mein Ziel?" Es ist wichtig, die Meta-Modell-Fragen nur innerhalb eines Kontextes von Rapport und gemeinsam bestimmtem Ziel anzuwenden. Wiederholte Fragen können als Angriff erlebt werden, und die Fragen brauchen nicht so direkt zu sein. Statt zu fragen: „Woher genau wissen Sie das?", könnten Sie sagen: „Ich bin neugierig, ich frage mich, woher genau Sie das wußten", oder: „Ich weiß nicht genau, woran Sie das erkennen." Eine Unterhaltung braucht kein Kreuzverhör zu sein. Sie können höflich sein und mit weicher Stimme sprechen, um die Fragen weicher zu machen.

Meta-Modell-Muster	Fragen
Tilgungen	
Unspezifisches Substantiv	„Wer oder was genau ... ?"
Unspezifisches Verb	„Wie genau passiert das?"
Vergleich	„Verglichen womit?"
Bewertung	„Wer sagt ... ?"
Nominalisierung	„Wie wird das getan?"

Generalisierungen
Modaloperator der Möglichkeit
Modaloperator der Notwendigkeit
Universelle Quantifizierung

„Was hält Sie davon ab ... ?"
„Was würde passieren, wenn Sie/wenn Sie nicht ...?"
„Immer? Nie? Jeder?"

Verzerrungen
Komplexe Äquivalenz

„Inwiefern bedeutet dies (eine) das (andere)?"

Vorannahme

„Was veranlaßt Sie dazu zu glauben, daß ... ?"

Ursache und Wirkung

„Wie genau bewirkt dies (eine) das (andere)?"

Gedankenlesen ...

„Woher wissen Sie ...?"

Robert Dilts erzählt davon, wie er in den frühen siebziger Jahren in einem Linguistik-Kurs an der Universität von Santa Cruz war, wo John Grinder das Meta-Modell in einer zweistündigen Sitzung lehrte. Es war an einem Donnerstag, als er den Kurs losschickte, das Meta-Modell zu üben. Am nächsten Donnerstag sah die Hälfte des Kurses äußerst deprimiert aus. Sie hatten ihre Liebhaber, ihre Lehrer und Freunde befremdet, sie mit dem Meta-Modell zerstückelt. Rapport ist der erste Schritt in jedem NLP-Muster. Ohne Einfühlungsvermögen und Rapport angewendet, wird das Meta-Modell zu einer Meta-Verstümmelung, einem Meta-Wirrwar und einer Meta-Misere.

Man kann oft eine Frage elegant und präzise stellen. Zum Beispiel sagt vielleicht jemand (nach oben *schauend*): „Ich komme an meinem Arbeitsplatz nicht klar." Sie könnten entgegnen: „Ich frage mich, wie Sie Ihren Arbeitsplatz *sehen* würden, wenn er in Ordnung wäre."

Eine sehr hilfreiche Weise, das Meta-Modell anzuwenden, ist, sich eine oder zwei Kategorien auszusuchen und eine Woche lang einfach auf Beispiele in alltäglichen Unterhaltungen zu achten. In der nächsten Woche suchen Sie sich zwei andere Kategorien aus. Wenn Sie vertrauter und geübter darin werden, die Muster zu erkennen, können Sie im stillen eine Frage konstruieren. Schließlich, wenn Sie ein genaues Bild von den Mustern und den

Das Meta-Modell

Fragen haben, können Sie beginnen, sie in geeigneten Situationen anzuwenden.

Das Meta-Modell bezieht sich ebenfalls auf die logischen Ebenen. Denken Sie über die folgende Aussage nach:

„*Ich kann das hier nicht tun.*"

„*Ich*" ist die Identität der Person.

„*kann nicht*" bezieht sich auf ihren Glauben.

„*tun*" drückt ihre Fähigkeit aus.

„*das*" zeigt ein Verhalten an.

„*hier*" ist die Umgebung.

Sie könnten diese Aussage auf einer Reihe von Ebenen hinterfragen. Eine Möglichkeit zu beginnen wäre, darüber nachzudenken, auf welcher logischen Ebene Sie arbeiten wollen. Vielleicht gibt Ihnen der Betreffende auch durch die Betonung eines der Wörter einen Hinweis, was für ihn der wichtigste Teil der Aussage ist. Dies nennt man stimmliches, tonales Markieren.

Wenn jemand sagt: „Ich *kann* das hier nicht tun", dann könnten Sie nach dem Modaloperator fragen: „Was hält Sie davon ab?"

Wenn er sagt: „Ich kann *das* hier nicht tun", könnten Sie fragen: „Was genau?"

Darauf zu achten, welche Wörter jemand durch seine Stimme oder Körpersprache betont, ist ein Weg zu erkennen, welche Verletzung des Meta-Modells zu hinterfragen ist. Eine andere Strategie wäre, dem Betreffenden für einige Minuten zuzuhören und darauf zu achten, welche Kategorien er am häufigsten benutzt. Dies zeigt Ihnen wahrscheinlich an, wo sein Denken eingeschränkt ist, und dies könnte der beste Ansatzpunkt sein, um mit dem Hinterfragen zu beginnen.

Im Alltagskontext gibt Ihnen das Meta-Modell eine systematische Möglichkeit, Informationen zu sammeln, wenn Sie genauer wissen müssen, was eine Person meint. Es ist eine Fertigkeit, die zu lernen sich lohnt.

„Würden Sie bitte so gut sein und mir sagen", bat Alice, „was das heißt?"

„So läßt sich schon eher mit dir reden", sagte Goggelmoggel mit sichtlicher Befriedigung. Mit ‚Ununterscheidbarkeit' meine ich, daß wir nunmehr lange genug über diese Thema gesprochen haben und daß es nicht verfrüht wäre, wenn du dich langsam über deine weiteren Absichten äußern wolltest, da kaum anzunehmen ist, daß du hier herumstehen willst bis an dein seliges Ende."

Lewis Carroll, *Alice hinter den Spiegeln*
(zitiert nach Christian Enzensberger, vgl. S. 35)

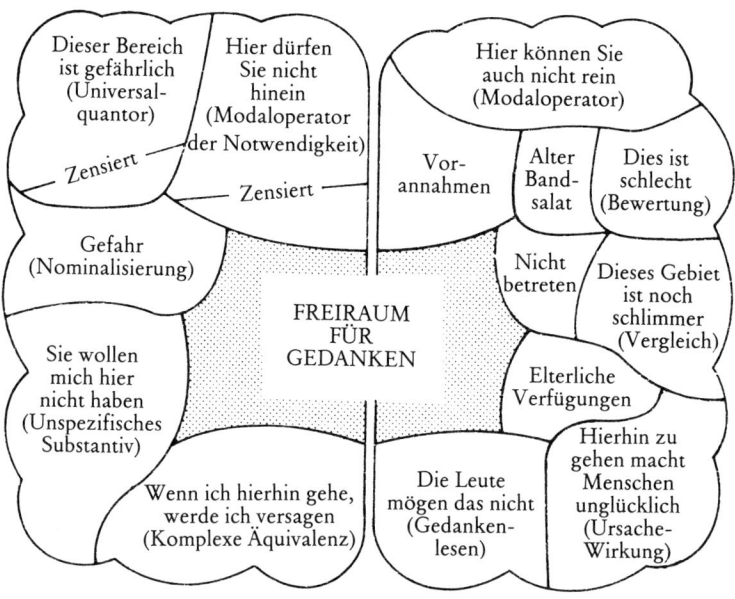

Sprache kann unsere Welt einschränken.

Kapitel 6

Uptime und Downtime

Bislang haben wir uns auf die Wichtigkeit von Sinnesschärfe, das Offenhalten der Sinne und das Wahrnehmen der Reaktionen anderer Menschen konzentriert. Diesen Zustand, in dem die Sinne auf die äußere Welt eingestellt sind, nennt man im NLP *uptime*. Jedoch gibt es auch Zustände, die uns tiefer in unsere eigene Gedankenwelt, unsere eigene Realität führen.

Unterbrechen Sie die Lektüre dieses Buches für einen Augenblick und erinnern Sie sich an einen Zeitpunkt, da sie tief in Gedanken versunken waren ...

Wahrscheinlich mußten Sie jetzt gerade tief in Gedanken versinken, um sich zu erinnern. Wahrscheinlich haben Sie nach innen fokussiert, innen gespürt, gesehen und gehört. Dieser Zustand ist uns allen vertraut. Je tiefer Sie hineingehen, desto weniger sind Sie sich äußerer Reize bewußt; „tief in Gedanken" ist eine gute Beschreibung des Zustandes, der im NLP als *downtime* bekannt ist. [*Uptime* und *downtime* sind Fachbegriffe im NLP, die man ungefähr mit „Nach-außen-gerichtet-Sein" und „Nach-innen-gerichtet-Sein" übersetzen könnte; wörtlich: „Zeit oben/draußen" und „Zeit unten/innen"; Anm. d. Übers.] Zugangshinweise führen Sie nach innen (Downtime). Immer wenn Sie jemanden bitten, nach innen zu gehen und zu visualisieren, Geräusche zu hören und Gefühle zu spüren, bitten Sie ihn, in „Downtime" zu gehen. Sie sind in „Downtime", wenn Sie tagträumen, planen, phantasieren und sich Möglichkeiten ausdenken.

In der Praxis sind wir selten vollständig in Uptime (nach außen gerichtet) oder in Downtime (nach innen gerichtet); unser Alltagsbewußtsein ist eine Mischung aus teils interner, teils externer Wahrnehmung. Je nach den Umständen, in denen wir uns befinden, richten wir die Sinne nach außen oder nach innen.

Es ist nützlich, mentale Zustände als Instrumente anzusehen, mit denen wir unterschiedliche Dinge tun können. Zum Schachspielen bedarf man eines radikal anderen mentalen Zustandes als zum Essen. Es gibt keinen „falschen" mentalen Zustand, aber es gibt Konsequenzen. Diese könnten katastrophal sein, wenn Sie zum Beispiel eine belebte Straße in dem Zustand überqueren wollten, in dem sie normalerweise schlafen gehen. – Uptime, mit allen Sinnen nach außen gerichtet, ist wahrscheinlich der beste Zustand, um die Straße zu überqueren. Ein anderes, lustigeres Beispiel wäre, wenn Sie sich in einem Zustand befinden, der durch etwas zu viel Alkohol hervorgerufen wurde, und Sie versuchen einen Zungenbrecher auf die Reihe zu bekommen. Oft macht man etwas nicht so gut, weil man nicht im richtigen Zustand ist. Sie werden nicht gut Tennis spielen, wenn Sie mental in einem Schachspiel-Zustand sind.

VAKOG ←	→ VAKOG
innerlich,	äußerlich,
Aufmerksamkeit	Aufmerksamkeit
nach innen gerichtet	nach außen gerichtet
(Downtime)	(Uptime),
Tagtraum,	Sport,
Trance	Auto fahren

Sie können unbewußte Ressourcen direkt „anzapfen", wenn Sie eine Art von Downtime induzieren und nutzen, die als Trance bekannt ist. In Trance gehen Sie tief in einen begrenzten Fokus von Aufmerksamkeit hinein. Es ist ein veränderter Zustand im Vergleich zu Ihrem gewöhnlichen Bewußtseinszustand. Das Tranceerleben wird bei jedem anders sein, weil jeder von einem anderen normalen Zustand aus beginnt, der durch das jeweilige bevorzugte Repräsentationssystem bestimmt ist.

Mit Trance und veränderten Bewußtseinszuständen wird am meisten in therapeutischen Situationen (Settings) gearbeitet, denn alle Therapien nutzen Trance in einem gewissen Umfang. Alle zapfen auf unterschiedliche Weise unbewußte Ressourcen an. Jeder, der auf einer Analytiker-Couch frei assoziiert, ist in Downtime, innen bei sich, genau wie jeder, der in der Gestalttherapie ein Rollenspiel (Teilearbeit) macht. In Hypnotherapie wird Trance explizit angewandt.

Ein Mensch begibt sich in Therapie, weil die eigenen bewußten Ressourcen erschöpft sind. Er steckt fest *(stuck)*. Er weiß nicht, was er braucht oder wo er es finden kann. Trance bietet eine Gelegenheit, das Problem zu lösen, weil sie das Bewußtsein umgeht und unbewußte Ressourcen zugänglich oder verfügbar macht. Der Hauptteil von Veränderung findet auf einer unbewußten Ebene statt und arbeitet sich nach oben. Das Bewußtsein wird nicht gebraucht, um Veränderungen einzuleiten, und bemerkt sie oft nicht einmal. Das letztendliche Ziel jeder Therapie ist, daß der Klient wieder ressourcenreich wird und über diese Ressourcen nach eigenem Willen verfügen kann. Jeder hat eine reiche persönliche Geschichte, die mit Erfahrungen angefüllt ist, aus denen man etwas ziehen kann. Sie enthält alles, was man für Veränderungen braucht, wenn man nur herankommt.

Einer der Gründe dafür, daß wir nur einen solch kleinen Teil unserer möglichen mentalen Fähigkeiten benutzen, könnte sein, daß in unserem Schul-, Erziehungs- und Bildungssystem so viel Wert auf äußerliche Tests und standardisierte Leistungen gelegt wird und darauf, die Ziele anderer Leute zu erreichen. Wir bekommen wenig Übung und Anleitung, um unsere einzigartigen inneren Fähigkeiten zu nutzen. Der Großteil unserer Individualität ist unbewußt. Trance ist der ideale mentale Zustand, um unsere einmaligen inneren Ressourcen zu entdecken und wiederzugewinnen.

Das Milton-Modell

„Dieses Wort hat jetzt aber sehr viel auf einmal heißen müssen", sagte Alice nachdenklich.

„Wenn ich ein Wort so schwer arbeiten lasse wie jetzt eben", sagte Goggelmoggel, „dann gebe ich ihm auch eine Zulage."

Lewis Carroll, *Alice hinter den Spiegeln*
(zitiert nach Christian Enzensberger, vgl. S. 35)

Gregory Bateson war begeistert von dem Buch *Die Struktur der Magie 1*, das das Meta-Modell enthielt. Er erkannte in den Ideen ein großes Potential. John und Richard erzählte er: „Da ist ein merkwürdiger alter Typ unten in Phönix, Arizona. Ein brillanter Therapeut, aber keiner weiß, was er da macht oder wie er es macht. Warum fahrt ihr nicht hin und findet es heraus?" Bateson kannte diesen „merkwürdigen alten Typen" schon seit fünfzehn Jahren und arrangierte für die beiden ein Treffen mit Erickson.

John und Richard arbeiteten 1974 mit Milton Erickson, als er weit und breit als der führende Praktiker der Hypnotherapie angesehen wurde. Er war der Gründungspräsident der Amerikanischen Gesellschaft für klinische Hypnose und machte ausgedehnte Seminar- und Vortragsreisen sowie Therapie in seiner eigenen Praxis. Er hatte einen weltweiten Ruf als einfühlsamer und erfolgreicher Therapeut und war für seine scharfe Beobachtung von nonverbalem Verhalten berühmt. Aus John und Richards Studien erwuchsen zwei Bücher. *Patterns of the Hypnotic Techniques of Milton H. Erickson, Volume 1* wurde 1975 bei Meta Publications veröffentlicht. *Volume 2*, der zweite Band mit der Co-Autorin Judith DeLozier, folgte 1977. [Beide Bücher sind nur im englischen Original zu erhalten; Anm. d. Übers.] Die Bücher handeln zu gleichen Teilen von ihren Wahrnehmungsfiltern wie von Eriksons Methoden, wenn Erickson selbst auch sagte, daß die Bücher eine weit bessere Erklärung seiner Arbeit gäben, als er selbst hätte bieten können. Und das war ein schönes Kompliment.

John Grinder sagte, daß Erickson das für ihn wichtigste Modell war, das er je studiert und modelliert hatte, denn Erickson eröffnete den Weg zu nicht nur einer anderen Realität, sondern gleich zu einer ganzen Klasse anderer Realitäten. Seine Arbeit mit Trance und veränderten Bewußtseinszuständen war erstaunlich, und Johns Denken unterzog sich einer neuen, tiefgreifenden Ausbalancierung.

NLP erlebte ebenfalls eine neue Ausbalancierung. Im Meta-Modell war es um genaue Bedeutungen gegangen. Erickson benutzte Sprache in kunstvoll vager Weise, so daß die Klienten die Bedeutung annehmen konnten, die für sie am angemessensten war. Er induzierte Trancezustände und machte sie nutzbar, befähigte Menschen, ihre Probleme zu bewältigen und ihre Ressourcen zu entdecken. Diese Art, Sprache zu benutzen, wurde als Milton-Modell bekannt, als etwas Komplementäres und auch als Kontrast zu der Exaktheit des Meta-Modells.

Das Milton-Modell ist eine Methode, Sprache anzuwenden, um Trance zu induzieren und zu erhalten und dadurch mit den versteckten Ressourcen unserer Persönlichkeit in Kontakt zu kommen. Es folgt der natürlichen Arbeitsweise des Geistes. Trance ist ein Zustand, in dem man hochmotiviert ist, vom Unbewußten auf eine innerlich geleitete Weise zu lernen. Es ist weder ein passiver Zustand, noch steht man unter dem Einfluß eines anderen Menschen. Es herrscht Kooperation, das heißt Zusammenarbeit von Klient und Therapeut, in der der Therapeut aufgrund der Reaktionen des Klienten weiß, was er als nächstes zu tun hat.

Ericksons Arbeit basiert auf einer Vielzahl von Grundgedanken, die die meisten einfühlsamen und erfolgreichen Therapeuten gemeinsam haben. Diese sind heute einige der Vorannahmen im NLP. Erickson respektierte das Unbewußte des Klienten. Er nahm an, daß es eine positive Absicht hinter jedem noch so bizarren Verhalten gibt und daß Individuen die beste aller möglichen Wahlen treffen, die ihnen zu dem jeweiligen Zeitpunkt zur Verfügung steht. Er arbeitete dafür, ihnen mehr Wahlmöglichkeiten zu geben. Er nahm auch an, daß auf einer bestimmten Ebene jeder Mensch bereits alle Ressourcen in sich trägt, die er für Veränderung braucht.

Das Milton-Modell ist eine Möglichkeit, Sprache zu benutzen, um ...:

1. die Wirklichkeit eines Menschen zu pacen und zu führen;
2. das Bewußtsein abzulenken und nutzbar zu machen;
3. das Unbewußte und seine Ressourcen zugänglich zu machen.

Pacing und Leading

Milton Erickson war ein Meister darin, Rapport herzustellen. Er respektierte und akzeptierte die Realität seiner Klienten. Er nahm an, daß Widerstand nur ein Ergebnis von mangelhaftem Rapport sei. Für ihn waren alle Reaktionen gültig und wertvoll und konnten genutzt werden. Für Erickson gab es keine widerspenstigen Klienten (Klienten im „Widerstand"), sondern nur unflexible Therapeuten.

Um sich in die Wirklichkeit des anderen hineinzubegeben (Pacing), sich auf seine Welt einzustimmen, brauchen Sie einfach nur seine augenblickliche sinnliche Wahrnehmung zu beschreiben: was er fühlt, was er hört und sieht. Es wird für ihn einfach und natürlich sein, dem zu folgen, was Sie sagen. *Wie* Sie sprechen, ist wichtig. Sie induzieren am besten einen ruhigen inneren Zustand, wenn Sie langsam und mit einer weichen Stimme sprechen und Ihre Sprache auf den Atem des Betreffenden abstimmen.

Schrittweise werden Suggestionen eingeführt, um ihn elegant und taktvoll nach innen zu führen (Downtime), indem man seine Aufmerksamkeit auf das Innere lenkt. Alles wird in allgemeinen Begriffen beschrieben, so daß es genau die Erfahrung der Person widerspiegelt. Man sagt nicht: „Jetzt werden Sie Ihre Augen schließen und sich wohlfühlen und in Trance gehen." Statt dessen könnten Sie sagen: „Es ist leicht für Sie, Ihre Augen zu schließen, wann immer Sie es möchten, ... um sich noch wohler zu fühlen ... Viele Menschen finden es leicht und angenehm, in Trance zu gehen." Diese Arten von allgemeinen Aussagen umfassen alle möglichen Reaktionen, während das Tranceverhalten sanft eingeleitet wird.

Eine Schleife wird eingerichtet. Während die Aufmerksamkeit des Klienten fortwährend auf einige wenige Reize fokussiert und gerichtet ist, geht er tiefer nach innen. Seine Erfahrungen werden subjektiver, und diese werden vom Therapeuten zurückgegeben, um die Trance noch weiter zu vertiefen. Man sagt dem Klienten nicht, was er tun soll, sondern man lenkt seine Aufmerksamkeit auf das, was da ist. Wie ist es möglich zu wissen, was ein Mensch denkt? Es ist nicht möglich. Es ist eine Kunst, Sprache auf eine solche Weise zu benutzen, daß sie vage genug ist, um für den Klienten einen angemessenen Sinn zu ergeben. In diesem Fall geht es nicht so sehr darum, ihm zu sagen, was er denken soll, sondern darum, ihn nicht vom Trancezustand abzulenken.

Diese Art der Suggestionen wird besonders effektiv sein, wenn die Übergänge zwischen den Sätzen fließend sind. Zum Beispiel könnten sie etwas sagen wie: „Wie Sie die farbige Tapete dort vorne sehen, ... die Muster des Lichtes an den Wänden, ... während Sie sich Ihres Atmens bewußt werden, ... des Hebens und Senkens Ihrer Brust, ... der Bequemlichkeit das Stuhls, ... des Gewichtes Ihrer Füße auf dem Boden, ... und Sie können die Geräusche der Kinder hören, die draußen spielen, ... während Sie dem Klang meiner Stimme zuhören, und beginnen, sich zu fragen, ... wie weit Sie schon in Trance gegangen sind ... jetzt."

Beachten Sie die Wörter „und", „während" und „wie" in diesem Beispiel, wie sie glatt den Fluß der Suggestionen miteinander verbinden, während Sie etwas erwähnen, das gerade geschieht (der Klang Ihrer Stimme), und es mit etwas anderem verbinden, von dem Sie möchten, daß es geschieht (in Trance gehen).

Wenn man keine Übergänge benutzt, werden die Sätze sprunghaft oder abgehackt. Dann sind sie weniger effektiv. Ich hoffe, dies ist klar. Schreiben ist wie Sprechen. Glatt oder Stakkato. Was ziehen Sie vor?

Ein Mensch in Trance ist normalerweise ruhig, die Augen sind meist geschlossen, der Puls ist langsamer und das Gesicht entspannt. Der Zwinker- und der Schluckreflex sind gewöhnlich langsamer oder fehlen, die Atemfrequenz ist langsamer. Es entsteht ein wohliges, angenehmes Gefühl der Entspannung. Der Therapeut verwendet entweder ein vorher vereinbartes Signal, um den Klienten aus der Trance zu holen, oder er führt ihn mit seinen Worten heraus, oder der Klient kommt spontan ins normale Bewußtsein zurück, wenn sein Unbwußtes dies für angemessen hält.

Die Suche nach Bedeutung

Das Meta-Modell hält Sie in Uptime. Sie brauchen nicht nach innen zu gehen und nach Bedeutung für das zu suchen, was Sie hören; Sie bitten den Sprecher, es genau auszudrücken. Das Meta-Modell holt Informationen wieder hervor, die getilgt, verzerrt oder generalisiert wurden. Das Milton-Modell ist das Spiegelbild des Meta-Modells, es ist eine Möglichkeit, Sätze voller Tilgungen, Verzerrungen und Generalisierungen zu konstruieren. Der Zuhörer muß die Details einsetzen und für das, was er hört, aktiv in seiner eigenen Erfahrung nach Bedeutung suchen. Mit anderen Worten, Sie bieten einen Kontext mit so wenig Inhalt wie möglich an. Sie geben ihm den Rahmen und lassen ihn selbst das Bild suchen, das er hineinstellen will. Wenn der *Zuhörer* den Inhalt liefert, stellt dies sicher, daß er den relevantesten und unmittelbarsten Sinn aus dem macht, was Sie sagen.

Stellen Sie sich vor, Ihnen würde gesagt, daß Sie in der Vergangenheit eine wichtige Erfahrung gemacht haben. Ihnen wird nicht gesagt, worum es sich handelte, Sie müssen selbst suchend durch die Zeit zurückgehen und eine Erfahrung auswählen, die für Sie jetzt höchst relevant erscheint. Dies geschieht auf einer unbewußten Ebene, Ihr Bewußtsein ist viel zu langsam für diese Aufgabe.

Ein Satz wie „Menschen können Lernerfahrungen machen" wird Ideen hervorrufen zu speziellen Lernerfahrungen, die ich machen kann, und wenn ich an einem bestimmten Problem arbeite, sind diese Lernerfahrungen automatisch mit den Fragen verknüpft, über die ich nachsinne. Wir durchlaufen ständig diese Art von Suche, um den Dingen Sinn zu geben, die andere uns erzählen, und in Trance wird dies voll nutzbar gemacht. Das einzige, was wichtig ist, ist der Sinn, den der Klient bildet, der Therapeut braucht ihn nicht zu kennen.

Es ist einfach, sich kunstvoll vage Anleitungen auszudenken, so daß der andere eine entsprechende Erfahrung herauspicken und davon lernen kann. Bitten Sie ihn, eine wichtige Erfahrung aus seiner Vergangenheit zu suchen und mit allen inneren Sinnen noch einmal hindurchzugehen, um etwas Neues daraus zu lernen. Dann bitten Sie sein Unbewußtes, diese Lernerfahrung in solchen zukünftigen Zusammenhängen zu nutzen, in denen es nützlich sein könnte.

Ablenken und Nutzbarmachen des Bewußtseins

Ein wesentlicher Teil des Milton-Modells ist das Auslassen von Informationen, um das Bewußtsein damit zu beschäftigen, aus seinem Erfahrungsschatz heraus die Lücken zu füllen. Haben Sie je die Erfahrung gemacht, daß Sie eine vage Frage lasen und versuchten herauszufinden, was sie bedeuten könnte?

Nominalisierungen tilgen einen Großteil von Information. Während Sie mit einem *Gefühl* von *Ruhe* und *Behaglichkeit* dasitzen, wächst Ihr *Verständnis* der *Möglichkeiten*, die in dieser Art der Sprache zu finden sind, denn jede *Nominalisierung* in diesem Satz steht in Schrägschrift. Je weniger Sie sagen, das genau beschrieben wird, desto geringer ist das Risiko, mit der Erfahrung des anderen zu kollidieren.

Verben werden unspezifisch gelassen. Wenn Sie an das letzte Mal *denken*, daß Sie jemand gehört haben, der mit unspezifischen Verben *kommunizierte, erinnern* Sie sich vielleicht an das Gefühl von Verwirrung, das Sie *erlebten*, und wie Sie nach Ihrer eigenen Sinngebung *suchen mußten*, um diesem Satz Sinn abzugewinnen.

Auf die gleiche Weise können substantivische Ausdrücke generalisiert oder vollständig ausgelassen werden. Es ist wohlbekannt, daß *Menschen Bücher* lesen und *Veränderungen* vollziehen können. (Wem ist dies wohlbekannt? Welche Menschen, welche Bücher und welche Veränderungen? Und mit welchem Ausgangspunkt und in welcher Richtung verändern sie sich?)

Bewertungen können benutzt werden: „Es ist wohltuend zu sehen, wie entspannt Sie sind."

Vergleiche enthalten ebenfalls Tilgungen: „Es ist besser, in eine tiefere Trance zu gehen."

Sowohl Vergleiche als auch Bewertungen sind gute Möglichkeiten, Vorannahmen zu äußern. Dies sind wirkungsvolle Formen, eine Trance zu induzieren und nutzbar zu machen. Man unterstellt etwas, das man nicht in Frageform kleiden will. Zum Beispiel:

„Sie fragen sich vielleicht, wann Sie in Trance gehen werden." Oder: „Möchten Sie lieber jetzt oder später in Trance gehen?" (Sie werden in Trance gehen, die Frage ist nur, wann.)

„Ich frage mich, ob Sie bemerken, wie entspannt Sie sind?" (Sie sind entspannt.)

„Wenn Ihre Hand sich hebt, wird das das Signal sein, auf das Sie gewartet haben." (Ihre Hand wird sich heben, und Sie warten auf ein Signal.)

„Sie können sich entspannen, während Ihr Unbewußtes lernt." (Ihr Unbewußtes lernt.)

„Können Sie es genießen, zu entspannen und nichts behalten zu müssen?" (Sie sind entspannt und werden sich nicht erinnern.)

Übergänge (und, wie, wenn, während, obwohl) zum Verknüpfen von Aussagen sind eine milde Form von Ursache-Wirkungs-Zusammenhängen. Eine stärkere Form bilden die Wörter „machen"/„bewirken"/„dazu führen", zum Beispiel: „Das Anschauen des Bildes wird bewirken, daß Sie in Trance gehen."

Ich bin sicher, Sie sind neugierig zu erfahren, wie Gedankenlesen in diesem Modell der Sprachverwendung untergebracht werden kann. Es darf nicht zu genau sein, sonst paßt es nicht. Allgemeine Aussagen darüber, was eine Person denkt, wirken als Pacing und Leading auf ihr Erleben. Zum Beispiel: „Sie fragen sich, wie eine Trance sein wird", oder: „Sie beginnen, über einige Dinge, die ich sage, nachzudenken."

Universalquantoren werden ebenfalls benutzt. Beispiele sind: „Sie können aus *jeder* Situation lernen" und „Erkennen Sie nicht, das Unbewußte hat *immer* eine Absicht?"

Modaloperatoren der Möglichkeit sind gleichfalls sehr nützlich. „Sie können nicht verstehen, wie das Anschauen dieser Lichter Sie tiefer in Trance bringt." Dies unterstellt, daß das Anschauen der Lichter die Trance tatsächlich vertieft.

„Sie können Ihre Augen nicht öffnen" wäre eine zu direkte Suggestion und lädt den Klienten ein, die Aussage zu widerlegen.

„Sie können sich in diesem Stuhl sehr leicht entspannen" ist ein anderes Beispiel. Zu sagen, jemand könne etwas tun, gibt eine Erlaubnis, ohne zur Handlung zu zwingen. Typischerweise werden die Leute auf diese Suggestion antworten, indem sie das erlaubte Verhalten zeigen. Zumindest müssen sie darüber nachdenken.

Linke und rechte Gehirnhälfte

Wie verarbeitet das Gehirn Sprache, und wie geht es mit dieser kunstvoll vagen Form von Sprache um? Der vordere Teil des Gehirns, das *Cerebrum*, ist in zwei Hälften oder Hemisphären geteilt. Information fließt zwischen ihnen hin und her durch das verbindende Gewebe, das *Corpus callosum*.

Experimente, in denen die Aktivität in beiden Hemisphären bei unterschiedlichen Aufgaben gemessen wurde, zeigten, daß sie unterschiedliche, aber komplementäre, einander ergänzende Funktionen haben. Die linke Hemisphäre ist allgemein bekannt als die dominante Hemisphäre und arbeitet mit der Sprache. Sie verarbeitet Information auf analytische, rationale Weise. Die rechte Seite, die als nichtdominante Hemisphäre bekannt ist, verarbeitet Information in einer mehr holistischen, ganzheitlichen und intuitiven Weise. Sie scheint auch mehr bei Melodien, Visualisierungen und Aufgaben beteiligt zu sein, die Vergleiche und schrittweise Veränderung beinhalten.

Diese Spezialisierung der Hemisphären trifft auf über neunzig Prozent der Menschen zu. Für eine kleine Gruppe (meistens Linkshänder) ist es umgekehrt: die rechte Hemisphäre ist für den Umgang mit Sprache zuständig. Bei einigen Menschen sind diese Funktionen auf beide Hemisphären verteilt.

Es gibt Beweise dafür, daß die nichtdominante Gehirnhälfte ebenfalls sprachliche Fähigkeiten hat und hauptsächlich einfache Bedeutungen und kindhafte Grammatik versteht. Die dominante Hemisphäre wurde mit dem Bewußtsein identifiziert, die nichtdominante mit dem Unbewußten, aber dies ist eine Vereinfachung. Es ist nützlich, unser linkes Gehirn als dasjenige zu betrachten, das sich mit dem bewußten Sprachverständnis beschäftigt, und das rechte Gehirn als dasjenige, das sich mit einfachen Bedeutungen befaßt, und zwar auf eine unschuldige Weise unterhalb der Ebene bewußter Aufmerksamkeit.

Milton-Modell-Muster lenken das Bewußtsein ab, indem sie die dominante Hirnhälfte überladen. Milton Erickson konnte in solch komplexer und vielschichtiger Weise sprechen, daß alle sieben plus oder minus zwei Chunks der bewußten Aufmerksamkeit damit beschäftigt waren, mögliche Bedeutungen zu finden und Zweideutigkeiten auszusortieren. Es gibt viele Möglichkeiten, die Sprache zu benutzen, um die linke Hemisphäre zu verwirren und abzulenken.

Mehrdeutigkeit ist eine solche Methode. Was Sie sagen, kann doppeldeutig klingen. Wie dieser letzte Satz zum Beispiel. [Engl.: *What you say can be soundly ambiguous*, wobei *soundly* sowohl „eindeutig" als auch „klanglich, phonetisch" bedeuten kann; Anm. d. Übers.] Bedeutet *soundly* hier „eindeutig" oder „phonetisch"? Hier [– die Autoren schreiben *hear*, meinen aber wohl *here*; wiederum ein solches Wortspiel!] bedeutet es das letztere, und es ist ein gutes Beispiel dafür, wie ein Wort zwei Bedeutungen tragen kann. [Andere Beispiele im Deutschen wären: „Informellerweise/in formeller Weise habe ich erfahren, daß ..." Oder: „Vor einer Bank blieb er stehen."]

Es gibt viele Wörter, die gleich klingen, aber unterschiedliche Bedeutung haben. [Im englischen Original: ... *there/they're ... nose/knows. It is difficult to right/write phonological ambiguity.* Deutsche Beispiele: sie/sieh ... verziehen ... kälter/Kelter ...]

Eine weitere Form von Doppeldeutigkeit ist die syntaktische, zum Beispiel: „Die Faszination von Menschen kann schwierig sein." Bedeutet dies, daß die Menschen faszinierend sind oder daß es schwierig ist, Menschen zu faszinieren? Diese Art der Zweideutigkeit wird konstruiert, indem man ein Verb in ein Substantiv verwandelt und einen Satz herstellt, in dem nicht klar ist, ob es als Substantiv (im Sinne eines Attributes) oder als substantiviertes Verb (im Sinne einer Aktivität) dient.

Ein dritter Typus ist die durch die Interpunktion verursachte Doppeldeutigkeit. Wenn Sie diesen Satz lesen können Sie das Beispiel entdecken? *(As you read this sentence is an example of punctuation ambiguity.)* Zwei Gedanken/Sätze gehen [unmerklich, da nicht durch Komma getrennt] ineinander über [und verschwimmen dabei], da sie mit demselben Wort oder denselben Wörtern enden beziehungsweise beginnen. [Beispiel im Deutschen: Er bat mich gleich wiederzukommen.] Alle diese Sprachformen beanspruchen einige Zeit zur Klärung und beschäftigen damit die linke Gehirnhemisphäre reichlich.

Zugang zum Unbewußten und seinen Ressourcen

Die rechte Hemisphäre ist sensibel und aufnahmefähig für die Stimmlage, die Lautstärke und die Richtung eines Klanges, also für jene Aspekte, die sich allmählich stufenweise verändern können, im Unterschied zu den eigentlichen Wörtern, die klar voneinander getrennt sind. Sie ist sensibel für den Kontext, den Gesamtzusammenhang einer Botschaft, statt für den verbalen Inhalt. Da die rechte Hemisphäre in der Lage ist, einfache Sprachformen zu verstehen, werden einfache Botschaften, die mit besonderer Betonung gegeben werden, von der rechten Gehirnhälfte aufgenommen. Solche Botschaften umgehen das linke Gehirn und werden selten bewußt registriert.

Es gibt viele Möglichkeiten, diese Art von Betonung zu geben. Man kann Teile dessen, was man sagt, mit unterschiedlicher Stimmlage oder Gestik kennzeichnen. Dies kann angewandt werden, um Anweisungen oder Fragen für die unbewußte Aufmerksamkeit zu markieren. In Büchern geschieht das durch die Verwendung von *Schrägschrift*. Wenn ein Autor Ihnen einen Hinweis geben will und Sie *bitten* möchte, etwas Bestimmtes auf *dieser* Seite zu lesen, einen bestimmten *Satz* sehr *genau* zu *lesen*, wird er ihn durch Schrägschrift markieren.

Ist die *darin* verpackte Botschaft bei Ihnen *angekommen*?

Genauso können Wörter in einem bestimmten Tonfall markiert werden, um besondere Aufmerksamkeit für eine Aufforderung zu erreichen, die in einer Rede enthalten ist. Erickson, der einen Großteil seines Lebens im Rollstuhl zubringen mußte, war ein Meister darin, seinen Kopf in einer Weise zu bewegen, daß Teile von dem, was er sagte, aus unterschiedlichen Richtungen kamen. Zum Beispiel: „Erinnnern Sie sich, Sie brauchen nicht *die Augen schließen*, wenn Sie in Trance gehen." Er pflegte die darin eingebettete Aufforderung dadurch zu markieren, daß er seinen Kopf bewegte, wenn er diese Wörter in Schrägschrift sagte. Wichtige Wörter mit Stimme und Gestik zu markieren ist eine Erweiterung dessen, was wir auf natürliche Weise schon immer in alltäglichen Gesprächen tun.

Eine schöne Analogie dazu findet sich in der Musik. Musiker markieren wichtige Noten im Fluß der Musik auf unterschiedliche Weise, um eine Melodie zu komponieren. Der Zuhörer wird dies vielleicht gar nicht bewußt wahrnehmen, wenn die Noten weit voneinander entfernt sind und das dazwischenliegende Material unterhaltend und zerstreuend ist, aber es trägt alles zu seinem Genuß und seiner Wertschätzung bei. Er braucht sich des Kunstgriffs des Musikers nicht bewußt zu sein.

Sie können in längeren Sätzen auch Fragen in genau der gleichen Art einbetten. „Es würde mich interessieren, ob Sie wissen, *welche Ihrer Hände wärmer ist.*" Dies enthält auch eine Vorannahme. Es ist keine direkte Frage, aber das typische Ergebnis ist, daß der Zuhörer seine Hände auf Wärme hin überprüft. Ich frage mich, ob Sie es voll zu würdigen wissen, welch eine sanfte und elegante Möglichkeit dieses Muster bietet, um Informationen zu sammeln.

Es gibt ein interessantes Muster, das man als *Zitat* kennt. Sie können alles und jedes sagen, wenn Sie vorher einen Kontext erstellen, in dem nicht wirklich Sie es sind, der es sagt. Die einfachste Möglichkeit ist, eine Geschichte zu erzählen, in der jemand genau die Botschaft sagt, die Sie vermitteln wollen, und sie in irgendeiner Art vom Rest der Geschichte abzuheben, zu markieren.

Mir fällt eine Begebenheit ein, als wir ein Seminar über diese Muster hielten. Ein Teilnehmer kam hinterher zu uns, und wir fragten ihn im Verlauf der Unterhaltung, ob er vom Zitatenmuster gehört habe. Er sagte: „Ja, es war witzig, wie das passierte. Ich ging vor einigen Wochen eine Straße entlang, und ein völlig fremder Mensch kam auf mich zu und sagte: ‚Ist dieses Zitatmuster nicht interessant?'"

Negative, das heißt Formulierungen in negativer Form, gehören zu diesen Mustern. Negative existieren nur in der Sprache, nicht in der Erfahrung. Negative Befehle funktionieren genauso wie positive. Das Unbewußte verarbeitet das linguistische Negativ nicht, es läßt es unbeachtet. Ein Elternteil oder ein Lehrer, der einem Kind sagt, daß es etwas nicht tun soll, stellt damit sicher, daß das Kind es wieder tun wird. Sagen Sie zu einem Seiltänzer: „Paß gut auf!" und nicht „*Fall* da bloß nicht *runter!*"

Dasjenige, dem Sie Widerstand leisten, bleibt Ihnen erhalten, denn es bannt noch immer Ihre Aufmerksamkeit. Da das so ist, wollen wir *nicht*, daß Sie darüber nachdenken, wieviel besser und effektiver Ihre Kommunikation wäre, wenn sie positiv formuliert wäre ...

Das letzte Muster, mit dem wir uns hier beschäftigen, nennt man *conversational postulates*. Dies sind als Fragen getarnte Aufforderungen, also Fragen, die man im buchstäblichen Sinne nur mit ja oder nein beantworten bräuchte, die aber tatsächlich eine Reaktion herausfordern. Zum Beispiel: „Kannst Du den Abfall rausbringen?" Das ist keine wirkliche Frage nach Ihrer körperlichen Fähigkeit, diese Aufgabe zu erfüllen, sondern eine Bitte, dies zu tun. Andere Beispiele:

„Ist die Tür noch offen?" (Mach die Tür zu.)
„Ist der Tisch gedeckt?" (Deck den Tisch.)

Diese Muster werden ständig in Alltagsunterhaltungen benutzt, und wir reagieren darauf. Wenn Sie sie kennen, können Sie sie gezielter anwenden, und Sie haben mehr Entscheidungsfreiheit, ob Sie darauf reagieren wollen. Weil diese Muster so bekannt sind, pflegten John Grinder und Richard Bandler sich in öffentlichen Seminaren gegenseitig zu widersprechen. Einer von beiden sagte: „So etwas wie Hypnose gibt es nicht", und der andere: „Nein! Alles ist Hypnose." Wenn Hypnose einfach ein anderes Wort ist für vielschichtige, beeinflussende Kommunikation, kann es sein, daß wir alle Hypnotiseure sind und uns ständig in Trance hinein- und wieder herausbegeben ... jetzt ...

Metapher

Das Wort Metapher wird im NLP in einer allgemeinen Weise benutzt, um jede Art von Geschichte oder Sprachfigur zu erfassen, die einen Vergleich beinhaltet. Es schließt einfache Vergleiche oder Gleichnisse ebenso ein wie längere Geschichten, Allegorien und Parabeln. Mit Metaphern kommuniziert man indirekt. Einfache Metaphern machen einfache Vergleiche: so weiß wie Schnee, so schön wie ein Gemälde, so dick wie zwei Finger. Viele dieser Redensarten werden zu Klischees, aber eine gute, einfache Metapher kann das Unbekannte erhellen, indem sie einen Bezug herstellt zu etwas, das man bereits kennt.

Komplexe Metaphern sind Geschichten mit vielen Bedeutungsebenen. Wenn man eine Geschichte erzählt, so lenkt dies das Bewußtsein auf elegante Weise ab und aktiviert eine unbewußte Suche nach Bedeutung und Ressourcen. Als solches ist es eine hervorragende Möglichkeit, mit jemandem in Trance zu kommunizieren. Erickson hat seinen Klienten außergewöhnlich häufig Metaphern erzählt.

Das Unbewußte schätzt *Beziehungen*. In Träumen finden sich Vorstellung und Metapher; eine Sache steht für eine andere, denn beide haben etwas gemeinsam. Um sich eine wirkungsvolle Metapher auszudenken, die einen Weg zur Lösung eines Problems zeigt, müssen die Beziehungen zwischen den Elementen in der Geschichte die gleichen sein wie die Beziehungen zwischen den Elementen des Problems. Dann wird die Metapher eine Resonanz im Unbewußten finden und dort Ressourcen mobilisieren. Das Unbewußte erfaßt die Botschaft und beginnt, die notwendigen Veränderungen vorzunehmen.

Die Schöpfung einer Metapher ist wie das Komponieren eines Musikstückes, und Metaphern wirken auf uns in der gleichen Weise wie Musik. Eine Melodie besteht aus Noten, die in einer Beziehung zueinander stehen, sie kann höher oder tiefer gesetzt werden und bleibt doch die gleiche Melodie, vorausgesetzt, daß die Noten noch die gleiche Beziehung und die gleichen Abstände zueinander haben wie im Original. Auf einer tieferen Ebene verbinden sich diese Noten zu Akkorden, und eine Sequenz von Akkorden hat bestimmte Beziehungen zueinander. Musikalischer Rhythmus entsteht durch die Länge, mit der eine Note im Vergleich zu einer anderen gehalten wird. Musik ist auf eine andere Weise bedeutungsvoll als Sprache. Sie geht direkt ins Unbewußte, die linke Gehirnhälfte hat keinen Zugriff darauf.

Die Schaffung einer Metapher ist wie das Komponieren eines Musikstückes.

Wie gute Musikstücke müssen gute Geschichten eine Erwartung aufbauen und sie dann in einer Weise erfüllen, die dem Stil der Komposition folgt. Lösungen nach dem Motto „Gebunden war er frei" sind nicht erlaubt.

Märchen sind Metaphern. „Es war einmal ..." stellt sie in eine innere Zeit. Die Information, die folgt, ist nicht eine nützliche Information über die reale Welt, sondern Information über die Prozesse der inneren Welt. Geschichtenerzählen ist eine uralte Kunst. Geschichten unterhalten, vermitteln Wissen, drücken Wahrheit aus, geben Andeutungen von Möglichkeiten und Potential, die über die gewohnten Wege des Handelns hinausgehen.

Metaphern entwickeln

Zum Geschichtenerzählen braucht man die Fertigkeiten des Milton-Modells und mehr. Pacing und Leading, Synästhesien, Ankern, Trance und weiche Übergänge, all das ist für eine gute Geschichte nötig. Die Handlung muß (psycho)logisch sein und der Erfahrung des Zuhörers entsprechen.

Um eine hilfreiche Geschichte zu entwickeln, überprüfen Sie zuerst den gegenwärtigen Zustand und den erwünschten Zielzustand der betreffenden Person. Eine Metapher wird eine Geschichte der Reise von einem Zustand zum anderen sein.

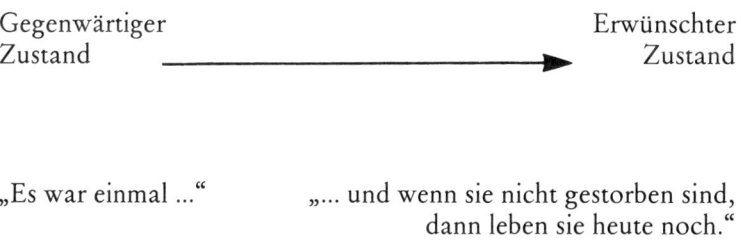

Gegenwärtiger Zustand → Erwünschter Zustand

„Es war einmal ..."   „... und wenn sie nicht gestorben sind, dann leben sie heute noch."

Finden Sie die Elemente beider Zustände heraus, die beteiligten Personen, Orte, die Gegenstände, Handlungen, Zeit, nicht zu vergessen die Repräsentationssysteme und die Submodalitäten der verschiedenen Elemente.

Wählen Sie als nächstes einen geeigneten Kontext für die Geschichte, einen, der die andere Person interessieren wird, und ersetzen Sie alle Elemente im Problem durch andere Elemente, aber lassen Sie die Beziehungen gleich. Planen Sie die Handlung so, daß sie die gleiche Form hat wie der gegenwärtige Zustand und mittels einer verbindenden Strategie zu einer Lösung hinführt (zum erwünschten Zustand). Der rote Faden der Geschichte vertreibt dem linken Gehirn angenehm die Zeit, und die Botschaft gelangt direkt ins Unbewußte.

Vielleicht kann ich diesen Prozeß mit Hilfe eines Beispiels illustrieren, wenngleich die gedruckten Worte den Tonfall, die Kongruenz und die Milton-Modell-Muster des Erzählers verlieren.

Ich werde natürlich keine Metapher erzählen, die für Sie, den Leser, die Leserin relevant ist. Es ist nur ein Beispiel für das Verfahren, wie man eine Metapher entwickelt.

Vor einiger Zeit arbeitete ich mit einem Menschen, der seine Sorge darüber ausdrückte, daß ihm die Balance, das Gleichgewicht im Leben fehle. Er fand es schwierig, die wichtigen Angelegenheiten der Gegenwart zu entscheiden, und machte sich Sorgen, daß er für einige Projekte eine Menge Energie aufwandte und andere vernachlässigte. Einige seiner Unternehmungen schienen ihm schlecht vorbereitet, andere übertrieben bis in alle Einzelheiten vorgeplant.

Dies erinnerte mich an die Zeit, als ich noch ein Junge war. Ich lernte Gitarre spielen, und manchmal wurde mir erlaubt, länger aufzubleiben und Gäste beim Essen mit meinem Spiel zu unterhalten. Mein Vater war ein Filmschauspieler, und viele bekannte Leute kamen und aßen und saßen häufig bis spät in die Nacht und diskutierten über alle möglichen Themen. Ich liebte diese Gelegenheiten und traf viele interessante Menschen.

Eines Abends war ein berühmter Künstler bei meinem Vater zu Gast, der sich mit seinen Fähigkeiten in Filmen und auf der Bühne einen Namen gemacht hatte. Er war einer meiner besonderen Helden, und ich genoß es, ihm zuzuhören.

Spät an diesem Abend fragte ihn ein anderer Gast, was das Geheimnis seiner außergewöhnlichen Fähigkeiten sei. „Also", sagte der Schauspieler, „lustigerweise habe ich viel gelernt, als ich jemandem in meiner Jugend genau dieselbe Frage stellte. Als Junge liebte ich den Zirkus – er war bunt, laut, extravagant und aufregend. Ich stellte mir vor, ich wäre dort in der Manege im Rampenlicht, und die Menge klatschte mir Beifall. Ich fühlte mich wunderbar. Einer meiner Helden war ein Seiltänzer einer umherreisenden Zirkustruppe; er hatte außergewöhnlich gute Balance und Anmut auf dem Hochseil. In einem Sommer wurden wir Freunde, ich war fasziniert von seinen Künsten und der Aura von Gefahr, die ihn umgab; er benutzte selten ein Sicherheitsnetz. Eines Abends im Spätsommer war ich traurig, denn der Zirkus sollte am nächsten Tag die Stadt verlassen. Ich suchte meinen

Freund auf, und wir redeten bis in die Nacht. Das einzige, was ich damals wollte, war, so zu sein wie er; ich wollte mit einem Zirkus mitreisen. Ich fragte ihn, was das Geheimnis seiner Kunst sei.

‚Zuallererst', sagte er, ‚sehe ich jeden Seiltanz als den wichtigsten meines Lebens an, den letzten, den ich machen werde, und ich will, daß er der beste wird. Ich plane jeden Auftritt sehr sorgfältig. Vieles in meinem Leben mache ich aus Gewohnheit, aber dies hat damit nichts zu tun. Ich achte darauf, was ich für Kleidung trage, was ich esse, wie ich ausschaue. Ich stelle mir mental jeden Gang über das Seil als Erfolg vor, bevor ich hinübergehe, stelle mir genau vor, was ich sehen werde, was ich hören und was ich fühlen werde. Auf diese Weise können mich keine unangenehmen Überraschungen treffen. Ich versetze mich ebenfalls in die Lage der Zuschauer und stelle mir vor, was sie sehen, hören und fühlen werden. Alle Gedanken mache ich mir vorher, unten am Boden. Wenn ich oben auf dem Drahtseil stehe, habe ich einen klaren Kopf und äußerste Aufmerksamkeit.'

Dies war nicht ganz das, was ich zu der Zeit damals hören wollte, obwohl ich merkwürdigerweise *immer in Erinnerung behalten* habe, was er sagte.

‚Glaubst du etwa, ich verliere nicht auch mein *Gleichgewicht?*' fragte er mich.

‚Ich habe nie gesehen, daß du je dein Gleichgewicht verloren hättest', antwortete ich.

‚Da liegst du falsch', sagte er, ‚ich verliere ständig mein Gleichgewicht. Ich steure es einfach innerhalb der Grenzen, die ich mir setze. Ich könnte nicht über das Seil gehen, wenn ich nicht ständig meine Balance verlieren würde, zuerst zur einen Seite, dann zur anderen. Balance ist nicht etwas, was man hat, wie die Clowns ihre falsche Nase haben, es ist ein Zustand von kontrollierter Hin- und Herbewegung. Wenn ich meinen Seiltanz beendet habe, schaue ich ihn mir innerlich noch einmal an, ob es irgend etwas gibt, aus dem ich lernen könnte. Dann vergesse ich ihn ganz.'

Ich wende dieselben Prinzipien auf mein Schauspiel an", sagte mein Held.

Zum guten Schluß wollen wir Sie mit einer Geschichte aus *The Magus* von John Fowles allein lassen. Diese herrliche Geschichte sagt eine Menge über das NLP, aber erinnern Sie sich bitte, es ist nur *eine* Art und Weise, darüber zu sprechen. Möge sie in Ihrem Unbewußten ihr Echo finden.

Der Prinz und der Zauberer

Es war einmal ein junger Prinz, der an alles glaubte außer an drei Dinge. Er glaubte nicht an Prinzessinnen, er glaubte nicht an Inseln und er glaubte nicht an Gott. Sein Vater, der König, sagte ihm, diese Dinge existierten nicht. Und da es im Reich seines Vaters keine Prinzessinnen oder Inseln und kein Anzeichen von Gott gab, glaubte der junge Prinz seinem Vater.

Aber eines Tages lief der Prinz von dem väterlichen Palast fort. Er kam in das Nachbarland. Dort sah er zu seiner Verwunderung von jeder Küste aus Inseln und auf diesen Inseln seltsame und verwirrende Geschöpfe, die er nicht zu benennen wagte. Während er sich nach einem Boot umsah, kam ihm an der Küste ein Mann im Frack entgegen.

„Sind das wirkliche Inseln?" fragte der junge Prinz.

„Natürlich sind das wirkliche Inseln", sagte der Mann im Frack.

„Und diese seltsamen und verwirrenden Geschöpfe?"

„Das sind ganz echte Prinzessinnen."

„Dann muß Gott auch existieren!" rief der Prinz.

„Ich bin Gott", erwiderte der Mann im Frack und verbeugte sich.

Der junge Prinz kehrte, so schnell er konnte, nach Hause zurück.

„Da bist du ja wieder", sagte sein Vater, der König.

„Ich habe Inseln gesehen, ich habe Prinzessinnen gesehen, ich habe Gott gesehen", sagte der Prinz vorwurfsvoll.

Der König war völlig ungerührt: „Es gibt weder wirkliche Inseln noch wirkliche Prinzessinnen noch einen wirklichen Gott."

„Ich habe sie aber gesehen!"

„Sage mir, wie Gott gekleidet war."

„Gott war festlich gekleidet, im Frack."

„Waren die Ärmel seines Mantels zurückgeschlagen?"

Der Prinz erinnerte sich, daß es so war. Der König lächelte.

„Das ist die Uniform eines Magiers. Du bist getäuscht worden."

Darauf kehrte der Prinz wieder in das Nachbarland zurück und ging an dieselbe Küste, wo ihm wieder der Mann im Frack entgegenkam.

„Mein Vater, der König, hat mir gesagt, wer du bist", sagte der junge Prinz entrüstet. „Du hast mich beim vorigen Mal getäuscht, aber diesmal nicht. Ich weiß jetzt, daß das keine wirklichen Inseln und keine wirklichen Prinzessinnen sind, denn du bist ein Zauberer."

Der Mann an der Küste lächelte.

„Nein, *du* bist getäuscht worden, mein Junge. In deines Vaters Königreich gibt es viele Inseln und viele Prinzessinnen. Aber du bist von deinem Vater verzaubert, darum kannst du sie nicht sehen."

Der Prinz kehrte nachdenklich nach Hause zurück. Als er seinen Vater erblickte, sah er ihm in die Augen.

„Vater, ist es wahr, daß du kein wirklicher König bist, sondern nur ein Zauberer?"

Der König lächelte und rollte seine Ärmel zurück.

„Ja, mein Sohn, ich bin nur ein Zauberer."

„Dann war der Mann an der Küste Gott."

„Der Mann an der Küste war ein anderer Zauberer."

„Ich muß aber die wirkliche Wahrheit wissen, die Wahrheit jenseits der Zauberei."

„Es gibt keine Wahrheit jenseits der Zauberei", sagte der König.

Der Prinz war von Traurigkeit erfüllt.

Er sagte: „Ich werde mich umbringen."

Der König zauberte den Tod herbei. Der Tod stand in der Tür und winkte dem Prinzen.

Den Prinzen schauderte. Er erinnerte sich der wundervollen, aber unwirklichen Inseln und der unwirklichen, aber herrlichen Prinzessinnen.

„Nun gut", sagte er. „Ich kann es ertragen."

„Du siehst, mein Sohn", sagte der König, „daß du im Begriff bist, selbst ein Zauberer zu werden."

Aus: John Fowles, *The Magus*, 1977 (Jonathan Cape and Sons); dt.: *Der Magus*, München 1969 (Ullstein), S. 607 f.

Reframing und die Transformation von Bedeutung

Es gibt nichts, das an sich gut oder schlecht wäre, nur das Denken macht es so.

William Shakespeare

Zu jeder Zeit war die Menschheit auf der Suche nach Sinn. Ereignisse finden statt, aber sie sind nicht wichtig, bis wir ihnen Sinn verleihen, sie zu allem anderen in unserem Leben in Beziehung setzen und die möglichen Konsequenzen einschätzen. Wir lernen von unserer Kultur und unserer individuellen Erziehung, was Dinge bedeuten. Für frühere Völker hatten astronomische Phänomene große Bedeutung, Kometen waren die Vorzeichen von Veränderung, die Beziehung der Sterne und Planeten beeinflußte das individuelle Schicksal. Heutzutage nehmen Wissenschaftler Sonnen- und Mondfinsternisse und Kometen nicht persönlich. Sie sind wunderbar anzusehen und bestätigen, daß das Universum immer noch den Gesetzen folgt, die wir uns dafür ausgedacht haben.

Was bedeutet ein heftiger Regenguß? Schlechte Nachrichten, wenn Sie draußen ohne Regenmantel herumlaufen. Gute Nachrichten, wenn Sie ein Landwirt sind und vorher eine große Trockenperiode herrschte. Schlechte Nachrichten, wenn Sie der Gastgeber einer Gartenparty sind. Gute Nachrichten, wenn Ihr Krikketteam kurz vor dem Verlieren steht und das Spiel abgepfiffen wird. Die Bedeutung eines jeden Ereignisses hängt von dem Rahmen ab, in den Sie es stellen. Wenn Sie den Rahmen wechseln, wechseln Sie auch die Bedeutung. Wenn sich die Bedeutung verändert, verändern sich auch Ihre Reaktionen und Verhaltensweisen. Die Fähigkeit des *Reframing*, des Rahmenwechselns und Umdeutens, gibt Ihnen größere Freiheit und Wahlmöglichkeiten.

Ein Bekannter von uns fiel hin und verletzte sich schlimm am Knie. Dies war schmerzhaft und bedeutete, daß er kein Squash spielen durfte, ein Spiel, das ihm viel Spaß machte. Er „reframte" den Unfall und deutete ihn als eine Gelegenheit statt als Einschränkung, konsultierte Ärzte und Physiotherapeuten und fand heraus, wie die Muskeln und Sehnen des Knies funktionierten. Glücklicherweise kam er ohne eine Operation davon. Er stellte sich selbst ein Übungsprogramm zusammen, und nach sechs Monaten war sein Knie kräftiger, als es je gewesen war, und er war fitter und gesünder geworden. Er korrigierte die gewohnten Körper(fehl)haltungen, die erst dazu geführt hatten, daß sein Knie schwach geworden war. Selbst beim Squash wurde er viel besser. Seine Knieverletzung war sehr hilfreich. Unglück ist eine Frage der Sichtweise.

Metaphern sind Kunstgriffe zum Reframen, zum Umdeuten. Es gibt dieses wohlbekannte Beispiel eines Mannes, der eines Nachts aufwachte und fühlte, wie das scharfe Ende einer rostigen Sprungfeder seiner alten Matratze in seinem Rücken bohrte. Welchen möglichen Nutzen konnte eine alte Matratzenfeder haben? (Außer dem, ihn des Schlafes zu berauben.) Er deutete sie in einen stilvollen Eierbecher um und gründete eine erfolgreiche Firma auf der Grundlage dieser Idee.

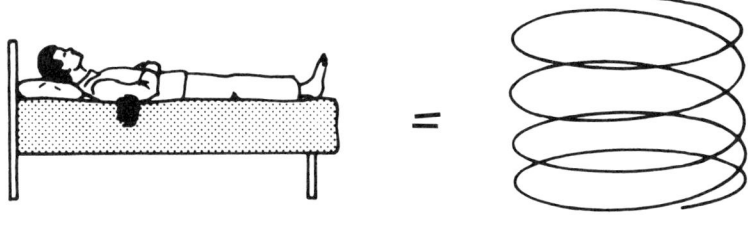

Ein Schmerz im Rücken   Ein Eierbecher

Witze sind Umdeutungen. Fast jeder Witz arbeitet damit, alle Ereignisse in einen bestimmten Rahmen zu stellen und diesen dann plötzlich und drastisch zu wechseln. Bei Witzen nimmt man einen Gegenstand oder eine Situation und stellt diese dann urplötzlich in einen anderen Zusammenhang oder gibt ihnen einen anderen Sinn. [An dieser Stelle folgt im englischen Original ein Witz, der mit einem phonetischen Wortspiel arbeitet: *Why do anarchists drink herbal tea? – Because property is theft.* Man beachte die ähnliche Aussprache von *(herbal) tea* und *(proper-)ty*. Da solche Lautgleichheiten im Deutschen seltener vorkommen: Warum zünden einige Leute eine Kerze an, wenn sie dieses Buch lesen? (Antwort am Ende des Kapitels)]

Umdeuten ist keine Zauberei *(sleight of mouth patterns)*

Hier sind einige Beispiele für unterschiedliche Sichtweisen zu derselben Aussage:

„*Meine Arbeit läuft schlecht, und ich bin deprimiert.*"

Generalisieren: Vielleicht fühlst du dich nur generell mies, und deine Arbeit ist in Ordnung.
Auf sich selbst beziehen: Vielleicht machst du dich selbst erst deprimiert, indem du das denkst.
Werte oder Kriterien herausfinden: Was ist dir wichtig an deiner Arbeit, und was glaubst du, was schlecht läuft?
Positives Ziel: Das könnte bewirken, daß du besser arbeitest, um dieses Problem zu lösen.
Das Ziel verändern: Vielleicht mußt du den Job wechseln.
Ein weiteres Ziel setzen: Kannst du irgend etwas Nützliches daraus lernen, wie deine Arbeit zur Zeit läuft?
Eine Metapher erzählen: Es ist ein bißchen wie Laufen lernen ...
Neu definieren: Deine Depression könnte bedeuten, daß du ärgerlich bist, weil deine Arbeit unrealistische Anforderungen an dich stellt.
Einen Schritt nach unten gehen (step down): Welche Bereiche sind es genau, die schlecht laufen?
Einen Schritt nach oben gehen (step up): Wie geht es dir denn im allgemeinen?
Gegenbeispiel: Ist deine Arbeit je schlecht gelaufen, ohne daß du deprimiert warst?
Positive Absicht: Das zeigt, daß dir deine Arbeit wichtig ist.
Zeitrahmen: Das ist eine bestimmte Phase, es wird bald vorbei sein.

Reframing ist keine Methode, die Welt durch eine rosarote Brille zu betrachten, so daß alles „wirklich" gut ist. Probleme verschwinden nicht von selbst, man muß immer noch daran arbeiten, aber je mehr Möglichkeiten Sie haben, sie zu betrachten, desto leichter können sie gelöst werden. Deuten Sie Dinge um, um den möglichen Gewinn zu sehen, und stellen Sie Erfahrungen in einer Art und Weise dar, die Sie unterstützt, Ihre eigenen Ziele und die Ziele, die Sie mit anderen gemeinsam haben, zu erreichen. Sie sind nicht frei, wenn Sie sich von Kräften jenseits Ihrer eigenen Kontrolle getrieben sehen. Reframen Sie es, so daß Sie Raum gewinnen, um sich zu bewegen.

Es gibt zwei hauptsächliche Arten von Reframing: Kontext- und Inhalts-Reframing.

Kontext-Reframing

Nahezu alle Verhaltensweisen sind *irgendwo* sinnvoll. Es gibt sehr wenige, die nicht in irgendeinem Zusammenhang Wert und Zweck haben. Wenn Sie sich in einer überfüllten Hauptstraße nackt ausziehen, bringt Sie das ins Kittchen, aber in einem FKK-Camp kämen Sie vielleicht ins Gefängnis, wenn Sie es nicht täten. Ihre Zuhörer in einem Seminar zu langweilen ist nicht empfehlenswert, aber die Fähigkeit ist nützlich, um ungebetene Gäste loszuwerden. Sie werden nicht beliebt sein, wenn Sie Ihren Freunden und Ihrer Familie bizarre Lügen auftischen, aber Sie werden vielleicht berühmt, wenn Sie Ihre Phantasie nutzen, um einen Bestseller zu schreiben. Wie ist es mit Unentschlossenheit? Sie könnte nützlich sein, wenn Sie sich nicht entscheiden können, ob Sie Ihre Geduld verlieren sollen ... oder nicht ... und dann die ganze Geschichte vergessen.

Reframing des Zusammenhangs, des Kontextes funktioniert am besten bei Aussagen wie: „Ich bin zu ..." oder „Ich wünschte, ich könnte damit aufhören ..." Fragen Sie sich:
„Wann wäre dieses Verhalten nützlich?"
„Wo wäre dieses Verhalten eine Ressource?"

Wenn Sie einen Kontext finden, in dem das Verhalten angemessen ist, könnten Sie es mental in genau diesem Zusammenhang durchlaufen und sich ein geeigneteres Verhalten für den Originalkontext überlegen. Der Generator für neues Verhalten kann dabei hilfreich sein.

Wenn ein Verhalten von außen betrachtet merkwürdig erscheint, kommt das meist daher, daß der Betreffende in Downtime, also nach innen gerichtet ist und einen inneren Kontext aufgebaut hat, der nicht mit der Außenwelt zusammenpaßt. Übertragung in der Psychotherapie ist ein solches Beispiel. Der Patient reagiert auf den Therapeuten in derselben Weise, wie er viele Jahre vorher auf seine Eltern reagiert hat. Was für ein Kind angemessen war, ist für einen Erwachsenen nicht länger nützlich. Der Therapeut muß das Verhalten reframen und dem Patienten helfen, andere Verhaltensmöglichkeiten zu entwickeln.

Inhalts-Reframing

Der Inhalt einer Erfahrung ist alles, worauf Sie ihre Aufmerksamkeit richten. Die Bedeutung kann alles sein, was Sie möchten. Als die zweijährige Tochter eines der Autoren ihn fragte, was es bedeute zu lügen, erklärte er in gewichtigem väterlichem Ton (indem er ihr Alter und Verständnis wohl bedachte), daß es bedeutete, daß man mit Absicht etwas sagt, was nicht wahr ist, damit jemand anders denkt, das es stimmt, obwohl es nicht wahr ist. Das kleine Mädchen dachte für einen Moment darüber nach, und dann hellte sich ihr Gesicht auf.

„Das ist ja *lustig!*" sagte sie. „Laß uns das machen!"

Wir verbrachten die nächsten fünf Minuten damit, uns gegenseitig unerhörte Lügen zu erzählen.

Inhalts-Reframing wird mit Gewinn bei Aussagen angewandt wie: „Ich werde sauer, wenn Leute Forderungen an mich stellen" oder „Ich bekomme Panik, wenn ein Abgabetermin naht."

Machen Sie sich bewußt, daß diese Arten von Aussagen über Ursache und Wirkung Verstöße gegen das Meta-Modell sind. Fragen Sie sich:

„Was könnte dies noch bedeuten?"
„Was ist der positive Wert dieses Verhaltens?"
„Wie könnte ich dieses Verhalten noch beschreiben?"

Politik ist die Kunst des Inhalts-Reframings par excellence. Gute Wirtschaftsdaten können als Ausnahme interpretiert werden, wenn Sie einen generellen Abwärtstrend aufzeigen wollen, oder aber als ein Anzeichen für Hochkonjunktur, – je nachdem auf welcher Seite im Parlament Sie sitzen. Hohe Zinsen sind schlecht für Leute, die sich Geld leihen wollen, aber gut für Sparer. Verkehrsstaus sind ein fürchterliches Ärgernis, wenn man drinsteckt, aber sie wurden von einem Minister [in Großbritannien, Anm. d. Übers.] auch als ein Zeichen von Wohlstand interpretiert. Wenn die Verkehrsstaus in London beseitigt würden, so wurde er zitiert, würde dies den Tod der Hauptstadt als Arbeitsplatzzentrum *bedeuten*.

„Wir blasen nicht zum Rückzug", sagte ein General, „wir schreiten nach rückwärts voran." Werbung und Verkauf sind andere Bereiche, wo Reframing sehr wichtig ist. Produkte werden ins bestmögliche Licht gerückt. Werbeanzeigen sind Rahmen für ein Produkt. Kaffee trinken *bedeutet*, daß Sie sexy sind; Weichspüler zu benutzen *bedeutet*, daß Sie sich um Ihre Familie sorgen; dieses Brot zu kaufen *bedeutet*, daß Sie intelligent sind. Reframing ist so allgegenwärtig, daß Sie Beispiele sehen werden, wo immer Sie auch hinschauen.

Einfache Umdeutungen werden wahrscheinlich keine drastischen Veränderungen bewirken, aber wenn sie kongruent gegeben werden, vielleicht durch eine Metapher, und wichtige Fragen für einen bestimmten Menschen aufwerfen, kann dies sehr effektiv sein.

Absicht und Verhalten

Im Herzen des Reframing liegt die Unterscheidung zwischen Verhalten und Absicht: zwischen dem, was man tatsächlich tut, und dem, was man eigentlich durch dieses Verhalten zu erreichen versucht. Dies ist eine kritische Unterscheidung, die man machen muß, unabhängig davon, mit welchem Verhalten man es zu tun hat. Oft erreichen Sie mit dem, was Sie tun, nicht das, was Sie wollen. Beispielsweise macht sich eine Frau möglicherweise ständig Sorgen um ihre Familie. Dies ist ihre Art zu zeigen, daß sie sie liebt und sich um sie kümmert. Die Familie sieht es als Nörgeln an und nimmt es ihr übel. Ein Mann versucht vielleicht seine Liebe für seine Familie dadurch zu zeigen, daß er immer Überstunden macht. Die Familie wünscht sich, daß er mehr Zeit mit ihnen verbringt, selbst wenn das bedeuten würde, daß sie weniger Geld hätten.

Manchmal erreichen Sie mit Ihrem Verhalten das, was Sie wollen, aber es paßt nicht gut zu ihrer sonstigen Persönlichkeit. Zum Beispiel schmeichelt ein Arbeiter vielleicht seinem Chef und macht sich „lieb Kind", um eine Gehaltserhöhung zu bekommen, aber haßt sich selbst dafür. Zu anderen Zeiten wissen Sie vielleicht nicht einmal, was ein Verhalten versucht zu erreichen, es scheint nur absolut lästig zu sein. Hinter jedem Verhalten gibt es immer eine positive Absicht, – warum würden Sie es sonst tun? Alles, was man tut, ist auf ein Ziel hin ausgerichtet, es kann nur sein, daß dieses nicht mehr aktuell ist. Und einige Verhaltensweisen (Rauchen ist ein gutes Beispiel) erbringen viele unterschiedliche Ziele.

Der Weg, unerwünschtes Verhalten loszuwerden, ist nicht, mit Willenskraft zu versuchen, es zu stoppen. Dies garantiert, daß es bestehen bleibt, weil Sie ihm Aufmerksamkeit und Energie geben. Finden Sie eine andere, bessere Möglichkeit, ihre Absicht zu verwirklichen, eine, die mehr im Einklang mit Ihrer Gesamtpersönlichkeit steht. Man zerstört nicht die Gaslampen, bevor man Elektrizität installiert hat, es sei denn, man will im Dunkeln sitzen.

Wir bestehen aus vielen Teilpersönlichkeiten, die in erzwungener Verwandtschaft unter derselben Haut miteinander leben. Jeder Teil versucht, sein eigenes Ziel zu erreichen. Je mehr diese Teile miteinander verbunden werden können und in Harmonie zusammenarbeiten, um so glücklicher wird der Mensch sein. Wir bestehen aus einer Mischung von vielen Teilen, die oft miteinander im Konflikt sind. Das Gleichgewicht verändert sich ständig, es macht das Leben interessant. Es ist schwierig, völlig *kongruent* zu sein, vollkommen auf einen Handlungsweg gerichtet, und je wichtiger die Handlung, desto mehr Persönlichkeitsanteile müssen daran beteiligt sein.

Es ist schwierig, Gewohnheiten aufzugeben. Rauchen ist schlecht für den Körper, aber es entspannt Sie, beschäftigt Ihre Hände und erhält Freundschaften mit anderen. Das Rauchen aufzugeben, ohne diese anderen Bedürfnisse zu berücksichtigen, hinterläßt ein Vakuum. Um Mark Twain zu zitieren: „Das Rauchen aufgeben ist leicht. Ich tue es jeden Tag."

Reframing in sechs Schritten *(six step reframing)*

Wir sind uns selbst ebenso unähnlich, wie wir anderen unähnlich sind.

Montaigne

Das NLP benutzt ein stärker formalisiertes Reframing-Verfahren, um unerwünschtes Verhalten zu stoppen, indem es bessere Alternativen verfügbar macht. Auf diese Weise behält man den Gewinn des Verhaltens. Es ist ein bißchen so, als ginge man auf eine Reise. Pferd und Wagen scheinen die einzige Möglichkeit, dort hinzukommen, wo Sie hinwollen, so unbequem und langsam es auch ist. Dann sagt Ihnen ein Freund, daß es eigentlich auch Zugverkehr gibt und regelmäßige Flüge – andere und bessere Wege, Ihren Bestimmungsort zu erreichen.

Six step reframing wirkt sehr gut, wenn es einen Teil von Ihnen gibt, der Sie dazu bringt, sich auf eine Art zu verhalten, die Sie nicht mögen. Es kann ebenfalls bei psychosomatischen Symptomen angewandt werden.

1. Bestimmen Sie zuerst das Verhalten oder die Reaktion, die verändert werden soll.

Das geschieht normalerweise in der Form: „Ich möchte gerne ..., aber etwas hält mich davon ab." Oder: „Ich will dies nicht tun, aber es scheint, als lande ich immer wieder dabei, es doch zu tun." Wenn Sie mit jemand anderem arbeiten, brauchen Sie nicht unbedingt das problematische Verhalten zu kennen. Es spielt keine Rolle im Reframing-Prozeß, wie das Verhalten aussieht. Dies kann also „geheime", verdeckte Therapie sein.

Nehmen Sie sich einen Moment Zeit dafür, diesem Persönlichkeitsanteil zu danken und ihn zu würdigen für das, was er für Sie getan hat, und machen Sie klar, daß es nicht darum geht, ihn loszuwerden. Dies mag schwierig sein, wenn das Verhalten (lassen Sie es uns X nennen) sehr unangenehm ist, aber Sie können immerhin die gute Absicht würdigen, wenn auch nicht die Art, wie sie verfolgt wurde.

2. Nehmen Sie Kommunikation auf mit dem Persönlichkeitsanteil, der für das Verhalten verantwortlich ist.

Gehen Sie nach innen und fragen Sie: „Wird der Teil, der für X verantwortlich ist, jetzt mit mir im Bewußtsein kommunizieren?" Achten Sie darauf, welche Reaktion kommt. Halten Sie all Ihre Sinne offen für innere Bilder, Geräusche, Gefühle. Versuchen Sie nicht zu raten. Warten Sie auf ein eindeutiges Signal; es ist oft ein feines Körpergefühl. Können Sie genau dasselbe Zeichen bewußt reproduzieren? Wenn Sie es können, stellen Sie die Frage noch einmal, bis Sie ein Signal bekommen, daß Sie nicht willentlich steuern können.

Dies hört sich merkwürdig an, aber der verantwortliche Teil ist unbewußt. Wenn er Ihrer bewußten Kontrolle unterstehen würde, würden Sie ihn nicht reframen, sondern einfach stoppen.

Wenn Persönlichkeitsanteile miteinander im Konflikt stehen, gibt es immer Anzeichen, die ins Bewußtsein dringen. Haben Sie je einem Plan zugestimmt, während Sie zugleich Ihre Zweifel versteckten? Was macht dies mit Ihrer Stimmlage? Können Sie das Gefühl des Sinkens in Ihrer Magengrube beherrschen, wenn Sie gerade darin einwilligen, eine Arbeit zu übernehmen, während Sie sich viel lieber im Garten ausruhen würden? Kopfschütteln, Grimassen ziehen und Veränderungen der Stimme sind offensichtliche Anzeichen dafür, wie widerstreitende Persönlichkeitsanteile sich ausdrücken. Wenn es einen Interessenkonflikt gibt, taucht auch zugleich ein unwillkürliches Signal auf, das allerdings sehr schwach sein kann. Sie müssen wachsam sein. Das Signal ist das *aber* im „Ja, aber ..."

Nun müssen Sie diese Reaktion in ein Ja- oder Nein-Signal verwandeln. Bitten Sie den Teil, das Signal stärker werden zu lassen für „ja" und schwächer werden zu lassen für „nein". Bitten Sie um beide Signale nacheinander, so daß sie klar sind.

3. Trennen Sie die positive Absicht vom Verhalten.

Danken Sie dem Teil für seine Zusammenarbeit. Fragen Sie: „Wird der Teil, der für dieses Verhalten verantwortlich ist, mich wissen lassen, was er versucht zu tun?" Wenn die Antwort ein Ja-Signal ist, werden Sie die Absicht erkennen, und es könnte eine Überraschung für Ihr Bewußtsein sein. Danken Sie dem Teil für die Information und dafür, daß er dies für Sie tut. Denken Sie darüber nach, ob Sie tatsächlich einen Teil haben möchten, der dies tut.

Sie brauchen jedoch die Absicht nicht zu kennen. Wenn die Antwort auf Ihre Frage „nein" lautet, könnten Sie die Umstände erfragen, unter denen der Teil gewillt wäre, Sie erkennen zu lassen, was er versucht für Sie zu erreichen. Andernfalls nehmen Sie eine gute Absicht an. Dies bedeutet *nicht*, daß Sie das Verhalten mögen, lediglich, daß Sie annehmen, daß der Teil einen Zweck hat und daß er Ihnen in gewisser Weise hilft.

Gehen Sie nach innen und fragen Sie den Teil: „Wenn du Möglichkeiten bekommen würdest, die dich befähigen würden, diese Absicht mindestens genauso gut zu erfüllen, wenn nicht besser, würdest du sie ausprobieren wollen?" Ein „Nein" an diesem Punkt würde bedeuten, daß Ihre Signale durcheinandergekommen sind. Kein Teil könnte bei vollem Verstand solch ein Angebot ablehnen.

4. Bitten Sie Ihren kreativen Teil, neue Möglichkeiten und Wege zu finden, die denselben Zweck erfüllen.

In Ihrem Leben gab es Zeiten, in denen Sie kreativ und ressourcenreich waren. Bitten Sie den Teil, mit dem Sie arbeiten, seine positive Absicht dem kreativen, ressourcenreichen Persönlichkeitsanteil mitzuteilen. Der kreative Teil wird dann in der Lage sein, andere Möglichkeiten zu finden, um die gleiche Absicht zu erfüllen. Einige werden gut sein, andere nicht so gut. Einige werden Sie vielleicht bewußt wahrnehmen, aber es macht nichts, wenn nicht. Bitten Sie den Teil, nur diejenigen auszuwählen, die er als gut oder besser beurteilt als das ursprüngliche Verhalten. Sie müssen unmittelbar zugänglich und verfügbar sein. Bitten Sie den Teil, das Ja-Signal jedes Mal zu geben, wenn er eine andere Wahlmöglichkeit hat. Machen Sie so lange weiter, bis Sie wenigstens drei Ja-Signale bekommen. Sie können sich für diesen Teil des Prozesses so viel Zeit nehmen, wie Sie möchten. Danken Sie Ihrem kreativen Teil, wenn Sie damit fertig sind.

5. Fragen Sie den Persönlichkeitsanteil X, ob er damit einverstanden ist, die neuen Wahlmöglichkeiten statt des alten Verhaltens während der nächsten paar Wochen anzuwenden.

Dies ist *future pacing*, mentales Durchlaufen des neuen Verhaltens in einer zukünftigen Situation.

Wenn bis jetzt alles gut gelaufen ist, gibt es keinen Grund, warum Sie nicht ein Ja-Signal bekommen sollten. Wenn Sie ein Nein bekommen, versichern Sie dem Teil, daß er immer noch auf das alte Verhalten zurückgreifen kann, daß Sie ihn aber bitten würden, zuerst die neuen Wahlmöglichkeiten auszuprobieren.

Wenn Sie immer noch ein Nein bekommen, können Sie den Teil, der Einwände hat, reframen, indem Sie ihn durch den ganzen Six-step-reframing-Prozeß führen.

6. Ökologie-Check

Sie müssen wissen, ob es irgendwelche anderen Teile gibt, die Einwände gegen Ihre neuen Wahlmöglichkeiten haben. Fragen Sie: „Hat irgendein anderer Teil von mir einen Einwand gegen die neuen Möglichkeiten?" Seien Sie sensibel für jegliche Signale. Seien Sie an dieser Stelle sehr gründlich. Wenn Sie ein Signal wahrnehmen, bitten Sie den Teil, das Signal zu verstärken, wenn es wirklich ein Einwand ist. Stellen Sie sicher, daß die neuen Wahlmöglichkeiten die Anerkennung aller interessierten Teile finden, ansonsten wird einer Ihre Arbeit sabotieren.

Wenn es einen Einwand gibt, können Sie zwischen zwei Dingen wählen. Entweder gehen Sie zurück zu Schritt 2 und reframen den Teil, der etwas einzuwenden hat, oder Sie bitten den kreativen Teil, sich unter Beratung mit dem Einwände erhebenden Teil mehr Wahlmöglichkeiten zu überlegen. Stellen Sie sicher, daß auch diese neuen Wahlmöglichkeiten wieder auf neue Einwände überprüft werden.

Six step reframing ist eine Technik für Therapie und persönliche Entwicklung. Sie berührt direkt verschiedene psychologische Themen.

Eins davon ist der *sekundäre Gewinn:* der Gedanke, daß – gleich wie bizarr oder destruktiv ein Verhalten zu sein scheint – es auf einer gewissen Ebene immer einem nützlichen Zweck dient und daß dieser Zweck wahrscheinlich unbewußt ist. Es macht keinen Sinn, etwas zu tun, das völlig unseren Interessen entgegensteht. Es gibt immer irgendeinen Gewinn, unsere Mischung von Motiven und Gefühle ist selten eine harmonische.

Ein anderer Punkt ist *Trance*. Jeder, der ein *six step reframing* macht, wird in einer leichten Trance sein, mit der Aufmerksamkeit nach innen gerichtet.

Drittens benutzt das *six step reframing* Fertigkeiten zum Verhandeln zwischen verschiedenen Teilen einer Person. Im nächsten Kapitel werden wir die Verhandlungstechniken zwischen Menschen im Geschäftsleben betrachten.

Zeitlinien *(time lines)*

Wir können nie in einer anderen Zeit sein als „jetzt", und wir haben eine Zeitmaschine in unserem Schädel. Wenn wir schlafen, steht die Zeit still. Und in unseren Tagträumen und Nachtträumen können wir ohne Schwierigkeiten zwischen Gegenwart, Vergangenheit und Zukunft hin- und herspringen. Die Zeit scheint zu fliegen oder sich endlos auszudehnen, je nachdem was wir tun. Was immer die Zeit wirklich ist, unsere subjektive Erfahrung verändert sie ständig.

Wir messen Zeit für die Außenwelt mit Hilfe von Entfernung und Bewegung – ein Zeiger, der sich auf einem Zifferblatt bewegt –, aber wie geht unser Gehirn mit Zeit um? Es muß eine bestimmte Methode geben, sonst wüßten wir nie, ob wir etwas schon getan haben oder ob wir es noch tun müssen; ob es zu unserer Vergangenheit gehört oder zu unserer Zukunft. Es wäre schwierig, mit einem Gefühl von *déjà vu* in bezug auf die Zukunft zu leben. Was macht den Unterschied in der Art und Weise, wie wir über vergangene und zukünftige Ereignisse denken?

Vielleicht können wir einige Hinweise aus den vielen Redensarten ableiten, die wir über Zeit haben: „Ich kann keine Zukunft sehen." – „Er ist in der Vergangenheit stecken geblieben." – „Auf Ereignisse zurückblicken." – „Ich sehe unserem Treffen mit Freude entgegen." Vielleicht haben das Sehen und die Richtung etwas mit der Zeit zu tun.

Wählen Sie nun eine einfache, wiederholte Tätigkeit aus, die Sie (fast) jeden Tag tun, wie zum Beispiel Ihre Zähne putzen, die Haare kämmen, die Hände waschen, frühstücken oder fernsehen.

Denken Sie an eine Zeit vor ungefähr fünf Jahren, als Sie dies getan haben. Es braucht keine bestimmte Situation zu sein. Sie wissen, daß Sie es vor fünf Jahren gemacht haben, und können so tun, als würden Sie sich erinnern.

Nun denken Sie daran, wie Sie das Gleiche vor einer Woche getan haben.

Nun denken Sie, wie es wäre, wenn Sie es genau in diesem Augenblick tun würden.

Jetzt in einer Woche.

Jetzt denken Sie daran, wie Sie es in fünf Jahren tun. Es macht nichts, daß Sie nicht wissen, wo Sie dann sein werden, denken Sie einfach nur an die Handlung.

Nun nehmen Sie diese fünf Beispiele. Wahrscheinlich haben Sie eine Art Bild für jede Situation. Es kann ein Film sein oder ein Schnappschuß. Falls ein Kobold sie nun plötzlich alle vertauschen würde, wenn Sie gerade nicht hingucken, wie könnten Sie sagen, welche zu welcher Zeit war?

Vielleicht haben Sie Interesse, dies für sich selbst herauszufinden. Später werden wir dazu allgemeine Hinweise anbieten.

Schauen Sie sich diese Bilder noch einmal an. Was sind die *Unterschiede* zwischen den Bildern in bezug auf die folgenden Submodalitäten?

Wo sind sie im Raum angesiedelt?

Wie groß sind sie?

Wie hell?

Wie deutlich?

Sind sie alle gleich farbig?

Sind es sich bewegende Bilder oder stehen sie still?

Wie weit sind sie entfernt?

Es ist schwierig, Allgemeines über Zeitlinien zu sagen, aber eine weitverbreitete Art und Weise, Bilder aus der Vergangenheit, der

Gegenwart und Zukunft zu ordnen, ist diejenige durch räumliche Anordnung. Die Vergangenheit ist wahrscheinlich auf Ihrer linken Seite. Je weiter Sie in die Vergangenheit gehen, desto weiter sind die Bilder entfernt. Die „dunkle, verschwommene, entfernte" Vergangenheit wird am weitesten weg sein. Die Zukunft wird nach rechts gehen, wobei die ferne Zukunft am Ende der Linie ist. Die Bilder auf jeder Seite mögen gestapelt sein oder in einer Weise nebeneinanderliegen, daß Sie sie sehen und leicht sortieren können (vgl. S. 215). Viele Menschen benutzen das visuelle System, um eine Folge von Erinnerungen über die Zeiten hinweg darzustellen, aber es kann genausogut auch Unterschiede in den Submodalitäten der anderen Repräsentationssysteme geben. Geräusche sind möglicherweise lauter, wenn sie näher an der Gegenwart sind, Gefühle können stärker sein.

Glücklicherweise verbindet sich diese Art, Zeit zu organisieren, mit den normalen Augen-Zugangshinweisen, was vielleicht erklärt, warum es ein so allgemein verbreitetes Muster ist. Es gibt viele Möglichkeiten, Ihre Zeitlinie zu organisieren. Wenn es auch keine „falschen" Zeitlinien gibt, haben sie doch alle ihre Konsequenzen. Wo und wie Sie Ihre Zeitlinie abspeichern, wird die Art Ihres Denkens beeinflussen ...

Nehmen Sie beispielsweise an, Ihre Vergangenheit wäre direkt vor Ihnen. Sie wäre immer im Blickfeld und würde Ihre Aufmerksamkeit anziehen. Ihre Vergangenheit wäre dann ein wichtiger und einflußreicher Teil Ihrer Erfahrung.

Große, leuchtende Bilder in der fernen Zukunft dagegen würden diese sehr attraktiv machen und Sie dorthin ziehen. Sie wären zukunftsorientiert. Die *unmittelbare* Zukunft wäre schwierig zu planen. Wenn die Bilder der *nahen* Zukunft groß und leuchtend wären, könnte langfristige Planung schwierig werden. Allgemein gesagt: Immer das, was groß, leuchtend und farbenfroh ist (wenn dies Ihre entscheidenden Submodalitäten sind), wird am attraktivsten sein, und Sie werden ihm die meiste Aufmerksamkeit schenken. Man kann tatsächlich sagen, daß jemand eine „düstere" Vergangenheit oder ein „strahlende" Zukunft hat.

Die Submodalitäten verändern sich vielleicht schrittweise. Zum Beispiel: Je heller das Bild oder je schärfer der Fokus, desto näher an der Gegenwart. Diese zwei Submodalitäten sind geeignet, um schrittweise Veränderung zu beschreiben. Manche Menschen sortieren ihre Bilder einzeln, jedes auf seine Weise, indem sie bestimmte Orte besetzen, wobei jede Erinnerung von der vorhergehenden getrennt ist. Diese Leute neigen dazu, eher abgehackte Stakkato-Gesten zu machen als fließende, gleitende Gesten, wenn sie über ihre Erinnerungen sprechen.

Die Zukunft ist vielleicht auf einem langen Weg vor Ihnen ausgebreitet, und es macht Ihnen Schwierigkeiten, (Abgabe-)Termine einzuhalten, die weit weg erscheinen, bis sie sich plötzlich vor Ihnen auftürmen. Wenn die Zukunft andererseits zu gedrängt ist und wenn zu wenig Platz zwischen den Zukunftsbildern ist, fühlen Sie sich vielleicht unter Zeitdruck, alles sieht so aus, als müßte es jetzt sofort getan werden. Manchmal ist es nützlich, die Zeitlinie zusammenzuziehen, manchmal sollte man sie eher ausdehnen. Es kommt darauf an, was Sie wollen. Der gesunde Menschenverstand sagt, daß Menschen, die auf die Zukunft hin orientiert sind, sich generell schneller von Krankheiten erholen, und medizinische Studien haben dies bestätigt. *Time line-Therapie* könnte bei ernsten Krankheiten zur Genesung beitragen.

Zeitlinien sind wichtig für den Realitätssinn einer Person, und von daher ist es schwierig, sie zu verändern, wenn die Veränderung nicht ökologisch ist. Die Vergangenheit ist auf eine Weise real, wie es die Zukunft nicht ist. Die Zukunft existiert mehr als Potential oder Möglichkeit. Sie ist ungewiß. Die Submodalitäten der Zukunft reflektieren dies meist auf gewisse Weise. Die Zeitlinie teilt sich vielleicht in mehrere Äste, oder die Bilder werden undeutlich.

Zeitlinien sind wichtig in der Therapie. Wenn ein Klient für sich keine Zukunft sehen kann, werden viele Techniken nicht funktionieren. Viele NLP-Therapietechniken setzen die Fähigkeit voraus, sich durch die Zeit zu bewegen, um sich Ressourcen aus der Vergangenheit zugänglich zu machen oder verlockende Zukunftsentwürfe zu konstruieren.

Zeitlinien

In der Zeit und durch die Zeit

In seinem Buch *Time Line Therapy and the Basis of Personality* [Siehe Literaturverzeichnis] beschreibt Tad James zwei Haupttypen von Zeitlinien. Die erste wird „durch die Zeit" genannt *(through time)* oder der angloeuropäische Zeittyp, bei dem die Zeit von einer Seite zur anderen verläuft. Die Vergangenheit ist auf einer Seite, die Zukunft auf einer anderen, und der Mensch kann beide vor sich sehen. Den zweiten Typ nennt er „in der Zeit" *(in time)* oder arabische Zeit, wobei sich die Zeitlinie von vorn nach hinten erstreckt, so daß ein Teil (normalerweise die Vergangenheit) hinten und unsichtbar ist. Man muß den Kopf herumdrehen, um sie zu sehen.

Menschen, die „durch die Zeit" sind, haben eine gute sequentielle, lineare Vorstellung von Zeit. Sie erwarten, daß man Termine verabredet und genau einhält. Dies ist die Zeitlinie, die in der Wirtschaft maßgeblich ist. „Zeit ist Geld." Ein „Durch die Zeit"-Mensch wird seine Vergangenheit wahrscheinlich auch eher in Form von dissoziierten Bildern abspeichern.

„In der Zeit"-Menschen haben nicht den Vorteil, daß die Vergangenheit und die Zukunft vor ihnen ausgebreitet liegt. Sie befinden sich immer im gegenwärtigen Augenblick, daher sind Abgabetermine, geschäftliche Verabredungen und das Einhalten der Zeit weniger wichtig als für einen „Durch die Zeit"-Menschen. Sie sind eng mit ihrer Zeitlinie verbunden, und ihre Erinnerungen sind wahrscheinlich eher assoziiert. Dieses Modell, mit der Zeit umzugehen, ist in östlichen, besonders in arabischen Ländern verbreitet, wo geschäftliche Termine flexibler sind als in der westlichen Welt. Dies kann einen westlichen Geschäftsmann zur Verzweiflung treiben. Die Zukunft wird viel mehr als eine Reihe von Jetzt-Momenten angesehen, daher verschwindet der Zwang, sofort in dieser Minute handeln zu müssen.: Keine Sorge, da, wo das Jetzt herkommt, gibt es noch viel mehr davon.

In der Zeit und durch die Zeit 217

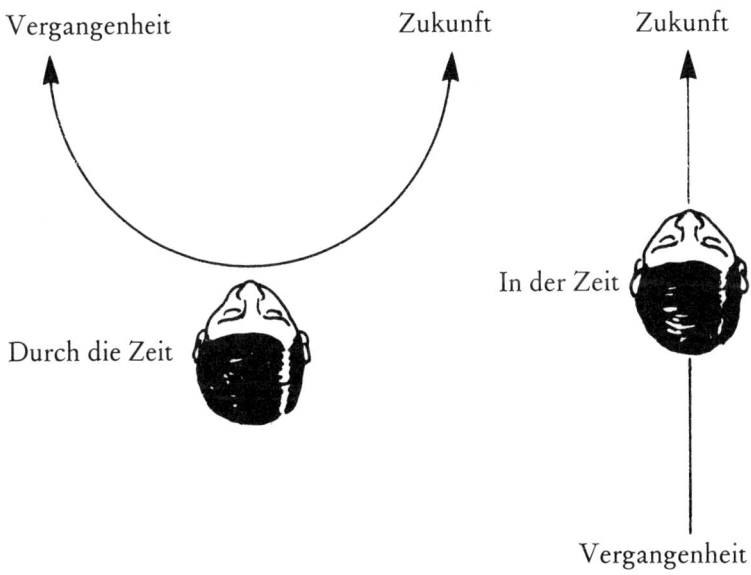

Zusammenfassung allgemeiner Aussagen über Unterschiede zwischen „in der Zeit" und „durch die Zeit"

Durch die Zeit	**In der Zeit**
westlich	östlich
von links nach rechts	von hinten nach vorn
Vergangenheit/Gegenwart/Zukunft	Zeit findet jetzt statt
vor uns sichtbar	nicht alles vor uns
geordnete Existenz	Zeit ist flexibel
Erinnerungen normalerweise dissoziiert	normalerweise assoziierte Einnerungen
Zeitpläne sind wichtig	Zeitpläne sind nicht so wichtig
schwieriger, im Hier und Jetzt zu bleiben	leicht, sich auf die Gegenwart zu fokussieren

Mit der Zeit sprechen

Die Sprache beeinflußt das Gehirn. Wir reagieren auf Sprache auf einer unbewußten Ebene. Wie wir über Ereignisse sprechen, wird die Art programmieren, wie wir sie im Geist repräsentieren, und daher auch, wie wir auf sie reagieren. Wir haben bereits einige Konsequenzen untersucht, die es hat, wenn man in Nominalisierungen, Universalquantoren, Modaloperatoren und anderen derartigen Mustern denkt. Selbst die Zeiten des Verbs sind nicht davon ausgenommen, oder (waren sie es – *were they*)?

Nun denken Sie bitte an eine Zeit, *als Sie gerade beim Wandern waren*.

Die Form dieses Satzes wird wahrscheinlich dazu führen, daß Sie an ein assoziiertes, bewegtes Bild denken. Wenn ich sage: Denken Sie an das letzte Mal, als Sie eine Wanderung *gemacht haben*, werden Sie wahrscheinlich ein dissoziiertes Standbild bekommen. Die Art der Worte hat die Bewegung aus dem Bild genommen. Und doch meinen beide Sätze das gleiche, nicht wahr?

Nun denken Sie an eine Zeit, da Sie eine Wanderung *machen werden*; immer noch dissoziiert. Nun an eine Situation, in der Sie *gerade dabei sein werden zu wandern*; jetzt haben Sie wahrscheinlich eher einen assoziierten Film.

Und *nun* werde ich Sie einladen, in der entfernten Zukunft zu sein und an ein Erlebnis aus der Vergangenheit zurückzudenken, das eigentlich noch nicht stattgefunden hat. Kompliziert? Überhaupt nicht; lesen Sie den nächsten Satz:

Denken Sie an einen Zeitpunkt, zu dem Sie eine Wanderung *gemacht haben werden*.

Nun erinnern Sie sich, wo Sie sind. Man beeinflußt andere und gibt ihnen durch das, was man sagt, eine zeitliche Orientierung. Wenn Sie dies wissen, haben Sie die Wahl, *wie* Sie sie beeinflussen wollen. Sie können es nicht vermeiden zu beeinflussen. Jede Kommunikation bewirkt etwas. Bewirkt sie das, was Sie wollen? Dient sie Ihrem Ziel?

Stellen Sie sich vor, wie eine ängstliche Person zwei unterschiedliche Therapeuten aufsucht. Der erste sagt: „Sie haben also Angst gehabt? Ist es das, was Sie empfunden haben?"

Der zweite sagt: „Sie haben also Angst? Was macht Ihnen denn immer wieder Angst?"

Der erste dissoziiert sie von ihrer Erfahrung des ängstlichen Gefühls und versetzt dies in die Vergangenheit. Der zweite assoziiert sie in ihre ängstlichen Gefühle und programmiert sie darauf, in der Zukunft Angst zu empfinden.

Ich weiß, zu welchem Therapeuten ich lieber gehen würde.

Dies ist nur ein Vorgeschmack davon, wie wir uns gegenseitig durch die Sprache in einer Weise beeinflussen, der wir uns im allgemeinen gar nicht bewußt sind.

Während Sie also jetzt darüber nachdenken, wie elegant und wirkungsvoll Ihre Kommunikation sein kann ... und mit diesen Ressourcen auf das zurückschauen, was Sie gemacht haben, bevor Sie sich veränderten ... Wie war das, als Sie so waren ... und welche Schritte haben Sie unternommen, um sich zu verändern ... während Sie jetzt hier sitzen ... mit diesem Buch in der Hand?

Warum zünden einige Leute erst eine Kerze an, bevor sie dieses Buch lesen? *Antwort:* Damit ihnen sofort ein Licht aufgeht.

Kapitel 7

Konflikt und Kongruenz

Wir leben alle in der gleichen Welt, und weil wir unterschiedliche Modelle davon entwickeln, kommen wir in Konflikt. Zwei Menschen können sich dasselbe Ereignis anschauen, dieselben Worte hören und ihnen vollkommen unterschiedliche Bedeutungen geben. Aus diesen Modellen und Sinngebungen bekommen wir eine Vielfalt an menschlichen Werten, politischen Richtungen, Religionen, Interessen und Motiven. Dieses Kapitel untersucht Verhandlungen und Übereinkünfte, mit denen widerstreitende Interessen in Einklang zu bringen sind, sowie einige der Möglichkeiten, wie diese bereits erfolgreich in der Geschäftswelt angewandt werden.

Zu den wichtigsten Teilen unserer Landkarte zählen die Einstellungen und Glaubenssätze und die Werte, die unser Leben prägen und ihm Sinn und Zweck verleihen. Sie bestimmen, was wir tun, und bringen uns möglicherweise in Konflikt mit anderen. Werte definieren, was uns wichtig ist; Konflikte beginnen, wenn wir darauf bestehen, daß das, was uns wichtig ist, auch für die anderen wichtig sein sollte. Manchmal konkurrieren verschiedene unserer eigenen Werte miteinander, und wir haben schwierige Entscheidungen zu fällen. Lüge ich für einen Freund? Soll ich den langweiligen Job für mehr Geld annehmen oder die interessante Arbeit, die schlecht bezahlt wird?

Unterschiedliche Teile in uns verkörpern unterschiedliche Werte, folgen unterschiedlichen Interessen, haben verschiedene

Absichten und kommen deshalb in Konflikt. Unsere Fähigkeit, auf ein Ziel hinzustreben, ist grundlegend davon beeinflußt, wie wir diese unterschiedlichen Teile unseres Selbst miteinander versöhnen und kreativ einsetzen. Es ist selten, daß man aus vollem Herzen und vollkommen kongruent, das heißt stimmig und mit sich im Einklang, auf ein Ziel zugeht, und je größer das Ziel, desto mehr Teile von uns werden mit einbezogen und desto größer die Möglichkeiten für Interessenkonflikte. Wir haben uns bereits mit der Technik des *six step reframing* (Reframing in sechs Schritten) beschäftigt, und im nächsten Kapitel werden wir weiter untersuchen, wie man einige dieser internen Konflikte lösen kann.

Innere Kongruenz verleiht Stärke und persönliche Ausstrahlung. Wir sind kongruent, wenn all unsere verbalen und nonverbalen Verhaltensweisen unserem Ziel dienen. Alle Teile sind in Harmonie, und wir haben freien Zugang zu all unseren Ressourcen. Kleinkinder sind fast immer kongruent. In Harmonie zu sein heißt nicht, daß alle Teile die *gleiche* Melodie spielen. In einem Orchester mischen sich die verschiedenen Instrumente miteinander, die Gesamtmelodie ist mehr, als jedes Instrument einzeln hervorbringen könnte, und es ist der Unterschied zwischen ihnen, der der Musik ihre Farbe gibt, sie interessant macht und ihr Harmonie verleiht. Wenn wir also kongruent sind, arbeiten unsere Einstellungen, Werte und Interessen zusammen und geben uns die Energie, unser Ziel zu verfolgen.

Wenn Sie eine Entscheidung treffen und dabei kongruent sind, dann wissen Sie, Sie können mit uneingeschränkter Aussicht auf Erfolg vorgehen. Die Frage stellt sich: Woran erkennen Sie, wann Sie kongruent sind? Hier ist eine einfache Übung, um Ihr inneres Signal für Kongruenz zu finden.

So identifizieren Sie Ihr Kongruenzsignal

Erinnern Sie sich an eine Zeit, als Sie etwas unbedingt haben wollten, ein bestimmtes Vergnügen, Geschenk oder eine Erfahrung, auf die Sie sich wirklich freuten. Während Sie so zurückdenken und sich in die Zeit und die Situation hineinversetzen, können *Sie beginnen zu erkennen, wie es sich anfühlt, kongruent zu sein.* Machen Sie sich mit diesem Gefühl vertraut, so daß Sie es in der Zukunft anwenden können, um festzustellen, ob Sie in bezug auf ein Ziel vollkommen kongruent sind. Nehmen Sie wahr, wie Sie sich fühlen, achten Sie auf die Submodalitäten der Erfahrung, während Sie daran zurückdenken. Können Sie ein inneres Gefühl entdecken, etwas, das Sie sehen oder hören können, das unzweifelhaft anzeigt, daß Sie kongruent sind?

Inkongruenz beinhaltet vermischte Botschaften – ein verstimmtes Instrument im Orchester, ein Farbfleck, der nicht ins Bild paßt. Vermischte innere Botschaften übertragen eine mehrdeutige Botschaft auf den anderen und resultieren in verworrenen Handlungen und Selbstsabotage. Wenn Sie einer Entscheidung gegenüberstehen und dabei inkongruent sind, stellt dies eine wertvolle Information Ihres Unbewußten dar. Es sagt Ihnen, daß es nicht weise ist, so weiterzumachen, und daß es Zeit ist nachzudenken, mehr Information zu sammeln, um mehr Wahlmöglichkeiten zu haben, oder andere Ziele zu erkunden. Die Frage ist hier: Woran erkennen Sie, wann Sie inkongruent sind? Machen Sie die folgende Übung, um Ihre Wahrnehmung für Ihr Inkongruenzsignal zu schärfen.

So identifizieren Sie Ihr Inkongruenzsignal

Denken Sie an eine Zeit zurück, als Sie bei einem bestimmten Plan Vorbehalte oder Zweifel hatten. Vielleicht hatten Sie das Gefühl, daß es eine gute Idee war, aber irgend etwas hat Ihnen gesagt, es könnte Sie in Schwierigkeiten bringen. Oder Sie konnten sich selbst sehen, wie Sie es tun würden, bekamen aber immer noch dieses unsichere Gefühl. Wenn Sie an die Vorbehalte denken, die Sie hatten, wird es in einem Teil Ihres Körpers ein bestimmtes Gefühl geben, oder vielleicht ein bestimmtes Bild oder ein Geräusch, das Ihnen deutlich macht, daß Sie nicht vollkommen „dabei" sind, nicht voll in der Sache aufgehen. Das ist Ihr Signal für Inkongruenz. Machen Sie sich mit ihm vertraut, es ist ein guter Freund, der Ihnen viel Geld sparen kann. Vielleicht möchten Sie verschiedene Erfahrungen auf dieses Gefühl hin untersuchen, von denen Sie wissen, daß Sie dabei Zweifel oder Bedenken hatten. Wenn Sie in der Lage sind, Inkongruenzen bei sich selbst zu entdecken, schützt Sie dies vor vielen Fehlern.

Gebrauchtwagenhändlern sagt man mangelnde Kongruenz nach. Inkongruenz kommt ebenfalls in Freudschen Fehlleistungen heraus; jemand, der die moderne *Arsch*itektur rühmt, ist offensichtlich nicht sehr von der Sache beeindruckt. Es ist unerläßlich, Inkongruenz bei anderen zu entdecken, wenn Sie einfühlsam und wirkungsvoll mit ihnen umgehen möchten. Zum Beispiel fragt ein Lehrer, der etwas erklärt hat, den Schüler, ob er es verstanden habe. Der Schüler sagt vielleicht ja, aber seine Stimme oder sein Gesichtsausdruck widersprechen dem. Im Verkauf wird ein Verkäufer, der beim Käufer nicht die Inkongruenz entdeckt und gut damit umgeht, wahrscheinlich keinen Abschluß machen, oder falls doch, bewirkt er beim Käufer Gewissensbisse und wird kein weiteres Geschäft mit ihm machen.

Werte und Kriterien

Unsere Werte bedingen sehr stark, ob wir in bezug auf ein Ziel kongruent sind. Werte verkörpern das, was uns wichtig ist. Sie werden von Glaubenssätzen und Einstellungen unterstützt. Wie die Glaubenssätze *(beliefs)* erwerben wir Werte durch Erfahrungen und durch das Modellieren, das Nachahmen von Familienangehörigen und Freunden. Werte stehen in Beziehung zu unserer Identität, sie sind uns wirklich wichtig; sie sind die fundamentalen Prinzipien, nach denen wir leben. Gegen unsere Werte zu handeln macht uns inkongruent. Werte geben uns Motivation und Richtung, sie sind die wichtigen Orte, die Hauptstädte in unserem Entwurf von der Welt, unserer Landkarte. Die Werte, die am längsten überdauern und uns am meisten beeinflussen, sind frei gewählt, nicht aufgedrängt. Sie werden im vollen Bewußtsein aller Konsequenzen gewählt und bringen viele positive Gefühle mit sich.

Dennoch sind Werte normalerweise unbewußt, und wir untersuchen sie selten auf eine klare Weise. Um in einer Firma aufzusteigen, müssen Sie viele Werte der Firma annehmen. Wenn diese sich von Ihren eigenen unterscheiden, könnte das zu Inkongruenz führen. Eine Firma beschäftigt möglicherweise nur eine halbe Arbeitskraft, wenn ein Angestellter in einer Schlüsselposition Werte hat, die mit seiner Arbeit kollidieren.

Im NLP benutzt man das Wort *Kriterien*, um die Werte zu beschreiben, die in einem bestimmten Kontext wichtig sind. Kriterien sind weniger allgemein und umfassend als Werte. Kriterien sind die Gründe, warum man etwas tut, und die Vorteile, die man daraus zieht. Es sind normalerweise Nominalisierungen wie Reichtum, Erfolg, Spaß, Gesundheit, Begeisterung, Liebe, Lernen, usw. Unsere Kriterien sind maßgebend dafür, warum wir arbeiten, für wen wir arbeiten, wen wir heiraten (wenn überhaupt), wie wir Beziehungen gestalten und wo wir leben. Sie bestimmen, was für ein Auto wir fahren, welche Kleidung wir kaufen oder wohin wir zum Essen ausgehen.

Durch Pacen der Werte oder Kriterien einer anderen Person werden Sie guten Rapport herstellen. Wenn Sie nur die Körperhaltung des anderen pacen, aber bei seinen Werten völlig „daneben" liegen, ist es unwahrscheinlich, daß Sie Rapport bekommen. Die Werte einer anderen Person zu pacen bedeutet nicht, daß Sie ihnen zustimmen müssen, aber es zeigt, daß Sie sie respektieren.

Kriterien herausfinden

Stellen Sie eine Liste der zehn wichtigsten Werte in Ihrem Leben auf. Sie können dies für sich allein tun oder mit einem Freund/einer Freundin, der/die Ihnen dabei hilft. Finden Sie Ihre Antworten heraus, indem Sie Fragen stellen wie:

Was ist mir wichtig?
Was motiviert mich wirklich?
Was muß für mich stimmen, was muß gegeben sein?

Kriterien und Werte müssen positiv ausgedrückt werden. Krankheiten zu vermeiden könnte ein Wert sein, aber es wäre besser, diesen als guten Gesundheitszustand zu beschreiben. Vielleicht finden Sie es recht einfach, die Werte herauszufinden, die Sie motivieren.

Kriterien sind mit hoher Wahrscheinlichkeit Nominalisierungen, und Sie brauchen das Meta-Modell, um sie zu entwirren. Was bedeuten sie in konkreten, praktischen Begriffen? Sie können dies dadurch herausfinden, daß Sie nach einem Beweis dafür fragen, der Ihnen zeigt, daß das Kriterium erfüllt wurde. Es mag nicht immer einfach sein, die Antworten zu finden, aber die Frage ist:

Woran würden Sie erkennen, ob das Kriterium erfüllt ist?

Wenn eins Ihrer Kriterien Lernen ist, was werden Sie lernen und wie? Was sind die Möglichkeiten? Und wie werden Sie wissen, daß Sie etwas gelernt haben? Ein Gefühl? Die Fähigkeit, etwas zu tun, was Sie vorher nicht konnten? Diese genauen Fragen sind wertvoll. Kriterien haben die Tendenz, hinter einer Nebelwand zu verschwinden, wenn sie mit der realen Welt in Kontakt kommen.

Wenn Sie herausgefunden haben, was diese Kriterien Ihnen wirklich bedeuten, können Sie fagen, ob sie realistisch sind. Wenn Sie im Ernst ein fünfstelliges Gehalt, einen Ferrari, ein Haus in der Innenstadt, ein Wochenendhaus und einen erfolgversprechenden, einflußreichen Arbeitsplatz in der Stadt wollen, und zwar alles vor Ihrem nächsten Geburtstag, werden Sie vielleicht wirklich enttäuscht sein. Enttäuschung, wie Robert Dilts zu sagen pflegt, bedarf einer entsprechend guten Planung. Um wirklich enttäuscht zu sein, müssen Sie sich lang und breit Dinge ausgemalt haben, die Sie gerne hätten geschehen sehen.

Kriterien sind vage und können von verschiedenen Leuten sehr unterschiedlich interpretiert werden. Ich erinnere mich an ein treffendes Beispiel eines Ehepaares, das ich gut kenne. Für die Ehefrau bedeutete Kompetenz, daß sie tatsächlich eine bestimmte Aufgabe erfolgreich ausgeführt hatte. Das war einfach deskriptiv und kein sehr hoch bewertetes Kriterium. Für den Ehemann bedeutete Kompetenz das Gefühl, daß er eine Aufgabe erfüllen könnte, *wenn er sich darauf konzentrierte*. Sich in dieser Weise kompetent zu fühlen gab ihm Selbstachtung und war von hohem Wert. Als sie ihn als inkompetent bezeichnete, geriet er ziemlich aus der Fassung – bis er verstand, was sie eigentlich meinte. Die Art und Weise, wie unterschiedlich Menschen das Kriterium der Attraktivität von Männern und Frauen sehen, ist die Kraft, die die Welt in Schwung hält.

Kriterienhierarchie

Viele Dinge sind Ihnen wichtig, und es ist ein nützlicher Schritt, ein Gefühl für die relative Wichtigkeit Ihrer Kriterien zu bekommen. Da Kriterien kontextbezogen sind, werden die Kriterien, die Sie an Ihre Arbeit anlegen, anders sein als die, die in Ihren persönlichen Beziehungen gelten. Mit Hilfe von Kriterien können wir Aspekte untersuchen wie das Engagement in einer Arbeit oder in einer Gruppe von Menschen. Hier ist eine Übung, um die Kriterien in dieser Frage herauszufinden:

1. Nehmen Sie an, sie hätten sich mit ganzem Herzen einer Gruppe angeschlossen. Was müßte für Sie eintreten, daß Sie sie verlassen? Finden Sie den Wert oder das Kriterium, das Sie motivieren würde zu gehen. Stürzen Sie sich nicht gleich auf Fragen von Leben oder Tod, denken Sie an etwas, das gerade reichen würde, den Ausschlag zu geben.

2. Als nächstes fragen Sie, was gegeben sein müßte, damit Sie bleiben, selbst wenn 1. passieren würde? Finden Sie das Kriterium, das dasjenige übertreffen würde, was Sie bei 1. entdeckt haben.

3. Dann fragen Sie, was eintreten müßte, damit Sie gehen, *nachdem* 1. *und* 2. eingetreten sind. Finden Sie ein noch wichtigeres Kriterium.

4. Machen Sie so lange weiter, bis Sie nicht weiter können, so daß Sie *nichts* dazu bringen würde zu bleiben, so weit, bis Ihr letztes Kriterium (n) eintritt. Sie werden sicherlich einige interessante Gedanken auf dem Weg von 1. zu n finden.

Sie können Kriterien auf vielfältige Weise anwenden. Erstens tun wir oft Dinge aus verqueren Gründen. Gründe, die unsere Werte nicht voll ausdrücken. Genauso kann es sein, daß wir vielleicht irgend etwas auf irgendeine Weise tun wollen, aber wir kriegen es nicht hin, weil andere, wichtigere Kriterien im Weg stehen. Dies stellt wieder die Verbindung mit den Zielen aus dem ersten Kapitel her. Ein Ziel muß vielleicht mit einem größeren Ziel verknüpft werden, das motivierend genug ist, weil es von wichtigen Kriterien gestützt wird. Kriterien liefern die Energie für Ziele. Wenn Sie etwas für sich wichtig und wertvoll machen können, indem Sie es mit hohen Kriterien verbinden, werden Barrieren verschwinden.

Nehmen Sie einmal an, Sie fänden es eine gute Idee, sich regelmäßig sportlich zu betätigen, um fit zu werden. Irgendwie vergeht die Zeit, und Sie kriegen es nicht auf die Reihe, weil es schwierig ist, in einer arbeitsreichen Woche Zeit dafür zu finden. Wenn Sie regelmäßiges Training mit attraktivem Aussehen und zusätzlicher Ausdauer für eine Sportart verknüpfen, die Ihnen Spaß bringt, wird dies den Zeitfaktor übertreffen, so daß Sie die Zeit dafür einrichten können. Normalerweise ist immer Zeit für das da, was wir wirklich tun wollen. Wir haben keine Zeit für Dinge, die uns nicht genügend motivieren.

Die Art, wie Sie an Ihre Kriterien denken, hat eine Submodalitätsstruktur. Die wichtigen Kriterien sind möglicherweise durch größere, nähere oder hellere Bilder repräsentiert, durch lautere Geräusche oder stärkere Gefühle, die vielleicht in bestimmten Körperteilen lokalisiert sind. Was sind die Submodalitäten Ihrer Kriterien, und woher wissen Sie, welches Kriterium für Sie wichtig ist? Es gibt keine Regeln, die in jedem Fall zutreffen. Es lohnt sich, diese Fragen selbst zu erforschen.

Hinauf- und hinabsteigen

Die Art, wie wir Ereignisse, Begriffe und Gedanken miteinander verbinden, bildet die Substanz für unsere Karten, die Straßen von einer Stadt zur anderen. Ein Problem zu verstehen heißt nicht nur, die entsprechenden Informationen zu haben, sondern auch, sie mit anderen Teilen Ihrer Landkarte zu verknüpfen. Als wir uns mit der Größe unserer Ziele beschäftigten, haben wir ein kleineres Ziel mit einem größeren verknüpft, um ihm Energie zu geben, und ein großes Ziel in eine Reihe von kleineren aufgeteilt, um es leichter handhaben zu können. Dies war ein Beispiel einer allgemeineren Idee, die im NLP als *chunking* oder *stepping* bekannt ist. *Chunking* ist ein Begriff aus der Computerwelt und bedeutet: etwas in kleine Einheiten unterteilen. *Chunk up* oder *step up*, ein schrittweises Hinaufgehen, bedeutet, vom Besonderen zum Allgemeinen zu gehen, von einem Teil zum Ganzen. *Chunking down* oder *stepping down*, schrittweises Hinuntergehen, ist die Bewegung vom Allgemeinen zum Besonderen, vom Ganzen zu einem Teil.

Die Idee ist einfach. Nehmen Sie zum Beispiel ein alltägliches Objekt wie einen Stuhl. Um eine Ebene höher zu gehen, würden Sie fragen: „Wofür ist er ein Beispiel?" Eine Antwort wäre: „Für ein Möbelstück." Sie könnten auch fragen: „Wovon ist er ein Teil?" Eine Antwort wäre: „Von einer Eßzimmergarnitur." Um hinunterzugehen, stellen Sie die Frage anders herum: „Was ist ein konkretes Beispiel dieser Klasse von Objekten, die als Stühle bekannt sind?" Eine Antwort wäre: „Ein Sessel." Eine höhere Ebene schließt immer alles ein, was auf der niedrigeren Ebene ist.

Sie können auch einen Schritt zur Seite machen und fragen: „Was ist ein anderes Beispiel für diese Klasse von Gegenständen?" Von einem Stuhl aus zur Seite wäre das zum Beispiel: „Ein Tisch." Seitwärts von einem Sessel könnte man antworten: „Liegestuhl". Das Seitwärts-Beispiel ist immer durch das bestimmt, was auf der nächsthöheren Ebene ist. Sie können nicht nach einem anderen Beispiel fragen, wenn Sie nicht wissen, wovon es ein anderes Beispiel ist. Im Meta-Modell wird diese Idee genutzt; es untersucht die Richtung nach unten und macht einen Gedanken immer spezifischer und genauer. Das Milton-Modell geht nach oben auf eine allgemeine Ebene, um somit alle konkreten Beispiele unterhalb mit einzuschließen.

Wenn jemand Sie um etwas zu trinken bittet und Sie ihm Kaffee anbieten, mag er vielleicht in Wirklichkeit Limonade. Sowohl Kaffee als auch Limonade sind Getränke. Sie brauchen genauere Information.

Stepping down führt zu konkreten, sinnlich wahrnehmbaren, realen Dingen und Ereignissen. (Zum Beispiel: Ich möchte 0,2 l Fizzo-Limonade, in einem schlanken Glas, mit einer Temperatur

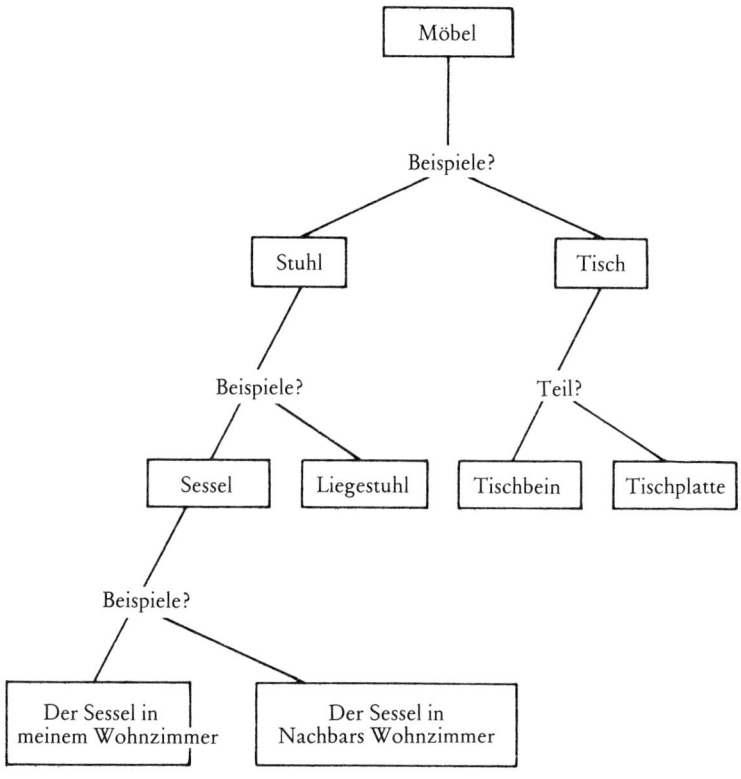

Hinauf- und hinabsteigen

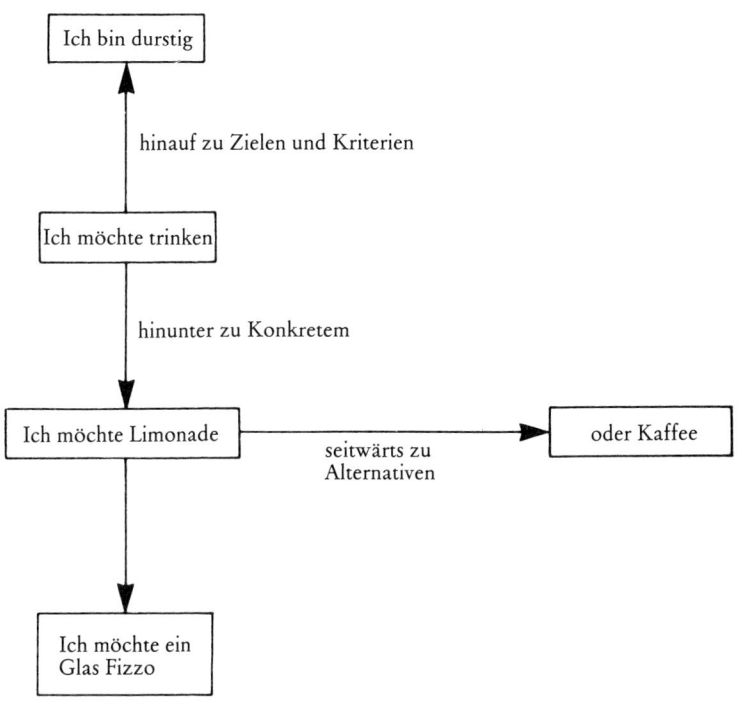

von 5° Celsius, mit drei Stückchen Eis, geschüttelt, nicht umgerührt.) Stepping up kann letztendlich zu Zielen und Kriterien führen (Ich möchte etwas zu trinken, weil ich Durst habe), wenn Sie auf einer höheren Ebene nach dem Warum fragen.

Witze machen sich das Schrittweise-Hinaufgehen sehr zunutze und verändern dann plötzlich ganz oben die Regeln. Menschen verbinden Dinge auf sonderbare und wundervolle Weise (natürlich von unserer eigenen Karte aus gesehen). Nehmen Sie nicht an, daß sie die gleichen Regeln zum Verknüpfen von Begriffen und Gedanken haben wie Sie. Glauben Sie bloß nicht, daß Sie ihre Regeln überhaupt kennen. Wie bei einem „Stille Post"-Spiel: Je weiter man kommt [wobei sich die Regeln beziehungsweise die Inhalte ständig etwas verändern; Anm. d. Übers.], desto weiter ist man von dem entfernt, was man zu kennen glaubt.

Hier folgt eine Übung dafür, wie man auf unterschiedlichen Wegen schrittweise nach oben gehen kann (stepping up). Kaffee kann mit jedem der folgenden Dinge auf andere Weise verbunden werden. Im ersten Beispiel gehören Tee und Kaffee beide zu einer allgemeineren Klasse, die man Getränke nennt. Schauen Sie, ob Sie unterschiedliche Möglichkeiten des Hinaufsteigens herausfinden können:

1. Tee und Kaffee? Getränke.
2. Süßkartoffeln und Kaffee?
3. Klinik und Kaffee?
4. Amphetamine und Kaffee?
5. Ignatia und Kaffee?

(Antworten am Ende des Kapitels)

Es ist also möglich, einen oder mehrere Schritte seitwärts zu sehr verschiedenen Dingen zu machen und an einer ganz anderen Stelle anzukommen. Es ist wie die vielzitierte Ansicht, daß Sie mit nur sechs sozialen Beziehungen in diesem welt-umfassenden Dorf bis zu jedem Menschen auf der Erde gelangen können: Ich kenne Fred (1), der Joan (2) kennt, die Susi (3) kennt, die Jim (4) kennt usw.

Noch einmal also zeigt sich: die Bedeutung hängt vom Kontext ab. Die Verbindungen, die wir herstellen, sind wichtig. Mauern werden nicht so sehr durch die Steine aufrechterhalten wie durch den Mörtel, der sie verbindet. Was für uns wichtig ist und wie wir Gedanken und Begriffe verknüpfen, ist wichtig in Konferenzen, Verhandlungen und im Verkauf.

Verkauf

Die Verkaufspsychologie hat bereits ganze Bibliotheken mit Büchern gefüllt, und wir werden dieses Thema hier nur ein klein wenig berühren, um einige Möglichkeiten des Einsatzes von NLP aufzuzeigen.

Verkauf wird oft mißverstanden, ähnlich wie Werbung. Eine weitverbreitete Definition beschreibt Werbung als die Kunst, die menschliche Intelligenz lange genug einzusperren, um Geld von ihr zu bekommen. In Wirklichkeit ist der ganze Zweck des Verkaufens, wie in dem Buch *The One Minute Sales Person* [dt.: *Das Minuten-Verkaufstalent*, Reinbek 1985 (Rowohlt)] von Spencer Johnson und Larry Wilson beredt ausgeführt wird, den Leuten zu helfen, das zu bekommen, was sie wollen. Je mehr Sie Menschen dabei helfen, das zu bekommen, was sie wollen, desto erfolgreicher werden Sie als Verkäufer/in sein. Viele NLP-Ideen arbeiten auf dieses Ziel hin. Der Rapport zu Beginn ist wichtig. Das Ankern von Ressourcen wird Sie befähigen, sich Herausforderungen in ressourcenreichem Zustand zu stellen. Wenn Sie sich bei Ihrer Arbeit gut fühlen, wird auch Ihre Arbeit gut. Future Pacing kann Ihnen helfen, die Situationen und Gefühle zu schaffen, die Sie haben möchten, indem Sie sie vorher mental durchgehen. Wohlgeformte Ziele zu setzen ist eine wertvolle Fertigkeit im NLP. In Kapitel 1 haben Sie die Kriterien für Wohlgeformtheit auf Ihre eigenen Ziele angewandt. Dieselben Fragen, die Sie dort benutzt haben, können eingesetzt werden, um anderen zu helfen, sich darüber klarzuwerden, was sie wollen. Diese Fertigkeit ist entscheidend im Verkauf, denn Sie können den Käufer nur zufriedenstellen, wenn Sie genau wissen, was er möchte. Die Idee des Stepping up and down (des Hinauf- und Hinuntergehens) kann Ihnen helfen herauszufinden, was Menschen brauchen. Was sind ihre Kriterien? Was ist für sie bei einem Produkt wichtig? Haben sie, bezogen auf das, was sie kaufen, ein Ziel vor Augen, und können Sie ihnen helfen, es in die Tat umzusetzen?

Ich erinnere mich an ein persönliches Beispiel. In meiner Nachbarschaft ist eine Hauptstraße, in der die Zahl der Eisenwarenläden über das gewöhnliche Maß hinausgeht. Eins von diesen, das die besten Geschäfte macht, ist ein kleiner Laden, der ziemlich weit ab liegt. Der Besitzer macht immer den aufrichtigen Versuch herauszufinden, was man herstellen will und wofür das Werkzeug oder die Ausrüstung gut sein soll. Obwohl er nicht immer guten Rapport bekommt, denn manchmal bringen seine ununterbrochenen Fragen die Leute zur Weißglut, stellt er doch sicher, daß er Ihnen nichts verkauft, das Ihnen nicht konkret dabei hilft, das zu erreichen, was Sie wollen. Wenn er nicht das richtige Werkzeug hat, empfiehlt er Ihnen einen Laden, wo Sie es bekommen. Er überlebt sehr gut angesichts der starken Konkurrenz von großen Ladenketten mit wesentlich niedrigeren Preisen. In unserem Modell gesprochen, geht er hoch *(stepping up)* und findet die Kriterien und die Ziele seiner Kunden heraus und geht dann hinunter *(stepping down)* zu exakt dem Werkzeug, das gebraucht wird. Dies kann auch einschließen, einen Schritt seitwärts von dem zu machen, nach dem der Kunde anfänglich gefragt hat. (Das ist bei mir immer der Fall.)

Seitwärts zu gehen ist sehr nützlich, um herauszufinden, was jemand an einem bestimmten Produkt mag. Was sind die guten Aspekte? Wo sind die Unterscheidungspunkte dafür, daß jemand eher das eine Produkt wählt und nicht das andere? Spitzenverkäufer haben dieses übergreifende Muster, hinsichtlich dieser drei Richtungen in Erfahrung zu bringen, was eine Person möchte. Kongruenz ist unerläßlich. Würde ein Verkäufer das Produkt, das er verkauft, selbst benutzen? Glaubt er wirklich an die Vorteile, die er aufzählt? Inkongruenz kann in Tonfall und Haltung durchschimmern und den Käufer unsicher machen.

Rahmen

Framing oder Rahmen setzen bezieht sich im NLP auf die Art und Weise, wie wir Dinge in unterschiedliche Kontexte stellen, um ihnen unterschiedliche Bedeutung zu geben: das, was wir zu einem bestimmten Zeitpunkt als wichtig herausstellen. Hier folgen nun fünf nützliche Möglichkeiten, Ereignisse zu „umrahmen". Einige davon waren schon in anderen Elementen des NLP enthalten, und es lohnt sich, sie hier explizit zu nennen.

Zielrahmen

Einen Zielrahmen setzen meint Bewerten in bezug auf Ziele. Erstens: Seien Sie sich Ihres eigenen Zieles bewußt und stellen Sie sicher, daß es wohlgeformt ist. Ist es positiv? Liegt es innerhalb Ihres Einflusses? Ist es konkret genug, hat es die richtige Größe? Was ist der Beweis? Haben Sie die Ressourcen, um es in die Tat umzusetzen? Wie verträgt es sich mit Ihren anderen Zielen?

Zweitens müssen Sie vielleicht Ziele anderer Beteiligter herausfinden, um ihnen zu helfen, sich klarzuwerden, was sie wollen, so daß Sie alle gemeinsam weitergehen können. Drittens gibt es das Verzahnen von Zielen *(dovetailing)*. Sobald Sie Ihr eigenes Ziel und das Ziel der anderen kennen, können Sie sehen, wie sie zusammenpassen. Sie müssen vielleicht über Unterschiede miteinander verhandeln.

Schließlich, wenn Sie die Ziele im Kopf behalten, können Sie darauf achten, ob Sie sich darauf zu bewegen. Wenn nicht, müssen Sie etwas anderes machen.

Ökologierahmen

Auch dieser wurde schon explizit bei den Zielen behandelt und implizit das ganze Buch hindurch. Wie passen meine Handlungen in das größere System von Familie, Freunden, beruflichen Interessen? Drücken sie meine gesamte Integrität als Mensch aus? Und respektieren sie die Integrität der anderen Beteiligten? Kongruenz ist der Weg, wie unser Unbewußtes uns wissen läßt, ob unsere Ökologie in Ordnung ist oder nicht, und das ist eine Voraussetzung für ein Handeln mit Weisheit.

Beweisrahmen

Hier liegt die Konzentration auf klaren und spezifischen Details. Woher werden Sie wissen, wann Sie Ihr Ziel erreicht haben? Was werden Sie sehen, hören und fühlen? Dies bildet einen Teil des Zielrahmens, und es ist nützlich, ihn unabhängig davon noch einmal anzuwenden, besonders in bezug auf Kriterien.

Als-ob-Rahmen

Dieser Rahmen ist ein Weg zu kreativem Problemlösen, indem man so tut, als wenn etwas geschehen wäre, um daraufhin alle denkbaren Möglichkeiten zu explorieren. Beginnen Sie mit den Worten: „Wenn dies stattfindet/stattgefunden hätte ..." oder „Laß uns mal annehmen, daß ..." Dies kann auf vielfältige Weise nützlich sein. Wenn zum Beispiel bei einer Konferenz eine Hauptperson fehlt, können Sie fragen: „Wenn Herr X hier *wäre*, was würde er tun?" Wenn jemand X gut kennt, können die Antworten, die ihm einfallen, sehr hilfreich sein. (Überprüfen Sie aber immer hinterher mit X, ob wichtige Entscheidungen getroffen werden müssen.)

Eine weitere Anwendungsmöglichkeit dieser Idee ist, sich selbst ein halbes oder ein ganzes Jahr nach vorn in eine erfolgreiche Zukunft zu projizieren und sich beim Zurückblicken zu fragen: „Welche Schritte haben wir damals gemacht, die uns zum heutigen Zustand geführt haben?" Aus dieser Perspektive können Sie oft wichtige Informationen entdecken, die Sie in der Gegenwart nicht so leicht sehen können, denn Sie sind zu nahe daran.

Ein anderer Weg ist, den schlimmsten Fall anzunehmen, der eintreten könnte. Was würden Sie tun, wenn das Schlimmste passierte? Welche Optionen und Pläne haben Sie? „Als-ob" kann angewandt werden, um den schlimmsten Fall zu erforschen, als spezifisches Beispiel eines allgemeineren und sehr nützlichen Vorgehens, das man Verlustplanung nennen könnte. (Ein Verfahren, mit dem Versicherungsfirmen viel Geld machen.)

Backtrack-Rahmen

Dieser Rahmen ist einfach. Sie wiederholen die Informationen, die Sie bis zu diesem Zeitpunkt gewonnen haben, indem Sie beim Zurückgehen *(backtrack)* die Schlüsselwörter und den Tonfall des anderen benutzen. Dies macht den Unterschied zu einer Zusammenfassung, die oft die Worte des Gesprächspartners systematisch verzerrt. Backtrack, das Zurückgehen auf dem gleichen

Weg, ist nützlich, um eine Diskussion zu öffnen, neue Gruppenmitglieder auf den neuesten Stand zu bringen und die Übereinstimmung und das Verständnis der Teilnehmer in einer Sitzung zu überprüfen. Es hilft, Rapport aufzubauen, und ist immer dann wertvoll, wenn Sie den Faden verloren haben; es macht den Weg nach vorn klar.

In vielen Zusammenkünften scheint man zu Einigungen zu kommen, aber die Teilnehmer gehen von dannen mit völlig unterschiedlichen Auffassungen über das, was man vereinbart hat. Backtrack kann Ihnen helfen, auf dem Weg zu Ihrem erwünschten Ziel zu bleiben.

Konferenzen, Sitzungen, Besprechungen

Auch wenn wir hier Meetings in einem geschäftlichen Kontext beschreiben, gelten die Muster ebenso für jeden anderen Kontext, wo sich zwei oder mehr Menschen zu einem gemeinsamen Zweck versammeln. Während Sie bis zum Ende des Kapitels weiterlesen, denken Sie über jedes Muster in dem Kontext und Zusammenhang nach, der für Sie angemessen ist.

NLP hat in einem geschäftlichen Kontext eine Menge anzubieten. Die stärkste Ressource jedes Unternehmens sind seine Mitarbeiter. Je effektiver die Mitarbeiter werden, desto effektiver wird das Unternehmen. Ein Unternehmen ist ein Team von Menschen, die auf ein gemeinsames Ziel hinarbeiten. Ihr Erfolg wird hauptsächlich davon abhängen, wie gut sie mit den folgenden zentralen Punkten umgehen:

a) Ziele setzen.

b) Innerhalb der Gruppe und gegenüber der Außenwelt effektiv kommunizieren.

c) Ihre Umgebung genauestens wahrnehmen. Die Bedürfnisse und Reaktionen der Käufer im Sinn haben.

d) Sich ganz für den Erfolg einsetzen: Kongruenz.

Im Vollbesitz aller Ressourcen zu sein, die Flexibilität, Wahrnehmungsfilter, Repräsentations- und Kommunikationsfertigkeiten der einzelnen, all dies bestimmt, wie erfolgreich ein Unternehmen ist. NLP ist auf die präzisen Fertigkeiten ausgerichtet, die im Geschäftsleben Erfolg verschaffen.

NLP kümmert sich um das „Herz" eines wirtschaftlichen „Organismus", indem es die Wirksamkeit jedes einzelnen Mitglieds, das dessen Aufgaben ausführt, verfeinert und entwickelt. Geschäftliche Zusammenkünfte sind ein Ort, an dem viele dieser Fertigkeiten zusammenkommen. Wir beginnen mit *kooperativen* Besprechungen, wo die meisten Leute sich im großen und ganzen über das Ziel einig sind. Konferenzen, in denen es offensichtlich widerstreitende Ziele gibt, werden unter Verhandlung besprochen.

Versammlungen sind zweckgerichtet, und der Zweck von Kooperationsbesprechungen ist wahrscheinlich immer explizit, zum Beispiel sich mit Kollegen einmal pro Woche zu treffen und Informationen auszutauschen, Entscheidungen zu treffen und Verantwortlichkeiten aufzuteilen. Andere Beispiele wären: den Haushaltsplan für das kommende Jahr zu machen, eine Leistungsbewertung oder eine Projektüberprüfung.

Als Teilnehmer an einer wichtigen Konferenz muß man in einem starken, ressourcenreichen Zustand sein und kongruent mit dem Part, den man dort zu spielen hat. Anker können helfen, im Vorfeld in einen guten Zustand zu kommen und auch während der Sitzung, falls etwas anfängt schiefzulaufen. Erinnern Sie sich, daß andere Menschen für Sie Anker sind und daß auch Sie Anker sind für andere. Der Raum als solcher ist möglicherweise ein Anker. Ein Büro ist oft ein Raum voller Trophäen der persönlichen Ausstrahlung und des Erfolges der Person, die hinter dem Schreibtisch sitzt. Sie brauchen womöglich alle Ressourcen, die Ihnen zur Verfügung stehen.

Die Teilnehmerliste und die Tagesordnung müssen vor dem Treffen festgelegt werden. Sie müssen sich über Ihr Ziel klar sein. Sie brauchen des weiteren eine Beweisprozedur: Wie werden Sie wissen, ob Sie es erreicht haben? Sie müssen sich sehr klar

Konferenzen, Sitzungen, Besprechungen

darüber sein, was Sie sehen, hören und fühlen möchten. Wenn Sie kein Ziel für das Treffen haben, verschwenden Sie wahrscheinlich Ihre Zeit.

Das grundlegende Format für erfolgreiche Treffen faßt das Drei-Minuten-Seminar aus Kapitel 1 zusammen:

1. Seien Sie sich darüber im klaren, was Sie wollen.
2. Seien Sie sich dessen bewußt, was andere wollen.
3. Finden Sie Wege, daß alle das ihrige bekommen.

Dies scheint einfach und einleuchtend, aber geht oft in den Wirren des Lebens verloren, und Schritt 3 mag schwierig sein, wenn starke Interessenkonflikte bestehen.

Wenn die Zusammenkunft beginnt, schaffen Sie Konsens in bezug auf ein gemeinsames Ziel. Es ist wichtig, daß sich alle auf ein Ziel für die Debatte einigen, auf ein gemeinsames Anliegen, um das es gehen soll. Wenn Sie das Ziel haben, ankern Sie es. Die einfachste Möglichkeit dafür ist ein Schlüsselbegriff oder ein Schlüsselsatz, den Sie an eine Tafel oder auf ein Flipchart schreiben. Sie müssen sich auch auf den Beweis dafür einigen, der zeigt, daß das Ziel erreicht ist. Wie wird jedermann wissen, wann es erreicht ist? Nutzen Sie den Beweisrahmen. Noch einmal, Rapport ist ein essentieller Schritt. Wenn Sie es noch nicht getan haben, müssen Sie Rapport mit den anderen Teilnehmern aufbauen, indem Sie nonverbale Fertigkeiten und eine passende Sprache benutzen. Seien Sie sensibel dafür, wenn es auch nur bei einem der Teilnehmer eine Inkongruenz bezüglich des gemeinsamen Zieles gibt. Es kann sein, daß es versteckte Tagesordnungspunkte *(hidden agendas)* gibt, und es ist besser, diese vorher zu kennen als hinterher.

Während der Diskussion können der Beweis- und der Ökologierahmen, der Backtrack-Rahmen und der „Als-ob"-Rahmen benutzt werden. Ein Problem, das sich in Sitzungen einschleicht, ist, daß sie „vom Hölzchen aufs Stöckchen" kommen. Bevor Sie sich dessen bewußt sind, ist die Zeit um, und die Entscheidung oder das Ziel wurde nicht erreicht. Oft ist eine Sitzung plötzlich verpfuscht und endet in einer Sackgasse.

Der Zielrahmen kann genutzt werden, um die Relevanz eines Beitrags zu hinterfragen und auf diese Weise die Diskussion bei der Sache zu halten. Nehmen Sie einmal an, ein Kollege bringt einen Beitrag zur Diskussion, der sich nicht auf das gemeinsam vereinbarte Ziel zu beziehen scheint. Er mag interessant, informativ und wahr sein, aber nicht relevant. Sie könnten so etwas sagen wie: „Ich habe Schwierigkeiten zu sehen, wie uns dies unserem Ziel näherbringen könnte; können Sie uns sagen, wie dies in unsere Sitzung paßt?" Sie können diese Relevanzfrage *(relevancy challenge)* visuell mit einer Hand- oder Kopfbewegung ankern. Der Sprecher muß zeigen, in welcher Weise sein Beitrag relevant ist. Ist der Beitrag es nicht, dann spart man wertvolle Zeit. Der Beitrag mag in einem anderen Kontext wichtig sein, und wenn das so ist, sollte man ihn als solchen würdigen und sich einigen, daß darüber zu einem anderen Zeitpunkt verhandelt wird. Beenden Sie so jedes neu aufgeworfene Thema und fassen Sie es zusammen, verknüpfen Sie es mit dem vereinbarten Ziel oder vereinbaren Sie, es in einer anderen Sitzung zu behandeln.

Wenn jemand eine Versammlung stört oder ernsthaft vom Weg abbringt, könnten Sie etwas sagen wie: „Ich schätze es, daß dieses Anliegen Sie sehr bewegt, und es ist sicherlich sehr wichtig für Sie. Wir haben uns jedoch geeinigt, daß dies hier nicht der Platz ist, es zu diskutieren. Können wir uns später treffen, um dies beizulegen?" Kalibrieren Sie sich auf Kongruenz, wenn Sie diese Art von Vorschlägen machen. Kalibrieren kann Ihnen zeigen, daß X sich eine Zigarette ansteckt, wenn sie mit dem Ergebnis zufrieden ist. Y schaut immer nach unten, wenn er dagegen ist (also fragen Sie ihn, was er brauchen würde, um sich mit der Angelegenheit gut zu *fühlen*). Z kaut Nägel, wenn er unzufrieden ist. Es gibt so viele Möglichkeiten, wie Sie sich auf einer tieferen Ebene bewußt sein können, wie die Zusammenkunft vorangeht, und wie Sie Schwierigkeiten ausweichen können, bevor Sie auftreten.

Am Schluß der Sitzung verwenden Sie den Backtrack-Rahmen und holen sich Zustimmung bezüglich Fortschritt und Ziel. Definieren Sie klar und stimmen Sie gemeinsam ab, welche Dinge von wem übernommen werden sollen. Manchmal gibt es keine volle Übereinstimmung, da der Abschluß von bestimmten Handlungen abhängt. Wenn Sie daher etwas sagen wie: „Wenn dies geschehen würde und X das tun würde und wir Y überzeugen, daß dies richtig ist, kommen wir dann weiter?" Dies ist als bedingter Abschluß *(conditional close)* bekannt.

Ankern Sie die Übereinkunft mit Schlüsselworten und einem Brückenschlag in die Zukunft *(future pace)*. Was wird die Teilnehmer daran erinnern, das zu tun, was sie beschlossen haben? Projizieren Sie die Übereinkunft nach draußen aus dem Raum hinaus und stellen Sie sicher, daß sie an andere, unabhängige Ereignisse gekoppelt ist, die als Erinnerungssignale für die Leute wirken, die beschlossene Handlung auszuführen.

Die Forschung hat gezeigt, daß wir Dinge am besten behalten, wenn sie in den ersten oder letzten Minuten eines Treffens geschehen. Nutzen Sie dies aus und stellen Sie wichtige Punkte an den Anfang oder ans Ende einer Sitzung.

Zusammenfassung: Sitzungs-Format

A *Vor der Sitzung:*
1. Legen Sie Ihr(e) Ziel(e) fest und den Beweis, der Sie wissen läßt, daß Sie es (sie) erreicht haben.
2. Bestimmen Sie die Teilnehmer und die Tagesordnung für das Treffen.

B *Während der Sitzung:*
1. Seien Sie in einem ressourcenreichen Zustand. Verwenden Sie Ressourceanker, wenn nötig.
2. Stellen Sie Rapport her.
3. Holen Sie sich Konsens in Bezug auf das gemeinsame Ziel und seinen Beweis.
4. Benutzen Sie die Relevanzfrage, um Ihre Sitzung auf dem richtigen Weg zu halten.
5. Wenn eine Information nicht verfügbar ist, nehmen Sie den „Als-ob"-Rahmen.
6. Wenden Sie den Backtrack-Rahmen an, um zentrale Vereinbarungen zusammenzufassen.

7. Streben Sie weiter auf Ihr Ziel zu, indem Sie das Meta-Modell oder andere benötigte Methoden einsetzen.

C *Abschluß der Sitzung:*
1. Prüfen Sie Kongruenz und Zustimmung der anderen Teilnehmer.
2. Fassen Sie zusammen, was getan werden soll. Verwenden Sie den Backtrack-Rahmen und machen Sie sich die Tatsache zunutze, daß wir etwas, das am Ende steht, leichter behalten.
3. Testen Sie die Zustimmung, wenn nötig.
4. Benutzen Sie einen bedingten Abschluß, wenn nötig.
5. Machen Sie für die getroffenen Entscheidungen den Schritt in die Zukunft.

Verhandlung

Verhandlung ist Kommunikation zum Zwecke einer gemeinsamen Entscheidung, einer Entscheidung, der kongruent von beiden Seiten zugestimmt werden kann. Es ist der Prozeß, das von anderen zu bekommen, was Sie möchten, indem Sie anderen das geben, was sie möchten. Dies findet man in jeder Zusammenkunft, in der es Interessenkonflikte gibt.

Ich wünschte, es wäre so leicht zu tun wie zu beschreiben. Es gibt eine Balance und einen Tanz zwischen Ihrer eigenen Integrität, Ihren Werten und Zielen und denen der anderen Teilnehmer. Der Tanz der Kommunikation geht hin und her, einige Interessen und Werte stimmen überein, andere sind gegensätzlich. In diesem Sinne durchzieht das Prinzip der Verhandlung alles, was wir tun. Wir beschäftigen uns hier mit dem *Verfahren* der Verhandlung, nicht damit, worüber eigentlich verhandelt wird.

Verhandlung findet meistens in bezug auf knappe Ressourcen statt. Die Schlüsselfertigkeit in Verhandlungen ist, Ziele miteinander zu verzahnen, zu verknüpfen *(dovetail)*: sie in solcher Weise zusammenzufügen, daß jeder Beteiligte das bekommt, was er will (wenn das auch vielleicht nicht das gleiche ist wie das, was er zu Beginn der Verhandlung gefordert hat). Die Vorannahme ist, daß der beste Weg, Ihr Ziel zu erreichen, der ist, daß jeder andere Beteiligte sein Ziel auch erreicht.

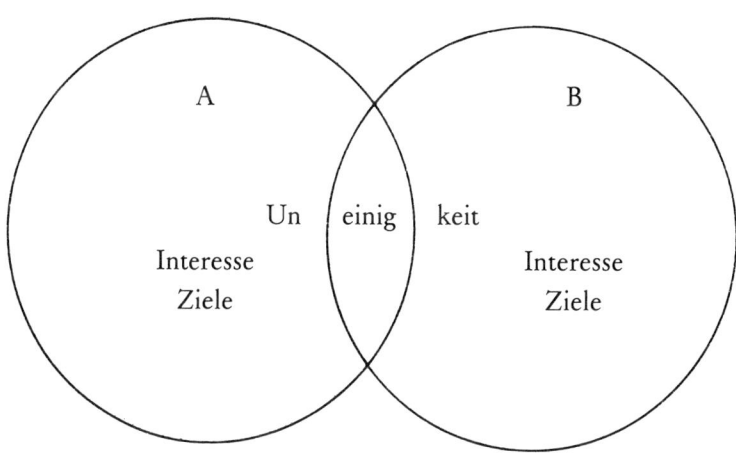

Das Gegenteil von Verzahnen der Ziele ist Manipulation, bei der die Bedürfnisse anderer Menschen ignoriert werden. Vier Drachen schlummern im Untergrund, wartend auf die, die Manipulation praktizieren: Reue, Groll, Gegenbeschuldigung und Rache. Wenn Sie verhandeln, indem Sie danach suchen, Ziele miteinander zu verzahnen, werden die anderen Beteiligten zu Ihren Verbündeten, nicht zu Ihren Gegnern. Wenn eine Verhandlung als Zusammenkunft von Verbündeten interpretiert werden kann, die ein gemeinsames Problem lösen, ist das Problem bereits zum Teil gelöst. Dovetailing, das Verzahnen von Zielen, heißt, den Bereich zu finden, in dem sich Ziele überlappen.

Trennen Sie die Leute vom Problem. Es lohnt sich, daran zu denken, daß an den meisten Verhandlungen Menschen beteiligt sind, mit denen Sie eine weitergehende Beziehung haben oder aufbauen möchten. Egal, ob Sie über einen Verkauf, ein Gehalt oder über Urlaub verhandeln, wenn Sie das, was Sie wollen, auf Kosten des anderen bekommen oder der andere sich hereingelegt fühlt, verlieren Sie den guten Willen, der vielleicht auf lange Sicht viel mehr wert ist als der Erfolg in dieser einen Sitzung.

Man verhandelt, weil es unterschiedliche Ziele gibt. Sie müssen diese Unterschiede erforschen, denn sie weisen auf Bereiche hin, wo Sie Dinge zum beiderseitigen Vorteil aushandeln können. Interessen, die auf einer Ebene im Konflikt stehen, können gelöst werden, wenn Sie Möglichkeiten finden, daß jede Partei ihr Ziel auf einer höheren Ebene erreicht. Hier können Sie mit dem Stepping up (schrittweise hinaufgehen) alternative Ziele auf höheren Ebenen finden und umsetzen.

Zum Beispiel ist in einer Verhandlung über ein Gehalt (das ursprüngliche Ziel) mehr Geld nur eine Möglichkeit, eine bessere Lebensqualität (Ziel auf höherer Ebene) zu erlangen. Es kann andere Wege geben, eine bessere Lebensqualität zu bekommen, wenn mehr Geld nicht zur Verfügung steht – längerer Urlaub oder flexiblere Arbeitszeit zum Beispiel. Mit dem Hochgehen, dem Stepping up, baut man Brücken über die Unterschiede.

Leute wollen dieselben Sachen aus unterschiedlichen Gründen. Stellen Sie sich vor, wie sich zwei Leute um einen Kürbis streiten. Beide wollen ihn haben. Wenn jedoch beide genau erklären, warum sie ihn haben wollen, stellen Sie fest, daß der eine ihn für eine leckere Mahlzeit haben will, der andere aber will die Schale, um daraus eine Faschingsmaske zu basteln. In Wirklichkeit streiten sie sich gar nicht um die gleiche Sache. Viele Konflikte lösen sich auf, wenn sie auf diese Weise analysiert werden. Dies ist ein kleines Beispiel, aber stellen Sie sich all die unterschiedlichen Möglichkeiten vor, die in jeder offenen Meinungsverschiedenheit auftreten.

Wenn eine Pattsituation da ist und eine Partei nicht willens ist, einen bestimmten Schritt in Betracht zu ziehen, können Sie fragen: „Was müßte passieren, damit dies kein Problem mehr ist?" oder „Unter welchen Umständen wären Sie bereit, dies durchgehen zu lassen?" Dies ist eine kreative Anwendung des Als-ob-Rahmens, und die Antwort kann oft die Sackgasse öffnen. Sie bitten denjenigen, der die Blockade aufgebaut hat, einen Weg außen herum zu finden.

Setzen Sie Ihre Grenzen, bevor Sie beginnen. Es ist verwirrend und selbstzerstörerisch, wenn Sie anfangen mit sich selbst zu verhandeln, während Sie eigentlich mit jemand anderem verhandeln müssen. Sie brauchen das, was Roger Fisher und William Ury in ihrem wunderbaren Buch *Getting to Yes* ein BATNA nennen: *The Best Alternative To Negotiated Agreement*, die beste Alternative zu einer ausgehandelten Übereinkunft. Was tun Sie, wenn sich trotz aller Anstrengung beide Parteien nicht einigen können? Wenn Sie ein vernünftiges BATNA haben, gibt Ihnen das mehr Hebelkraft, mehr Einfluß in der Verhandlung und einen größeren Sinn für Sicherheit.

Konzentrieren Sie sich auf Interessen und Absichten statt auf Verhaltensweisen. Man läßt sich leicht hinreißen, Punkte zu sammeln und Verhalten zu verurteilen, aber in solchen Situationen gewinnt im Grunde niemand.

Eine weise und dauerhafte Übereinkunft bezieht Gemeinschaftsinteressen und Ökologie mit ein. Eine für beide Seiten befriedigende Lösung basiert auf dem Dovetailing, dem Verzahnen von Zielen, einem Gewinn-Gewinn-Modell, nicht einem Gewinn-Verlust-Modell. Daher ist das Problem wichtig und nicht die Leute, die Absichten und nicht das Verhalten, die Interessen der Parteien, nicht ihre Positionen.

Es ist außerdem grundlegend wichtig, eine Beweisprozedur zu haben, die unabhängig von den beteiligten Parteien ist. Wenn die Verhandlung als eine gemeinsame Suche nach einer Lösung aufgefaßt wird, wird sie von Grundsätzen regiert und nicht von Druck. Richten Sie sich nur auf den Grundsatz aus, nicht auf den Druck.

Sie sollten ein paar wesentliche Gedanken im Kopf behalten, während Sie verhandeln. Machen Sie keinen unmittelbaren Gegenvorschlag, wenn die andere Seite gerade einen Vorschlag gemacht hat. Dies ist genau der Zeitpunkt, an dem sie am wenigsten an Ihrem Angebot interessiert ist. Diskutieren Sie zuerst ihren Vorschlag. Wenn Sie anderer Meinung sind, begründen Sie dies zuerst. Sofort zu sagen, daß Sie anderer Meinung sind, ist eine gute Art, die andere Seite für Ihre nächsten Sätze taub zu machen.

Alle guten Verhandlungsführer stellen viele Fragen. In der Tat beginnen zwei gute Verhandlungspartner zuerst damit, über die Anzahl der Fragen zu verhandeln. „Ich habe Ihnen drei Fragen beantwortet, nun beantworten Sie mir bitte ein paar von meinen ..." Fragen geben Ihnen Zeit zum Nachdenken, und sie stellen eine Alternative zu Meinungsverschiedenheiten dar. Es ist weit besser, die andere Person dazu zu bringen, die Schwäche in ihrer Position zu sehen, indem Sie ihr Fragen dazu stellen, statt ihr die Schwachpunkte vorzuhalten, die Sie sehen.

Gute Verhandlungspartner signalisieren ihre Fragen auch ausdrücklich. Sie sagen so etwas wie: „Darf ich Ihnen dazu eine Frage stellen?" Indem Sie das tun, richten Sie die Aufmerksamkeit der ganzen Runde auf die Antwort und machen es dem Befragten schwer, dem problematischen Punkt auszuweichen, wenn er eingewilligt hat, die Frage zu beantworten.

Es scheint, als wenn es um so besser wäre, je mehr Gründe man für seinen Standpunkt angibt. Formulierungen wie „das Gewicht dieses Arguments" scheinen zu suggerieren, daß es gut wäre, Argumente auf der Waagschale aufzuhäufen, bis Ihre Seite heruntersinkt. Tatsächlich aber ist das Gegenteil wahr. Je weniger Gründe Sie angeben, um so besser, weil die Kette nur so stark ist wie ihr schwächstes Glied. Ein schwaches Argument schwächt ein starkes ab, und wenn Sie sich hinreißen lassen, es zu verteidigen, haben Sie einen schwachen Stand. Vorsicht bei Leuten, die sagen: „Ist das Ihr *einziges* Argument?" Wenn Sie ein gutes haben, sagen Sie ja. Lassen Sie sich nicht verleiten, ein anderes zu bringen, das nur schwächer sein kann. Es kann dann weitergehen mit: „Ist das *alles*?" Wenn Sie diesen Köder schlucken, geben Sie dem anderen nur mehr „Munition". Wenn der Rahmen für die Verhandlung als eine gemeinsame Suche nach einer Lösung definiert ist, wird hoffentlich diese Art von Trick nicht ausgespielt.

Schließlich könnten Sie den Als-ob-Rahmen nutzen und des Teufels Advokat spielen, um die Übereinkunft zu testen („Nein, ich glaube nicht, daß das funktionieren wird, es erscheint mir alles zu durchsichtig und schwach ..."). Wenn andere Leute Ihnen zustimmen, wissen Sie, daß es gilt, daran weiterzuarbeiten. Wenn sie es abstreiten, ist alles in Ordnung.

Checkliste für Verhandlungen

A *Vor der Verhandlung:*
Bestimmen Sie Ihr BATNA und Ihre Grenzen für die Verhandlung.

B *Während der Verhandlung:*
1. Bauen Sie Rapport auf.
2. Machen Sie sich Ihr Ziel und den Beweis dafür klar. Finden Sie die Ziele der anderen Teilnehmer sowie deren Beweis heraus.
3. „Rahmen" beziehungsweise deuten Sie die Verhandlung als eine gemeinsame Suche nach einer Lösung.
4. Klären Sie zentrale Fragen, und holen Sie sich Übereinstimmung für einen großen Rahmen. Verzahnen Sie Ziele, gehen Sie wenn nötig schrittweise nach oben, um ein gemeinsames Ziel zu finden. Prüfen Sie, ob sie die kongruente Zustimmung aller Parteien für dieses gemeinsame Ziel haben.
5. Untergliedern Sie das Ziel, um die Bereiche zu identifizieren, wo die größte und wo die geringste Übereinstimmung herrscht.
6. Beginnen Sie mit den leichtesten Bereichen und bewegen Sie sich auf Übereinstimmung zu, indem Sie folgende Versöhnungstechniken anwenden *(trouble-shooting)*:

Verhandlung kommt vom Kurs ab	Relevanzfrage.
Widerstreitende Ziele	Stepping up oder down bis zu einem gemeinsamen Ziel.
Unsicherheit	Zurückgehen (Backtrack).

Fehlende Information Als-ob und Meta-Modell
Patt-Situation Was müßte passieren?

Machen Sie ein Backtrack (gehen Sie zurück), wenn in einem Bereich Übereinstimmung erreicht ist, und schließen Sie mit dem schwierigsten Bereich ab.

C *Beim Abschluß der Verhandlung:*

1. Backtrack-Rahmen – noch einmal alles rückwärts durchgehen.
2. Testen Sie die Übereinstimmung und die Kongruenz.
3. Future Pace.
4. Schreiben Sie die Vereinbarung auf. Alle Teilnehmer bekommen eine unterschriebene Kopie.

Antworten zu Seite 232: 1. Tee und Kaffee – Getränke. 2. Süßkartoffeln und Kaffee – Anbaufrüchte. 3. Klinik und Kaffee – Wörter mit sechs Buchstaben, die mit beide mit K beginnen. 4. Amphetamine und Kaffee – Stimulantien. 5. Ignatia und Kaffee – Entwässerungsmittel.

Kapitel 8

Psychotherapie

Die ersten NLP-Modelle kamen aus der Psychotherapie. Jedoch ist NLP nicht auf Psychotherapie beschränkt, es ergab sich einfach nur durch den historischen Zufall, daß John und Richard Zugang zu außergewöhnlichen Menschen im Bereich der Psychotherapie hatten, als sie zu modellieren begannen. Das Buch *The Structure of Magic 1*, (dt.: *Metasprache und Psychotherapie. Die Struktur der Magie 1*, a. a. O.) erforschte, wie wir unsere Welt durch die Art, in der wir Sprache benutzen, begrenzen können und wie man das Meta-Modell anwenden kann, um sich aus diesen Beschränkungen zu befreien. *The Structure of Magic 2* (dt.: *Kommunikation und Veränderung. Die Struktur der Magie 2*, a. a. O.) entwickelte das Thema Repräsentationssysteme und Familientherapie. Auf dieser Grundlage hat das NLP viele wirkungsvolle Psychotherapie-Techniken geschaffen. In diesem Kapitel soll es um drei der wichtigsten gehen: die Phobie-Technik, das Swish-Muster und die innere Verhandlung. Es wird des weiteren eine Anleitung gegeben, wo sie am besten eingesetzt werden können.

Alle derartigen Techniken sollten nur innerhalb eines übergeordneten Rahmens aus Weisheit und Rücksicht auf die äußeren Beziehungen der Menschen und ihre innere Balance angewandt werden. Die Absicht des NLP ist immer, mehr Wahlmöglichkeiten zu eröffnen, und niemals, jemandem diese zu nehmen.

Es gibt zwei wesentliche Gesichtspunkte für jeden Therapeuten beziehungsweise jeden, der einer anderen Person hilft, sich zu verändern. Der erste ist die Beziehung. Stellen Sie Rapport her und halten Sie ihn, um eine Atmosphäre von Vertrauen aufzubauen. Der zweite ist Kongruenz. Sie müssen vollkommen kongruent in dem sein, was Sie tun, um dem anderen zu helfen. Inkongruenz Ihrerseits wird ihm gemischte Botschaften vermitteln und die Wirksamkeit des Veränderungsprozesses abschwächen. Dies bedeutet, daß Sie kongruent so handeln müssen, als wenn Sie glauben, daß die Techniken wirken. Beziehung und Kongruenz sind auf einer höheren logischen Ebene als jegliche Technik, die man mit ihrer Hilfe anwenden kann. Nutzen Sie den Zielrahmen, um Informationen über den gegenwärtigen und den erwünschten Zustand sowie über die Ressourcen zu sammeln, die gebraucht werden, um vom einen zum anderen zu gelangen. Seien Sie innerhalb dieses Zielrahmens empfänglich für das, was Sie sehen, hören und fühlen, und bereit, auf die Veränderungswünsche des anderen einzugehen. Wenden Sie eine Technik bitte nur innerhalb all dieser Rahmen an. Die Techniken sind zunächst „erstarrte" Hilfsmittel. Stellen Sie sich darauf ein, sie zu variieren oder fallenzulassen und andere zu Hilfe zu nehmen, um das Ziel zu erreichen.

Veränderung erster Ordnung

Es folgt nun ein Weg, darüber nachzudenken, wo diese Techniken eingesetzt werden können. Der einfachste Fall wäre, daß Sie ein einziges Ziel erreichen möchten: einen anderen Zustand oder eine Reaktion in einer gegebenen Situation. Dies nennt man *Veränderung erster Ordnung*. Beispielsweise stellen Sie fest, daß Sie sich immer über einen bestimmten Menschen an Ihrem Arbeitsplatz ärgern oder sich immer unwohl fühlen, wenn Sie mit ihm bei der Arbeit zu tun haben. Lampenfieber ist ein anderes Beispiel, bei dem öffentliches Reden und Auftreten sie „dazu bringt", sich nervös und unvermögend zu fühlen.

Einfache Umdeutungen sind ein guter Weg, diese Art von Veränderungen in Gang zu bringen und zu entdecken, wann diese Reaktion nützlich sein und was sie sonst noch bedeuten könnte. Auch Ankertechniken sind hier nützlich. Kollabieren, Stapeln oder Verketten von Ankern bringt Ressourcen aus anderen

Veränderung erster Ordnung

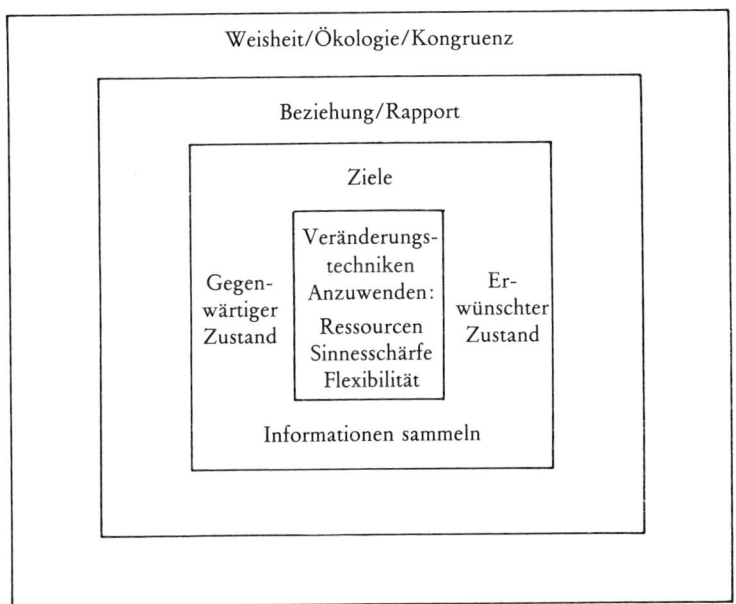

Kontexten herbei. Das ursprüngliche Verhalten oder der Zustand war geankert, und so nutzen Sie den gleichen Prozeß, mit dem der festgefahrene Zustand *(stuck state)* ursprünglich aufgebaut wurde, um ihn zu verändern. Der Generator für neues Verhalten und das mentale Durchspielen wirken ebenfalls sehr gut, wenn Sie eine neue Fertigkeit oder ein neues Verhalten brauchen.

Manchmal funktionieren diese Ankertechniken nicht, weil ein Mensch eine Reaktion gegenüber einem Objekt oder einer Situation hat, die ihn immer wieder restlos überwältigt. Erlebnisse aus der Vergangenheit können es erschweren, die Richtung in der Gegenwart zu verändern. Die Veränderung der persönlichen Geschichte wirkt vielleicht nicht, weil traumatische Erfahrungen aus der Vergangenheit dahinterstecken, die es sogar schwer machen, überhaupt daran zu denken, ohne sich schlecht zu fühlen. Es kann sein, daß dadurch eine Phobie entstanden ist, bei der ein Objekt oder eine Situation sofort Panik auslöst, weil sie mit dem

Trauma aus der Vergangenheit gekoppelt ist. Phobien können äußerst vielfältig sein: Angst vor Spinnen, Angst vorm Fliegen, Angst vor offenen Plätzen. Was immer auch die Ursache ist, die Reaktion ist überwältigende Angst. Es kann Jahre dauern, Phobien mit konventionellen Methoden zu kurieren; das NLP bietet eine Technik, mit der man Phobien in einer Sitzung heilen kann. Sie ist manchmal auch als visuell-kinästhetische (oder V/K-)Dissoziation bekannt. Denken Sie bitte daran, die Warnung auf Seite 99 zu lesen, bevor Sie diese Techniken anwenden.

Die Phobie-Technik

Man kann nur im gegenwärtigen Augenblick fühlen. Ein schlechtes Gefühl aufgrund einer unangenehmen Erinnerung muß aus der *Art und Weise* entstehen, wie Sie sich *erinnern*. Sie haben sich dort und damals schlecht gefühlt. Einmal ist genug.

Der leichteste Weg, schlechte Gefühle aus einem vergangenen Ereignis wiederzuerleben, ist, es als ein assoziiertes Bild zu erinnern. Sie müssen dort sein, mit Ihren eigenen Augen sehen und nochmals fühlen, was damals war. Wenn Sie an eine Erinnerung auf dissoziierte Art und Weise zurückzudenken, indem Sie sich selbst in der Situation von außen anschauen, wird das Gefühl in der Gegenwart schwächer.

Dies ist der entscheidende Faktor, der Ihnen erlaubt, die schlechten Gefühle, die mit vergangenen Erlebnissen gekoppelt sind, auszuradieren, zu löschen, so daß Sie einfach aus der richtigen Perspektive darauf zurückschauen können. Wenn Sie mit einer eigenen Phobie oder einer sehr unangenehmen Erinnerung arbeiten wollen, ist es am besten, wenn ein Freund/eine Freundin oder ein Kollege/eine Kollegin Sie durch diesen Prozeß begleitet. Ein anderer Mensch wird Ihnen wertvolle Unterstützung geben, wenn Sie an schwierigen persönlichen Problemen arbeiten. Die Technik ist aus der Sicht des Begleiters beschrieben.

1. Der Klient geht auf eine schwierige Reise in die Vergangenheit, daher setzen Sie bitte einen starken Sicherheitsanker.

Die Phobie-Technik

Sie können entweder einen Anker im Hier und Jetzt einrichten oder den Klienten bitten, assoziiert an eine Erfahrung in der Vergangenheit zu denken, als er sich sehr sicher gefühlt hat. Veranlassen Sie ihn, die Szene zu sehen, die Worte zu hören und das sichere Gefühl zu erleben. Ankern Sie diese Sicherheit kinästhetisch durch eine Berührung. Stellen Sie sicher, daß Ihre Berührung ein Gefühl von Sicherheit gibt. Die Hand zu halten funktioniert gut; Sie werden buchstäblich mit dem in Berührung sein, was die Person fühlt. Sie können den Anker die ganze Zeit hindurch halten oder nur dann, wenn er gebraucht wird.

2. Bitten Sie den Klienten, sich vorzustellen, daß er in einem Kino oder vor dem Fernseher sitzt und zunächst auf der Leinwand oder dem Bildschirm ein unbewegtes Standbild sieht. Wenn das so weit erreicht ist, bitten Sie den Klienten, sich vorzustellen, wie er aus seinem Körper beziehungsweise aus dieser Position herausgeht oder -schwebt und sich selbst von außen sieht, wie er die Leinwand betrachtet. (Vgl. Abbildung S. 255)

3. Lassen Sie den Klienten entlang seiner Zeitlinie zurückgehen oder -schweben bis zu dem unangenehmen Ereignis oder zur allererste Situation, die die Phobie auslöste. Es kann sein, daß es nicht immer möglich ist, die erste Situation zu finden, aber nehmen Sie die frühestmögliche. Bitten Sie den Klienten, einen Film dieser Situation ablaufen zu lassen von der Zeit kurz vor Beginn, als er oder sie noch in Sicherheit war, bis zu einem Punkt, wo die unmittelbare Gefahr vorbei war, als er oder sie wieder in Sicherheit war. Es hat jetzt nur einen Satz gedauert, um dies zu beschreiben, aber in der Realität wird es einige Zeit brauchen. Der Klient wird dies in einem zweifach dissoziierten Zustand sehen und sich selbst dabei zuschauen, wie er (der andere dort) sich beziehungsweise sein eigenes, jüngeres Selbst sieht, wie er auf der Leinwand/auf dem Bildschirm noch einmal durch diese Erfahrung hindurchgeht. Dies hält die notwendige emotionale Distanz aufrecht. Aus dieser Position A im Schaubild beobachtet der Klient seine eigene Physiologie, seinen Zustand in Position B, in der er auf die Leinwand schaut. Wenn an der Physiologie erkennbar wird, daß der Klient in den phobischen Zustand zu kommen droht, bitten Sie ihn, die Szene sofort auszublenden

und die Leinwand leer zu sehen. Bitten Sie ihn, den Film dann noch einmal anzuschauen und die Submodalitäten der Bilder zu verändern, zum Beispiel sie dunkler, kleiner oder weiter entfernt sein zu lassen, um die Intensität der negativen Gefühle abzuschwächen. Dies trägt alles dazu bei, mit der Erfahrung zurecht zu kommen.

Dies braucht Zeit und Ihre äußerste Aufmerksamkeit. Seien Sie kreativ und flexibel mit dem Klienten, um ihm bei dem grundlegenden Prozeß zu helfen. Sie müssen in Ihrer Sprache, mit Ihren Formulierungen ganz exakt sein, wenn Sie zu *ihm, hier und jetzt* sprechen, wie er *sich selbst, dort* sieht, wie er sein *jüngeres Selbst in dem Film, damals* beobachtet. Wenn der Klient zu irgendeiner Zeit in das Gefühl zurückfällt, holen Sie ihn ins Hier und Jetzt zurück, verstärken den angenehmen Sicherheitsanker und beginnen noch einmal. (Natürlich nur, wenn der Klient dies auch will.) Vielleicht müssen Sie den Klienten beruhigen, indem Sie ihm versichern: „Sie sind ganz sicher, hier, Sie tun einfach so, als würden Sie einen Film sehen." Dieses Stadium ist abgeschlossen, wenn der Klient es einmal in Ruhe ganz durchgesehen hat.

4. Wenn der Film vorbei ist, gratulieren Sie dem Klienten dafür, daß er es zum ersten Mal wiedererlebt hat, ohne dabei in diese alten, negativen Gefühle zurückzufallen, und lassen Sie den Klienten in seinen Körper zurückgehen oder -schweben, wie im Schaubild A zu B zurückgeht. Dies integriert die visuelle Perspektive in die tatsächliche Körperhaltung.

5. Nun stellt sich der Klient vor, wie er in die Leinwand hineingeht und seinem jüngeren Selbst all die Hilfe und Unterstützung und all den Mut gibt, die es braucht. Er kann sein jüngeres Selbst beruhigen und ihm versichern: „Ich bin aus deiner Zukunft, du hast es überlebt, es ist alles in Ordnung. Du brauchst dies nun nie mehr durchzumachen." Die Persönlichkeit aus dem Heute mit all ihrer Stärke und ihren Ressourcen, mit all dem Wissen, das sie hat, kann mit diesem Ereignis zurechtkommen. Wenn in dem ursprünglichen Ereignis echte Gefahr war, ist es ganz in Ordnung, davor noch eine gewisse Furcht zu haben. Wenn es sich also zum Beispiel um eine Schlangenphobie gehandelt hat, ist es weiterhin

Die Phobie-Technik 255

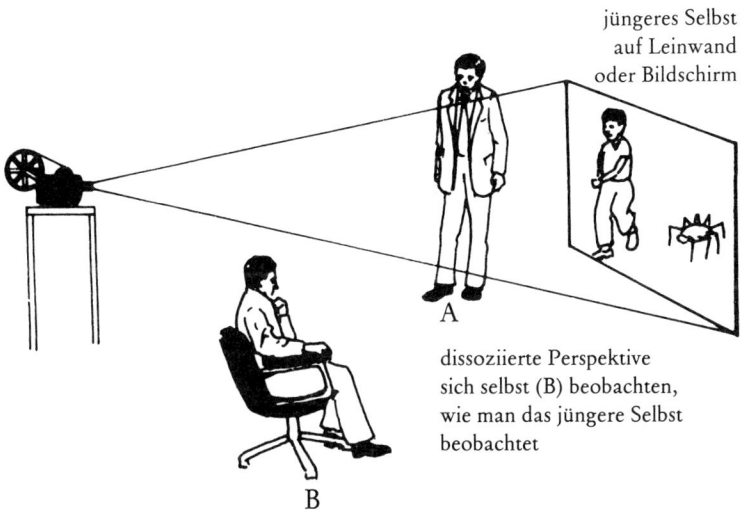

jüngeres Selbst
auf Leinwand
oder Bildschirm

dissoziierte Perspektive
sich selbst (B) beobachten,
wie man das jüngere Selbst
beobachtet

sehr gesund, Respekt vor Schlangen und vor ihrer Gefährlichkeit zu haben, aber die lähmende Angst hat keinen Sinn mehr und wird verschwunden sein.

6. Wenn der „jüngere" Mensch dies verstanden hat, bitten Sie den Klienten, das jüngere Selbst von der Leinwand in seinen eigenen Körper zurückzubringen, und geben Sie ihm genügend Zeit, sich still für sich in Ruhe zu erholen und die tiefgreifenden Veränderungen, die stattgefunden haben, zu integrieren.

7. Machen Sie ein Future Pacing, den Schritt in die Zukunft. Bitten Sie den Klienten, sich (assoziiert) die nächste Gelegenheit vorzustellen, bei der er oder sie erwartet, die Angst zu bekommen. Dies kann eventuell eine leichte Angst hervorrufen, aber nicht die vorherige, völlig umwerfende Angst. Jeder von uns trägt eine gewisse Last von vergangenen Ängsten und Einschränkungen auf seinen Schultern. Diese Last zu erleichtern ist ein schönes Geschenk, das Sie sich selbst und anderen machen können.

In gewisser Weise ist eine Phobie eine richtige Leistung; eine starke, immer wiederkehrende Reaktion, begründet durch nur ein einziges Ereignis. Die Betroffenen vergessen nie, die phobische Reaktion zu bekommen. Das beste Gegenbeispiel, das einer „guten Phobie" am nächsten kommt, ist vielleicht die „Liebe auf den ersten Blick". Es wäre schön, wenn wir uns und anderen Menschen „gute Phobien" geben würden. Wie kommt es, daß jemand lernen kann, konsequent und immer wieder Angst vor Spinnen zu bekommen, aber nicht lernt, sich auf die gleiche verläßliche, konsequente Weise beim Anblick eines geliebten Menschen gut zu fühlen?

Ehen können zerbrechen, und dies geschieht, weil einer der beiden Partner (oder beide) für seine guten Gefühle eine unbewußte „Phobie-Technik" anwendet, sich von den guten Zeiten dissoziiert und sich statt dessen mit den schlechten assoziiert.

Das *Swish-Muster* ist eine wirkungsvolle Technik, bei der Veränderungen der entscheidenden Submodalitäten vorgenommen werden. Es wirkt bei konkretem Verhalten, das Sie lieber los wären, oder bei Reaktionen, die Sie gerne vermeiden würden. Es ist eine gute Technik gegen unerwünschte Gewohnheiten. Das Swish-Muster verändert einen problematischen Zustand oder problematisches Verhalten, indem es ihm eine neue Richtung gibt. Es ersetzt nicht einfach das Verhalten, sondern es bewirkt eine produktive Veränderung.

Das Swish-Muster

1. Bestimmen Sie zuerst das spezielle Verhalten, das Sie verändern möchten, zum Beispiel Nägelkauen, Überessen oder Rauchen. Sie können auch eine Situation auswählen, in der Sie gern ressourcenreicher sein möchten, vielleicht im Umgang mit einem bestimmten Menschen.

2. Behandeln Sie diese Einschränkung als eine Leistung. Woran erkennen Sie, wann Sie das Problem oder das Verhalten haben? Welches sind genau die Auslöser *(cues)*, die es stets hervorrufen?

Stellen Sie sich vor, Sie müßten jemandem diese Beschränkung beibringen, was müßte der- oder diejenige tun?

Es muß immer einen bestimmten und spezifischen Reiz geben, der die Reaktion auslöst. Wenn dieser „Cue" innerlich ist und gedanklich produziert wird, machen Sie daraus ein Bild, genau so, wie Sie es erleben. Wenn es ein externer Auslöser ist, stellen Sie sich das Bild genau so vor, wie es ist: als ein assoziiertes Bild. Zum Beispiel könnte der Cue für Nägelkauen ein Bild davon sein, wie Ihre Hand sich Ihrem Mund nähert. (Der Swish ist mit visuellen Bildern am einfachsten, wenn es auch möglich ist, ihn mit auditiven oder kinästhetischen Auslösern durchzuführen, indem man mit entsprechenden Submodalitäten arbeitet.)

3. Finden Sie wenigstens zwei visuelle Submodalitäten des auslösenden Bildes, die ihre Reaktion darauf verändern. Größe und Helligkeit beziehungsweise Klarheit funktionieren normalerweise gut. Für die Mehrzahl der Leute bewirken die zunehmende Größe und die Klarheit beziehungsweise Helligkeit eines Bildes am meisten. Es kann jedoch auch andere Submodalitäten geben, die genauso wirkungsvoll sind. Testen Sie diese zwei Submodalitäten bei einem anderen Bild, um zu überprüfen, daß sie die erwünschte Wirkung haben. Es müssen Submodalitäten sein, die Sie kontinuierlich über ein breites Spektrum variieren können.

Unterbrechen Sie dadurch, daß Sie für einen Moment an etwas anderes denken, bevor Sie weitermachen. [Separator, Anm. d. Übers.]

4. Als nächstes denken Sie daran, wie Sie wirklich sein möchten oder wie der Mensch wäre, der anders reagieren würde, der nicht diese Einschränkung hätte. Wie würden Sie sich selbst sehen, wenn Sie die erwünschte Veränderung erreicht hätten? Sie hätten mehr Wahlmöglichkeiten, wären fähiger, Sie wären dem Menschen ähnlicher, der Sie wirklich sein möchten. Es sollte eine Vorstellung, ein Bild von Ihnen selbst mit erwünschten Qualitäten sein, ohne ein bestimmtes Verhalten. Das Bild muß dissoziiert sein, motivierend und anziehend. Ein assoziiertes Bild wird Ihnen

das Gefühl geben, daß Sie die Veränderung bereits gemacht haben, und wird Sie nicht mehr motivieren.

Prüfen Sie, ob das neue Selbstbild ökologisch ist und zu Ihrer Persönlichkeit, Ihrer Umwelt und Ihren Beziehungen paßt. Vielleicht müssen Sie einige Korrekturen machen, wenn Sie es ausprobieren.

Denken Sie an die Ressourcen, die dieses Selbstbild haben würde. Ressourcen sind nötig, um sich mit der Intention des alten Verhaltens auseinanderzusetzen. Stellen Sie sicher, daß das Selbstbild ausgeglichen, glaubhaft und nicht eng an eine Situation geknüpft ist. Stellen Sie weiterhin sicher, daß das Bild verlockend genug ist, so daß es einen deutlichen Wechsel zu einem positiveren Zustand herbeiführt.

Nun unterbrechen Sie diesen Zustand und denken an etwas anderes.

5. Nehmen Sie das auslösende Bild und machen es klar und groß, wenn das die identifizierten entscheidenden Submodalitäten sind. In die Ecke dieses Bildes stellen Sie ein kleines, dunkles Bild des neues Selbstbildes. Nun nehmen Sie das große, helle Bild der Einschränkung und machen es *ganz schnell* klein und dunkel, während Sie zur selben Zeit das neue Selbstbild groß, hell und klar machen. Die Geschwindigkeit ist von entscheidender Bedeutung. Stellen Sie sicher, daß das alte Bild sich ausblendet, während das neue gleichzeitig wächst. Es kann helfen, wenn Sie sich vorstellen oder tatsächlich ein Geräusch machen, das klingt wie „Wwwusch!", „Schwwupp!" oder „Swish!" Lassen Sie in dem Geräusch die Begeisterung leben, die Sie fühlen, wenn Sie daran denken, so zu werden wie das neue Selbstbild. Machen Sie den Bildschirm wieder frei. Wiederholen Sie dies fünf Mal *ganz schnell*.

Das Gehirn arbeitet schnell. Haben Sie je die Erfahrung gemacht, daß Sie jemandem einen Prozeß beschreiben und das Gefühl hatten, daß derjenige ihn zur selben Zeit durchlief? Richtig. Er hat es tatsächlich getan. (Denken Sie an Ihre Haustür ... *aber noch nicht jetzt!*)

Machen Sie den Bildschirm nach jedem Swish wieder kurz frei, oder lassen Sie etwas anderes dort erscheinen. Ein „umgekehrter Swish" wird den positiven Swish wieder rückgängig machen. Stellen Sie sicher, daß es ein Ticket nur für die Hinfahrt ist. Wenn es nach fünf Wiederholungen nicht funktioniert, versuchen Sie nicht, etwas weiterzumachen, was nicht klappt. Seien Sie kreativ. Vielleicht müssen die kritischen Submodalitäten besser angepaßt werden, oder vielleicht ist das erwünschte Selbstbild nicht verlockend genug. Das Verfahren funktioniert. Wer würde bei vollem Verstand ein problematisches Verhalten beibehalten, angesichts solch verlockender neuer Fähigkeiten?

Wenn Sie zufrieden sind, testen Sie das Ergebnis durch Future Pacing. Denken Sie an den Cue, den Auslöser. Bewirkt er die gleiche Reaktion? Wenn Sie das nächste Mal in der Situation sind, halten Sie nach der neuen Reaktion Ausschau. NLP-Techniken funktionieren wie das Gehirn, schnell und effektiv. Wir „swishen" uns effektiv in alle möglichen Schwierigkeiten hinein, ohne es je zu bemerken. Jetzt können wir den gleichen Prozeß anwenden, um uns auf etwas Verlockendes zuzubewegen. Diese Techniken zeigen, daß Sie schnell Ihre Richtung verändern können – ohne Strapazen oder Schmerzen.

Veränderung zweiter Ordnung

Veränderung zweiter Ordnung heißt, daß mehrere Ziele und sekundäre Vorteile beteiligt sind. Jede Therapie enthält Veränderung zweiter Ordnung, weil die neue Ressource oder Reaktion durch Wachstum und Ausgleich in der ganzen Persönlichkeit unterstützt werden muß. Bei der Veränderung erster Ordnung geschieht dies von selbst, oder es ist so leicht, daß es nicht beachtet werden braucht.

Man kann sagen, daß Veränderung zweiter Ordnung dort nötig ist, wo sekundäre Ziele so stark sind, daß sie das eigentlich erwünschte Ziel blockieren. Das Six-step-Reframing ist eine gute Technik, um sich mit sekundären Zielen auseinanderzusetzen.

Innerer Konflikt

Wenn unterschiedliche Gedanken oder Meinungen im Konflikt miteinander sind, können Verhandlungsfertigkeiten für die Vermittlung zwischen den unterschiedlichen Teilen Ihrer Persönlichkeit angewandt werden. Will man eine Problemlösung finden, gehört dazu auch, ein neues Gleichgewicht in der Gegenwart herzustellen, das wenigstens so stark ist wie das alte.

Da Balance dynamisch ist und nicht statisch, entwickeln sich zwangsläufig Konflikte zwischen verschiedenen Teilen unserer Persönlichkeit, die unterschiedliche Werte, Glaubenshaltungen und Fähigkeiten verkörpern. Vielleicht möchten Sie Ziele erreichen, die miteinander unvereinbar sind. Vielleicht sind Ihnen Situationen vertraut, in denen Sie von einem anderen Teil Ihrer Persönlichkeit unterbrochen werden, der entgegengesetze Anforderungen stellt. Doch wenn Sie sich dann diesem Teil zuwenden, macht Ihnen der erste Teil ein schlechtes Gefühl. Der Schlußeffekt ist meistens, daß man weder an der einen noch an der anderen Aktivität Freude hat. Wenn Sie sich entspannen, wird ein anderer Teil lebhafte Bilder von all der Arbeit heraufbeschwören, die Sie eigentlich tun müßten. Wenn Sie bei der Arbeit sind, wollen Sie nichts anderes als sich entspannen. Falls diese Art Konflikt Ihnen vertraut ist und beide Aktivitäten verdirbt, ist es Zeit für eine Pause.

Lösung innerer Konflikte

1. Identifizieren und trennen Sie klar die beteiligten Persönlichkeitsanteile. Es scheint, als würden sie gegensätzliche Forderungen stellen. Beispielsweise möchte ein Teil vielleicht Freiheit und Freizeit, ein anderer Sicherheit und ein geregeltes Einkommen. Oder ein Teil mag sehr vorsichtig mit Geld umgehen, der andere sehr extravagant. Ein Teil könnte überbesorgt sein, den Leuten alles recht zu machen, während der andere ihnen ihre Forderungen übelnimmt. Jeder Teil läßt negative Bewertungen über den anderen verlauten. Einige Teile entstammen den Wertvorstellungen Ihrer Eltern und existieren vielleicht gezwungenermaßen

nebeneinander mit Teilen, die Sie aus Ihrer eigenen Lebenserfahrung entwickelt haben. Alle Teile haben etwas Wertvolles anzubieten.

2. Machen Sie sich ein klares Bild von jedem Teil. Wenn es zwei Teile sind, könnten Sie einen in jede Hand legen, oder Sie könnten sie neben sich auf Stühle setzen. Schaffen Sie eine vollständige visuelle, kinästhetische und auditive Repräsentation jedes Teils. Wie sehen Sie aus? Wie fühlen sie sich an? Wie hören sie sich an? Gibt es bestimmte Wörter oder Ausdrücke, die sie charakterisieren könnten? Lassen Sie beide Teile Ihre Lebens- beziehungsweise Zeitlinie überblicken, die Gegenwart und die Zukunft, um sich selbst zu definieren, ihre persönliche Geschichte und ihre Bestimmung.

3. Finden Sie die Absicht, die Intention jedes Teils heraus. Anerkennen Sie, daß jeder Teil eine positive Absicht hat. Gehen Sie auf höhere Ebenen hinauf, so hoch wie erforderlich, damit die Teile einem gemeinsamen Ziel zustimmen können. Beide werden wahrscheinlich Ihrer dauerhaften Gesundheit zustimmen, und beide müssen zustimmen, um eine Übereinstimmung zu erzielen. Beginnen Sie zu verhandeln, so als wenn Sie es mit wirklichen Personen zu tun hätten. Wenn die Teile ernsthaft im Clinch miteinander sind, betrifft die einzige Übereinstimmung vielleicht das weitere Überleben der Gesamtpersönlichkeit.

4. Verhandeln Sie. Welche Ressourcen hat jeder Teil, die dem anderen Teil helfen könnten, sein Anliegen in die Tat umzusetzen? Wo kann ein Tausch gemacht werden? Wie könnten sie zusammenarbeiten? Was möchte jeder Teil von dem anderen, um zufrieden zu sein? Es wird deutlich, daß ihr Konflikt sie eigentlich davon abhält, ihre Absichten zu realisieren. Bringen Sie jeden Teil zu dem Zuständnis, daß er ein Signal gibt, wenn er etwas braucht, wie zum Beispiel mehr Zeit, Toleranz, Aufmerksamkeit oder Wertschätzung.

5. Fragen Sie jeden Teil, ob er gewillt ist, sich mit dem anderen zu integrieren, um die gemeinsamen Probleme zu lösen. Es ist

nicht entscheidend, daß sie zusammenkommen. Es kann für die Teile besser sein, geteilt zu bleiben. Wenn sie aber willens sind, sich zu integrieren, bringen Sie sie beide, auf die Art und Weise, wie es für Sie angenehm ist, in Ihrem Körper zusammen. Wenn die Teile in Ihren Händen waren, bringen Sie sie visuell zusammen, indem Sie ihre Hände zusammenlegen *(visual squash)*. Dann schaffen Sie ein Bild, einen Klang und ein Gefühl für den neuen, integrierten Teil und nehmen ihn in sich auf, nur so schnell, wie es sich gut anfühlt. Lassen Sie sich Zeit, in Ruhe und Stille, um die Veränderung zu würdigen. Dieser neue Teil will vielleicht Ihre Lebenslinie noch einmal anschauen, die Ereignisse und Erfahrungen aus der Vergangenheit im Licht der neuen Erkenntnisse und des neuen Verständnisses umdeuten.

Während dieser Verhandlung kommen möglicherweise andere Teile an die Oberfläche. Das ist umso wahrscheinlicher, je tiefer der Konflikt ist. Alle müssen vielleicht in die Verhandlung einbezogen werden. Virginia Satir veranstaltete ganze *parts parties*, Partys für alle Persönlichkeitsanteile, bei denen die verschiedenen anwesenden Leute unterschiedliche Teile des Klienten spielten. Der Klient war der Regisseur des sich entfaltenden Schauspiels.

Verhandeln mit Persönlichkeitsanteilen ist ein starkes Mittel zur Lösung von Konflikten auf einer tiefen Ebene. Man kann einen Konflikt nie verbannen. Innerhalb bestimmter Grenzen ist Konflikt ein gesunder und notwendiger Mechanismus zur Ausbalancierung. Der Reichtum und das Wunder des Menschseins kommen aus der Vielfalt, und Reife und Glück kommen aus der Balance und Zusammenarbeit zwischen den verschiedenen Teilen Ihres Selbst.

Kapitel 9

Die ersten Modelle

John und Richard hatten sich 1972 in Santa Cruz an der University of California getroffen und waren Freunde geworden. John war Professor der Sprachwissenschaft (Linguistik) und Richard machte sein Abschlußjahr am College. Richard interessierte sich stark für Gestalttherapie. Für seinen Freund Bob Spitzer, dem der Verlag *Science and Behaviour Books* gehörte, hatte Richard eine Studie und einige Videos von Fritz Perls bei der Arbeit gemacht. Diese Aufnahmen wurden später in dem Buch *The Gestalt Approach and Eyewitness to Therapy* verarbeitet.

Bob Spitzer hatte ein Anwesen in der Nähe von Santa Cruz, das er oft seinen Freunden für einige Zeit zum Wohnen überließ. Zur damaligen Zeit lebte Gregory Bateson dort, und Richard bezog ein Haus auf dem gleichen Grundstück, nur einen Steinwurf von Bateson entfernt. Richard begann, wöchentliche Gestalt-Encounter-Gruppen zu leiten, und verlangte von den Teilnehmern fünf Dollar pro Abend. Er nahm erneut Kontakt mit John Grinder auf und interessierte ihn so sehr für Gestalt, daß auch er an diesen Gruppen teilnahm.

Als John kam, war er begeistert. Richard wußte von sich, daß er Gestalt-Gruppen erfolgreich leiten konnte, aber er wollte genau wissen, wie er es machte und welche Muster effektiv waren. Es ist ein großer Unterschied, ob man eine Fähigkeit einfach hat und anwendet oder ob man sich darüber hinaus auch dessen *bewußt* ist, was denn genau dabei zum Erfolg führt. So trafen John und Richard eine Vereinbarung: Richard sollte John beibringen, wie er Gestalttherapie machte, und John sollte Richard bewußtmachen, was genau er da tat. So nahm John also regelmäßig an der Montagabendgruppe teil und modellierte Richard. Richard machte ihm deutlich, welches seiner Meinung nach die wichtigen Muster waren, indem er sie mit seinen Augen und mit unterschiedlichen Stimmlagen anzeigte.

John lernte sehr schnell. Er brauchte zwei Monate, um die Muster „auszupacken" und in der Lage zu sein, eine Gruppe wie Richard zu leiten. Er machte dann dienstags abends eine Gruppe, die er „Wunder-Wiederholungsgruppe" nannte. Die Leute erlebten dienstags abends mit John die gleichen Wunder in ihrem Leben, wie andere bereits am Montagabend mit Richard erlebt hatten.

Dann bekam Richard den Auftrag, ein Trainingsseminar von der Dauer eines Monats zu beobachten und auf Video aufzunehmen, das Virginia Satir für Familientherapeuten in Kanada hielt. Richard hatte Virginia schon früher kennengelernt, und sie waren gute Bekannte. Während des gesamten Seminars war er in seinem kleinen Aufnahmeraum isoliert; es gab lediglich einen Mikrophonkontakt zum Seminarraum. Er hatte einen zweikanaligen Kopfhörer und stimmte auf dem einen Ohr die Aufnahme ab, während er auf dem anderen Ohr Kassetten von Pink Floyd hörte. In der letzten Woche hatte Virginia eine Beratungssitzung inszeniert und fragte die Teilnehmer, wie sie unter Rückgriff auf den Stoff, den sie ihnen beigebracht hatte, nun damit umgehen würden. Die Teilnehmer schienen festzustecken. Richard stürmte in den Seminarraum und behandelte das Problem erfolgreich. Und Virginia sagte: „Das ist genau richtig." Richard fand sich in der merkwürdigen Situation, mehr über Virginias Muster zu wissen als irgendeiner der Teilnehmer, ohne daß er bewußt versucht hatte, sie zu lernen. John modellierte einige von Virginias Mustern, die Richard praktizierte, und machte sie explizit. Die Effektivität stieg. Diesmal brauchten sie nur drei Wochen statt zwei Monate.

Nun hatten sie eine doppelte Beschreibung für wirksame Therapie, zwei komplementäre und kontrastierende Modelle: Virginia Satir und Fritz Perls. Die Tatsache, daß diese beiden völlig unterschiedliche Charaktere waren und nicht friedlich im selben

Raum miteinander hätten existieren können, machte sie zu besonders wertvollen Beispielen. Die therapeutischen Muster, die sie gemeinsam hatten, waren viel klarer, weil ihr persönlicher Stil so unterschiedlich war.

Modellieren

Modellieren, also Ab- und Nachbilden, ist das Herzstück des NLP. NLP ist das Studium von Höchstleistungen, insbesondere von erfolgreicher Kommunikation, und Modellieren ist das Verfahren, das Höchstleistungen durchschaubar, nachvollziehbar macht. Welches sind die Muster von erfolgreichen Menschen? Wie erzielen sie ihre Ergebnisse? Was machen sie im Gegensatz zu Leuten, die nicht so erfolgreich sind? Wo ist der Unterschied, der den Unterschied ausmacht? Aus den Antworten auf diese Fragen sind all die Techniken entstanden, die wir im NLP kennen.

Erklärungen dafür, warum manche Menschen Erfolg haben, führen gewöhnlich das „angeborene Talent" oder konzentriertes Üben an. NLP umgeht beide; es zeigt, wie Sie sich *genau jetzt* auszeichnen und übertreffen können. NLP modelliert das, was möglich ist, denn reale Menschen haben es wirklich geschafft.

Im vollständigen Modellierungsprozeß gibt es drei Phasen. Die erste Phase besteht im Modellieren der Fertigkeiten aus der zweiten Position. Sie „schlüpfen in die Haut des anderen" und übernehmen die Verhaltensweisen, die Sie modellieren wollen, bis Sie in etwa die gleichen Ergebnisse erzielen wie die Person, die Sie modellieren. Der wesentliche Teil des Vorhabens ist an dieser Stelle bereits geschafft.

In der zweiten Phase lassen Sie systematisch einzelne Elemente des Modellverhaltens aus, um zu sehen, was einen Unterschied bewirkt. Wenn Sie etwas auslassen und das wenig Unterschied macht, dann ist es nicht notwendig. Wenn Sie etwas auslassen und dies wirklich einen Unterschied macht, dann ist es ein wesentlicher Teil des Modells. Sie verfeinern das Modell und beginnen es während dieser Phase bewußt zu verstehen. Dies ist genau das Gegenteil von traditionellen Lernmustern. Im traditionellen Lernen sagt man: Füge weitere Teile Stück für Stück hinzu, bis du sie alle zusammenhast. Jedoch weiß man in diesem Fall kaum, was wesentlich ist, denn alles fließt mit ein. Modelling, das die Grundlage für beschleunigtes Lernen darstellt, nimmt zuerst alle Elemente auf einmal und streicht dann einige weg, um zu sehen, was wesentlich ist. Eine dritte und letzte Phase ist, einen Weg zu entwerfen, wie man diese Fertigkeit anderen beibringen kann. Ein guter Lehrer wird in der Lage sein, den Kontext so zu gestalten, daß seine Schüler selbst lernen, diese Ergebnisse zu erzielen.

Modelle sollen einfach und überprüfbar sein. Man braucht nicht zu wissen, warum sie funktionieren, genausowenig wie man wissen muß, wie Autos funktionieren, wenn man damit fahren will. Wenn Sie sich im Labyrinth des menschlichen Verhaltens verlaufen haben, brauchen Sie eine Karte, um ihren Weg wiederzufinden, und nicht an erster Stelle eine psychologische Analyse, warum Sie überhaupt Ihren Weg aus dem Labyrinth finden wollen.

Modellieren in jedem beliebigen Bereich bringt Ergebnisse und Techniken, aber auch weitere Werkzeuge fürs Modellieren. NLP ist generativ, weil man die Ergebnisse dazu verwenden kann, es noch effektiver zu machen. NLP ist ein *bootstrap programm*, ein (übergeordnetes) „Meta-Programm" für persönliche Entwicklung. Sie können Ihre eigenen kreativen und ressourcenreichen Zustände modellieren und sich so in die Lage versetzen, sie nach Belieben anzuwenden. Und sobald Sie mehr Ressourcen und Kreativität zur Verfügung haben, können Sie noch ressourcenreicher und kreativer werden ...

Wenn Sie erfolgreich modellieren, werden Sie die gleichen Ergebnisse erzielen wie Ihr Modell, und Sie brauchen nicht einmal etwas Hervorragendes zu modellieren. Um herauszufinden, wie ein Mensch es schafft, kreativ zu sein, oder wie jemand es hinbekommt, depressiv zu werden, stellen Sie bei beiden die gleichen Fragen: „Wenn ich an deiner Stelle einen Tag leben müßte, was müßte ich so denken und tun wie du? Wie schaffst du dir dein Weltbild?"

Jede Person bringt ihre eigenen, einzigartigen Ressourcen und ihre Persönlichkeit in das, was sie tut, mit ein. Sie können nicht ein zweiter Einstein, Beethoven oder Edison werden. Um das zu erreichen, was diese Menschen erreicht haben, und genau so zu denken wie sie, müßten Sie genau die einzigartige Physiologie und persönliche Lebensgeschichte dieser Menschen haben. NLP behauptet nicht, daß jeder ein Einstein werden kann, aber es sagt in der Tat, daß jeder denken lernen kann wie ein Einstein und daß man diese Denkweise, wenn man will, im eigenen Leben anwenden kann; wenn man dies tut, kommt man dem vollen Erblühen des eigenen „Genies", den besonderen persönlichen Ausdrucksformen von Vervollkommnung näher.

Zusammengefaßt: Sie können jedes menschliche Verhalten modellieren, wenn Sie die Glaubenssysteme, die spezifischen Gedankenprozesse und die Physiologie meistern können, die dahinter stehen.

Metakognition – Metawissen

Man kennt dieses merkwürdige Phänomen: Wenn man beginnt, explizit herauszufinden, wie man etwas tut, stört und behindert dies das eigentliche Verhalten, so daß in gewisser Weise Ignoranz eine Voraussetzung für Erfolg ist. Metakognition ist ein Wissen von dem, was man tut; man wäre in der Lage, es hinterher zu erklären, wenn man wollte. Es ist wesentlich, daß Sie nicht *bewußt* über eine Aufgabe nachdenken, während Sie sie durchführen; dies würde Ihre Aufmerksamkeit spalten und eine „selbst-bewußte" Leistung zeitigen, langsam und unbeholfen.

Der Fahrer eines Autos denkt nicht bewußt über all das nach, was er tut, während er dabei ist, es zu tun. Der Musiker kann nicht bewußt jede Note verfolgen, die er spielt. Aber beide könnten erklären, was sie tun, wenn sie gefragt würden. Mit Metakognition, Metawissen, haben Sie die Möglichkeit, sich darüber bewußt zu werden, wie Sie eine Aufgabe ausführen. Wenn Sie sie wirklich gut machen wollen, muß dies bei der tatsächlichen Durchführung unbewußt sein. Auch wenn Sie schon Ihr Leben lang erfolgreich mit Menschen Rapport aufgebaut haben, gibt Ihnen das Wissen darum, *wie* Sie es tun, mehr Möglichkeiten zu wählen, wie und wann Sie es tun wollen. Ein vollständiges Modell davon, wie jemand etwas tut, umfaßt die drei zentralen Elemente: Glaubenssätze, Strategien und Physiologie.

Strategien

In diesem Abschnitt konzentrieren wir uns auf das Modellieren von Strategien. Strategien sind die Art und Weise, wie man seine Gedanken und sein Verhalten organisiert, um eine Aufgabe zu erfüllen. Strategien sind immer auf ein positives Ziel gerichtet. Sie können durch Glaubenssätze oder Einstellungen an- oder ausgeschaltet werden; um bei einer Aufgabe erfolgreich zu sein, müssen Sie daran glauben, daß Sie sie lösen können, andernfalls sind Sie nicht voll dabei. Sie müssen auch glauben, daß Sie es verdienen, und Sie müssen bereit sein, die notwendige Übung oder Vorbereitung zu investieren. Drittens müssen Sie glauben, daß es sich lohnt, es zu tun. Die Aufgabe muß Ihr Interesse oder Ihre Neugier erregen.

Die Strategien, die wir anwenden, sind Teil unserer Wahrnehmungsfilter, sie bestimmen, wie wir die Welt wahrnehmen. Es gibt ein kleines Spiel, das dies auf den Punkt bringt. Lesen Sie die folgenden Sätze und zählen Sie, wie oft Sie den Buchstaben „F" sehen:

FINISHED FILES ARE THE RESULT OF YEARS
OF SCIENTIFIC STUDY COMBINED WITH THE
EXPERIENCE OF MANY YEARS.

Einfach? Das Interessante ist, daß verschiedene Leute unterschiedlich viele F sehen, und alle sind sicher, daß sie recht haben. Und das stimmt: jeder in seiner eigenen Realität. Viele Leute finden drei F beim ersten Durchlesen, aber einige sehen mehr. Erinnern Sie sich daran: Wenn das, was Sie tun, nicht funktioniert, tun Sie etwas anderes. In der Tat, tun Sie etwas völlig anderes. Gehen Sie den Satz Buchstabe für Buchstabe rückwärts durch.

Wie viele F waren Ihnen am Anfang bewußt und wie viele unbewußt?

Der Grund, warum Sie einige verpaßt haben, war wahrscheinlich der, daß Sie sich die Wörter vorgesagt und sich auf den Klang des F verlassen haben, um sie herauszufinden. F hört sich in dem Wort *of* wie ein V an. Sobald Sie sich jedes Wort *rückwärts ansehen*, so daß die Buchstaben sich nicht zu einem bekannten Wort verbinden, können Sie die F leicht sehen. Wir haben gefragt, wie oft Sie den Buchstaben F gesehen haben, nicht wie oft Sie ihn gehört haben. Die Welt scheint anders zu sein, wenn Sie die Strategie wechseln.

Ein Erfolgsrezept

Um Strategien zu verstehen, denken Sie an einen Chefkoch. Wenn Sie sein Rezept verwenden, werden Sie wahrscheinlich fähig sein, so gut zu kochen wie er, oder ihm ziemlich nahe kommen. Eine Strategie ist eine erfolgreiches Rezept. Wenn Sie ein wunderbar wohlschmeckendes Gericht kochen wollen, müssen Sie drei grundlegende Dinge wissen. Sie müssen wissen, welche Zutaten Sie brauchen. Sie müssen wissen, wie viel einer jeden Zutat Sie verwenden müssen und welche Qualität sie hat. Und Sie müssen die richtige Reihenfolge der Schritte kennen. Es macht für einen Kuchen einen großen Unterschied, ob Sie die Eier vor, während oder nach dem Backen im Ofen dazugeben. Die Reihenfolge, in der Sie innerhalb einer Strategie Dinge tun, ist genauso entscheidend, selbst wenn alles innerhalb weniger Sekunden passiert. Die Zutaten einer Stategie sind die Repräsentationssysteme, und die Mengen und Qualitäten sind die Submodalitäten.

Um eine Strategie zu modellieren, brauchen Sie:
1. die Zutaten (Repräsentationssysteme),
2. die Mengen und Qualitäten jeder Zutat (Submodalitäten),
3. die Reihenfolge der Schritte.

Stellen Sie sich vor, Sie haben einen Freund oder eine Freundin, der oder die auf einem bestimmten Gebiet sehr begabt ist. Es könnte Innendekoration sein, Kleidung kaufen, Mathematik unterrichten, morgens früh aufstehen oder Entertainer auf einer Party sein. Bitten Sie Ihren Freund/Ihre Freundin, dieses Verhalten auszuführen, oder denken Sie an eine bestimmte Situation, als er/sie es tat. Stellen Sie sicher, daß Sie Rapport mit ihm/ihr haben und er/sie in einem kongruenten Zustand ist.

Fragen Sie: „Was war das allererste, was du in dieser Situation gemacht oder gedacht hast?" Es wird etwas sein, das er/sie gesehen (V), gehört (A) oder gefühlt (K) hat.

Wenn Sie dies haben, fragen Sie: „Was war das nächste, was dann passierte?" Gehen Sie in dieser Form weiter, bis Sie die Erfahrung durchgearbeitet haben.

Mit Ihren Fragen und Beobachtungen, vielleicht mit Hilfe des Meta-Modells, werden Sie herausfinden, welche Repräsentationssysteme die Person in welcher Reihenfolge benutzt. Dann fragen Sie nach den Submodalitäten aller VAK-Repräsentationen, die Sie entdeckt haben. Zugangshinweise und Prädikate werden Ihnen dabei helfen, Ihre Fragen gezielt zu stellen. Wenn Sie zum Beispiel fragen: „Was kommt als nächstes?", und die Person sagt: „Ich weiß nicht" und schaut nach oben, könnten Sie fragen, ob er/sie ein mentales, inneres Bild sieht, denn der nächste Schritt könnte internal visuell sein. Wenn Sie fragen und die Person antwortet: „Ich weiß nicht, es *scheint* mir einfach so *klar*", würden Sie wiederum nach einem inneren Bild fragen.

In der Strategie können die Sinne nach außen gerichtet sein oder innerlich benutzt werden. Wenn sie innerlich angewandt werden, können Sie herausfinden, ob etwas *erinnert* oder *konstruiert* wird, indem Sie die Augenzugangshinweise beobachten.

Zum Beispiel hat jemand vielleicht eine Motivationsstrategie, die damit beginnt, daß er sich die Arbeit anschaut, die er tun muß (visuell external, V^e). Dann konstruiert er ein inneres Bild davon, wie die Arbeit aussieht, wenn sie beendet ist (visuell internal

Ein Erfolgsrezept

konstruiert, V^{ik}), bekommt dann ein gutes Gefühl (kinästhetisch internal, K^i) und sagt sich, er solle nun besser mal anfangen (auditiv, innerer Dialog, A^{id}). Wenn Sie diese Person motivieren wollten, würden Sie etwas sagen wie: „Schau mal hier, die Arbeit, denk mal, wie gut du dich fühlen wirst, wenn sie beendet ist, hör mal her, du solltest besser mal anfangen."

Gesamte Strategie: $V^e > V^{ik} > K^i > A^{id}$

Sie würden einen ganz anderen Ansatz für jemanden brauchen, der sich die Arbeit anschaut (V^e) und sich selbst fragt (A^{id}): „Was würde passieren, wenn ich dies nicht machen würde?" Er konstruiert mögliche Konsequenzen (V^{ik}) und fühlt sich schlecht (K^i). Da er dieses Gefühl und jene Konsequenzen vermeiden will, fängt er an. Die erste Person strebt nach dem guten Gefühl. Die zweite will das schlechte Gefühl vermeiden. Sie könnten die erste motivieren, indem Sie ihr verlockende Zukunftsaussichten anbieten, die zweite, indem Sie ihr mit Repressalien drohen.

Jeder Lehrer, Manager und Trainer muß Menschen motivieren, daher ist es sehr nützlich, diese Strategien zu kennen. Jeder hat eine Kaufstrategie, und gute Verkäufer werden nicht mit jedem in der gleichen, festgelegten Form sprechen. Einige Leute müssen ein Produkt sehen und es mit sich selbst besprechen, bis sie das Gefühl bekommen, daß sie es haben wollen. Andere müssen vielleicht über das Produkt etwas hören, dann fühlen, daß es eine gute Idee ist, und sich selbst sehen, wie sie es benutzen, bevor sie es kaufen. Gute Verkäufer verändern ihre Strategie entsprechend, wenn sie wirklich ihre Kunden zufriedenstellen wollen.

Es ist für Lehrer unerläßlich, die unterschiedlichen Lernstrategien ihrer Schüler zu verstehen und darauf einzugehen. Einige Schüler müssen vielleicht dem Lehrer zuhören und sich dann innere Bilder machen, um ein Thema zu verstehen. Andere brauchen vielleicht zu allererst eine visuelle Repräsentation. Ein Bild kann tausend Worte ersetzen, aber es hängt viel davon ab, wer es anschaut. Einige Schüler würden tausend Worte pro Tag vorziehen. Ein Lehrer, der darauf besteht, daß es nur *eine* richtige Art zu lernen gibt, wird wahrscheinlich auch darauf bestehen, daß jeder *seine* Strategie benutzen muß. Dies macht es schwer für viele seiner Schüler, die seine Strategie nicht teilen.

Menschen, die an Schlaflosigkeit leiden, könnten eine Strategie lernen, um besser einzuschlafen. Sie könnten damit beginnen, das entspannte Körpergefühl zu spüren (K^i), während sie sich selbst mit einer langsamen, einschläfernden Stimme sagen (A^{id}), wie bequem und angenehm das ist. Ihre bisherige Strategie besteht vielleicht darin, auf alle unangenehmen Körpergefühle aufzupassen, während sie einer lauten, ängstlichen inneren Stimme zuhören, die ihnen sagt, wie schwer es ist einzuschlafen. Fügt man ein schnell bewegtes, helles und farbenfrohes Bild hinzu, haben sie einen hervorragende Strategie, um wach zu bleiben, ziemlich das Gegenteil von dem, was sie wollen.

Strategien schaffen Ergebnisse. Sind die Ergebnisse so, wie Sie sie haben wollen? Kommen Sie dort an, wo Sie hinwollen? Mit jeder möglichen Strategie fahren Sie – ähnlich wie mit einem Zug – sehr gut, aber wenn Sie in den falschen einsteigen ... werden Sie irgendwo ankommen, wo Sie nicht hinwollen. Geben Sie nicht dem Zug die Schuld.

Musikstrategie

Ein gutes Beispiel, das einige dieser Gedanken darstellt, stammt aus einer Studie, die von einem der Autoren durchgeführt wurde, und zwar aus der Methode, wie er Musikern beibrachte, sich Musikstücke einzuprägen; wie sie in der Lage sind, ganze Sequenzen von Musik nach einmaligem Hören im Gedächtnis zu behalten. Die Schüler wurden gebeten, kleine Musikstücke nachzuklatschen oder zu singen, und ihre Strategie wurde durch Nachfragen, Beobachten der Zugangshinweise und Wahrnehmen der Prädikate herausgefunden.

Die erfolgreichsten Schüler hatten verschiedene Muster gemeinsam. Sie nahmen konsequent eine bestimmte Körperhaltung, eine bestimmte Augenposition und ein bestimmtes Atemmuster ein, meistens war der Kopf zu einer Seite geneigt, und die Augen schauten während des Zuhörens nach unten. Sie stimmten ihren Körper auf die Musik ein.

Während sie zuhörten (A^e), bekamen sie ein allumfassendes Gefühl für die Musik (K^i). Dies wurde oft als die „Stimmung" oder „Prägung" des Stückes beschrieben. Das Gefühl repräsentierte das Stück als ganzes und ihre Beziehung dazu. Das nächste war, eine visuelle Repräsentation der Musik zu bilden. Die meisten Schüler stellten sich eine Art Graphik vor, bei der die vertikale Achse das Heben und Senken des Tones repräsentierte und die horizontale Achse die Dauer in der Zeit (V^{ik}).

Je länger und schwieriger ein Stück war, desto mehr Schüler verließen sich auf dieses Bild als Leitlinie. Das Bild war immer hell, klar, fokussiert und in einer gut lesbaren Entfernung. Einige Schüler visualisierten Notenlinien mit den exakten Notenwerten wie eine Partitur, aber dies war nicht wesentlich.

Das Gefühl, der Klang und das Bild wurden beim ersten Zuhören zusammen aufgebaut. Das Gefühl gab einen übergreifenden Kontext für das detaillierte Bild. Beim wiederholten Hören wurden Teile der Melodie festgehalten, die noch unsicher waren. Je schwieriger die Melodie, desto wichtiger waren das Gefühl und die visuellen Erinnerungen. Sobald die Melodie beendet war, hörten die Schüler sie innerlich noch einmal nach, wie im Originalton, und meistens viel schneller, so ähnlich wie das Vorlaufwerk bei einem Videorecorder (A^{ik}).

Alle Schüler hörten die Melodie wieder, meist im Originalton (A^{ie}), wenn sie sie nachsangen oder -klatschten. Sie schauten sich währenddessen auch das Bild an und ließen dabei das umfassende Gefühl wieder aufleben. Dies gab ihnen für das Stück drei Möglichkeiten des Abspeicherns und Wiedererinnerns. Sie teilten die Musik in kleinere Teilstücke und achteten, wenn nötig, auf sich wiederholende Muster sowohl in der Tonhöhe als auch im Rhythmus. Diese wurden visuell erinnert, selbst nach nur einmaligem Hören.

Man könnte denken, Musik zu erinnern erfordere ein starkes auditives Gedächtnis, aber diese Studie zeigt, daß es sich um eine

Synästhesie handelt. Es ist das Hören des Bildes der Gefühlsempfindung der Melodie. Sie hörten die Melodie, ließen ein Gefühl für das Gesamtstück entstehen und nahmen das, was sie gehört und gefühlt hatten, um ein Bild der Musik herzustellen.

Die Grundstrategie ist $A^e > K^i > V^{ik} > A^i$. Diese Strategie illustriert einige allgemeine Orientierungspunkte für effektives Erinnern und Lernen. Je mehr Repräsentationen Sie von dem Stoff haben, desto wahrscheinlicher werden Sie ihn erinnern. Je größer der Teil Ihrer Neurologie ist, den Sie aus ganzem Herzen hineingeben, desto stärker ist die Erinnerung. Die besten Schüler hatten auch die Fähigkeit, sich zwischen den Repräsentationssystemen zu bewegen, sich manchmal auf das Gefühl zu konzentrieren, manchmal auf das Bild, je nach Art der Musik, die sie hörten. Alle Schüler glaubten an ihre Fähigkeit. Erfolg kann zusammengefaßt werden als Sich-Hineingeben, Glauben und Flexibilität.

Bevor wir die Musikstrategien verlassen, lesen Sie hier einen faszinierenden Auszug aus einem Brief von Wolfgang Amadeus Mozart über seine Art zu komponieren.

„All dies feuert meine Seele an, und vorausgesetzt, ich werde nicht gestört, weitet sich mein Thema von selbst aus, wird methodisch geordnet und fest umrissen, und das Ganze, ob es auch lang ist, steht beinahe vollständig und vollendet vor meinem inneren Auge, so daß ich es mit einem Blick überschauen kann wie ein fein gezeichnetes Bild oder eine wunderschöne Statue. Auch höre ich in meiner Vorstellung nicht einen Teil nach dem anderen, sondern ich höre sie sozusagen alle auf einmal. Welch eine Freude dies ist, kann ich gar nicht sagen!"

[Aus einem Brief von Mozart, geschrieben 1789, zitiert in:
E. Holmes, *The Life of Mozart, Including his Correspondence*, o. O. 1878 (Chapman and Hall)]

Gedächtnisstrategie

Haben Sie ein gutes Gedächtnis? Dies ist eine Fangfrage, weil „Gedächtnis" eine Nominalisierung ist – man kann es nicht sehen, hören oder anfassen. Der Prozeß des Erinnerns ist das wichtige. Nominalisierungen sind Handlungen, die zeitlich eingefroren sind. „Gedächtnis" ist statisch, man kann es nicht beeinflussen. Lassen Sie uns lieber anschauen, wie Sie etwas erinnern und wie Sie dies verbessern können.

Was ist Ihre Gedächtnisstrategie? Wie würden Sie sich die folgende Zeile merken? (Und tun Sie für einen Moment so, als ob es sehr wichtig wäre, sie im Gedächtnis zu behalten.)

H8WW100SB1X

Sie haben dreißig Sekunden Zeit von jetzt an ...

Die Zeit ist um.

Decken Sie die Seite zu, holen Sie einmal tief Luft und schreiben Sie die Zeile auf.

Wie ist es gegangen? Und wichtiger als Ihr Erfolg: Was haben Sie gemacht?

Zwölf Zeichen gehen über die Kapazität des Bewußtseins hinaus, wenn man sie sich als voneinander getrennte Einheiten merken will. Sie brauchen eine Strategie, um sie alle in einer kleineren Anzahl von Blöcken zusammenzufassen *(chunking)*.

Vielleicht haben Sie die Sequenz immer wieder vor sich hergesagt, um eine Tonbandschleife zu bilden (A^i). Tonbandschleifen halten sich nur sehr kurze Zeit. Vielleicht haben Sie sie rhythmisch rezitiert. Vielleicht haben Sie sie niedergeschrieben (K^e). Vielleicht haben Sie sie genauestens betrachtet und dann noch einmal internal gesehen beziehungsweise sich vorgestellt (V^{ik}), indem Sie nach links oben geschaut haben.

Etwas, was sehr hilfreich ist, ist, dieser zufälligen Sequenz eine Bedeutung zu geben. Zum Beispiel könnte sie übersetzt werden in: „Hab acht (H8), wen wundert's (WW100S), beim ersten Mal (B1X)." Es ist eine gute Möglichkeit, etwas im Gedächtnis zu behalten, wenn Sie die halbe Minute damit zubringen, dem Ganzen eine Bedeutung zu geben. Gut, weil es im Einklang damit steht, wie das Gehirn natürlicherweise funktioniert. Wenn Sie sich eine innere Vorstellung davon machen, wie Sie darauf achten, wie sich jemand wundert, wenn er diese Sequenz zum ersten Mal liest, werden Sie wahrscheinlich unfähig sein, die Sequenz bis zum Ende dieses Kapitels zu vergessen, wie sehr Sie es auch versuchen.

Robert Dilts erzählt eine Geschichte von einer Frau, die ihre Strategie in einem Demonstrationsseminar beschrieb. Die Sequenz lautete: A2470558SB. Sie war eine Cordon-Bleu-Köchin. Sie sagte: Es fing mit dem ersten Buchstaben des Alphabets an. Dann kam 24, das Alter, als sie ihren Meistertitel bekommen habe. Das nächste war 705. Das bedeute, daß Sie fünf Minuten zu spät zum Frühstück gekommen sei. Die 58 war schwierig, sich einzuprägen, also sah sie sie geistig in verschiedenen Farben vor sich. Da das S allein stand, machte sie diesen Buchstaben in ihrer Vorstellung größer als die anderen: S. Und als letztes kam der Buchstabe B, der zweite des Alphabets, der sich mit dem A vom Anfang verband.

Jetzt ... decken Sie das Buch ab und schreiben Sie diese Folge von Buchstaben und Zahlen auf. Vergessen Sie nicht den einen, der größer war als die anderen ...

Wahrscheinlich ist es Ihnen gut gelungen. Und Sie haben sich nicht mal angestrengt. Wenn Sie dies erinnern können, ohne sich anzustrengen, wie gut wären Sie, wenn Sie sich anstrengten?

Sie wären viel schlechter. Sich anstrengen verbraucht geistige Energie, und mit dem Wort selbst verbindet man schon eine schwierige Aufgabe und wahrscheinliches Versagen. Je mehr Sie sich anstrengen, desto schwieriger wird es. Die Anstrengung allein wird schon zur Barriere. Eine gute, effektive Strategie macht Lernen leicht und mühelos. Eine ineffektive Strategie macht es schwer.

Lernen zu lernen ist die wichtigste Fähigkeit in der Pädagogik und muß von der ersten Klasse an unterrichtet werden. Das Bildungssystem konzentriert sich zumeist auf das, was gelehrt wird, auf den Lehrplan, und vergißt den Lernprozeß. Dies hat zwei Konsequenzen. Erstens haben viele Schüler Schwierigkeiten, die Information aufzunehmen. Zweitens: Selbst wenn sie etwas lernen, hat es für sie wenig Bedeutung, weil es aus dem Zusammenhang gerissen ist.

Ohne eine Lernstrategie werden Schüler vielleicht zu Informationspapageien, die ihr Leben lang auf Information angewiesen sind. Sie sind „informations-gefüttert", aber lern-behindert. Lernen umfaßt Gedächtnis *und* Verstehen: Information in einen Zusammenhang bringen, der ihr Sinn gibt. Der Fokus auf Fehler und ihre Konsequenzen lenkt Schüler noch weiter ab. Jeder braucht die Erlaubnis, Fehler zu machen. Gute Lerner machen natürlich Fehler und nutzen sie als Feedback, um das zu verändern, was sie tun. Sie halten sich ihr Ziel vor Augen und bleiben im ressourcenreichen Zustand.

Zensuren und Einstufung haben keine Wirkung auf die Strategie, die ein Schüler anwendet. Sie sind lediglich eine Bewertung der Leistung und dienen nur dazu, die Schüler durch eine Rangordnung voneinander zu trennen. Das kann dazu führen, daß sich Schüler um so mehr mit derselben unwirksamen Strategie anstrengen. Wenn man allen Lernern ein Spektrum von guten Strategien beibrächte, dann würden die großen Leistungsunterschiede zwischen ihnen verschwinden. Effektive Strategien zu lernen würde die Ergebnisse aller Schüler verbessern. Ohne dies funktioniert das Bildungssystem als ein Mittel, um Menschen in Hierarchien einzuteilen. Es erhält den Status quo, bezeichnet die weißen und die schwarzen Schafe und trennt sie voneinander. Ungleichheit wird verstärkt.

Zum Unterrichten ist Rapport nötig sowie Pacing und Leading der Schüler zu ihren besten Strategien oder Wegen, wie sie ihren Körper und Geist benutzen können, um der Information Sinn zu verleihen. Wenn Schüler immer wieder Fehler machen, ist es wahrscheinlich, daß sie von ihrer Leistung auf ihre Fähigkeiten schließen und dies noch weiter zu Einstellungen verallgemeinern und denken, daß sie die Aufgabe nicht schaffen können. Dann wird dies zu einer sich selbst erfüllenden Prophezeiung.

Viele Schulfächer sind an Langeweile und Unzufriedenheit geankert, und daher wird Lernen schwierig. Warum sind Erziehung und Unterricht oft so schmerzhaft und zeitraubend? Ein Großteil des Inhalts, der die gesamte Unterrichtszeit eines Kindes ausfüllt, könnte in weniger als der Hälfte der Zeit in der Schule gelehrt werden, wenn die Kinder motiviert wären und man ihnen Lernstrategien beibrächte.

An jedem unserer Denkprozesse sind Strategien beteiligt, und wir sind uns normalerweise unserer Strategien nicht bewußt. Viele Leute benutzen nur eine Handvoll Strategien für ihr gesamtes Denken.

Buchstabierstrategie

Buchstabieren ist eine wichtige Fertigkeit und eine, die viele Leute schwierig finden. Man bekommt gute Zensuren für kreative Aufsätze, aber nicht für kreatives Buchstabieren. Robert Dilts lehrt das Verfahren, das gute Buchstabierer anwenden, und hat eine einfache, effektive Strategie daraus gemacht.

Gute Buchstabierer haben fast immer die gleiche Strategie, und vielleicht überprüfen Sie dies einmal, wenn Sie gut buchstabieren können oder jemanden kennen, der es kann. Gute Buchstabierer schauen nach oben oder geradeaus, wenn sie buchstabieren; sie visualisieren das Wort, während sie es buchstabieren, und dann schauen sie nach unten, um mit ihrem Gefühl zu überprüfen, ob sie es richtig gemacht haben.

Leute, die meist schlecht buchstabieren, versuchen es dem Klang nach herauszuhören. Dies ist nicht so effektiv. Buchstabieren beinhaltet das Niederschreiben des Wortes, damit es visuell auf Papier repräsentiert wird. Der naheliegende erste Schritt ist, es visuell internal zu repräsentieren. [Obwohl im Deutschen die Wörter im Gegensatz zum Englischen meist der einfachen Regel folgen, daß der Klang eines Wortes mit der Buchstabierweise übereinstimmt, gibt es viele Ausnahmen, besonders in Extremfällen mit ph oder f, wie „Phantasie" und „Fotograf", oder mit ss oder ß: „Gib mir blo–? ein bi–?chen Grie–? Ähnliche Stolpersteine gibt es bei v oder f, d oder t oder dt. Anm. d. Übers.]

Leute, die gut buchstabieren, berichten, daß sie ein mentales Bild des Wortes mit einem Gefühl von Vertrautheit sehen. Sie haben einfach das Gefühl, daß es richtig aussieht. Lektoren, die Experten im Buchstabieren sein müssen, schauen einfach nur eine Seite an und berichten, daß falsch geschriebene Wörter ihnen geradezu ins Auge springen.

Wenn Sie ein Experte im Buchstabieren werden wollen oder wenn Sie bereits einer sind und daran Interesse haben zu prüfen, was Sie dabei tun, finden Sie hier nun die Schritte der Strategie.

1. Denken Sie an etwas, das sich vertraut und angenehm anfühlt. Wenn Sie dieses Gefühl haben, schauen Sie das Wort, das Sie buchstabieren wollen, ein paar Sekunden lang an. Es kann hilfreich sein, das Wort oben links im visuellen Zugangsbereich zu plazieren.

2. Als nächstes schauen Sie weg und bringen Ihre Augen nach oben links und erinnern die richtige Schreibweise, soweit sie können. Merken Sie sich die Lücken (falls welche da sind) und schauen Sie noch einmal auf das Wort, wiederholen Sie die Buchstaben, die in die Lücken gehören, und wiederholen Sie den Prozeß, bis Sie ein Bild des Wortes in seiner Ganzheit haben.

3. Schauen Sie Ihr geistiges Bild an, und schreiben Sie dann das auf, was Sie sehen. Prüfen Sie, ob es richtig ist; wenn nicht, gehen Sie wieder zu Schritt 1, schauen es sich noch einmal an und machen das Bild in ihrem Geiste ganz deutlich.

4. Schauen Sie Ihr mentales Bild an, und buchstabieren Sie das Wort rückwärts. Dies wird vollends sicherstellen, daß das Bild klar ist. Kein phonetischer Buchstabierer ist in der Lage, ein Wort rückwärts zu buchstabieren.

Hier noch ein paar hilfreiche Ideen, die Sie zusätzlich zu dieser Grundstrategie anwenden können.

a) Verwenden Sie diejenigen Submodalitäten, die Ihre Bilder am klarsten und am besten erinnerbar machen. Denken Sie an eine Szene, die Sie wirklich gut erinnern können. Wo sehen Sie sie vor dem geistigen Auge? Welches sind die Submodalitäten? Stellen Sie das Wort, das Sie buchstabieren wollen, an die gleiche Stelle (vor dem inneren Auge) und geben Sie ihm die gleichen Submodalitäten.

b) Es kann helfen, wenn Sie sich das Wort in Ihrer Lieblingsfarbe vorstellen.

c) Es mag auch hilfreich sein, wenn Sie es auf einen vertrauten Hintergrund stellen.

d) Stellen Sie Teile, die Ihnen schwierig erscheinen, heraus, indem Sie die Submodalitäten dort verändern. Machen Sie sie größer, näher oder andersfarbig.

e) Wenn das Wort sehr lang ist, unterteilen Sie es in Einheiten von drei oder vier Buchstaben. Machen Sie die Buchstaben klein genug, so daß Sie das ganze Wort leicht sehen können und es so groß ist, daß Sie es ohne Anstrengung lesen können. Machen Sie Ihren geistigen Raum breit genug. Vielleicht mögen Sie die Buchstaben in der Luft nachzeichnen, während Sie sie sehen, oder wenn Sie stark kinästhetisch sind, zeichnen Sie sie auf Ihrem Arm nach, um Ihr Bild mit einem zusätzlichen Gefühl aufzubauen.

Diese Strategie wurde an der University of Moncton in New Brunswick, Kanada, getestet. Es wurde ein Buchstabiertest mit sinnlosen Wörtern konstruiert, die die Studenten vorher nie gesehen hatten. Die erste Gruppe (A) bekam die Wörter gezeigt, und den Teilnehmern wurde gesagt, daß sie sie visualisieren und dabei nach oben links schauen sollten. Der zweiten Gruppe (B) wurde gesagt, sie sollten die Wörter visualisieren, aber es wurde keine Augenposition angegeben. Die dritte Gruppe (C) bekam nur gesagt, daß sie die Wörter irgendwie lernen sollten. Der vierten Gruppe (D) sagte man, sie sollten die Wörter visualisieren und dabei nach unten rechts schauen.

Die Testergebnisse waren interessant. Gruppe A zeigte zwanzig Prozent Steigerung beim korrekten Buchstabieren gegenüber vorherigen Testergebnissen. Gruppe B zeigte zehn Prozent Steigerung. Gruppe C blieb ungefähr gleich, wie man auch vermuten konnte, da sie ihre Strategie nicht verändert hatte. Die Ergebnisse der Gruppe D aber waren um sage und schreibe fünfzehn Prozent schlechter geworden, weil sie versucht hatten, mit einer extrem schwierigen Augenzugangsposition zu visualisieren.

Gutes Buchstabieren ist eine Fähigkeit. Wenn Sie dieser Strategie folgen, werden sie in der Lage sein, *jedes* Wort perfekt zu buchstabieren. Wortlernlisten zum rein mechanischen Auswendiglernen helfen Ihnen vielleicht, diese Wörter zu buchtabieren, aber dies macht Sie nicht zu einem guten Buchstabierer. Beim Auswendiglernen entwickelt man keine Fähigkeiten.

Die oben dargestellte Strategie wurde mit Erfolg bei Kindern eingesetzt, die als dyslektisch, als lese- und rechtschreibschwach, abgestempelt waren. Diese Kinder sind oft nur stärker auditiv oder kinästhetisch als andere Kinder.

Mann wundat sich, das fonehtische buch-schtabiehrmetoden imma noch inna Schule geleert weadn.

Kreativitätsstrategie

Ich ziehe es vor, Leute mit Spaß zu unterhalten in der Hoffnung, daß sie lernen, statt ihnen etwas beibringen zu wollen in der Hoffnung, daß es ihnen Spaß macht.
Walt Disney

Robert Dilts entwickelte ein Modell der Strategie von Walt Disney, der ein erstaunlich kreativer und erfolgreicher Mann war. Sein Werk bereitet immer noch zahllosen Menschen auf der ganzen Welt Vergnügen. Er wäre ein guter Unternehmensberater geworden, denn er hatte eine übergreifende Kreativitätsstrategie, die bei jedem beliebigen Problem eingesetzt werden kann.

Walt Disney hatte eine wunderbare Phantasie; er war ein sehr kreativer Träumer. Träumen ist der erste Schritt zu jedem nur denkbaren Ziel in dieser Welt. Wir träumen alle von den Dingen, die wir erreichen wollen, träumen davon, was wir tun könnten, wie Dinge anders sein könnten. Wie vermeidet man, daß sich die fliegenden Hähnchen in Tomaten auf den Augen verwandeln? Und wie kann man sicherstellen, daß die Träume gut bei den Kritikern ankommen?

Zuerst entwickelte Walt Disney einen Traum oder eine Vision des gesamten Films. Er spürte die Gefühle einer jeden Filmfigur, indem er sich vorstellte, wie die Geschichte in ihren Augen aussah. Wenn es sich um einen Trickfilm handelte, trug er den Zeichnern auf, die Charaktere vom Standpunkt dieser Gefühle zu entwerfen.

Dann betrachtete er seinen Plan auf realistische Weise. Er brachte Geld, Zeit und Ressourcen in Einklang und sammelte alle nötigen Informationen, um sicherzustellen, daß der Film erfolgreich gedreht werden konnte: daß der Traum Wirklichkeit werden konnte.

Wenn er den Traum des Films geschaffen hatte, warf er einen weiteren Blick aus der Perspektive eines kritischen Zuschauers darauf. Er fragte sich: „War es interessant? War es unterhaltsam? Gab es überflüssigen Ballast?" (– Egal, wie sehr er selbst daran hing.)

Disney benutzte drei unterschiedliche Positionen: den Träumer, den Realisten und den Kritiker. Diejenigen, die mit ihm arbeiteten, erkannten diese drei Positionen, aber keiner wußte je, welche Disney bei einem Meeting übernehmen würde. Wahrscheinlich brachte er Gleichgewicht in das Meeting, je nachdem, welche Position unterrepräsentiert war.

Kreativitätsstrategie

Hier ist die Strategie, die Sie formal anwenden können:

1. Wählen Sie das Problem, mit dem Sie sich auseinandersetzen wollen; es kann so schwierig sein, wie Sie mögen. Denken Sie jetzt noch nicht darüber nach. Suchen Sie sich drei Plätze im Raum vor Ihnen aus, auf die Sie sich stellen können. Einen für Ihren Träumer, einen für Ihren Kritiker und einen für Ihren Realisten.

2. Denken Sie an eine Zeit oder eine Situation, als Sie wirklich kreativ waren, als Ihr Träumer wirklich ein paar kreative Wahlmöglichkeiten entwickelt hatte. Gehen Sie in die Träumerposition vor Ihnen und erleben Sie diese Zeit noch einmal voll nach. Damit ankern Sie Ihre Ressourcen und Ihre Strategie als Träumer an diesem konkreten Platz.

Wenn es Ihnen schwerfällt, Zugang zu einem kreativen Beispielfall zu bekommen, finden Sie eine Metapher für das Problem, die Ihnen helfen könnte, kreativ zu denken. Oder Sie könnten jemand modellieren, von dem Sie wissen, daß er ein guter kreativer Träumer ist. Gehen Sie hin und fragen Sie ihn, wie er oder sie es macht, in diesen Zustand zu kommen, bevor Sie dann zu diesem Prozeß zurückkommen. Vielleicht müssen Sie das Problem in etwas leichter handhabbare Einheiten unterteilen. Denken Sie nicht realistisch, das kommt später. Machen Sie keine Korrektur oder Bewertung. Sie könnten sogar das Bewußtsein dadurch ablenken, daß Sie Musik hören oder sich körperlich betätigen. Wenn Sie so viel geträumt haben, wie Sie wollen, machen Sie wieder den Schritt heraus auf die unbeteiligte Position.

3. Denken Sie an eine Zeit oder eine Situation, als Sie in bezug auf einen Plan sehr sorgfältig und realistisch waren; das kann Ihr eigener Plan gewesen sein oder der von jemand anderem. Eine Zeit, zu der Sie einen Plan auf elegante und effektive Weise in die Tat umgesetzt haben. Wenn dies schwierig ist, denken Sie an eine Person, die Sie modellieren können. Fragen Sie sie entweder, wie er oder sie über das Umsetzen von Plänen denkt, oder tun Sie so, als seien Sie diese Person. „Wenn ich X wäre, wie würde ich diese Pläne in die Tat umsetzen?" Verhalten Sie sich so, als wären Sie X.

Wenn Sie bereit sind, gehen Sie in die Realist-Position hinein. Sie ankern Ihren Realist-Zustand und die Ressourcen an diese Stelle am Boden. Wenn Sie Ihre Erfahrung noch einmal voll durchlebt haben, gehen Sie auf die unbeteiligte Position zurück.

4. Schließlich kommen wir zur Beurteilung, zum Kritiker. Erinnern Sie sich an eine Zeit oder eine Situation, als Sie einen Plan auf konstruktive Weise kritisiert haben, als Sie die Schwächen, aber auch die Stärken sahen und die Probleme identifizierten. Es kann eins Ihrer eigenen Projekte gewesen sein oder ein Projekt eines Kollegen. Noch einmal, wenn dies schwierig ist, modellieren Sie einen guten Kritiker, den Sie kennen. Wenn Sie ein Bezugsbeispiel haben, machen Sie den Schritt auf die dritte Stelle, die sie festgelegt haben, und erleben Sie die Erfahrung noch einmal vollkommen nach. Wenn Sie damit fertig sind, kommen Sie wieder heraus.

Sie haben nun den Träumer, den Kritiker und den Realisten an drei verschiedene Plätze im Raum geankert. Sie können drei unterschiedliche Plätze in Ihrem Arbeitszimmer wählen oder auch drei separate Räume. Wahrscheinlich stellen Sie fest, daß der Zugang zu *einer* der Positionen Ihnen viel leichter fällt als zu den anderen. Vielleicht können Sie daraus ein paar Schlüsse ziehen, Folgerungen für Ihre eigenen Pläne ableiten. Jede dieser Positionen ist in der Tat eine Strategie für sich. Diese Kreativitätsstrategie ist eine Super-Strategie: drei separate Strategien in einer.

5. Nehmen Sie nun das Problem oder Ziel, mit dem Sie arbeiten wollen. Stellen Sie sich auf die Position des Träumers und lassen Sie Ihren Geist frei. Der Träumer braucht nicht realistisch zu sein. Träume sind normalerweise visuell, und Ihr Träumer wird wahrscheinlich visuell konstruierte Gedanken entwickeln. Der Himmel ist die Grenze. Lassen Sie Ihre Gedanken nicht von der Realität lähmen. „Mega-Brainstorming". Was würden Sie tun, wenn Sie nicht versagen könnten? Der Träumer könnte im folgenden Satz zusammengefaßt werden: „Ich frage mich, ob ..." oder „Was wäre, wenn ..." Wenn Sie damit fertig sind, gehen Sie auf die unbeteiligte Position zurück. Entgegen all dem, was Ihnen in der Schule gesagt wurde, kann Tagträumen eine sehr

nützliche, kreative und genußvolle Möglichkeit sein, die Zeit zu verbringen.

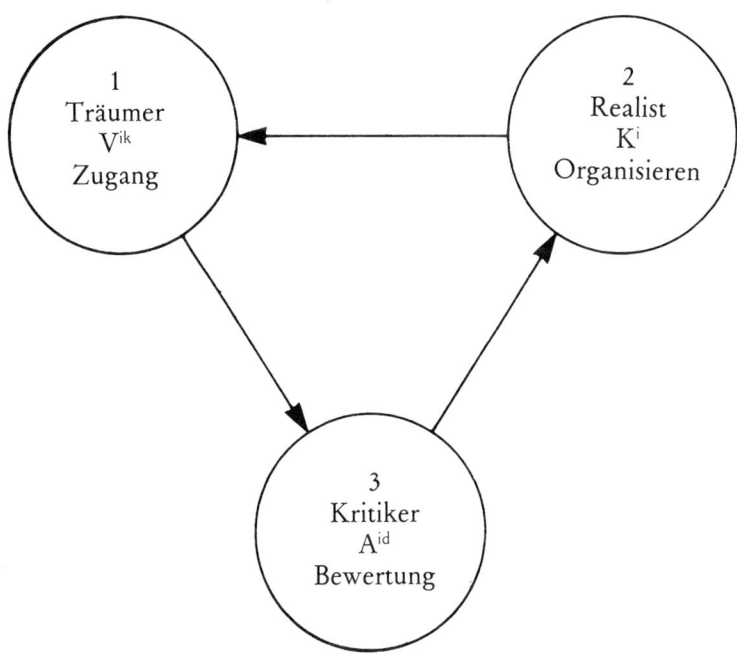

Disney-Kreativitätsstrategie

6. Gehen Sie in die Position des Realisten und denken Sie über den Plan nach, den Sie erträumt haben. Organisieren Sie Ihre Ideen. Wie könnte man das verwirklichen? Was müßte sich verändern, damit es Wirklichkeit werden kann? Wenn Sie zufrieden sind, gehen Sie wieder auf die Position außen. Der Satz für den Realisten ist: „Wie kann ich dies tun/verwirklichen/in die Tat umsetzen ..." Der Realist in Ihnen wird wahrscheinlich vorwiegend kinästhetisch sein, „der Mann oder die Frau der Tat".

7. Gehen Sie als nächstes in die Position des Kritikers, überprüfen und bewerten Sie den Plan. Fehlt irgend etwas? Wenn bei dem Plan die Mitarbeit anderer Leute erforderlich ist, was könnte es diesen Leuten bringen, was steckt für sie in diesem Plan, was hätten sie davon? Was haben Sie davon? Ist es interessant? Wo zahlt es sich aus? Der Kritiker fragt: „Was fehlt? ... Was kommt für mich dabei heraus?" Der Kritiker scheint meistens im inneren Dialog zu operieren.

8. Gehen Sie zurück in den Träumer und verändern Sie den Plan auf kreative Weise, um all das einzubauen, was Sie vom Realisten und Kritiker erfahren haben. Gehen Sie weiter durch die drei Positionen, bis der Plan in jeder Position kongruent ist und paßt. In jeder Position werden Sie eine andere Physiologie und Neurologie haben; versichern Sie sich, daß das Ziel von einer Position zur anderen konstant bleibt.

Um sicherzustellen, daß die Kritik nicht destruktiv, sondern konstruktiv ist, erinnern Sie sich, daß der Kritiker nicht realistischer ist als der Träumer. Es ist nur eine andere Weise, ein anderer Weg, über Möglichkeiten nachzudenken. Der Kritiker darf nicht den Realisten und den Träumer kritisieren. Der Kritiker muß den Plan kritisieren. Manche Leute kritisieren sich selbst und fühlen sich dann schlecht, statt die Kritik als nützliches Feedback über ihre *Pläne* anzusehen. Manchmal ist der Kritiker zu schnell bei der Hand und zerpflückt den Traum oder den Träumer.

Manche Leute benutzen diese Strategie schon von selbst. Sie haben einen bestimmten Ort oder Raum, wo sie kreativ denken, einen Anker für ihren Träumer. Dann haben sie einen anderen Platz für die praktische Planung und noch einen weiteren für die Bewertung und die Kritik. Wenn diese drei Arten des Denkens räumlich klar voneinander getrennt sind, kann jede von ihnen ohne Störung das leisten, was sie am besten kann. Nur wenn die zu Ende gedachte Idee in jeder Position funktioniert, ist man handlungsfähig. Am Ende dieses Prozesses haben Sie mit einiger Sicherheit einen Plan, der unwiderstehlich ist. Dann ist die Frage nicht: „Soll ich dies tun?", sondern: „Ich muß dies tun. Was würde ich noch gerne tun?"

Dies ist ein gutes Beispiel für eine ausgewogene Strategie. Alle drei primären Repräsentationssysteme sind beteiligt, also stehen alle Informationskanäle zur Verfügung. Der Träumer funktioniert normalerweise visuell, der Realist kinästhetisch und der Kritiker auditiv.

Man braucht eine Möglichkeit, aus der Strategie auszusteigen, falls die internen Prozesse sich im Kreis drehen und nirgendwo hinführen. Dafür haben Sie eine unbeteiligte Außenposition, um sich den ganzen Prozeß anzuschauen und in der Realität Einhalt zu gebieten.

Beschleunigtes Lernen *(accelerated learning)*

NLP wurde aus zwei Hauptsträngen entwickelt: Neurologie und Linguistik. Wie nutzen wir unsere gesamte Neurologie, unser ganzes Nervensystem, unseren Körper und unseren Geist, wenn wir kommunizieren? Wie beeinflußt Sprache unser Nervensystem? John Grinder ist von Hause aus Linguist. Als er im akademischen Bereich tätig war, galt die Linguistik als die Königin der Sozialwissenschaften. Sie hatte all die Schärfe und Exaktheit eines mathematischen Systems; womit sie sich allerdings im Grunde beschäftigt, ist nicht das, was Leute tatsächlich sagen, sondern wie sie den Sinn dessen, was gesagt wird, bewerten. Die Basis ist intuitiv.

Als Richard John bat, ihm zu helfen, sich seine Gestaltmuster bewußter zu machen, ging John so vor, als würde er eine neue Sprache lernen. Eine Studie über eine Sprache zu machen, die man nicht spricht, war absurd. John mußte zunächst in der Lage sein, die Muster anzuwenden, bevor er sie untersuchen konnte. Das ist genau das Gegenteil des traditionellen Lernens, bei dem man zuerst die Teile analysiert, bevor man sie alle zusammensetzt.

Dies ist eine grundlegend andere Art zu lernen als die vier Stadien des Lernens, die in Kapitel 1 beschrieben sind, wo es mit unbewußter Inkompetenz begann und mit unbewußter Kompetenz endete. Mit Intuition zu beginnen und dann zu analysieren ist die Basis des Modellbildens und des beschleunigten Lernens. Man kann direkt in der ersten Phase zur unbewußten Kompetenz kommen. So haben wir den in Kapitel 1 begonnenen Kreis nun geschlossen. Beschleunigtes Lernen heißt lernen, etwas zu tun, und erst später zu lernen, wie man es tut. Man untersucht das Lernen nicht, bevor es nicht stabil und folgerichtig ist und spontan zur Verfügung steht. Erst dann ist es solide genug, der genauen Prüfung durch das Bewußtsein standzuhalten.

NLP entstand auf der Basis von Intuition, ähnlich wie wir unsere Muttersprache lernen. Kinder benutzen auf ganz natürliche Weise das Modellieren, das Nachahmen als ihre hauptsächliche Art zu lernen. Dies ist ein Grund dafür, daß sie so schnell lernen und so leicht zu beeinflussen sind. Sie ahmen Verhalten nach, übernehmen Arten des Denkens und die Glaubenssysteme ihrer Eltern und Freunde, ohne sie bewußt zu analysieren. Wir alle lernen die Sprache, indem wir die Erwachsenen in unserer Umgebung modellieren, sie direkt kopieren. Erst wenn wir die Sprache fließend und durchgängig sprechen können, analysieren wir die Struktur. Das Lernen der Sprache ist ein hervorragendes Beispiel dafür, was Lernen sein könnte. Niemand versagt. Wir schaffen es alle unglaublich schnell. Niemand probiert es durch Versuch und Irrtum. Wir können einem Kind nicht beibringen zu sprechen, indem wir ihm grammatikalische Regeln beibringen. Wenn wir nach diesem Ansatz vorgingen, würden die glücklichen Seelen, die dann tatsächlich sprechen lernen, es in einer so hochstilisierten Weise tun, daß keiner Lust hätte, ihnen zuzuhören.

Die Struktur der Erfahrung ist viel zu komplex, als daß das Bewußtsein damit umgehen könnte. Wir müssen bei der Intuition beginnen. Wenn wir die ganzheitliche Betrachtung von Erfolg und Höchstleistung als Ausgangspunkt nehmen, können wir dann alles bis hinunter zu den Submodalitäten analysieren, den kleinsten Bausteinen unserer Gedanken.

Was nach unten geht, muß auch wieder nach oben kommen. Die Analyse, die Sie gemacht haben, stellt sicher, daß Sie nicht einfach wieder auf denselben Platz zurückgehen. Sie tauchen an einem Punkt größeren Verstehens auf. Dieses Zurückgehen ist in gewisser Weise ein Zurückgehen zu den Wurzeln und ein erstes Kennenlernen. Dieser neue Orientierungspunkt bildet die Grundlage für eine ganze Klasse von Intuitionen, mit denen Sie wieder nach unten gehen können, und so läuft der Prozeß weiter.

Sie können jeden dieser Schritte lernen, indem Sie jede Entdeckung bis zu ihren Grenzen austesten. Wenn Sie jede Idee oder Technik bei jedem möglichen Problem anwenden, werden Sie schnell ihren wahren Wert oder ihre Grenzen finden. Nur wenn Sie so tun, als ob es funktionieren würde, finden Sie heraus, ob es funktioniert oder nicht und wo die Grenzen sind.

Zuerst durchlief das Meta-Modell diesen Prozeß; dann die Repräsentationssysteme, dann die Zugangshinweise der Augen, dann die Submodalitäten. Und so weiter. Bei jedem Teil geht man bis an seine Grenze, dann nimmt das nächste Stück seinen Platz ein. Ein beständiger Verlust von Balance, auf den ein beständiges Ausbalancieren folgt.

Der Wert des NLP liegt in den Lernerfahrungen, die Sie machen, wenn Sie diese Prozesse erforschen. Die Wurzeln des NLP finden sich in systematischen Mustern, die dem Verhalten zugrundeliegen. Tun Sie, was immer nötig ist, um – innerhalb bestimmter ethischer Grenzen – Ziele zu erreichen, und dann verändern Sie es, um es so einfach zu machen wie möglich, und dabei entdecken Sie den Unterschied, der den Unterschied ausmacht. Der Zweck des NLP ist, menschliche Wahlmöglichkeiten und menschliche Freiheit zu vergrößern.

Benutzeranleitung

Während Sie also nun das letzte Kapitel dieses Buches zu Ende lesen, haben Sie vielleicht schon begonnen sich zu fragen, wie Sie den größten Nutzen daraus ziehen können. Jeder von uns findet seinen eigenen Weg, dies zu tun, und manchmal wissen wir nicht einmal, daß wir es tun. Eine Sache, die Sie vielleicht auf der bewußten Ebene entscheiden wollen, ist die, ob Sie dieses Material interessant und nützlich finden und ob Sie sich weiterhin damit beschäftigen wollen, indem Sie Bücher kaufen oder Trainingskurse besuchen.

Vielleicht haben Sie Lust, mit gleichgesinnten Freunden über diese Gedanken zu sprechen, während Sie Ihren neuen Lernerfahrungen Sinn geben. Vielleicht bemerken Sie, wie Ihnen unerwartet einige der verschiedenen Muster bewußter werden, die Sie begonnen haben zu erforschen, Muster von Rapport und subtiler Veränderung der Körpersprache, vom Tanz der Augen, wenn Menschen denken, von den feinen und tiefgreifenden Veränderungen in Ihren eigenen emotionalen Zuständen und bei anderen. Sie bemerken vielleicht, wie Sie sich mehr und mehr Ihrer eigenen Gedanken und Denkprozesse bewußt werden, wie Sie wahrnehmen, welche Ihnen dienen und welche lediglich Geister der Vergangenheit sind. Sie spielen damit, den Inhalt Ihrer Gedanken zu verändern, und Sie spielen mit der sich verändernden Form Ihrer Gedanken, und Sie wundern sich über die Auswirkungen, während Sie bemerken, wie Sie für sich und andere mehr emotionale Wahlmöglichkeiten schaffen können.

Vielleicht haben Sie schon entdeckt, wie außerordentlich wirksam es ist, die Gewohnheit zu entwickeln, sich Ziele zu setzen oder Probleme als Gelegenheiten anzusehen, bei denen es etwas zu erforschen gibt, oder etwas anders zu machen und etwas Neues und Aufregendes daraus zu lernen.

Sie haben vielleicht festgestellt, wie Sie mehr Einsicht und Intuition in die Realitäten anderer Menschen bekommen haben oder in Ihrer eigenen tiefer verwurzelt sind. Es ist, als wenn Ihr Unbewußtes all diese neuen Lernerfahrungen in seiner eigenen Zeit und auf seine eigene Weise integriert, als wenn eine neue Beziehung sich entwickelt zwischen Ihrem Bewußtsein und Ihrer unbewußten Weisheit. Als wenn, indem Sie sich neu kennenlernen, Sie sich bewußter werden, was Ihnen wirklich wichtig ist und was den Menschen wichtig ist, denen Sie nahestehen.

Wenn Sie Ihrem eigenen inneren Dialog zuhören, entdecken Sie, wie Sie die Meta-Modell-Fragen anwenden, wie Sie zunehmend neugierig werden, während Sie mehr über Ihre ganz persönlichen Glaubenssätze herausfinden, und Sie transformieren immer mehr einschränkende Einstellungen in kraftvolle und ressourcenreiche, so daß Sie mehr und mehr der Mensch werden, der Sie immer sein wollten.

Indem Sie sich zunehmend Ihrer eigenen Identität bewußt werden, scheint es, als ob Sie viel mehr Möglichkeiten haben, als nur Sklave Ihrer eigenen Vergangenheit zu sein. Sie denken anders im Hinblick auf Ihre Zukunft, und das hat Einfluß darauf, wer Sie in der Gegenwart werden.

Sie können zunehmende Erfüllung und Nähe in Ihren Beziehungen mit engen Freunden finden, und vielleicht haben sie Lust, mehr Zeit mit anderen Entdeckern der reichen Welt menschlicher Erfahrung zu verbringen.

Und während Ihnen bewußt wird, daß die Wirklichkeit ganz und gar ausgedacht ist, wird es leichter, sie sich mehr so auszudenken, wie Sie sie haben möchten.

Nachwort

In diesem Buch wurden bisher die Hauptgedanken des NLP in einer praktischen Art und Weise erklärt. NLP ist nicht in logischen Schritten entwickelt worden, und es ist daher nicht leicht, es zu beschreiben. Versucht man, NLP in logischer Reihenfolge zu beschreiben, ist es, als würde man ein Hologramm zerstükkeln, aber in jedem Teil findet man das Ganze wieder. Nun folgen ein paar abschließende und anregende Gedanken über das NLP und seinen Stellenwert in unserer Kultur.

Wir glauben, daß NLP die nächste Generation der Psychologie ist. Es wurde das neue Lernparadigma genannt und die neue Sprache der Psychologie. Als ein Modell der Struktur menschlicher Erfahrung kann es ein solch tiefgreifender Schritt sein wie die Erfindung der Sprache. Zumindest ist es ein wirkungsvolles Verfahren, das weiterhin Wege und Möglichkeiten kreieren wird, um damit in einem breiten Anwendungsfeld hervorragende Ergebnisse zu erzielen. Da es um subjektive Erfahrung und Kommunikation geht, handelt es in gewissem Sinne von allem und von nichts. Gregory Bateson beschreibt NLP als den ersten systematischen Ansatz zu lernen, wie man lernt; es ist die erste angewandte Epistemologie.

Lernen allein reicht nicht mehr, Lernen zu lernen ist lebenswichtig. Es gibt so viel zu lernen und so wenig Zeit, es zu lernen. Nicht nur, daß wir Wissen und Technologie schneller erlangen als früher, sondern die Geschwindigkeit, in der wir sie erlangen, steigt ständig. Wir befinden uns auf einer evolutionären Reise, die wie eine Fahrt in der Achterbahn erscheint – sie fängt langsam an, aber je weiter wir kommen, desto schneller wird sie. Und wir haben bis jetzt noch keine Bremse gefunden. Unglücklicherweise bringt das bloße Anhäufen von Wissen und Know-how nicht die Weisheit mit sich, die nötig ist, sie auf die beste Weise für das Wohl unseres Planeten und jedes seiner Bewohner einzusetzen. Wir sind clever, aber nicht weise.

Riesige Veränderungen finden statt. Neunzig Prozent aller wissenschaftlichen Erkenntnisse wurden zu Lebzeiten der Generation entwickelt, die zu Beginn dieses Jahrhunderts geboren wurde. Sie haben gesehen, wie die Science-fiction, die wissenschaftliche Fiktion ihrer Kindheit, zum wissenschaftlichen Faktum geworden ist. Paradoxerweise macht uns der Anstieg an Wissen ignoranter und impotenter. Je mehr Wissen da ist, desto unwissender werden wir, desto mehr wissen wir nicht und desto mehr verlassen wir uns auf Experten, um die einfachsten Dinge zu tun.

Wissenschaft und Technologie, die zu dieser enormen Expansion von Wissen und Macht geführt haben, hatten auch einige unglückliche Konsequenzen, die uns gerade erst bewußt werden. Sie sind es, die die Fahrt in der Achterbahn so potentiell gefährlich machen. Die Ereignisse überschlagen sich geradezu, so daß wir zum ersten Mal tatsächlich die Richtung sehen können, in die wir gehen. Wir können tatsächlich am Fernsehschirm zuschauen, wie die brasilianischen Regenwälder zerstört werden, und wir können vom globalen Anstieg der Erdtemperatur in der Zeitung lesen. Wissenschaftler können die Löcher in der Ozonschicht darstellen. Nun ist nicht mehr die Frage, ob die Zukunft anders sein wird, ja nicht einmal, um wieviel anders. Es ist die Frage, ob wir eine haben.

Die Welt ist nun zu gefährlich für irgend etwas, das geringer ist als Utopie.
                                                    Buckminster Fuller

Wenn wir uns umschauen – wie viele von uns sind zufrieden mit dem, was wir sehen? Jeder von uns erlebt den steigenden Druck nach Veränderung. Und jeder von uns muß seinen Teil dazu beitragen, wenn diese Achterbahn von ungezügelter Technologie und Macht nicht außer Kontrolle geraten und uns verheerende Folgen für unseren ganzen Planeten bringen soll. Wir müssen sie unter Kontrolle bringen, wir können nicht herausspringen. Die Frage ist: wie?

Nachwort

Es ist das Individuum, das die Quelle der Kreativität darstellt, welcher die die soziale Evolution möglich macht; und es ist das Bewußtseinsniveau der Individuen in einer Gesellschaft, das das Bewußtseinsniveau dieser Gesellschaft ausmacht.

Soziale Veränderung beginnt mit individueller Veränderung. Wir stehen vielen sozialen und ökologischen Problemen gegenüber. Wenn wir eine Gesellschaft entwickeln wollen, die wirkungsvoll mit diesen Problemen umgehen kann, müssen wir jetzt handeln. Während die Zeit vergeht und das Wissen zunimmt, werden zwei Fragen immer drängender: Was ist wert, gewußt zu werden? Was ist wert, getan zu werden?

Wir haben die äußere Welt mit den Produkten von Wissenschaft und Technologie verwüstet. Die Einstellung und die Weltsicht, die uns diese Wissenschaft und Technologie gebracht haben, sind tief in unsere Kultur eingegraben und haben gravierenden Einfluß auf unsere innere Welt.

Die Wissenschaft ist entstanden durch eine Reihe von kontrollierbaren und wiederholbaren Experimenten mit der Natur, in der Absicht, mathematische Gesetze und Theorien zu formulieren. Der Mensch betrachtet sich praktisch nicht länger als einen Teil der Natur. Der Mensch, der Experimentator, muß außerhalb, entfernt von der Natur stehen, entfernt von seinem Experiment. Und er gibt nicht zu, daß genau dieses, sein Experiment, die Natur verändert oder das Ergebnis beeinflußt, denn das würde bedeuten, daß er seine Forderung nach Objektivität aufgibt. Der Versuch, ein objektives Ergebnis zu bekommen, würde bedeuten, daß ein anderer Experimentator den ersten Experimentator überwachen müßte. Dies schafft einen unmöglichen und unendlichen Regreß, wie ein Maler, der versucht, die ganze Landschaft, ihn selbst eingeschlossen, zu malen. Er kann nie den Maler malen, der das Bild malt ...

Wir sind so weit gegangen, die Natur als eine Maschine zu behandeln, mit Gesetzen, die ihr von außen übergestülpt werden, statt sie als einen Organismus wahrzunehmen.

Eine Maschine sollte in sich vorhersagbar sein. Theoretisch bräuchte man nur die Regeln herauszufinden und die kleinsten

Einheiten, die Bits zu entdecken. So ging die Jagd darum, ein immer genaueres Bild der Landschaft zu zeichnen, aber der Zeichner wurde dabei vergessen.

Wissen wurde von Erfahrung getrennt. Es wurde zu etwas, das man aus zweiter Hand lernte, zu einem abstrakten Theoriegebäude, das unabhängig vom Wissenden existiert und beständig wächst. Das einzige, worum es ging, war das Endergebnis, die Theorie, nicht die Erfahrung des Lernens.

Diese Art, Wissen zu objektivieren, beschränkt auf gefährliche Weise die Art des Wissens, mit der man umgehen kann. Im Extremfall werden Gefühle, Kunst und Beziehungen entwertet, weil sie sich auf subjektive Erfahrung verlassen. Wissenschaftliche Gesetze scheinen sich nicht mehr auf die wirkliche Welt menschlicher Erfahrung zu beziehen.

Wissenschaftliche Theorien sind Metaphern über die Welt, sie sind nicht wahr, sie sind eine Möglichkeit, über die Welt nachzudenken, in der gleichen Weise, wie ein Gemälde eine Möglichkeit ist, eine Landschaft zu abzubilden. Schnell wird uns klar, daß unsere Art des Denkens über die Welt bis heute in gewissen Richtungen nützlich war, in anderen katastrophal.

Die Metapher einer vorhersagbaren, objektiven Welt wurde durch die Quantentheorie der Physik erschüttert. Je tiefer wir forschen, desto klarer wird es, daß zum einen der Beobachter auf das einwirkt, was er beobachtet, und daß darüber hinaus der Beobachter ein wesentlicher Bestandteil jedes wissenschaftlichen Experimentes ist. Licht wird sich entweder als Teilchen oder als Welle verhalten, abhängig davon, welche Art von Experiment man aufbaut. Man kann nie genau zeigen, wo ein Teilchen ist und wann es dort ist. Die Welt ist grundsätzlich undeterminierbar. Die Quantenphysik setzt sich gegen die wissenschaftliche Metapher vom Uhrwerk-Universum durch.

Die neuen Entdeckungen und Ideen der Systemtheorie und die Chaosforschung zeigen uns, daß es selbst in simplen Systemen nicht möglich ist, alle Variablen zu kontrollieren, und leichte Variationen können das gesamte System verändern. Es ist der

Beginn einer Revolution, es ist die Veränderung der gesamten Art und Weise, wie wir Natur sehen.

Chaos ist vorhersagbarer Zufall, der durch den Schmetterlingseffekt veranschaulicht wird. Der Name stammt aus einem Vortrag des amerikanischen Meteorologen Edward Lorenz mit dem Titel: „Bringt der Flügelschlag eines Schmetterlings in Brasilien einen Tornado in Texas zum Ausbruch?" Lorenz hatte mit einem Computermodell zur Überwachung des Wetters gearbeitet. Irgendwann hatte er keine Lust mehr, endlose Zahlenreihen einzutippen, und dachte, es würde keinen großen Unterschied machen, wenn er sie auf ein paar Dezimalstellen aufrundete. Wie erstaunt war er zu sehen, daß dies die Weltwettervorhersage völlig aus der Bahn warf. Eine winzige Veränderung an der richtigen Stelle kann enorme Folgen haben. Dies unterstreicht, wie die Gesamtheit der Natur ein System ist, nicht etwas, was von uns getrennt ist und an dem wir ungestraft herumexperimentieren können. Wie Gregory Bateson in *Steps to an Ecology of Mind* (dt.: *Ökologie des Geistes,* vgl. Literaturverzeichnis) sagt: „Fehlende ökologische Weisheit wird immer bestraft."

Diese neue wissenschaftliche Metapher erlaubt uns, wieder Teil der Natur zu sein. In der gleichen Weise verbindet uns das NLP als Metapher wieder mit unserer subjektiven Erfahrung und zeigt die systemische Natur unserer inneren Erfahrung.

Wir wissen nun von der Komplexität der äußeren Welt, und wir wissen etwas von dem Einfluß, den wir, die unsichtbaren Beobachter, auf die Außenwelt haben. Die Folgen unseres Denkens werden uns verläßlich durch die Außenwelt zurückgespiegelt. Das Universum ist ein perfekter Feedback-Mechanismus. Was wir denken, ist, was wir bekommen. Wenn wir die Welt verändern wollen, müssen wir zuerst uns selbst verändern. Wir müssen unsere innere Erfahrungswelt erforschen und verändern, wenn wir die äußere Welt mit Weisheit beeinflussen und formen wollen.

NLP als das Studium der Struktur der subjektiven Erfahrung befähigt uns, uns selbst zu erforschen. Denn es ist ein Studium dessen, wie wir Modelle bilden. Es nimmt nicht die Modelle, die wir gemacht haben, und bringt sie mit der Realität durcheinander.

Als ein Weg, persönliche Vervollkommnung, Glanzleistungen und erfolgreiche Kommunikation zu entwickeln, setzt es sich in vielen Bereichen durch und hat großen Einfluß. Im Grunde könnte das NLP aufhören, als eine separate Disziplin zu existieren, wenn dieser Prozeß abgeschlossen ist. Es wäre in unser alltägliches Leben aufgenommen, wie der Lehrer, dessen Erfolg darin liegt, sich überflüssig zu machen, weil seine Schüler von nun an allein und für sich selbst lernen können.

NLP ist Teil einer Bewegung, die ständig stärker wird. Eine Bewegung hin dazu, in der Welt wirkungsvoller zu handeln, die Fertigkeiten und das Wissen, das wir haben, mit Würde, Weisheit und Balance anzuwenden. Wir können viel aus der balinesischen Maxime lernen: „Was wir tun, ist keine Kunst. Wir tun einfach das, was wir tun, so gut wie möglich."

Wir entdecken uns selbst und unsere Fähigkeiten, so daß wir erwachen in einer wunderbaren und verlockenden Welt unendlicher Überraschungen.

Menschen reisen, um zu staunen
angesichts der Höhe der Berge,
der riesigen Wellen der See,
der langen Wasserläufe der Flüsse,
der ungeheuren Ausdehnung des Meeres,
der Wanderung der Sterne am Himmel,
und sie gehen an sich selbst vorbei,
ohne zu staunen.

Augustinus

Anhang

Investieren für sich selbst

Mehr und mehr Menschen suchen danach, auf einer inneren Ebene Erfüllung zu finden. Unterschiedliche Leute geben dieser Suche verschiedene Namen: Persönlichkeitsentwicklung, persönliches Wachstum, Selbstentwicklung, Selbstaktualisierung, spirituelle Entwicklung oder Verwirklichung des eigenen Potentials.

Wie Peter Russel in seinem hervorragenden Buch *The Awakening Earth* (vgl. Literaturverzeichnis) herausstellt, wächst das Feld der Persönlichkeitsentwicklung ständig und verdoppelt sich ungefähr alle vier Jahre. Persönlichkeitsentwicklung umfaßt im weitesten Sinne ein Spektrum von unterschiedlichsten Aktivitäten, unter anderen Meditation, Yoga, Tai Chi, Beratung, Gestalt, Psychotherapie, Gruppenarbeit, Rebirthing, Transaktionsanalyse, Selbstsicherheitstraining, Streßbewältigung, Beziehungs- und Paartraining und vieles andere mehr, einschließlich natürlich NLP.

Jeder von uns wird zu unterschiedlichen Zeiten von einem anderen Weg der persönlichen Entwicklung angezogen. Die Tatsache, daß Sie dieses Buch lesen, zeigt an, daß Sie sich im Augenblick dazu hingezogen fühlen, NLP kennenzulernen.

Sie selbst können am besten beurteilen, welcher Weg für Sie im Moment am geeignetsten ist. Welchen Weg auch immer Sie verfolgen, ein gewisser Einsatz, eine Investition von Zeit und Geld ist dafür nötig. Dies wird Dinge umfassen wie Organisieren und Reisen, Bücher oder Kassetten kaufen und Kurse besuchen.

Letztlich investieren Sie damit einen Teil des Geldes, das Ihnen zur Verfügung steht, in Ihre eigene Entwicklung. Jeder von uns setzt zu verschiedenen Zeiten unterschiedliche Anteile ein.

Es lohnt sich sehr, wenn Sie sich ein paar Minuten Zeit nehmen und herausfinden, wieviel Prozent Ihres Einkommens Sie während der letzten Jahre für sich selbst eingesetzt, in sich selbst investiert haben. Machen Sie zuerst eine Liste der Dinge, die Sie zu den Aktivitäten für persönliches Wachstum in Ihrem Leben zählen. Als Leitlinie hierzu: Diese Aktivitäten haben eine langfristige Wirkung und sind in gewisser Weise produktiv. Sie werden Ihnen Gewinn bringen. Meditation hat diese Qualität, Eiscreme nicht.

Nun machen Sie eine ungefähre Schätzung der Kosten jeder Aktivität. Achten Sie auch auf die Gewinne, die Sie aus jeder erhalten haben. Nun die Gesamtkosten. Wieviel Prozent Ihres Gesamteinkommens in dieser Zeit sind es?

Es lohnt sich, dies mit dem Teil des Einkommens zu vergleichen, den Unternehmen für Training und Entwicklung Ihrer Mitarbeiter ausgeben. Bei den meisten Firmen dieses Landes [Großbritannien; Anm. d. Übers.] liegt er bei einem oder zwei Prozent. Bei den erfolgreichsten Firmen liegt er nahe bei zehn Prozent.

Der Prozentsatz Ihres Einkommens, den Sie für sich selbst einsetzen, ist eine Reflexion davon, wieviel Sie sich selbst wert sind. Sie sind sich selbst die wertvollste Ressource, und in sich selbst zu investieren ist vielleicht der beste Einsatz, den Sie bringen können.

Setzen Sie so viel für sich selbst ein, wie Sie möchten? Ganz abgesehen vom inneren Gewinn können daraus durchaus auch finanzielle Gewinne entstehen.

Eine Freundin von mir war mit ihrem Leben sehr unzufrieden geworden. Sie arbeitete als Köchin und verdiente 22.000,- DM pro Jahr. Drei oder vier Jahre lang investierte sie ungefähr zehn Prozent ihres Einkommens in ihre eigene Entwicklung und in Training, einschließlich NLP-Training. Sie hat sich selbst und ihren Lebensstil grundlegend verändert. Sie findet das Leben nun viel erfüllender und verdient dazu noch 65.000,- DM pro Jahr.

Der Fluß unseres Geldes reflektiert genauestens den Fluß unserer Gedanken. Wenn Sie also Ihr Bankkonto verändern wollen, verändern Sie Ihr Denken.

Auf einer allgemeineren Ebene: Wenn Sie Ihre äußere Realität verändern wollen, verändern Sie zuerst Ihre innere.

Im NLP geht es um die Veränderung der inneren Realität. Wenn die Vorteile nicht klar genug sind, fehlt die Motivation, um Zeit und Geld einzusetzen. Was ist der Gewinn, wenn Sie in NLP-Training investieren?

Jeder bringt seine eigene, einmalige Persönlichkeit und sein Potential zu einem NLP-Kurs mit, und der Gewinn ist von Mensch zu Mensch verschieden. Was Sie daraus ziehen, hängt hauptsächlich davon ab, was Sie bekommen wollen, daher lohnt es sich, daß Sie sich über Ihre persönlichen Ziele klar werden.

Viele Leute kommen hauptsächlich, weil sie sich selbst weiterentwickeln wollen. Sie befinden sich vielleicht in einer Phase von Veränderung in ihrem Leben und wünschen sich Fertigkeiten und Werkzeuge, um Veränderungen vornehmen zu können. Andere sind sich vielleicht einfach nur dessen bewußt, daß es mehr in ihrem Leben geben könnte.

Einige kommen hauptsächlich aus beruflichen Gründen, obwohl persönliches und berufliches Wachstum Hand in Hand gehen. NLP-Fertigkeiten sind auch als zwischenmenschliche Fertigkeiten wertvoll. Viele Berufsgruppen wenden NLP in ihrer Arbeit an: Lehrer, Trainer, Berater, Therapeuten, Psychiater, Krankenschwestern, Sozialarbeiter, Bewährungshelfer, Manager und Verkäufer. NLP verbessert die Effektivität am Arbeitsplatz und bringt gesteigertes Wohlbefinden. Viele Berufsgruppen nutzen NLP, um finanziell erfolgreicher zu werden, so daß die Investitionen sich als greifbare Gewinne auszahlen.

Die Teilnehmer berichten oft davon, daß sie eine neue Dimension in ihrer Erfahrung gefunden haben, eine neue Lebensperspektive, mehr Wahlmöglichkeiten, kreative Ideen und neue

Fähigkeiten, die sie anwenden können. Erhöhte Bewußtheit und Flexibilität beleben sowohl das persönliche als auch das berufliche Leben auf neue Art und Weise.

Nicht zuletzt macht NLP Spaß. Ein Kurs ist etwas, worauf man sich freuen kann, ein Ereignis, das man genießen und wo man interessante Leute treffen kann.

Sie können NLP aus Büchern lernen, aber NLP ist eigentlich etwas, das man erfahren muß. Es erfordert, die Wahrnehmungsfilter, die Muster und die Fertigkeiten in Ihrem Verhalten zu entwickeln, statt nur die Ideen in Ihrem Kopf. Persönliche Erfahrung mit anderen hat so viel mehr Sinn und Einfluß als das geschriebene Wort. NLP muß auf der Erfahrungsebene angewandt werden, wenn es irgendeinen Wert haben soll.

Ein NLP-Trainingsseminar bietet einen geschützten Rahmen, in dem Sie die Muster durch Erfahrung mit einfühlsamen Menschen und kompetenter Unterstützung erlernen können.

Ein altes chinesisches Sprichwort sagt:

Ich höre und ich vergesse. Ich sehe und ich behalte.
Ich tue und ich verstehe.

Ihre Investition in Seminare ist beträchtlich höher als Ihre Investition in Bücher und rechtfertigt sorgfältige Überlegung. Sie bringt aber auch beträchtlich mehr Gewinn.

Die einzige Möglichkeit herauszufinden, ob NLP-Training etwas für Sie ist, ist die, es zu probieren. Im nächsten Abschnitt bieten wir Ihnen einige Erwägungen an, wie Sie am besten vorgehen können, um den NLP-Kurs zu finden, der für Sie am besten ist.

Wie finden Sie Ihren NLP-Kurs?

Dieser Abschnitt will Ihnen mit einigen Leitlinien helfen, den geeigneten NLP-Trainingskurs zu finden.

NLP-Kurse werden heute in immer größerer Anzahl und Vielfalt angeboten. Zur Zeit können Sie wählen zwischen Einführungsseminaren, Kursen für Fortgeschrittene, Spezialisierungskursen für die Anwendung in bestimmten Berufsfeldern sowie längerfristigen NLP-Trainings. Viele Organisationen oder Institute bieten kostenlos offene Abende an, so daß Sie mehr über das Institut und dessen Kursangebot erfahren können.

Es gibt eine Palette von Kursen, die speziell auf die Anwendung des NLP in verschiedenen Bereichen ausgerichtet sind, wie zum Beispiel Pädagogik, Wirtschaft, Verkauf, Präsentationen, Meetings, Verhandlungen, Musik, Akupunktur, Beratung, Psychotherapie und Hypnotherapie. Es gibt weiterhin Aufbaukurse, in denen die neuesten NLP-Muster und -Entwicklungen vorgestellt werden.

Practitioner-Training oder Zertifizierung ist ein substanzieller Schritt. Dies umfaßt in der Regel ungefähr 150 Trainingsstunden über eine Zeit von 20 oder mehr Tagen [bzw. 2 bis 3 Jahren, Anm. d. Übers.]. Zunehmend wird von Trainings- oder Ausbildungsinstituten ein kurzes Basistraining [ca. 3 Wochenenden bzw. 54 Std., Anm. d. Übers.] mit unterschiedlichem Titel angeboten sowie ein anschließender längerer Kurs, um den Practitioner-Abschluß zu machen.

Aufbauend kann man den Abschluß als NLP-Master-Practitioner oder das Zertifikat für Fortgeschrittene erwerben, wobei ungefähr die gleiche Zeit eingesetzt werden muß [ca. 6 Wochenenden oder 108 Std., Anm. d. Übers.]. Weiterhin gibt es Kurse über die neuesten Entwicklungen und Trainer-Trainings.

Praktisch betrachtet ist die erste Frage, die Sie sich selbst stellen, an welcher Art Trainingskurs Sie teilnehmen möchten. Vielleicht wissen Sie dies schon zu Beginn genau, oder Sie müssen Ihre Ideen durch die Suche nach weiterer Information formulieren. Möchten Sie einfach ein NLP-Training oder möchten Sie es für einen spezialisierten Anwendungsbereich? Wenn ja, für welchen? Möchten Sie ein Zertifikat oder eine Bescheinigung über das Training?

Die Kosten für einen Kurs sind natürlich zu bedenken, und wo der Kurs stattfindet ist ein wichtiger Faktor sowohl in bezug auf Bequemlichkeit als auch in bezug auf Zeit. [Möglicherweise ist auch eine private Übungsgruppe, die Sie mit anderen Teilnehmern gründen können, in Erwägung zu ziehen, Anm. d. Übers.] Denken Sie daran, die Fahrt- und Unterbringungskosten mit einzurechnen.

Wie lange dauert der Kurs? Wie paßt er zu Ihren sonstigen Verpflichtungen?

Wie flexibel sind die Arrangements? Müssen Sie sich für eine gesamte Kursreihe anmelden, in der Sie dann festgelegt sind, ob Sie es mögen oder nicht, oder ist das Training in Bausteinen organisiert, so daß Sie mitmachen können, wenn es Ihnen paßt, oder auch nicht? Wie hoch ist die Anzahlung und wie sind die Rücktrittsfristen? Wie ist die Kursreihe über die Zeit aufgeteilt? Finden die Seminare an Wochenenden oder an Werktagen statt? In Practitioner-Kursen gibt es manchmal einige Übungsabende [oder Supervisionsabende, Anm. d. Übers.], die Sie besuchen müssen.

Die Trainer haben einen großen Einfluß auf den Kurs. In einigen Organisationen oder Ausbildungsinstituten halten Trainer aus den USA einige Seminare. Dies wird die Kosten erhöhen, aber es lohnt sich, wenn Sie sich bewußtmachen, daß amerikanische Trainer meist schon lange im NLP engagiert sind und mehr Erfahrung haben. Zertifizierungsprogramme (Practitioner oder Diplom) sind oft abhängig von der Teilnahme bei einem Workshop eines amerikanischen Trainers. [Dies ist in Deutschland keine notwendige Bedingung, Anm. d. Übers.]

Vielleicht sind Ihre eigenen persönlichen Gefühle und Ihre Einschätzung des Trainings und der Trainer das wichtigste. NLP handelt von subjektiver Erfahrung. Seien Sie sich Ihrer persönlichen Bewertungen der Qualität bewußt und dessen, was Ihnen wichtig ist.

Mögen und respektieren Sie den/die Trainer? Haben Sie Rapport und haben die Trainer persönliche Integrität, der Sie vertrauen können? Trainer haben sehr unterschiedliche Stile. Paßt ihr Stil zu Ihnen? Können Sie gut von ihnen lernen?

Finden Sie zu Beginn so viel wie möglich heraus. Rufen Sie die Organisationen oder Ausbildungsinstitute an und holen Sie sich

Auskunft über ihre Kurse. Melden Sie dort Ihre Bedürfnisse und Forderungen an. Viele Organisationen haben offene Abende, wo Sie hingehen und mit den Trainern sprechen können. Für viele Leute ist Mundpropaganda ein wichtiges Kriterium. Vielleicht haben Sie Freunde oder Bekannte, die an einem Training teilgenommen haben und Ihnen wertvolle Rückmeldung geben können. Viele Leute ziehen die persönliche Empfehlung eines bestimmten Freundes vor, dem sie vertrauen und den sie respektieren, während andere sich ihre eigene Meinung bilden.

Die *Association for Neuro-Linguistic Programming* veranstaltet jedes Jahr meist im November eine Konferenz in London, und an einem der Abende gibt es einen „Marktplatz", wo Sie mit Vertretern von vielen Organisationen und mit Trainern sprechen können. Die Konferenz ist ein hervorragender Platz, um etwas über NLP zu lernen und noch mehr herauszufinden. [In Deutschland gibt es alle zwei Jahre, meist im November, einen NLP-Kongreß, wo ähnliches möglich ist; Anm. d. Übers.]

Wenn Ihnen dieses Buch gefallen hat, interessiert es Sie vielleicht zu erfahren, daß die Autoren auch NLP-Trainingskurse anbieten. Sie können sie wegen weiterer Information direkt kontaktieren. Schauen Sie nach in dem Abschnitt am Ende des Buches: Über die Autoren.

NLP-Institute und -Organisationen in aller Welt

Die folgenden NLP-Adressenliste dient lediglich der Information, im Sinne der Bildung eines Netzwerkes. Sie beinhaltet keine Empfehlung. Wir waren um Vollständigkeit bemüht, soweit diese uns derzeit möglich ist, und bedauern eventuelle Fehler und Unvollständigkeit. Bitte schicken Sie Korrekturen oder Ergänzungen gegebenenfalls an *John Seymour Associates* (Anschrift am Schluß des Buches).

Die Liste ist alphabetisch nach Ländern und innerhalb der Länder nach den Organisationsnamen geordnet. Wir danken Colin Elliot für seine Hilfe beim Zusammenstellen dieser Übersicht.

ARGENTINIEN

Instituto Sud Americano de Progracion Neuro-Linguistica
Beruti 2576 (1425)
Buenos Aires

Tel. 83 7690 8 825 4512

AUSTRALIEN

Australian Institute of NLP
PO Box 1
University of Queensland
St Lucia
Queensland 4067

Tel. 07 369-2821

Bewitched Books
Lot 22
Woolrich Road
Olinda 3788
Victoria

Grinder DeLozier Associates
120 Queens Parade East
Newport
New South Wales 2106

Tel. 02 997 3137

Maxxum International Training and Research
1415 Selwyn Court
Toorak
Victoria 3142

Tel. 03 822 5884

BELGIEN

Institut Ressources PNL
37 Bois Pirart
B-1320 Genval

Tel. (02) 653 07 44

DÄNEMARK

Netvarks AS
Finn Strandgaard
Esplanaden 46
1263 Kopenhagen

DEUTSCHLAND

NLP-Ausbildungs-Institut
Rathausplatz 7
D-6915 Dossenheim

Tel. 0 62 21 86 21 07

FRANKREICH

IFPNL
15 rue August Vitu
75015 Paris

Tel. (1) 45 75 30 15

NLP Sans Frontières
12 rue des Marroniers
75016 Paris

Tel. (1) 45 25 86 98

PHARE
(The Neuro-Linguistic Society)
123 rue de Faubourg Poissonière
75009 Paris

Tel. (1) 48 78 54 37

Repère
78 avenue General Michel Bizot
75012 Paris

Tel. (1) 43 46 00 16

Jane Turner
41 rue de la Plaine
75020 Paris

Tel. (1) 43 71 04 29

GROSSBRITANNIEN

ANLP (Association for Neuro-Linguistic Programming)

ANLP does not provide training. It was formed in 1985 to represent NLP to statutory bodies, professional associations and the media at a national level. It acts as a focal point for all those interested in, and qualified in NLP. There is an annual ANLP conference, usually in November, with many different seminars.

ANLP publishes: an NLP newsletter, *Rapport,* three times a year; a booklet of information on NLP training organizations, and a directory of members.

ANLP also has a postal library service for NLP books.

For further information contact:

ANLP Secretary
100B Carysfort Road
London N16 9AP

Tel. 071 241-3664

Trainingsinstitute:

British Hypnosis Research
8 Paston Place
Brighton
East Sussex
BN2 1HA

Tel. 0273 693622

Integration
25 Brading Road
Brighton
East Sussex BN2 3PE

Tel. 0273 680523

International Teaching Seminars
1 Mulgrave Road
London NW10 1BS

Tel. 081 450-0173

NLP Training Programme
22 Upper Tooting Park
London SW17 7SR

Tel. 081 682-0733

Pace Ltd
86 South Hill Park
London NW3 2SN

Tel. 071 794-0960

Proudfoot School of Hypnosis and Psychotherapy
9 Belvedere Place
Scarborough
North Yorkshire YO11 2QX

Tel. 0723 363638

Sensory Systems
28 Bellwood Street
Shawlands
Langside
Glasgow G41 3ES

Tel. 041 632-3179

John Seymour Associates
17 Boyce Drive
St. Werburghs
Bristol BS2 9XQ

Tel. 0272-557827

GUS

NLP Laboratory
Box 808
Novosibirsk
112

ISRAEL

The Israel Institute for NLP
16 Revivim Street
Tel-Aviv 69354

Tel. (03) 482621

ITALIEN

AIPNL (Italian Association of NLP)
Via Bandello 18
20123 Milano

Tel. 2 481-6500

IIPNL (Italian Insitute of NLP)
Viale Aldini 5
40136 Bologna

Tel. 51 334805

KANADA

Centre Quebeçois de Programmation Neuro-Linguistique
3826 Rue St Hibert
Montreal
Quebec H2L 4A5

Tel. (1) 514 281 7553

Georgian Bay NLP Centre
Box 1210 Meaford
Ontario, NOH 1YO

Tel. 519 538-1194

Le Centre de Programmation Neuro-Linguistic de Quebec
2662 Chemin du Foulon
Sillery
Quebec G1T 1X8

Tel. 418 659-6107

Metaformation Inc NLP Centre
3538 Marlowe Avenue
Montreal
Quebec H4A 3L7

Tel. 514 486-1282

NLP Centres of Canada
338 First Avenue
Ottawa
Ontario K1S 2G9

Tel. 613 232-7782 and 416 283-3461

NLP Institute of Atlantic Canada
Box AO
Site 18, RR10
Fredericton
NB E3B 6H6

Tel. 506 453 2360

NLP Institute of Ontario
633 Bay Street, # 2223
Toronto
Ontario M5G 2G4

Tel. 416 977-7810 and 1800 668-8235

NLP Institute of Ontario South
543 Harbourne Crescent
Saint Clair Beach
Ontario N8N 3J5

Tel. 519 735 2688

NLP Institute of Saskatchewan
30 Anderson Crescent
Saskatoon
Saskatchewan S7H 3Z8

Tel. 306 373 8535

NLP Institute of Western Canada
2021 Columbia Street
Vancouver
BC V5Y 3C9

Tel. 604 872 1185

Sherlco Corporation
2022 31st Street SW
Calgary
Alberta T3E 2N2

Tel. 403 240-3565

LUXEMBURG

NLP International
14 rue du Cimetière
L-7313 Heisdorf

Tel. 352 332 4 85

MITTELAMERIKA

NLP Center of Texas
18 Avenue B7-69
Zona 15
Vista Hermona 1
Guatemala

Tel. 5022-691146

NORWEGEN

Interaction
PO Box 1266 Vika
N-0111 Oslo 1

Tel. 47 2 113828

ÖSTERREICH

ÖTZ NLP
Teyberg. 1/19
A-1140 Wien

Tel. 43222 894 0017

SCHWEIZ

Advanced Communication Training, Inc
Victoriastrasse 32

CH-8057 Zürich

IATH-Miller
Postfach 1053
CH-9001 St. Gallen

Tel. 071 285328

auch:

Stockerstrasse 56
CH-8002 Zürich

Tel. (0) 1 202 5733

USA

National Association of NLP

NANLP
310 North Alabama Street
Suite A 100
Indianapolis
Indiana 46204

Tel. 317 636-6059

NLP-Publikationen in den USA:

Anchor Point (Newsletter)
PO Box 26790
Lakewood
Colorado 80226-0790

Tel. 303 985-3522

Rapporter (Newsletter)
740 East Mingus Avenue # 2013
Cottonwood
Arizona 86326

Tel. 602 634-7646

The VAK (Newsletter)
1433 Webster Street
Paolo Alto
California 94301

Tel. 415 326-5613

NLP-Verlage:

Meta Publications
PO Box 565
Cupertino
California 95015

Metamorphous Press Inc.
3249 NW 29th Avenue
Portland
Oregon 97210-0616

Tel. 503 228-4972

NLP-Trainingsinstitute:

Advanced Communication Training Inc
31 Washington Square West
Penthouse B
New York 10011

Tel. 212 529-9227 and 201 509-9599

Alive & Well Inc
278 Pearl Street
Burlington
VT 05401

Tel. 802 658-7780

Behavioural Engineering (Robert Dilts)
230 Mount Hermon Road, Suite 207
Scotts Valley
California 95006

Tel. 408 438-5649

Boundaries Unlimited
PO Box 904
Evanston
Illinois 60204

Tel. 312 262-2794

Centre for Professional Development
(Charlotte Bretto)
1840 41st Avenue # 102-155
Capitola
California 95010

Tel. 408 426-8344

The Centre of NLP
7840 SW 12th Street
Miami
Florida 33156

The Changeworks
PO Box 4000-D
Berkeley
California 94704

Tel. 415 540-4707

Choicework Institute
6118 Park Heights Avenue
Baltimore
MD 21215

Tel. 301 358 1381

Communication Savvy
13611 S E Fairwood Boulevard
Renton
Washington 98058

Tel. 206 255-8220

The Connecting Link
243 Blazing Ridge Way
Lawrenceville
GA 30245

Tel. 404 339-9424

Dynamic Learning Center
(Robert Dilts and Todd Epstein)
PO Box 1112
Ben Lomond
California 95005

Tel. 408 336-3457

Eastern NLP Institute
PO Box 697
Newtown
PA 18940

Tel. 215 860-0911

Esther G Enterline
144 West 95th Street
New York 10025

Tel. 212 865-9648

Family Therapy Institute of Alexandria
220 S Washington Street
Alexandria
Virginia 22314

Tel. 703 549-6000

Gary Faris
141 South College Avenue
Fort Collins
Colorado 80524

Tel. 303 493-1358

Freedom Workshop
Box 5881
Berkeley
California 94705-0881

Tel. 415 428-1184

Future Pace Inc
PO Box 1173
San Rafael
California 94915

Tel. 415 485-1200

Grinder, DeLozier & Associates
(John Grinder and Judith DeLozier)
200 7th Avenue, Suite 100
Santa Cruz
California 95062

Tel. 408 475-8540

Grinder Resource Centre
1803 Mission Street, # 406
Santa Cruz
California 95060

Tel. 408 458-3231

High Performance Systems, Inc.
Suite 1, Three Church Circle
Annapolis
Maryland 21401

Tel. 301 263-4101

Human Resource Training Institute
2100-21st Street
Sacramento
California 95818

Tel. 916 739 1137

The Human Solution
2875 Harmony Street
Boise
Idaho 83706

Tel. 208 343-0097

Humanistic NLP
PO Box 394
Tarzana
California 91357

Tel. 818 881-1450

Institute of NLP & Hypnosis
605 Baylor Suite B
Austin
Texas 78703

Tel. 512 454-8732

Kansas City NLP Institute
5905 Slater Road
Shawnee Mission
Kansas 66202

Tel. 913 362-9779

The Kentucky Institute for NLP
3480 Dixiana Drive
Lexington
Kentucky 40502

Tel. 606 272-2342

G. Laborde Associates
1433 Webster Street
Palo Alto
California 94301

Tel. 415 326-5613

The Language and Behaviour Institute
PO Box 276
West Park
New York 12493

Tel. 914 384-6393

Learning How To Learn
1340 W Irving Park Road
Suite 200
Chicago
Illinois 60613

Tel. 312 784-2248

The Lind Institute
584-B Castro Street
San Francisco
California 94114

Tel. 415 864 3396

Mid-Atlantic Institute of NLP
40 25th Avenue
Huntington
West Virginia 25701

Tel. 304 523-0485

Massachusetts Institute of NLP
55 Westchester Road
Newton
Massachusetts 02158

Tel. 617 244-7433

Matrix Consulting
2170 Broadway
Suite 2245
New York 10024

Tel. 212 362-6555 and 212 534-8767

Matrix Institute
500 North McBride Street
Syracruse
New York 13203

Tel. 315 472-9042

Midwest Institute of NLP
702 W. Colfax
South Bend
Indiana 46601

Tel. 219 232-1405 and 219 232-9636

National Training Institute for NLP
801 S 20th Street
Arlington
Virginia 22202

Tel. 703 979-3858

Neuro Concepts Institute
25822 Evergreen Road
Laguna Hills
California 92653

Tel. 714 458 7676

NLP in aller Welt

New England Institute for NLP
RFD3 Pratt Corner Road
Amherst
Massachusetts 01002-9805

Tel. 413 259-1248

New Learning Pathways
S 6000 East Evans
Building 2 # 250
Denver
Colorado 80222

New York Training Institute for NLP
155 Prince Street
New York 10012

Tel. 212 473-2852

NLP Awareness Center
501 Main Street
Toms River
New Jersey 08753

Tel. 201 240-9017

NLP Center of Connecticut
23 Sherman Street
Fairfield
Connecticut 06430

Tel. 203 255-0600

NLP Center of New Orleans
4058 Franklin Avenue
New Orleans
Louisiana 70122

Tel. 504 945-3696

NLP Center of Texas
1102 Bartlett
Houston
Texas 77006

Tel. 713 529-6681

NLP Comprehensive (Connirae and Steve Andreas)
2897 Valmont Road
Boulder
Colorado 80301

Tel. 303 442-1102

NLP in Education
16303 North East 259th Street
Battle Ground
WA 98604

Tel. 206 687-3238

NLP Institute of Chicago
PO Box 25184
Chicago
Illinois 60660

Tel. 312 271-9578

NLP Institute of Houston
4900 Woodway, Suite 700
Houston
Texas 77056

Tel. 713 622-6574

NLP Institute of San Diego
2264 5th Avenue
San Diego
California 92101

Tel. 619 696-7666

NLP Institute of Washington DC
8408 Chillum Court
Springfield
VA 22153

Tel. 703 569-2211

NLP International
Box 529
Indian Rocks Beach
Florida 34635

Tel. 813 596-4891

NLP Learning Institute of Dallas
PO Box 673
Mesquite
Texas 75149

NLP Learning Systems Corporation
Suite 519-15775 N. Hillcrest
Dallas
Texas 75248

Tel. 214 980-6887

NLP of Ohio
111 West First Avenue, Suite 5
Columbus
Ohio 43201

Tel. 614 291-2640

NLP of Southern California
4211 Glenalbyn Drive
Los Angeles
California 90065

Tel. 213 225-8386

NLP Products and Promotions
(Richard Bandler)
13223 Black Mountain Rd. # 1-429
San Diego
California 92129

Tel. 619 538-6216

NLP Proficiency Associates
PO Box 7818
Santa Cruz
California 95061

Tel. 408 425-3614

NLP Training Systems, Inc
1803 Chestnut Street
Philadelphia
Pennsylvania 19103

Tel. 215 854-0800

Northeast NLP Institute
813 Brighton Avenue
Portland
Maine 04102

Tel. 207 773-1671

Ocean NLP Center
1845 Old Freehold Road
Toms River
New Jersey 08755

Tel. 201 244-6116

Optimax Inc
3215 Chapel Hill Road
Durham
NC 27707

Tel. 919 489-8137

Other Than Conscious Communication
PO Box 1697
Friday Harbour
Washington 98250

Tel. 604 748-4994

Peak Performance Group
2470 Windy Hill Road
Suite 300
Atlanta
Georgia 30067

Tel. 404 988-9186

Potomic Institute
111120 North West Hampshire
Silver Spring
MD 20904

Tel. 301 681-4774

Profit Ability Consulting Group
(Tad James)
1001 Bishop Street,
Pauahi Tower Suite 702
Honolulu
Hawaii 96813

Tel. 808 521-0057

Robbins Research Institute
3366 North Torrey Pines Court,
Suite 100
La Jolla
California 92037

Tel. 619 535 9900

Robert Siudzinski
PO Box 1764
Ponte Vedra Beach
Florida 32082

Tel. 904 646-2930

South Central Institute of NLP
PO Box 15757
New Orleans
Louisiana 70175

Tel. 504 895-3665

Southern Californian Institute for NLP
929 Barhugh Place
San Pedro
California 90731

Tel. 213 833-4234

Southern NLP Institute
see NLP International

Spectrum
938 West Fifth Street
Winston-Salem
North Carolina 27106

Tel. 919 761-0650

Super Learning Camp, Inc
2874 Brookwood Drive
Orange Park
Florida 32073

Supercamp
225 Stevens Avenue, Suite 103
Solana Beach
California 92075

Tel. 619 755 7065

Syntax Communication Modelling Corporation
PO Box 2296
Los Gatos
California 95031

Tel. 408 395 0952

Taylor, Johnson & Assoc
4451 Cinnibar
Dallas
Texas 75227

Tel. 214 381-0059

Upstate Center for NLP
Box 579 Cornwell
New York 12518

Tel. 914 565-5249

Vision US Inc
Rt3, Box 265
Stillwater
Oklahoma 74074

Tel. 407 377 2201

Stan Woolams
3443 Daleview
Ann Arbor, MI 48105

Tel. 313 994-3048

Informationsquellen zum NLP-Training im deutschsprachigen Raum

Deutsche Akademie für angewandtes NLP
Postfach 47 07 19, W-1000 Berlin 47
Tel.: 0 30 – 6 01 57 74

DGNLP Communication & Coaching GmbH
Deutsche Gesellschaft für Neurolinguistisches Programmieren
Haus Elbroich, Am Falder 4, W-4000 Düsseldorf 13
Tel.: 02 11 – 7 57 07 57, Fax: 02 11 – 75 32 15

Forum für Metakommunikation
(Deutschland, Österreich, Schweiz)
Zentrale: Postfach 67 51, W-7800 Freiburg
Tel.: 07 61 – 49 39 48, Fax: 07 61 – 49 97 03

INLLP Institut für Neue Lehr- & Lern-Perspektiven
Leonhard-Stinnes-Straße 56, W-4330 Mülheim a. d. Ruhr
Tel.: 02 08 – 3 27 62, Fax: 02 08 – 39 03 69

Milton H. Erickson Institut Berlin, Wolfgang Lenk
Wartburgstraße 17, 1000 Berlin 62
Tel. & Fax: 0 30 – 7 81 77 95

Thies Stahl Seminare / Dipl.-Psych. Thies Stahl
Training – Beratung – Supervision für profess. Kommunikatoren
Eulenstraße 70, W-2000 Hamburg 50
Tel.: 0 40 – 3 90 55 88, Fax: 0 40 – 3 90 95 73

Schweiz:
NLP Aus- und Weiterbildung, Werner Herren
Familien-, Paar- und Jugendberatung
Metzgergasse 4, CH-5000 Aarau
Tel.: 0 64 – 22 61 61

NLP-Literatur (auch ausländische):
NLP-Buchversand, Jörg Erdmann
Hans-Humpert-Straße 3 a, W-4790 Paderborn
Tel.: 0 52 51 – 3 56 54, Fax: 0 52 51 – 3 56 54

FORUM
für Meta-Kommunikation

- Ausbildung zum Certified Practitioner und Master Practitioner der Society of NLP in Deutschland, Österreich und der Schweiz
- Jährliche Intensivseminare (NLP-International und NLP-Sommercamp)
- Syntuition
- Wirtschaftsseminare

Forum für Meta-Kommunikation, Wallstr. 7, W-7800 Freiburg

IN**L**P   Institut für Neue Lehr- & Lern-Perspektiven

Neue Anschrift ab 1. 8. 1992

Gabriele Schick
Friedenstr. 40
W-4970 Bad Oeynhausen 1

Wir haben uns auf Schule, Unterricht und schulische Beratungssituationen spezialisiert und zeigen Ihnen Möglichkeiten, Ihren beruflichen Alltag erfolgreich und freudig zu erleben.
Wir bieten Ihnen Workshops, Seminare und Fachliteratur zu den Themen:
- **NLP in der Schule**
- **Autogenes Training / Entspannungsübungen**
- **Suggestopädie**

Schreiben Sie uns! Wir freuen uns über Ihr Interesse und schicken Ihnen gerne unsere ausführlichen Informationen zu.

Erfolgreich und mit Freude lehren und lernen!

NLP in der Schweiz

- NLP-Grund- und Aufbaukurse / Practitioner / Master Practitioner
- NLP-Fachseminare für spezielle Berufsgruppen (Ärzte, Schulpsychologen, Lehrer, Organisationsberater usw.)

NLP Aus- und Weiterbildung, Werner Herren
Familien-, Paar- und Jugendberatung
Metzgergasse 4, CH-5000 Aarau
Tel.: (von Dtld. aus 0041) 064 - 22 61 61

Weitere NLP-Informationsangebote

NLP-Netzwerk

Es gibt ein computergestütztes NLP-Netzwerk, das es allen NLP-Interessierten erleichtert, untereinander Kontakt aufzunehmen. Die Daten sind sortiert nach Standort bzw. Wohnort, Qualifikationsgrad des Betreffenden, besonderen Interessengebieten usw. Nähere Einzelheiten bei *John Seymour Associates* (JSA, Adresse s. u.).

NLP-Training

Bei JSA gibt es monatliche Einführungskurse; dreimal jährlich finden Zertifizierungskurse statt. Auf Anfrage erhalten Sie das aktuelle Kursprogramm.

NLP-Videobänder und -Audiokassetten

Seit 1990 gibt es einen einstündigen Videofilm, der NLP in Aktion zeigt. Er ist der erste in einer Videoreihe von JSA, die auch ein Videoprogramm zum Selbststudium des NLP umfaßt. Darüber hinaus ist bei JSA noch eine große Auswahl anderer NLP-Videos erhältlich, ebenso Audiokassetten. Näheres zu den Verkaufs- und Verleihbedingungen erfahren Sie auf Anfrage.

NLP-Beratungsdienst

Nach Vereinbarung bietet JSA persönliche Beratungsgespräche und Beratung für Organisationen im Gesundheits- und Erziehungswesen oder in der Wirtschaft an.

John Seymour Associates, JSA INLP,
17 Boyce Drive, St Werburghs,
Bristol, BS2 9XQ,
Großbritannien
Tel. 02 72 – 55 78 27

Ein Leitfaden zur NLP-Literatur

Im folgenden finden Sie eine Literaturliste zum NLP allgemein und zu speziellen Anwendungsgebieten. Diese Liste erhebt keinen Anspruch auf Vollständigkeit, und einige Bücher könnten in mehr als einer Kategorie aufgeführt werden. Die allgemeingehaltenen Charakterisierungen bieten Hinweise für vertiefende Lektüre.

Die Liste ist in sechs Kategorien unterteilt: Allgemeines, Trance, Wirtschaft, Pädagogik/Erziehung/Schule, Therapie und Kinder. Die Bücher sind innerhalb jeder Kategorie alphabetisch nach den Autoren geordnet.

Einige Bücher liegen in Form überarbeiteter Transkripte von Seminaren von John Grinder und Richard Bandler vor. Diese Bücher sind in einer unmittelbar ansprechenden, erzählenden Sprache geschrieben.

Unser Dank gilt Michael Breen für seine Hilfe bei der Zusammenstellung dieses Abschnitts.

Viele NLP-Bücher sind in den USA veröffentlicht und noch nicht überall erhältlich. Fragen Sie bei einem NLP-Trainingsinstitut nach Buchhandlungen, die NLP-Literatur führen. (Vgl. auch Seite 316)

Allgemeines

Andreas, Connirae/Andreas, Steve:
Change Your Mind and Keep the Change,
Real People Press, 1987;
dt.: *Gewußt wie. Arbeit mit Submodalitäten und weitere NLP-Interventionen nach Maß,*
2. Aufl. Paderborn 1990 (Junfermann).

Überarbeitetes Transkript von Seminaren, die von den Autoren durchgeführt wurden. Es bietet viele Techniken der Arbeit mit Submodalitäten von Richard Bandler, den Swish, Kriterienveränderung und *compulsion blowout*. In einem weiteren Kapitel geht es um *timelines* (Lebenslinien).

Andreas, Connirae/Andreas, Steve:
Heart of the Mind, Real People Press, 1990.
NLP-Strategien werden hier auf ein breites Spektrum von Gedanken angewandt, inklusive der Arbeit mit Zeit- oder Lebenslinien zur persönlichen Veränderung.

Bandler, Richard:
Magic in Action, Meta Publications, 1985;
dt.: „*Bitte verändern Sie sich ... jetzt!" Transkripte meisterhafter NLP-Sitzungen,* Paderborn 1991 (Junfermann).
Dieses Buch entstand aus überarbeiteten Transkripten und Videobändern von Richard Bandler bei der Arbeit mit Klienten an Problemen wie Agoraphobie, Angst vor Autoritätsfiguren und antizipatorischem Verlust. Ein Anhang enthält die Behandlung von posttraumatischen Streßsymptomen mit Hilfe von NLP-Techniken.

Bandler, Richard:
Using Your Brain – for a Change, Real People Press, 1985;
dt.: *Veränderung des subjektiven Erlebens. Fortgeschrittene Methoden des NLP,* 3. Aufl. Paderborn 1990 (Junfermann).
Überarbeitetes Transkript von Richard Bandlers Seminar über Submodalitätsmuster inklusive Swish. Einige sehr unterhaltsame Randbemerkungen finden sich bei der Entwicklung der Hauptgedanken.

Bandler, Richard/Grinder, John:
Frogs into Princes: Neuro-Linguistic Programming,
Real People Press, 1979;
dt.: *Neue Wege der Kurzzeit-Therapie. Neurolinguistische Programme,* 9. Aufl. Paderborn 1991 (Junfermann).
Ein überarbeitetes Seminartranskript, das die Grundmuster des NLP umfaßt: Ankern, Reframing, Repräsentationssysteme, Rapport und Zugangshinweise der Augen. Mit vielen Anekdoten und faszinierenden Randbemerkungen.

Bandler, Richard/Grinder, John:
Reframing: Neuro-Linguistic Programming and the Transformation of Meaning, Real People Press, 1982;
dt.: *Reframing. Ein ökologischer Ansatz in der Psychotherapie (NLP),* 4. Aufl. Paderborn 1990 (Junfermann).

Ein Buch aus überarbeiteten Seminartranskripten, in dem es um Einzelheiten des Reframing (Umdeuten) geht. Es gibt Abschnitte über die Verhandlung zwischen Teilpersönlichkeiten, das Erschaffen von neuen Teilpersönlichkeiten, Six-Step-Reframing und Reframing in Systemen wie Familien und Organisationen.

Bandler, Richard/Grinder, John:
The Structure of Magic, Vol. I, A Book about Language and Therapy, Science and Behavior Books, 1975;
dt.: *Metasprache und Psychotherapie. Die Struktur der Magie I,* 6. Aufl. Paderborn 1990 (Junfermann).
Das erste und präziseste Buch über das Meta-Modell, sehr detailliert und mit Material zur Transformationsgrammatik. Das Meta-Modell wird in einem übergreifenden Kontext von Psychotherapie dargestellt.

Bandler, Richard/Grinder, John:
The Structure of Magic, Vol. II, Science and Behavior Books, 1976;
dt.: *Kommunikation und Veränderung. Die Struktur der Magie II,* 6. Aufl. Paderborn 1991 (Junfermann).
Ergänzungsband zu *Magie I*. Detaillierte Darstellung von Synästhesien, Inkongruenz und Repräsentationssystemen im Kontext der Familientherapie.

Bandler, Richard/MacDonald, Will:
An Insider's Guide To Submodalities, Meta Publications, 1988;
dt.: *Der feine Unterschied ... NLP-Übungsbuch zu den Submodalitäten,* 2. Aufl. Paderborn 1991 (Junfermann).
Ein Buch, in dem Sie eine breite Palette der Arbeit mit Submodalitäten finden, inklusive Veränderung von Glaubenssätzen und Variationen des Swish. Der umfassendste Leitfaden zu Submodalitäten, der zur Zeit erhältlich ist.

Boas, Phil, with Brooks, Jane:
Advanced Techniques in Neuro-Linguistic Programming, Book I, Metamorphous Press, 1985.
Eine Liste von NLP-Übungen aus Trainersicht. Kein Text zur Einführung.

Bretto, Charlotte:
A Framework for Excellence, Grinder DeLozier Associates, 1989.
Ein hervorragendes und detailliertes Handbuch mit Material und Übungen auf Practitioner-Ebene.

Cameron-Bandler, Leslie/Gordon, David/Lebeau, Michael:
The Emprint Method. A Guide To Reproducing Competence,
Future Pace Inc., 1985.
Detaillierte Methoden des Modellierens von Glanzleistungen in jedem Bereich. Eine schrittweise vorangehende Arbeitsanleitung.

Cameron-Bandler, Leslie/Gordon, David/Lebeau, Michael:
Know How. Guided Programs for Inventing Your Own Best Future, Future Pace, 1985.
Praktische Anwendung der Emprint-Methode auf Ernährung und Gesundheit, Kinder und Beziehungen.

Dilts, Robert:
Applications of Neuro-Linguistic Programming,
Meta Publications, 1983.
Eine Reihe von Aufsätzen über das Meta-Modell und Anwendungsmöglichkeiten des NLP in geschäftlicher Kommunikation, Verkauf, Pädagogik, kreativem Schreiben u. Gesundheitswesen.

Dilts, Robert:
Changing Belief Systems with NLP, Meta Publications, 1990.
Umfassenderer Folgeband zu *Beliefs* ..., inklusive der ersten Veröffentlichung zu den logischen Ebenen, der Identifikation und Veränderung der Glaubenssätze und Meta-Programme auf diesen logischen Ebenen.

Dilts, Robert:
Roots of Neuro-Linguistic Programming,
Meta Publications, 1983.
Ein umfassendes Buch, das drei frühe Aufsätze enthält. Der erste integriert NLP-Material mit Theorien über die Arbeit des Gehirns, der zweite beschreibt wissenschaftliche Untersuchungen zu EEG und Repräsentationssystemen. Der dritte enthält Material zum Meta-Modell, zu veränderten Bewußtseinszuständen und Metaphern im therapeutischen Kontext.

Dilts, Robert/Bandler, Richard/Cameron-Bandler,
Leslie/DeLozier, Judith/Grinder, John:
*Neuro-Linguistic Programming, Volume I: The Study of the
Structure of Subjective Experience,* Meta Publications, 1980;
dt.: *Strukturen subjektiver Erfahrung. Ihre Erforschung und
Veränderung durch NLP,* 4. Aufl. Paderborn 1991 (Junfermann).
Ein umfassender Führer zum Modelling, der das Evozieren,
Designen, Utilisieren und Installieren von Strategien beinhaltet.

Dilts, Robert/Hallbom, Tim/Smith, Suzi:
Beliefs – Pathways to Health and Well-Being,
Metamorphous Press, 1990;
dt.: *Identität, Glaubenssysteme und Gesundheit.
NLP-Veränderungsarbeit,* Paderborn 1991 (Junfermann).
Ein sehr interessantes Buch zur Identifikation und Veränderung
von Glaubenssätzen, zum Reimprinting, zur Arbeit mit widerstreitenden Glaubenssätzen und zur allgemeinen Arbeit mit NLP,
Glaubenssystemen und Gesundheit.

Early, Gene:
Developing Co-operative Relationships,
veröffentlicht von Gene Early, 1988.
Ein Büchlein, in dem es um die Anwengung des NLP zur Entwicklung und Aufrechterhaltung kooperativer Beziehungen geht,
wobei Miteinander-Teilen und Übereinstimmung wichtig sind.
Nützlich sowohl in privaten als auch in beruflichen Beziehungen.

Graham, Geoff:
The Happy Neurotic, Real Options Press, 1988.
Englisches Buch, das Aspekte des NLP enthält. Ein Großteil des
Materials ist auch in *Using Your Brain – for a Change* enthalten.

Grinder, John/DeLozier, Judith:
Turtles All The Way Down, Grinder DeLozier Associates, 1987.
Überarbeitetes Seminartranskript von John Grinder und Judith
DeLoziers neuer Arbeit zu Voraussetzungen von Genialität und
der nötigen Weisheit, dem Stil, der Würde und Anmut, die mit
der Anwendung der NLP-Technologie einhergehen müssen. Ein
faszinierendes und essentielles Buch für jeden, der Kenntnis von
und Interesse am NLP hat.

Grinder, John/DeLozier, Judith/Bretto, Charlotte:
Leaves Before the Wind, Grinder DeLozier Associates, 1990.
Eine Reihe von Artikeln, die sich mit NLP und Hypnose, Heilen und Kunst beschäftigen.

James, Tad/Woodsmall, Wyatt:
Time Line Therapy and The Basis of Personality,
Meta Publications, 1988;
dt.: *TIME LINE. NLP-Konzepte,* Paderborn 1991 (Junfermann).
Detaillierte und klare Darstellung von Zeitlinien, Meta-Programmen und Werten. Kein Einführungsbuch.

Lee, Scout:
The Excellence Principle: Utilizing NLP,
Excellence Unlimited, 1981.
NLP-Arbeitsbuch, das auf *The Challenge of Excellence* basiert.

Lewis, Byron A./Pucelik, Frank:
Magic Demystified. A Pragmatic Guide to Communication and Change, Metamorphous Press, 1982.
Ein Einführungsbuch in Teile des NLP. Es beschäftigt sich eingehend mit dem Meta-Modell, mit Kommunikation, damit, wie wir mentale Landkarten der Welt herstellen, mit Repräsentationssystemen und Zugangshinweisen.

Lee, Scout/Eagle, Brooke/Summers, Jan:
The Challenge of Excellence, Vol. I: Learning the Ropes of Change,
Metamorphous Press, 1986.
Erreichen von Glanzleistungen durch körperliche Kompetenz, ausgewogene Physiologie und angemessene Gedankenmuster. Gute Kapitel zu Kalibrieren und Tracking. Beschäftigt sich ausführlich mit dem Gedanken des Hervorrufens von Glanzleistungen durch herausfordernde Erfahrungen. Nützlich für jeden Lehrer, der NLP-Fertigkeiten in Verbindung mit kooperativen Spielen oder Aktivitäten im Freien entwickeln will. Der Autor hat einen Hintergrund als Freizeitberater.

Marvell-Mell, Linnaea:
Basic Techniques in Neuro-Linguistic Programming, Book I,
Metamorphous Press, 1982.
Ein Arbeitsbuch mit Cassette zum Erlernen der Grundmuster des

Reframing, des Ankerns, der Zugangshinweise und des Meta-Modells.

McClendon, Terry:
NLP: The Wild Days 1972-1981, Meta Publications, 1989.
Eine kurze, anekdotenhafte Darstellung der frühen Partnerschaft von John und Richard. Terry war einer ihrer Studenten in Santa Cruz in den frühen Tagen.

Reese, Maryann/Densky, Alan:
Programmer's Pocket Summary, Reese and Densky, 1986.
Kleine Lose-Blatt-Sammlung, die die Grundmuster des NLP in einer Art Rezeptform enthält. Kein Buch für Anfänger.

Reese, Maryann Reese/Yancer, Carol:
Practitioner Manual for Introductory Patterns in NLP,
Southern Press, 1986.
Ein Handbuch, das aus Practitioner-Trainings zusammengestellt wurde; eine Erinnerungshilfe zum Training.

Robbins, Anthony:
Unlimited Power, Simon and Schuster, 1986;
dt.: *Grenzenlose Energie. Das Power-Prinzip,*
2. Aufl. Bonn 1992 (Norman Rentrop Vlg.)
Eine sehr gute Darstellung der Grundprinzipien des NLP und vieler persönlicher Anwendungen. In persönlichem und direktem Stil geschrieben, sehr unterhaltsam.

Taylor, Carolyn:
Your Balancing Act: Discovering New Life Through Five Dimensions of Wellness, Metamorphous Press, 1988.
Präsentiert ein Modell des Gesundseins durch Glaubenssysteme. Die fünf Bereiche sind: körperlich, geistig, emotional, sozial und spirituell. Setzt die Disney-Figur Jimmy Cricket vielfach ein.

Yeager, Joseph:
Thinking About Thinking with NLP, Meta Publications, 1985.
Ein Buch, das sich mehr mit den Prinzipien des NLP, einer „NLP-Geisteshaltung" beschäftigt, besonders in der Geschäftswelt, statt mit bestimmten Techniken. Ein interessanter Über-

blick, wenn Sie bereits mit den Grundgedanken des NLP vertraut sind.

Trance

Bandler, Richard/Grinder, John:
*Patterns of Hypnotic Techniques of Milton H. Erickson, M.D.,
Vol. I,* Meta Publications, 1976.
Klare Darstellung der kunstvoll vagen Sprachmuster von Milton H. Erickson. Die grundlegende Tranceinduktion des Pacing und Leading, das Ablenken der dominanten Gehirnhemisphäre und der Zugang zur nichtdominanten Hemisphäre werden erläutert. Enthält eine Sitzung aus Ericksons Arbeit mit Aldous Huxley. Das zweitälteste NLP-Buch.

Bandler, Richard/DeLozier, Judith/Grinder, John:
*Patterns of Hypnotic Techniques of Milton H. Erickson, M.D.,
Vol. II,* Meta Publications, 1977.
Fortsetzung zu *Vol. I,* mehr technisch orientiert und detaillierter, mit Transkripten von Ericksons Arbeit mit Klienten.

Gordon, David:
Therapeutic Metaphors: Helping Others through the Looking Glass, Meta Publications, 1978;
dt.: *Therapeutische Metaphern,* 3. Aufl. Paderborn 1990 (Junfermann).
Stellt ein Modell vor, mit dem man wirksame Metaphern entwikkeln kann, um Menschen zu helfen, mit ihren Ressourcen in Kontakt zu kommen. Wege zum Nutzbarmachen von Synästhesien, Repräsentationssystemen und Submodalitäten werden ebenfalls behandelt.

Grinder, John/Bandler, Richard:
Trance-formations: Neuro-Linguistic Programming and the Structure of Hypnosis, Real People Press, 1981.
Überarbeitetes Seminartranskript von Hypnoseseminaren. Es enthält klare und detaillierte Erklärungen von Tranceinduktionen und Übungen in kleinen Schritten. Viele interessante Geschichten und Beispiele von hypnotischen Mustern. Die geschilderten Utilisationstechniken umfassen Reframing, den Generator für neues Verhalten, Schmerzkontrolle und Amnesie.

Heller, Steven/Steele, Terry:
Monsters and Magical Sticks, Falcon Press, 1987.
Ein verständliches und unterhaltsames Buch über Hypnose und Trancezustände.

King, Mark/Novik, Larry/Citenbaum, Charles:
Irresistible Communication. Creative Skills for the Health Professional, W. B. Saunders & Co., 1983.
Anschauliche und praktische Einführung in NLP und Kommunikation für Ärzte, Krankenschwestern und Sozialarbeiter.

Wirtschaft

Bagley, Dan S./Reese, Edward J.:
Beyond Selling. How to Maximize Your Personal Influence,
Meta Publications, 1987;
dt.: *Beyond Selling – Die neue Dimension im Verkauf. Wie Sie Ihre persönliche Wirksamkeit voll entfalten können,*
Freiburg 1990 (Verlag für Angewandte Kinesiologie).
Ein sehr gut geschriebenes Buch, das einen NLP-Ansatz bietet, um Kunden zu gewinnen und zu erhalten.

Eicher, James:
Making the Message Clear. Communicating for Business,
Grinder DeLozier Associates, 1987.
NLP-Anwendungen für das Geschäftsleben, wobei es hauptsächlich um die verbale Kommunikation geht.

Laborde, Genie Z.:
Influencing With Integrity. Management Skills for Communication and Negotiation, Syntony Publishing Co., 1984.
Eine sehr gute Einführung ins NLP im Wirtschaftskontext. Gut verständlich werden Ziele, Rapport, Sinnesschärfe und Flexibilität und ihre Anwendung in Konferenzen und Verhandlungen behandelt.

Laborde, Genie Z.:
90 Days to Communication Excellence,
Syntony Publishing Co., 1985.

Ein ergänzendes Arbeitsbuch zu *Influencing With Integrity*. Es gliedert die Themenbereiche Sinnesschärfe und Mustererkennung in kleine, leicht lernbare Einheiten.

Laborde, Genie Z.:
Fine Tune Your Brain. Next Steps to 'Influencing With Integrity', Syntony Publishing Co., 1988;
dt.: *Kompetenz und Integrität. Die Kommunikationskunst des NLP*, Paderborn 1991 (Junfermann).
In diesem Fortsetzungsband zu *Influencing With Integrity* geht es um Kommunikationsmuster, das Verzahnen von Zielen, Kongruenz und Metaphern.

McMaster, Michael:
Performance Management, Metamorphous Press, 1986;
Kommunikation und Training im Management, wobei NLP in Verbindung mit anderen Ansätzen verwendet wird.

McMaster, Michael/Grinder, John:
Precision: A New Approach to Communication,
Precision Models, 1980.
Eine systematische Anleitung zur Informationsgewinnung. Das Buch ist speziell zur Verbesserung von Wirtschaftsplanung, Management und Konferenzen entwickelt.

Moine, Donald J./Herd, John H.:
Modern Persuasion Strategies. The Hidden Advantage in Selling,
Prentice-Hall, 1985.
Eins der besten Bücher zum persönlichen Einfluß im Verkaufszusammenhang. Eine verständliche Einführung in das Thema hypnotische Sprachmuster im Alltag.

Richardson, Jerry/Margoulis, J.:
The Magic of Rapport, Meta Publications, 1988.
Handelt vom Aufbau von Rapport und von hypnotischen Überzeugungstechniken.

Pädagogik/Erziehung/Schule

Cleveland, Bernard F.:
Master Teaching Techniques, Connecting Link Press, 1984;
dt.: *Das Lernen lehren. Erfolgreiche NLP-Unterrichtstechniken,*
Freiburg 1992 (Verlag für Angewandte Kinesiologie).
Arbeitsbuch für Lehrer zur Anwendung von Grundlagentechniken des NLP in der Klasse. Die Übungen im Buch werden am besten in kleinen Gruppen eingesetzt.

Grinder, Michael:
Righting The Educational Conveyor Belt,
Metamorphous Press, 1989;
dt.: *NLP für Lehrer. Ein praxisorientiertes Arbeitsbuch,*
Freiburg 1991 (Verlag für Angewandte Kinesiologie).
Eine gute, detaillierte Anwendung von Teilen des NLP auf den Schulunterricht. Ein „Lehrgang" mit 85 Arbeitsblättern für das Selbststudium und mit Erläuterungen zum theoretischen Hintergrund des NLP. Ein sehr nützliches und interessantes Buch.

Jacobsen, Sid:
Meta-Cation: Prescriptions for Some Ailing Educational Processes,
Meta Publications, 1983.
NLP-Elemente wie Metaphern, Ankern, Repräsentationssysteme und angeleitete Phantasien werden angewendet auf individuelle Erziehungsberatung oder Einzelunterricht.

Jacobsen, Sid:
Meta-Cation II, Meta Publications, 1987.
Fortsetzung zu Band I mit weiteren Anwendungen und Entwicklungen.

Jacobsen, Sid: *Meta-Cation III,*
Meta Publications, 1988.
Fortsetzung zu Band I und II mit weiteren Anwendungen und Entwicklungen.

Lloyd, Linda:
Classroom Magic. Effective Teaching Made Easy,
Metamorphous Press, 1989;
dt.: *Des Lehrers Wundertüte. NLP macht Schule*

Freiburg 1991 (Verlag für Angewandte Kinesiologie).
Beschreibt die Anwendung von NLP-Fertigkeiten im Grundschulunterricht. Ein Leitfaden für die tägliche Unterrichtsplanung. Bietet viele Ideen, wie man die Lernfähigkeiten von Kindern entwickeln helfen kann.

O'Connor, Joseph:
Not Pulling Strings, Lambent Books, 1987.
Ein Buch über das Lernen und Lehren von Musik. Erklärt und nutzt die Grundgedanken des NLP über Rapport, Repräsentationssysteme und Submodalitäten.

O'Connor, Joseph:
Listening Skills in Music, Lambent Books, 1989.
Das Ergebnis des Modellierens von talentierten Musikern; eingehende Darstellung der Strategie für musikalisches Gedächtnis und wie man es unterrichten kann. Inklusive eines Videos vom Modelling-Prozeß.

Van Nagel, Clint/Siudzinski, Robert/Reese, Edward J./Reese, MaryAnn:
Megateching and Learning: Neuro-Linguistic Programming Applied to Education, Vol. I,
Southern Institute Press, Inc., 1985;
dt.: *Megateaching. Neurolinguistisches Programmieren in Unterricht und Erziehung,*
Freiburg 1989 (Verlag für Angewandte Kinesiologie).
Grundlegende Muster des NLP: Rapport, Anker und Repräsentationssysteme, angewandt auf Pädagogik und Schule. Es enthält Material zu Lernstilen und Strategien und zum Modellieren von Spitzenschülern im Buchstabieren, Lesen und in der Mathematik.

Therapie

Bandler, Richard/Grinder, John/Satir, Virginia:
Changing With Families, Science and Behaviour Books, 1976;
dt.: *Mit Familien reden. Gesprächsmuster und therapeutische Veränderung,* München 1978 (Pfeiffer).
Hervorragende Beschreibung von Virginia Satirs Arbeit. Das Entdecken und Ordnen von Repräsentationssystemen in Familien

und nonverbale Verhaltensweisen werden ausführlich behandelt.

Cameron-Bandler, Leslie:
They Lived Happily Ever After, Meta Publications, 1978;
dt.: siehe nächster Titel.

Cameron-Bandler, Leslie:
Solutions. Practical and Effective Antidotes for Sexual an Relationship Problems, Meta Publications, 1985;
dt.: *Wieder zusammenfinden. NLP – Neue Wege der Paartherapie,*
5. Aufl. Paderborn 1991 (Junfermann).
Dies ist eine überarbeitete und erweiterte Auflage von *They Lived Happily Ever After.* Verständliche und detaillierte Anwendung von NLP auf sexuelle und Beziehungsprobleme.

Cameron-Bandler, Leslie/Lebeau, Michael:
Emotional Hostage. Rescuing Your Emotional Life,
Future Pace, Inc., 1985.
Praktisches Buch für den Umgang mit emotionalen und Partnerschaftsproblemen.

Kostere, Kim/Malatesta, Linda:
Get the Results You Want. A Systematic Approach to NLP,
Metamorphous Press, 1985.
Verständliche Einführung ins NLP für Therapeuten mit Transkripten aus Therapiesitzungen.

Lankton, Stephen R.:
Practical Magic. A Translation of Basic Neuro-Linguistic Programming into Clinical Psychotherapy,
Meta Publications, 1980.
Handelt von Rapport, Repräsentationssystemen, Ankern, dem Meta-Modell, Strategien, Trance und Metaphern, angewandt auf die Psychotherapie.

Für Kinder

Spence, D.:
The Carnival, Southern Institute Press, 1987.
Diese Geschichte, in der NLP-Techniken enthalten sind, soll Kinder mit NLP-Elementen vertraut machen.

NLP-verwandte Bücher

Dies ist eine persönliche Auswahl der Autoren, die interessante Hintergrundliteratur vorstellt, die die NLP-Bücher ergänzt. Dazu gehören Bücher von oder über Milton Erickson, Virginia Satir, Gregory Bateson und Fritz Perls, da diese Autoren so viel zur Entwicklung des NLP beigetragen haben. Die Liste ist in sieben Kategorien unterteilt: Allgemeines, Pädagogik/Erziehung/Schule, Gehirnfunktionen, Trance, Körperarbeit, Wirtschaft/Geschäftswelt und Linguistik.

Allgemeines

Bateson, Gregory:
Mind and Nature, Fontana, 1985;
dt.: *Geist und Natur,* Frankfurt 1987 (Suhrkamp)

Bateson, Gregory:
Steps to an Ecology Of Mind, Ballantine Books, 1972;
dt.: *Ökologie des Geistes,* Frankfurt 1985 (Suhrkamp)

Bateson, Gregory/Bateson, Mary Catherine:
Angels Fear. Towards an Epistemology of the Sacred,
Hutchinson, 1988

Beer, Stafford:
Platform for Change, J. Wiley, 1975

Castaneda, Carlos:
Journey to Ixtlan. The Lessons of Don Juan, Bodley Head, 1972;
dt.: *Reise nach Ixtlan. Die Lehre des Don Juan,*
Frankfurt 1975 (Fischer)

Russell, Peter:
The Awakening Earth, Routledge and Kegan Paul, 1982;
dt.: *Die erwachende Erde,* München 1990 (Heyne)

Sheldrake, Rupert:
A New Science of Life. The Hypothesis of Formative Causation,
Paladin, 2. Aufl. 1988;
dt.: *Das schöpferische Universum. Die Theorie des morphogenetischen Feldes,* München 1983 (Meyster)

Pädagogik/Erziehung/Schule

Lawler, Michael:
Inner Track Learning, Pilgrims Publications, 1988.

Ristad, Eloise:
A Soprano on her Head, Real People Press, 1982.

Vitale, Barbara Meister:
Unicorns are Real, Warner Books, 1982;
dt.: *Lernen kann phantastisch sein,* Berlin 1988 (Synchron)

Gehirnfunktionen

Ornstein, Robert/Thompson, Richard:
The Amazing Brain, Chatto and Windus, 1985;
dt.: *Multimind. Ein neues Modell des menschlichen Geistes,*
2. Aufl. Paderborn 1990 (Junfermann)

Pribram, Karl:
Languages of the Brain: Experimental Paradoxes and Principles in Neuropsychology, Prentice-Hall, 1971

Sacks, Oliver:
The Man Who Mistook His Wife For A Hat, Duckworth, 1985;
dt.: *Der Mann, der seine Frau mit einem Hut verwechselte,*
Reinbek 1987 (Rowohlt)

Trance

Erickson, Milton H./Rossi, Ernest L.:
Experiencing Hypnosis, Irvington, 1981.

Erickson, Milton H./Rossi, Ernest L.:
Hypnotherapy: An Explanatory Casebook, Irvington, 1979;
dt.: *Hypnotherapie: Aufbau – Beispiele – Forschungen,*
München 1981 (Pfeiffer)

Erickson, Milton H./Rossi, Ernest L. & Sheila L.:
Hypnotic Realities, Irvington, 1975;
dt.: *Hypnose: Induktion – Psychotherapeutische Anwendung – Beispiele,* München 1978 (Pfeiffer)

Gilligan, S. E.:
Therapeutic Trances, Bruner/Mazel Inc., 1987

Gordon, David/Meyers-Anderson, Marybeth:
Phoenix: Therapeutic Patterns of Milton H. Erickson,
Meta Publications, 1981;
dt.: *Phoenix. Therapeutische Strategien von Milton H. Erickson,*
Hamburg 1986 (Isko-Press)

Haley, Jay:
Uncommon Therapy: The Psychiatric Techniques of Milton H. Erickson M.D., W. Norton, 1973;
dt.: *Die Psychotherapie Milton H. Ericksons;*
München 1978 (Pfeiffer)

Rosen, S.:
My Voice Will Go With You, W. Norton, 1982;
dt.: *Die Lehrgeschichten von Milton H. Erickson,*
Hamburg 1985 (Isko-Press)

Körperarbeit

Feldenkrais, Moshe:
The Elusive Obvious, Meta Publications, 1981;
dt.: *Die Entdeckung des Selbstverständlichen,*
Frankfurt 1987 (Suhrkamp)

Feldenkrais, Moshe:
The Master Moves, Meta Publications, 1985;
dt.: *Die Feldenkraismethode in Aktion. Eine ganzheitliche Bewegungslehre,* 2. Aufl. Paderborn 1990 (Junfermann)

Therapie

Farrelly, Frank/Brandsma, Jeff:
Provocative Therapy, Meta Publications, 1974;
dt.: *Provokative Therapie,* Frankfurt 1986 (Suhrkamp)

Maslow, A.:
Towards a Psychology of Being, Van Nostrand, 1968;
dt.: *Psychologie des Seins. Ein Entwurf,*
2. Aufl. München 1981 (Kindler)

Perls, Fritz:
Gestalt Therapy Verbatim, Real People Press, 1969;

dt.: *Gestalttherapie in Aktion,* 3. Aufl. Stuttgart 1979 (Klett-Cotta)

Perls, Fritz:
The Gestalt Approach and Eyewitness to Therapy,
Science and Behaviour Books, 1973;
dt.: *Grundlagen der Gestalttherapie. Einführung und Sitzungsprotokolle,* 7. Aufl. München 1989 (Pfeiffer)

Quilliam, Susan/Grove-Stevenson, Ian:
Love Strategies, Thorsons, 1987;
dt.: *Das verflixte Dreieck,* München 1992 (Heyne)

Satir, Virginia:
Conjoint Family Therapy. A Guide to Theory and Technique,
Souvenir Press, 1988;
dt.: *Familienbehandlung. Kommunikation und Beziehung in Theorie, Erleben und Therapie,* 6. Aufl. Freiburg 1986 (Lambertus)

Satir, Virginia:
Helping Families To Change,
The High Plains Comprehensive Community Mental Health Centre, 1972

Satir, Virginia:
The New Peoplemaking,
Science And Behaviour Books, 1988;
dt.: *Kommunikation – Selbstwert – Kongruenz. Konzepte und Perspektiven familientherapeutischer Praxis,*
2. Aufl. Paderborn 1991 (Junfermann)

Satir, Virginia/Baldwin, Michele:
Step by Step;
dt.: *Familientherapie in Aktion. Die Konzepte von Virginia Satir in Theorie und Praxis,* 3. Aufl. Paderborn 1991 (Junfermann)

Watzlawik, Paul:
Ultra Solutions, W. Norton, 1988.

Wirtschaft

Blanchard, K./Johnson, S.:
The One Minute Manager, William Morrow, 1982;
dt.: *Das Minuten-Verkaufstalent,* Reinbek 1985 (Rowohlt)

Fisher, Roger/Ury, William:
Getting to Yes, Arrow, 1987.

Peters, Thomas J./Waterman, Robert H.:
In Search of Excellence, Harper and Row, 1982;
dt.: *Auf der Suche nach Spitzenleistungen,*
2. Aufl., München 1990 (Moderne Verlagsgesellschaft)

Linguistik

Langacker, R.:
Language and its Structure, Harcourt Brace Jovanovich, 1967.

Fachwörterverzeichnis

Englische Fachbegriffe sind hier in der Originalschreibweise aufgeführt, auch wenn sie im NLP-Sprachgebrauch und in diesem Buch zum Teil in eingedeutschter Form verwendet werden.

Absicht:
der Zweck, die Intention, das erwünschte Ziel einer Handlung.

„Als-ob"-Rahmen:
eine vorgestellte, fiktive Situation, die ein bestimmtes Ereignis als bereits geschehen erscheinen läßt und ermöglicht, so zu denken, „als ob" es schon eingetreten sei; regt kreatives Problemlösen an, indem man mental über scheinbare Hindernisse hinweg zu erwünschten Lösungen weitergeht.

analog:
stufenlos variabel (veränderlich) zwischen zwei Extremen oder Begrenzungen, wie ein Dimmerschalter beim Licht. (Vgl. „digital")

angleichen (sich ...; *matching*):
sich an Teile des Verhaltens eines anderen anpassen mit dem Zweck, Rapport zu gewinnen oder zu verstärken. (Vgl. auch „Rapport" und „spiegeln" *[mirroring]*)

ankern:
das Verfahren, durch das ein beliebiger Reiz (Stimulus) oder eine Repräsentation (external oder internal), also ein „Anker", mit einer Reaktion verbunden wird, die er von da an regelmäßig auslöst. Anker können natürlich auftreten oder mit Absicht gesetzt werden.

assoziiert sein:
ganz und gar *in* einem Erlebnis (oder einer Erinnerung) sein, es mit den eigenen Augen sehen, voll und ganz mit seinen Sinnen beteiligt sein. (Vgl. „dissoziiert sein")

auditiv:
den Hörsinn, das Hören betreffend.

Augenzugangshinweis:
Bewegung der Augen in eine bestimmte Richtung, die visuelles, auditives oder kinästhetisches Denken anzeigt.

backtrack:
das „Zurückgehen" auf dem gleichen Weg, das heißt: etwas wiederholen oder zusammenfassen, indem man die Schlüsselwörter und den Tonfall des oder der anderen (Gesprächspartner) benutzt.

belief:
siehe unter „Glaubenssatz".

Beschreibung, die auf Sinneswahrnehmung gestützt ist:
Information, die direkt beobachtet und durch die Sinne überprüft werden kann: „Die Lippen sind gestrafft, ein Teil ihrer Zähne sind zu sehen, und die Mundwinkel sind höher als die Grundlinie ihres Mundes" – im Unterschied zu der Aussage „Sie ist glücklich", die eine Interpretation des Beschriebenen darstellt.

bevorzugtes Repräsentationssystem:
das Repräsentationssystem, das ein Individuum am liebsten (und am meisten) benutzt, um bewußt zu denken und seine Erfahrungen zu organisieren.

Bewußtes:
alles, was im gegenwärtigen Augenblick Gegenstand der bewußten Aufmerksamkeit ist.

chunking:
seine Wahrnehmung verändern, indem man um eine logische Ebene hinunter- oder hinaufgeht. Einen Schritt hinaufgehen heißt auf eine höhere (allgemeinere) Ebene gehen, die (neben anderem) das beinhaltet, womit man sich gerade befaßt. Einen Schritt hinuntergehen heißt auf eine niedrigere Ebene gehen, um

Fachwörterverzeichnis

ein konkreteres Beispiel für das zu finden, womit man sich gerade beschäftigt; dieses Beispiel kann ein einzelnes Mitglied einer (logischen) Klasse oder ein Teil eines (übergeordneten) Ganzen sein.

conversational postulate:
eine Frage, die als Aufforderung zu verstehen ist; eine ‚hypnotische' Form der Sprache.

digital:
variabel, veränderlich, wechselnd zwischen nur zwei alternativen Zuständen, wie ein Lichtschalter, bei dem es nur „an" oder „aus" gibt. (Vgl. „analog")

dissoziiert sein:
nicht mit seiner ganzen Persönlichkeit in einem Erlebnis (oder einer Erinnerung) sein; es von außen sehen oder hören [Beobachterposition, Anm. d. Übers.]. (Vgl. „assoziiert sein")

downtime:
ein leichter Trancezustand, in dem die Aufmerksamkeit nach innen, auf die eigenen Gedanken und Gefühle gerichtet ist.

dreifache Beschreibung:
das Verfahren, ein Erlebnis oder eine Erfahrung aus der Perspektive der ersten, zweiten und dritten Position wahrzunehmen.

dritte Position:
Perspektive eines unvoreingenommenen und wohlwollenden Beobachters; eine der drei Wahrnehmungspositionen. (Vgl. „erste" und „zweite Position")

Einstellung:
siehe unter „Glaubenssatz".

Epistemologie:
das Studieren, Untersuchen der Frage, wie (woher) wir wissen, was wir wissen.

erste Position:
der eigene Standpunkt der Weltbetrachtung; die Wahrnehmungsposition, bei der man in Kontakt mit der eigenen inneren Realität ist. (Vgl. „zweite" und „dritte Position")

elicitation:
das Hervorrufen eines Zustandes durch ein bestimmtes Verhalten (Evokation); auch: das Sammeln von Informationen entweder durch direktes Beobachten nonverbaler Signale oder durch das Stellen von Schlüsselfragen nach dem Meta-Modell.

Fähigkeit *(capability):*
das Verfügen über eine erfolgreiche Strategie, um eine Aufgabe durchzuführen.

führen *(leading):*
eigene Verhaltensweisen in einer Situation verändern und dabei so viel Rapport beibehalten, daß die andere Person ebenfalls mit einer Verhaltensveränderung folgt.

Führungssystem *(lead system):*
dasjenige Repräsentationssystem, das (als erstes) Informationen entdeckt, die ins Bewußtsein einzugeben sind.

future pace:
der Brückenschlag oder „Schritt in die Zukunft": im Geiste durchspielen, einstudieren, wie man ein Ziel erreicht, um sicherzustellen, daß man das erwünschte Verhalten einsetzen wird.

Generalisierung:
Verallgemeinerung; der Prozeß, durch den eine bestimmte, konkrete Erfahrung zum Repräsentanten einer ganzen Klasse von Erfahrungen gemacht wird; auch: das Ergebnis dieses Prozesses.

Glaubenssatz *(belief):*
Glaubenssätze beinhalten die „Generalisierungen", die wir über die Welt machen, sowie unsere Arbeits- und Verhaltensprinzipien. (Synonym dazu wird hier verwendet: „Einstellung")

gustatorisch:
den Geschmackssinn, das Schmecken betreffend.

hinauf-/hinuntergehen:
siehe unter „*chunking*".

Identität:
das Selbstbild oder Selbstkonzept eines Menschen; für wen er sich hält, wer er zu sein meint; die Gesamtheit seines Seins.

Inhalts-Reframing:
einer Aussage eine andere Bedeutung verleihen, indem man einen anderen Teil des Inhalts fokussiert und fragt: „Was könnte es noch bedeuten?"

Inkongruenz:
der Zustand, in dem man Vorbehalte hat, sich nicht voll und ganz einem Ziel verschreibt; der innere Konflikt drückt sich im Verhalten aus. (Vgl. „Kongruenz")

internale Repräsentation:
Abbild von Informationen, die wir innerlich, in unserem Geist erschaffen und abspeichern, als Kombination von Bildern, Geräuschen, Gefühlen, Gerüchen und Geschmäcken.

Interpunktionsambiguität:
Doppeldeutigkeit, die hergestellt wird durch die Verschmelzung eines Satzes mit einem anderen (Weglassen von Satzzeichen) kann man den Sinn neu gestalten ...!

kalibrieren:
genaues Erkennen des Zustandes einer anderen Person durch Lesen ihrer nonverbalen Signale. [Sonst auch als „eichen" bezeichnet.]

Karte der Realität:
das einzigartige Weltbild, das jeder Mensch sich aus seinen indi-

viduellen Wahrnehmungen und Erfahrungen erschafft. (Vgl. „Modell der Welt")

kinästhetisch:
den Gefühls- und Tastsinn, das Fühlen, Betasten, Anfassen betreffend; äußere, taktile Empfindungen und innere Gefühle (wie erinnerte Empfindungen, Emotionen und Gleichgewichtssinn) betreffend.

komplexe Äquivalenz:
die Gleichsetzung unterschiedlicher Sachverhalte; zwei verschiedene Aussagen werden in einer solchen Weise miteinander verbunden, daß man sie als gleichbedeutend, gleichwertig ansehen kann oder soll, zum Beispiel: „Du schaust mich nicht an – du hörst mir wohl nicht zu?"

Kongruenz:
der Zustand, in dem man mit sich eins sowie ganz und gar aufrichtig ist, in dem alle Persönlichkeitsanteile für ein gemeinsames Ziel zusammenarbeiten.

Kontext-Reframing:
den Kontext, den Zusammenhang, das Umfeld einer Aussage verändern (auswechseln), um ihr eine andere Bedeutung zu geben, indem man fragt: „In welchem Zusammenhang wäre dies eine angemessene Antwort (Reaktion)?"

Kriterium:
was für jemanden in einem bestimmten Zusammenhang wichtig ist.

Kriterien der Wohlgeformtheit beachten:
eine Art und Weise, über ein Ziel nachzudenken und es zu formulieren, die es sowohl erreichbar als auch überprüfbar macht. Diese Kriterien sind die Grundlage für das „Verzahnen von Zielen" und für *Win-win*-Lösungen [bei denen beide Seiten gewinnen, Anm. d. Übers.].

logische Ebene:
Etwas liegt auf einer höheren logischen Ebene, wenn es etwas anderes beinhaltet, mitumfaßt, das auf einer niedrigeren Ebene liegt.

matching:
siehe unter „angleichen". Vgl. auch „spiegeln" *(mirroring).*

Meta-:
auf einer anderen (höheren) logischen Ebene befindlich; abgeleitet aus dem Griechischen, in der Bedeutung „über" und „darüber hinaus".

metacognition:
Wissen über Wissen; zusätzlich zum Verfügen über eine Fähigkeit die Verfügung über das Wissen davon, so daß man erklären kann, wie man es macht.

Meta-Modell:
ein Modell, das Sprachmuster identifiziert, die die Bedeutung von Mitteilungen vernebeln, und zwar durch „Verzerrung", „Tilgung" oder „Generalisierung". Zu diesem Modell gehören konkrete Fragen, mit denen man unpräzise Ausdrucksweisen klärt und kritisch überprüft, um sie wieder mit der Sinneserfahrung und mit der „Tiefenstruktur" zu verbinden.

Metapher:
indirekte Kommunikation mittels einer Geschichte oder einer Sprachfigur, die einen Vergleich impliziert. Im NLP meint Metapher auch Gleichnisse, Parabeln und Allegorien.

Milton-Modell:
die Umkehrung des Meta-Modells; das Milton-Modell benutzt auf kunstvolle Weise vage, unbestimmte Sprachmuster, um die Erfahrung eines anderen zu „pacen" und um Zugang zu seinen unbewußten „Ressourcen" zu bekommen.

mirroring:
genaues Anpassen an Teile des Verhaltens eines anderen; auch: „spiegeln". (Vgl. „angleichen", *matching*)

mismatching:
in einer Kommunikationssituation bewußt andere Verhaltensmuster als das Gegenüber annehmen; „Rapport" brechen zu dem Zweck, einem Treffen oder einer Unterhaltung eine andere Richtung zu geben, sie zu unterbrechen oder zu beenden. (Vgl. *matching*, „angleichen")

Modaloperator der Möglichkeit:
linguistischer Terminus für Verben, die etwas als möglich oder unmöglich qualifizieren: „kann, kann nicht ..." usw.

Modaloperator der Notwendigkeit:
linguistische Bezeichnung für Ausdrücke wie „sollte, müßte ..." usw. (Regeln).

Modell:
eine praxisorientierte, praktisch anwendbare Beschreibung davon, wie etwas funktioniert. Der Zweck eines Modells ist es, nützlich zu sein. Ein Modell kann auch verstanden werden als eine Nachbildung (Kopie), die „Generalisierung", „Verzerrung" und teilweise „Tilgung" der Wirklichkeit einschließt.

modellieren *(modelling):*
das Verfahren, mit dem man die Sequenz von Gedanken und Verhaltensweisen herausarbeitet, die jemanden befähigen, eine Aufgabe zu erfüllen; die Grundlage von beschleunigtem Lernen.

Modell der Welt:
siehe unter „Karte der Realität"; auch: die Gesamtsumme aller Verhaltensregeln, aller Leitlinien des Handelns eines Individuums.

multiple Beschreibung:
die Technik der Beschreibung derselben Sache von unterschiedlichen Standpunkten aus, unter verschiedenen Gesichtspunkten.

Neurolinguistisches Programmieren:
das Studieren von Glanzleistungen *(excellence)*; ein Modell davon, wie Individuen ihre Erfahrung strukturieren.

neurologische Ebenen:
Umwelt, Verhalten, Fähigkeiten, Einstellungen und Glaubenssätze, Identität und Spiritualität; auch als die unterschiedlichen „logischen Ebenen" der Erfahrung bezeichnet.

neuer Code *(new code):*
eine Beschreibung des NLP, die aus der Arbeit von John Grinder und Judith DeLozier stammt, nachzulesen in ihrem Buch *Turtles All the Way Down.*

Nominalisierung:
linguistischer Begriff für den Vorgang, mit dem ein Verb in ein abstraktes Substantiv verwandelt wird; auch Bezeichnung für das Substantiv selbst, das so gebildet wird.

Oberflächenstruktur:
linguistischer Ausdruck für die Struktur der gesprochenen oder geschriebenen Sprachgestalt, die durch „Tilgung", „Verzerrung" und „Generalisierung" aus der „Tiefenstruktur", das heißt aus der linguistisch vollständigen Form einer Aussage entstanden ist.

Ökologie:
das Interesse an der bzw. die Rücksichtnahme auf die allumfassende Beziehung zwischen einem Wesen und seiner Umwelt. Der Begriff wird auch im Sinne von „interner Ökologie" angewandt und meint dann die gesamten Beziehungen zwischen einem Individuum und seinen Gedanken, Strategien, Verhaltensweisen, Fähigkeiten, Werten und Einstellungen. Allgemein: das dynamische Gleichgewicht von Elementen in einem System.

olfaktorisch:
den Geruchssinn betreffend.

pacing:
„Rapport" mit einer anderen Person gewinnen und eine Zeitlang aufrechterhalten, indem man sich auf ihr „Modell der Welt" einläßt. Man kann Einstellungen und Gedanken ebensogut pacen wie Verhaltensweisen. [Wörtlich: einen Schritt auf dem Weg mitgehen, Anm. d. Übers.]

Persönlichkeitsanteil:
siehe unter „Teile".

phonologische Mehrdeutigkeit:
Gleichklang zweier (oder mehrerer) Wörter (Homonyme), deren unterschiedliches Schriftbild (oder deren Kontext) erst erkennen läßt, was gemeint ist; Beispiel: sie/sieh.

physiologisch:
die Physiologie des Menschen, den Körper betreffend.

Prädikat:
auf Sinneswahrnehmungen bezogenes Wort, das die Benutzung eines bestimmten „Repräsentationssystems" anzeigt.

Rahmen:
der Kontext, der Interpretationszusammenhang, das Umfeld für einen Gedanken, ein Gefühl, eine Wahrnehmung, Aussage, Erfahrung, Verhaltensweise usw.

Rapport gewinnen:
der Prozeß, durch den man eine Beziehung gegenseitigen Vertrauens und Verstehens mit anderen aufbaut; Rapport ist hier synonym mit Empathie und bezeichnet auch die Fähigkeit, von anderen die gewünschten Antworten zu erhalten.

reframing:
umdeuten; den Bezugsrahmen einer Aussage verändern oder auswechseln, um ihr eine andere Bedeutung zu verleihen.

Repräsentation:
ein Begriff, eine Vorstellung oder ein Gedanke, das heißt eine Verschlüsselung oder Speicherung von auf Sinneswahrnehmungen beruhenden Informationen im Gehirn.

Repräsentationssystem:
die Art und Weise, wie wir Informationen in unserem Gehirn in einem oder mehreren der fünf Sinneskanäle verschlüsseln: visuell, auditiv, kinästhetisch, olfaktorisch (Geruch) oder gustatorisch (Geschmack).

Requisitenvielfalt:
die Flexibilität von Gedanken und Verhalten.

Ressourcen:
jegliche (Hilfs-) Mittel, die eingebracht werden können, um zum Erreichen eines Ziels beizutragen: Physiologie, Zustände, Gedanken, Strategien, Erfahrungen, Menschen, Ereignisse oder Besitztümer.

ressourcenreicher Zustand:
die Gesamtheit des neurologischen und physischen Erlebens in einer Situation, in der jemand sich ressourcenreich, das heißt über alle Kräfte verfügend, stark, der Situation gewachsen fühlt.

Schritt in die Zukunft:
siehe unter „*future pace*".

Sinnesschärfe:
die Fähigkeit, feinere Unterscheidungen hinsichtlich der Sinnesinformationen zu machen, die wir aus der Welt bekommen.

spiegeln:
siehe unter „*mirroring*". Vgl. auch „angleichen" *(matching)*.

Strategie:
eine Gedanken- und Verhaltenssequenz, die dazu dient, ein bestimmtes Ziel zu erreichen.

Submodalität:
feine Unterscheidung, Abstufung innerhalb eines der fünf Repräsentationssysteme (Modalitäten); die Qualität unserer internalen Repräsentationen; der kleinste Baustein unserer Gedanken. [Beispiele: Helligkeitsgrad, Entfernung, Klarheit im visuellen, Tonhöhe, Lautstärke, oder Rhythmus im auditiven und Druck, Bewegung, Temperatur usw. im kinästhetischen Repräsentationssystem; Anm. d. Übers.]

Synästhesie:
automatische Verbindung eines Sinneskanals mit einem anderen.

syntaktische Mehrdeutigkeit:
die Mehrdeutigkeit eines Satzes, in dem das gleiche Wort oder der gleiche Ausdruck unterschiedliche syntaktische Funktionen haben kann. Beispiel: *Influencing people can make a difference.* = „Beeinflussen von Menschen kann einen Unterschied ausmachen." [Hier können die Menschen sowohl als Subjekt wie auch als Objekt des Beeinflussens gemeint sein.]

Teile *(parts)*:
Teilpersönlichkeiten mit Absichten, die manchmal miteinander im Konflikt sind.

Tiefenstruktur:
die vollständige linguistische Form einer Aussage; sie liegt der „Oberflächenstruktur" zugrunde.

Tilgung:
beim Sprechen oder Denken einen Teil einer Erfahrung auslassen; selektive Wahrnehmung.

time line:
die Anordnung, in der wir Bilder, Geräusche und Gefühle unserer Vergangenheit, Gegenwart und Zukunft speichern. [Wörtlich: Zeitlinie]

Trance:
ein veränderter (Bewußtseins-) Zustand, in dem die Aufmerksamkeit nach innen auf wenige Stimuli gerichtet ist.

verschobenes Spiegeln *(cross over mirroring):*
sich der Körpersprache einer Person mit einer anderen, von der ihren abweichenden Bewegung angleichen, zum Beispiel: den Fuß im Takt ihres Sprechrhythmus bewegen. (Vgl. „*mirroring*")

überlappen *(overlap):*
ein Repräsentationssystem dazu benutzen, um Zugang zu einem anderen zu bekommen, zum Beispiel: sich eine Szene vorstellen und dann die Geräusche darin hören.

Unbewußtes:
alles, was zum gegenwärtigen Zeitpunkt nicht im Bewußtsein ist.

universelle Quantifizierung:
linguistischer Terminus für Wörter wie „jeder" und „alle", die keine Ausnahmen zulassen; eine der Kategorien des „Meta-Modells".

unspezifisches Substantiv:
Substantiv, das nicht spezifiziert, auf wen oder was *konkret* es sich bezieht.

unspezifisches Verb:
Verb, das ohne ein (notwendiges) Adverb steht; es wird nicht gesagt, *wie* die Handlung ausgeführt wurde. Der Prozeß wird nicht spezifiziert.

uptime:
der Zustand, in dem die Aufmerksamkeit und die Sinne nach außen gerichtet sind.

Vereinigtes Feld *(Unified Field)*:
das vereinigende Rahmenmodell für das NLP; eine dreidimensionale Matrix von „neurologischen Ebenen", „Wahrnehmungspositionen" und Zeit.

Verhalten:
jede Handlung, Aktivität, mit der wir uns betätigen, inklusive der Denkprozesse.

Verzerrung:
der Prozeß, durch den etwas in einschränkender Art und Weise ungenau im inneren Erleben repräsentiert wird.

visuell:
den Gesichtssinn, das Sehen betreffend.

Visualisierung:
das Verfahren, mit dem man innere Bilder, Vorstellungen vor dem geistigen Auge entstehen läßt.

Vorannahme:
Gedanke oder Aussage, die als gegeben angenommen werden müssen, damit eine bestimmte Mitteilung einen Sinn hat.

Wahrnehmungsfilter:
die einzigartigen Vorstellungen, Erfahrungen, „Glaubenssätze" und Sprachmuster, die *unser* persönliches „Modell der Welt" formen.

Wahrnehmungsposition:
die Betrachtungsweise oder der Standpunkt, die wir zu einem bestimmten Zeitpunkt einnehmen. Es kann unsere eigene sein („erste Position"), die von jemand anderem („zweite Position")

Fachwörterverzeichnis

oder die eines objektiven und wohlwollenden Beobachters („dritte Position").

Ziel *(outcome)*:
ein konkretes, sinnlich wahrnehmbares, erwünschtes Ergebnis, das den „Kriterien für Wohlgeformtheit" entspricht.

Ziele verzahnen *(dovetailing)*:
das Verfahren des Verbindens und Aufeinander-Abstimmens unterschiedlicher Ziele, durch das Lösungen optimiert werden; die Basis von *Win-win*-Verhandlungen [beide Seiten gewinnen, Anm. d. Übers.].

Zitat:
Wir haben dazu einmal folgende Definition gelesen: „Linguistisches Muster, in dem Ihre Botschaft so ausgedrückt wird, als sei sie von jemand anderem."

Zugangshinweis:
die Form, wie wir unseren Körper durch Atmung, Körperhaltung, Gestik und Augenbewegungen darauf einstellen, in bestimmter Weise zu denken.

zurückgehen:
siehe unter „*backtrack*".

Zustand *(state)*:
wie man sich fühlt; die Stimmung; die Gesamtsumme aller neurologischen und körperlichen Prozesse in einem Individuum zu einem beliebigen Zeitpunkt. Der Zustand, in dem wir sind, beeinflußt unsere Fähigkeiten und die Interpretation von Erfahrungen.

zweite Position:
die Wahrnehmungsposition, die uns die Welt aus der Perspektive eines anderen betrachten läßt, so daß wir auf dessen Realität eingestimmt und im Kontakt mit ihm sind. (Vgl. auch „erste" und „dritte Position")

Stichwortverzeichnis

Stichwörter mit Sternchen (*) sind im Fachwörterverzeichnis erläutert.

Absicht *, positive 52, 124, 205, 209, 261
Allegorie 190
analog * 50, 81
angleichen *(matching)* * 48
Anker/ankern * 95 ff., 238
   Anker kollabieren 107
   Anker verketten 106
   Ankern von Ressourcen 99 ff., 109, 111
   auditives Ankern 96, 101
   kinästhetisches Ankern 100, 105 f.
   ressourcenreiche Zustände a. 98 f., 104, 111
   Stapeln v. Ressourcen 105, 109
   visuelles Ankern 97, 101
Aristoteles 79
assoziiert sein * 79, 81 ff., 93, 101, 112, 128, 218, 252, 255, 257
auditiv * 59, 63 ff., 71 ff., 76, 85 f.
Augenzugangshinweise * 69 ff., 270
Augustinus 298

Bandler, Richard 25, 120, 147, 163, 178, 190, 263 f.
Basken 70
Bateson, Gregory 14, 26, 119, 178, 263, 293, 297
BATNA 245
bedingter Abschluß 241
Beratung 107
Beschreibung
   dreifache B. * 128 ff.
   multiple B. * 128 ff.
Bewertung 154, 184
Bewußtes * 30 f., 180, 183, 186, 288

Carroll, Lewis 35, 137
Chaos 296 f.
chunking * 30, 38, 229, 275
   von Zielen 38

conversational postulates * 190

Darwin, Charles 14
DeLozier, Judith 128 f., 178
digital * 71, 80
Dilts, Robert 20, 123, 130, 172, 226, 276, 278, 281
Disney, Walt 281 f.
dissoziiert * 79, 81 ff., 93, 112, 115, 218, 252 ff., 257
Donne, John 117
downtime * 175 ff., 203
dritte Position * 128 ff.
Dyslexie 281

Einstein, Albert 13, 267
Einstellung * 27, 29, 56, 131 f., 137 ff., 221, 224
elicitation 92 ff.
Emotion 84, 89 ff., 95, 97, 105
Entspannung 145 f.
Epistemologie * 293
Erickson, Milton 25, 178 ff., 186, 188, 191
erste Position * 93, 128 ff.
Eskimos 146

Fähigkeit * 62, 131 f.
Filter 27 ff.
Flexibilität 32 f., 75, 122, 274
Fowles, John 196
führen * 51 ff., 180
Fuller, Buckminster 294
future pace * (vgl. Schritt i. d. Zukunft) 112, 209, 241, 255

Gedächtnis 98
Gedankenlesen 167, 185
Gegenbeispiel 163
Gehirnhälfte 185 f.
Generalisierung * 29, 78, 138, 149, 161, 184

Generator f. neues Verhalten 115, 203
Gestalttherapie 25, 62, 177, 263
getarnte Aufforderung 190
getarnte Frage 189
Gewohnheit 30, 32, 77, 97, 126
Glaubenssatz * 27, 29, 131 f., 137 ff.,
  221, 224, 274
Gleichnis 190
Grinder, John 25, 128 f., 147, 172,
  178 f., 190, 263 f., 287
gustatorisch * 59, 86, 87

Hanuoo-Menschen 146
Hologramm 135
Huxley, Aldous 55, 105
Hypnotherapie 25, 177 f.

Identität * 131 f.
Inhalt 182, 188, 203
Inkongruenz * 223, 234, 250
innerer Dialog 60 f., 71 ff., 103, 290
Integrität 19, 47, 50
Intuition 95, 100, 288

Jonson, Ben 67
Jungscher Symbolismus 62

kalibrieren * 93 ff., 107, 240
Karte der Realität * 27 ff., 56, 84, 144,
  155, 221, 229
kinästhetisch * 59, 64 ff., 71 ff., 76 f.,
  85, 87, 164
Kriterium * 224 ff.
Kommunikation 17, 43 ff., 56, 117, 242
komplexe Äquivalenz * 164, 169
Konferenz 237
Konflikt 134, 221 f.
  innerer K. 260 f.
Kongruenz * 47, 93, 206, 221 ff., 234,
  240, 250
Kontext 46, 118, 127, 182, 187 f., 234,
  273
Körpersprache 45 f., 48, 56, 77
Kunsttherapie 62
Kybernetik 119, 122

leading * 49 ff., 180, 185

Lebenslinie (vgl. *time line*) 135, 261 f.
Lernen 30 ff., 105, 122 ff.
  beschleunigtes L. 24, 266, 287 ff.
  Lernebene 125 ff.
  Sprachl. 288
  traditionelles L. 31 ff., 266, 287
  vier Stadien des L. 31 ff., 122, 126,
  287
Linguistik 27, 143 ff., 263, 287
logische Ebene * 173, 229 ff., 244, 250
Lorenz, Edward 297

Manipulation 46
Märchen 192
matching * 48 f., 93
Mehrdeutigkeit 186
  phonologische M. * 186 f.
  syntaktische M. * 187
  Interpunktionsambiguität * 187
mentales Durchspielen 113, 115, 209
metacognition * 267
Meta-Modell * 147 ff., 169 ff., 229, 270
Metapher * 120, 140, 190 ff., 296
Miller, George 30
Milton-Modell * 178 ff., 186, 229
mirroring (spiegeln) * 48
mismatching * 49
Modaloperator *
  M. der Möglichkeit * 157, 185
  M. der Notwendigkeit * 159
Modell * 17 f., 25, 263 ff., 266
Modell der Welt * 28, 47, 50, 53, 169,
  221
modellieren * 24 f., 224, 265 ff., 288
Montaigne, Michel de 206
Mozart, Wolfgang Amadeus 274
Musik 18, 68, 96, 188, 191 f., 222, 267

neuer Code * 129
Neurologie 27, 56, 58, 106, 148, 274,
  287
neurologische Ebene * 136
NLP * 54, 123, 289 ff.,
  Definition 17 f., 23 ff., 26 f.
  Metapher 190, 297
  Modell 263 ff.
  Stellenwert 120, 293

Ursprung 289
Zweck 289
Nominalisierung * 155, 183, 225 f.

Oberflächenstruktur * 148
Ökologie * 39, 47, 119, 205
olfaktorisch * 59, 85, 87
Orwell, George 156

pacing * 51 ff., 180, 185, 225
Parabel 190
Perls, Fritz 25, 147, 157, 263
persönliche Geschichte 111 f., 134, 177
Persönlichkeitsanteil * 206 ff., 260 ff.
Persönlichkeitsentfaltung 23, 210, 297 f.
Phobie 98, 110, 134, 251 ff.
Physiologie/physiologisch 43, 77, 89, 96, 108, 253, 267
Picasso, Pablo 28
Placebo 139
Prädikate * 63 ff.
Prophezeiung, sich selbst erfüllende 113, 139, 162, 278
Psychoanalyse 62, 177
psychosomatisches Symptom 207
Psychotherapie 62, 249
Pygmalioneffekt 139

Quantenphysik 296

Rahmen * 39, 182, 199, 234 ff.
 Als-ob-R. * 236, 247
 Backtrack-R. 236, 241
 Beweis-R. 235
 Ökologie-R. 41, 235
 Ziel-R. 235, 240
Rapport * 47 ff., 65, 129, 172, 180, 225, 249
reframing * 157, 199 ff.
 Inhalts-R. 203
 Kontext-R. 202
 six-step-reframing 206 ff.
Repräsentation * 58
Repräsentationssystem * 56 ff. 70, 72, 77, 124, 270, 287
 auditives R. 59, 63 ff., 71 ff., 76, 80

bevorzugtes R. 61 ff., 84
Führungssystem 66, 84
gustatorisches R. 59
Inputsystem 66
kinästhetisches R. 59, 63 ff., 71 ff., 76, 80, 84
olfaktorisches R. 59
visuelles R. 59, 63 ff., 71 ff., 76, 79, 82
Requisitenvielfalt * 122
Ressourcen * 19, 30, 38, 96, 99 f., 104, 106, 124, 187, 222
 R. stapeln 105, 109
Rodin, Auguste 76
Russell, Peter 299

Santa Cruz 25 ff., 172, 263
Satir, Virginia 25, 119, 148, 262, 264
Schach 60, 174
Schmetterlingseffekt 120, 297
Schleife 43, 47, 55, 117 ff., 122, 181
Schritt in die Zukunft * 112 ff.
sekundärer Gewinn 210, 259
Separator 91, 257
Shaw, George Bernard 14
Signal 34, 103, 106, 114 f., 182, 208, 261
 S. für Inkongruenz 223 f.
 S. für Kongruenz 222 f.
 unwillkürliches S. 208
Sinne 27, 55 ff., 79
Sinnesschärfe * 33 f., 56, 65, 95, 175
spiegeln *(mirroring)* * 48
 verschobenes S. 49
Spiritualität 131
Spitzer, Bob 263
Sprache 27, 29, 57, 62, 84, 143 ff., 179 ff., 185 ff., 287
Squash 199
Stimmlage 45 f., 50, 76, 92, 94, 103, 187 f.
stimmliches Markieren 173, 264
Strategie * 268 ff.
 Buchstabiers. 278 ff.
 Einschlafs. 272
 Gedächtniss. 274 ff.
 Kaufs. 271

Stichwortverzeichnis 355

Kreativitätss. 281 ff.
Lerns. 271, 277
Motivationss. 270
Musiks. 272 ff.
Swish-Muster 256 ff.
Submodalität * 78 ff., 212 f., 228, 254, 256, 270, 280
Synästhesie * 67 ff., 84, 274
System 296 f.

Talent 16, 62
Telefonhaltung 76
Teilpersönlichkeit 206 ff., 221 f., 260 ff.
Tiefenstruktur * 148 ff.
Tilgung * 149, 156, 184
time line * (vgl. Lebenslinie) 211 ff.
Trance * 176 f., 181 ff., 210
Transformationsgrammatik 149
Traum 191, 282 ff.
Twain, Mark 206

Übergänge zw. Sätzen 181, 185
überlappen * 68
Übersetzung 69
Übertragung 203
Umgebung 132 f.
Unbewußtes * 14, 30 f., 177, 180, 186 ff., 191, 290
universelle Quantifizierung * 161, 185
unspezifisches Substantiv * 151
unspezifisches Verb * 152, 183
uptime * 175 ff.
Ursache-Wirkungs-Zusammenhang 117, 166, 184

Veränderung erster Ordnung 250
Veränderung zweiter Ordnung 259
Vereinigtes Feld 20, 130 ff., 136

Vergleich 153, 184, 190
Verhandlung 221, 242 ff.
Verkauf 133, 224, 233 ff.
Verlustplanung 236
verschobenes Spiegeln 49
versuchen 119
Verzerrung * 149
Visualisierung * 69, 72, 75
visuell 59, 63 ff., 71 ff., 76 ff., 85 f., 164
Vorannahme * 164, 184, 189
Vorstellung (vgl. Visualisierung) 58, 70, 76, 104, 191

Wahrnehmungsfilter * 56, 128, 139, 162, 268
Wahrnehmungsposition * 128 ff., 136
Weisheit 96, 119, 130, 249, 290, 294, 297 f.
Wert 27, 221, 224 f.
Wissen 293 ff.

Zeit 134, 136, 216 ff.
Ziel * 33 ff., 40, 158, 228
 Kriterien d. Wohlgeformtheit * 36
 Z.e verzahnen * 235, 242, 245
Zitat * 189
Zugangshinweise *
 Augen-Z. * 69 ff., 270
 andere Z. 76 ff.
Zustand * 89 ff., 95 ff., 106, 175 ff.
 erwünschter Z. 42, 108, 122, 193
 gegenwärtiger Z. 42, 122, 193
 ressourcenreicher Z. * 38, 43, 90, 93, 95, 99 ff., 104, 266, 277
 Unterbrecherz. *(separator)* 91, 257
zweite Position * 128 ff., 265

Über die Autoren

Josef O'Connor arbeitet als Musiklehrer und gibt Gitarrenunterricht. Er interessiert sich besonders für die Anwendung von NLP in Erziehung und Schule, in Musik und darstellenden Künsten. Er gibt Trainingskurse für Musiker und Musiklehrer und ist NLP-Trainer bei *John Seymour Associates*.

Sein Buch *Not Pulling Strings* handelt von NLP und Musikunterricht. An der *Yehudi Menuhin School* führte er Grundlagenforschung mit talentierten Musikern durch, woraus unter anderem ein Videofilm entstand, der Wege aufzeigt, die Hörfähigkeiten von Musikstudenten zu verbessern.

Er ist außerdem beteiligt an einem Projekt zur Modellierung der Schauspielfähigkeiten von Mitgliedern der *Royal Shakespeare Company*.

Joseph O'Connor erwarb 1988 das NLP-Practitioner-Zertifikat und wurde 1990 *Master Practitioner* bei John Grinder, Robert Dilts und Charlotte Bretto. Er ist Lizentiat der *Royal Academy of Music* und hat das Universitätsdiplom in Anthropologie.

Josephs Hauptinteresse besteht darin, Lernen in jeglichem Bereich so einfach, spaßbringend, schnell und effektiv wie möglich zu machen. Seine sonstigen Interessen sind Reisen, Squash und Schach. Er ist verheiratet, hat zwei Töchter und lebt in London.

Weitere Informationen über Kurse und Seminare im Schulbereich und für Musiker bei: Lambent Books, 4 Coombe Gardens, New Malden, Surrey, KT3 4AA, Großbritannien.

John Seymour widmet sich hauptsächlich der Ausbildung und dem Training von Menschen, die NLP erlernen wollen. Er gründete 1985 das Institut *John Seymour Associates*, um dort NLP-Trainingskurse von hoher Qualität anzubieten. Das Kursangebot erstreckt sich bis zur Diplom- und *Practitioner*-Stufe. Außer diesen öffentlichen Trainings bietet *John Seymour Associates* spezialisierte, firmeninterne Seminare für eine Reihe von Organisationen im Gesundheitswesen, in Pädagogik/Schule und in der Wirtschaft an. John Seymour ist Lehrbeauftragter am *Further Education Staff College*, wo NLP auf der Ebene von Weiterbildung landesweit angeboten wird. Er arbeitet des weiteren als Berater für Einzelpersonen und Organisationen.

John Seymour machte 1984 sein Einführungstraining zum NLP-*Practitioner* bei John Grinder an der *University of California* in Santa Cruz und erhielt 1985 das *Master Practitioner*-Zertifikat von Richard Bandler. Er arbeitete seitdem hauptberuflich mit NLP und war verantwortlich für die Einführung von Tausenden von Menschen ins NLP.

Innerhalb seiner vorausgegangenen vielfältigen Berufslaufbahn war er Lehrer, hielt Vorträge, lebte auf Hausbooten, gründete eine experimentelle, utopisch ausgerichtete Lebensgemeinschaft, entwickelte und baute ein Energiesparhaus, arbeitete als Berater und als Anleiter für Gruppen.

Er hat einen Abschluß in Biologie, zwei Postgraduiertendiplome in Pädagogik und eines in angewandter humanistischer Psychologie. Ihn fasziniert der Prozeß, alternative Zukunftsmodelle zu entwickeln.

Weitere Informationen erhalten Sie in einer kostenlosen Broschüre von: John Seymour Associates INLP, 17 Boyce Drive, St Werburghs, Bristol, BS2 9XQ, Großbritannien.

Dr. Vida C. Baron:
Metamedizin

Die einseitige Entwicklung der medizinischen Behandlungstechniken verlangt nach einem Gegengewicht: *Metamedizin* lenkt den Blick über den kranken Körper (und dessen bloße „Reparatur") hinaus auf das Bewußtsein. Dieses erweiterte Verständnis von Gesundheit, Krankheit und Heilung ermöglicht es, die Prinzipien und Techniken des Neurolinguistischen Programmierens für die medizinische Praxis fruchtbar zu machen.

Angereichert mit vielen Fallbeispielen, zeigt dieses Buch, wie Therapeuten ihre Rolle verändern, Zugang zur Persönlichkeit ihrer Patienten finden, deren wahre Probleme erkennen und deren Selbstheilungskräfte aktivieren können. Heilung Suchenden erläutert die Autorin, worin sie den Schlüssel zur Gesundheit, zu einem Leben auf hohem Energieniveau sieht.

252 Seiten, 20 Illustrationen, gebunden,
38,– DM/sFr., ISBN 3-924077-25-8

Dr. Dan S. Bagley/Edward J. Reese:
BEYOND SELLING – Die neue Dimension im Verkauf. Wie Sie Ihre persönliche Wirksamkeit voll entfalten können

Hier lernen Sie einen neuen Weg kennen, wie Sie erfolgreich Kontakt schaffen und andere für sich gewinnen können. *BEYOND SELLING* behandelt Fragen wie diese: Wie kann ich aus meinen Erfahrungen die höchstmögliche Motivation für meine Arbeit gewinnen? Wie kann ich mit dem Kunden als Partner in persönlichen Kontakt kommen und dabei seine und meine Ziele in Einklang bringen? Wie kann ich Rückschläge in Fortschritte verwandeln und langfristige Geschäftsbeziehungen aufbauen? Die neuesten Erkenntnisse der Psychologie, vor allem des NLP, werden von zwei erfahrenen Verkaufsexperten leicht verständlich und anschaulich dargestellt.

320 Seiten, 10 Illustrationen, gebunden (Grobleinen-Kaschierung), 48,– DM/sFr., ISBN 3-924077-17-7

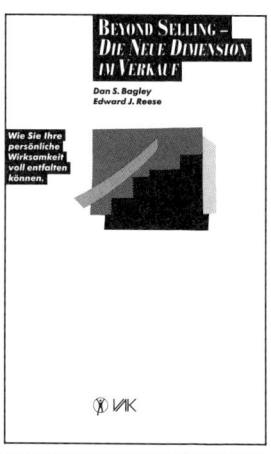

Das INSTITUT FÜR ANGEWANDTE KINESIOLOGIE FREIBURG veranstaltet laufend Kurse in *Edu-Kinestetik, Touch For Health (Gesund durch Berühren), Natürlich besser sehen* und in den verschiedenen Bereichen der Angewandten Kinesiologie. Durch engen Kontakt mit den Pionieren der Methode in den USA ist das Institut in der Lage, ständig die neuesten Entwicklungen auf dem Gebiet der Angewandten Kinesiologie zu präsentieren.

Außerdem fördert das Institut die Verbreitung der Angewandten Kinesiologie im deutschsprachigen Raum durch Literaturempfehlungen und Adressenvermittlung. Wer an der Arbeit des Instituts interessiert ist, kann kostenlose Unterlagen anfordern bei:

INSTITUT FÜR ANGEWANDTE KINESIOLOGIE FREIBURG
Zasiusstraße 67
D-7800 Freiburg
Telefon 07 61-7 27 29, Telefax 07 61-70 63 84

Michael Grinder:
NLP für Lehrer.
Ein praxisorientiertes Arbeitsbuch

Dieser „Lehrgang" für Neurolinguistisches Programmieren wendet sich an alle, die in Lehre und Erziehung tätig sind. Der Autor verbindet Erläuterungen zum theoretischen Hintergrund des NLP mit zahlreichen praktischen Übungen zur Weiterentwicklung der persönlichen Fähigkeiten.
Aus seinen langjährigen Erfahrungen als Lehrer und NLP-Trainer hat Michael Grinder hier die wirkungsvollsten Unterrichtstechniken und (nonverbalen) Kommunikationsmuster zusammengestellt.
Mit einem Vorwort von John Grinder (Mitbegründer des NLP und Bruder des Autors).
226 Seiten (21 × 29,2 cm), 30 Illustrationen und 85 Arbeitsblätter, Paperback, 49,80 DM/sFr., ISBN 3-924077-21-5

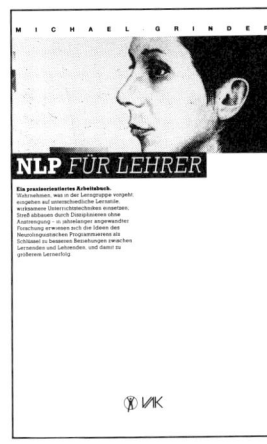

Dr. Clint Van Nagel/Dr. Robert Siudzinski/ Edward J. Reese/MaryAnn Reese:
Megateaching. Neurolinguistisches Programmieren in Unterricht und Erziehung

Megateaching öffnet neue Horizonte für die Erziehung: Die Autoren beschreiben NLP als ganzheitliches, kybernetisches Modell menschlichen Erlebens und Verhaltens. NLP umfaßt Methoden, mit denen innere Zustände und Prozesse auf situationsgerechte Weise aktiviert und rebalanciert werden. Aus dem Vorwort von Richard Bandler (Mitbegründer des NLP):
„*Ihre Haltung gegenüber Lehr- und Lernmethoden wird revolutioniert ... Diese Arbeit ist einer der herausragenden Beiträge im Bereich der Erziehung in den letzten zehn Jahren.*"
193 Seiten, 10 Illustrationen, gebunden, 34,– DM/sFr., ISBN 3-924077-10-X

Linda Lloyd:
Des Lehrers Wundertüte.
NLP macht Schule

Mit NLP läßt sich wirkungsvoller unterrichten. Dieses Buch bietet dazu eine Wundertüte voller Ideen. Wie Sie ein positives Bild von jedem Schüler gewinnen und es verwirklichen; woran Sie erkennen, wie Ihre Schüler denken, und wie Sie sie wirklich erreichen; wie Sie die gewünschten Antworten bekommen und unerwünschte Gewohnheiten verändern, – Lehrer lernen hier die Grundelemente des Neurolinguistischen Programmierens und deren spielerische Vermittlung an ihre Schüler. Ein Leitfaden zur Erarbeitung der NLP-Techniken, angelegt auf ein Schuljahr, mit 38 Wochenplänen für die tägliche Unterrichtsvorbereitung.
134 Seiten (21 × 29,2 cm), 59 Illustrationen und 38 Arbeitsblätter, Paperback, 39,80 DM/sFr., ISBN 3-924077-26-6